Feminismo Branco

das sufragistas às influenciadoras e quem elas deixam para trás

Koa Beck

Feminismo Branco

das sufragistas às influenciadoras e quem elas deixam para trás

Tradução
Bruna Barros

Rio de Janeiro, 2021

Copyright © 2021 by Koa Beck
Copyright da tradução © 2021 by Casa dos Livros Editora LTDA
Título original: *White feminism*

Todos os direitos desta publicação são reservados à Casa dos Livros Editora LTDA.

Nenhuma parte desta obra pode ser apropriada e estocada em sistema de banco de dados ou processo similar, em qualquer forma ou meio, seja eletrônico, de fotocópia, gravação etc., sem a permissão do detentor do copyright.

Diretora editorial: *Raquel Cozer*

Gerente editorial: *Alice Mello*

Editora: *Lara Berruezo*

Copidesque: *Marina Góes*

Revisão: *Lorrane Fortunato*

Capa: *Leticia Antonio*

Diagramação: *Ilustrarte Design*

Dados Internacionais de Catalogação na Publicação (CIP)
(Câmara Brasileira do Livro, SP, Brasil)

Beck, Koa
  Feminismo branco : das sufragistas às influenciadoras digitais e quem elas deixam para trás / Koa Beck ; tradução Bruna Barros. -- Rio de Janeiro : HarperCollins Brasil, 2021.

  Título original: White feminism
  ISBN 978-65-5511-165-1

  1. Feminismo - Aspectos sociais 2. Minorias 3. Mulheres - Condições sociais 4. Mulheres brancas 5. Relações raciais I. Título.

21-69030   CDD-305.42

Os pontos de vista desta obra são de responsabilidade de seu autor, não refletindo necessariamente a posição da HarperCollins Brasil, da HarperCollins Publishers ou de sua equipe editorial.

HarperCollins Brasil é uma marca licenciada à Casa dos Livros Editora LTDA.
Todos os direitos reservados à Casa dos Livros Editora LTDA.
Rua da Quitanda, 86, sala 218 – Centro
Rio de Janeiro, RJ – CEP 20091-005
Tel.: (21) 3175-1030
www.harpercollins.com.br

Para meu pai e meus avós,
que sempre disseram que eu deveria escrever.

E para Astrid, que disse:
"você deveria escrever isso*".*

Sumário

Introdução da edição brasileira | *Por Isabela Reis* 9
Introdução 13

PARTE I — A história do feminismo branco

Capítulo um	A construção de uma "feminista" 31
Capítulo dois	Quem pode ser feminista? 38
Capítulo três	Separadas, mas desiguais: como o "feminismo" se tornou oficialmente branco................... 60
Capítulo quatro	Pensando como um coletivo 79
Capítulo cinco	As leis de trabalho visam ajudar todos os gêneros 101
Capítulo seis	A emergência do eu 105
Capítulo sete	O rebuliço perene do trabalho doméstico 112
Capítulo oito	Se impor vs. Se apoiar 128
Capítulo nove	Como o heterossexismo manteve as mulheres em seus lugares........................... 138
Capítulo dez	O futuro não é feminino; é gênero-fluido......... 146

PARTE II — Feminismo branco™:
Quando o movimento se tornou corporativo

Capítulo onze	Quando o feminismo branco virou "marca"..... 161
Capítulo doze	O problema do capitalismo............................. 179
Capítulo treze	Dinheiro mulçumano e pobreza sapatão........... 191

Capítulo catorze	Performando feminismo na mesa de trabalho	202
Capítulo quinze	O que o reconhecimento de privilégios não consegue suscitar	237

PARTE III — Os ventos da mudança

Capítulo dezesseis	Uma nova era do feminismo	249
Capítulo dezessete	O primeiro pilar da mudança: pare de reconhecer seus privilégios; em vez disso, lute por visibilidade	279
Capítulo dezoito	O segundo pilar da mudança: combatendo os sistemas que limitam pessoas de gêneros marginalizados	289
Capítulo dezenove	O terceiro pilar da mudança: responsabilizar as mulheres por abuso	315
Capítulo vinte	Nosso futuro coletivo está na maneira como vemos umas às outras	327
Capítulo vinte e um	O que podemos mudar agora	335

Agradecimentos	340
Notas	344

Introdução da edição brasileira

Por Isabela Reis

AUTORA DE *Feminismo branco: das sufragistas às influenciadoras e quem elas deixam para trás*, Koa Beck, é uma mulher, cisgênero, estadunidense, birracial, *queer* com uma longa trajetória profissional como editora de portais de grandes revistas femininas de moda e comportamento, como a *MarieClaire.com* e a *Vogue.com*. Eu sou Isabela Reis. Uma mulher, cisgênero, brasileira, birracial autodeclarada parda, heterossexual, candomblecista, jornalista, filha de pais com ensino superior e, portanto, com muitos acessos, de educação privada a viagens pelo mundo e, principalmente, a irrestrita possibilidade de escolher o meu destino.

Nicolau Copérnico, em 1543, publicou a teoria do Heliocentrismo que determina que o Sol é o centro do Sistema Solar, e todos os planetas orbitam ao redor dele e não das mulheres brancas. Começo assim porque este livro fala sobre a necessidade de situar-se. Verbo reflexivo. Ação do sujeito sobre ele mesmo. Koa disseca episódios de racismo e lgbtfobia que sofreu e presenciou ao longo da sua jornada profissional, apresenta um resgate histórico do começo do feminismo nos Estados Unidos com as sufragistas e, com estatísticas atualizadas, comprova que, no feminismo branco, o centro do universo ainda é a Terra — ou elas mesmas.

A autora nos entrega de bandeja a pergunta que justifica a necessidade de dividir o movimento antissexista em muitas frentes. É no momento em que mulheres fora dos padrões de gênero, orientação sexual, raça e corpo finalmente conseguem expurgar suas angústias, dores e gritar a importância de suas pautas, que, como numa repetição sem fim, continuam a ouvir: "Por que você está querendo dividir o movimento?"

O grande trunfo do livro *Feminismo branco* é provar que, na verdade, foram as próprias sufragistas e suas herdeiras que sempre fizeram questão de segregar o movimento de mulheres. Sutilmente, se utilizando das performances de feminilidade e de seus privilégios educacionais quando convinha, elas sempre deram um jeito de taxar outras minorias de direitos como raivosas e agressivas. Esse estereótipo permanece até hoje — como ela demonstra ao resgatar a ruptura que ocorreu entre ativistas nas marchas contra o ex-presidente Donald Trump após sua eleição — e não é diferente no cenário da luta antissexista no Brasil.

Não deveria ser tão dispendioso acolher as pautas de pessoas diferentes de nós. A autora enfileira marcos de desigualdades entre mulheres brancas e racializadas nos EUA. Aqui, o cenário é o mesmo. Não é preciso sequer esforço interpretativo, é estatística: a renda média de mulheres negras é 42% menor do que a de mulheres brancas;[1] pretas e pardas foram 75% das assassinadas no primeiro semestre de 2020.[2] A expectativa de vida média de uma pessoa cisgênero é de 76 anos, enquanto a de uma pessoa trans é de 35.[3] Entre os 19 milhões de pessoas enfrentando a fome durante a pandemia de Covid-19, considerando o perfil da pessoa referência da família, a Insegurança Alimentar Grave — que configura fome — foi seis vezes maior quando esta pessoa estava desempregada, e quatro vezes maior entre aquelas com trabalho informal, situações que acometem em maioria mulheres, jovens e negros.[4]

Não é difícil entender. O desafio é tirar-se do centro e compreender que, sim, ser mulher é muito perigoso, especialmente em países em que a moral e ética de uma doutrina religiosa conseguiram se infiltrar na forma em que leis são pautadas e comportamentos são tolhidos. O importante é reconhecer que algumas categorias de mulheres sofrem com a urgência da morte e da fome. Dormem e acordam assombradas por questões que, como pontua Koa, o feminismo branco sequestrado pelo capitalismo não pode curar com uma camiseta com estampa "girl power" vendida em lojas de departamento.

A autora lembra o histórico boicote à carne, em 1902, em Nova York. Em 15 de maio, 20 mil pessoas, em maioria donas de casa judias, foram às ruas protestar pelo aumento do preço da carne casher. Elas quebraram vidraças e incendiaram açougues. Koa pontua como essas mulheres tinham muito a perder: o respeito da comunidade, suas reputações, segurança física e o risco de serem presas. Ainda assim, não titubearam. As mulheres negras e indígenas brasileiras continuam marchando, mesmo que isso signifique perder trabalhos, oportunidades, laços de afeto. Pagam com a própria vida por ousarem exigir direitos básicos.

Koa conta a história de uma mulher racializada funcionária de uma grande empresa que, em 2015, após dar à luz a sua primeira filha, tenta encontrar uma creche de valor acessível e em localização viável, enquanto superiores brancas podem pagar mais caro e contratar babás. A saga me levou ao início do Movimento de Mulheres Negras no Rio de Janeiro, que, na virada da década de 1950, rompe com o feminismo tradicional e se organiza separadamente. A demanda de mulheres negras por creches, ao ser negligenciada pelas feministas brancas — seus filhos eram cuidados por babás negras —, foi um dos estopins que dividiu o movimento, como descrito pela intelectual Rosália Lemos em sua dissertação de mestrado. Segundo Koa, nos EUA, o "deserto de creches" é uma realidade ainda mais presente para famílias latinas. No Brasil, a herança colonial do trabalho doméstico vitimou Miguel de Santana. Oito dias depois do assassinato de George Floyd, o menino de cinco anos caiu do nono andar de um prédio após ser negligenciado pela patroa de sua mãe. Mirtes Renata era empregada doméstica da família Corte Real e, sem ter o direito de parar de trabalhar durante a pandemia de Covid-19, perdeu seu filho enquanto passeava com o cachorro da patroa.

Lembro de ver manifestantes brancos fazendo cordão de isolamento na linha de frente das manifestações após o assassinato de Floyd, em cidades norte-americanas, em maio de 2020, na intenção de proteger ativistas negros e evitar maior repressão policial. No Brasil, já se sabe exatamente quem estará presente nos protestos contra o genocídio negro. Os mesmos pares de sempre cada vez mais exaustos, solitários, revoltados, incompreendidos, esquecidos, silenciados.

Torço para que as reflexões de Koa apareçam no meu feed das redes sociais tanto quanto a avalanche de inúteis quadrados pretos de *#blackouttuesday* naquele histórico e lamentável junho de 2020. O livro não é um passeio. É um baile. Lava a alma de quem não aguenta mais pontuar racismo, apagamento e falta de representatividade em movimentos de mulheres, sacode quem insiste em pensar o mundo a partir do eu. Em minha utopia particular, quero encontrar mulheres brancas da próxima vez em que a população negra se reunir para chorar a morte de mais um de nós.

Propondo e sonhando com um futuro diferente, Koa encerra o livro com três pilares de mudança que devem ser incorporados no ativismo feminista. É um grito de exaustão e um voto de confiança de que tempos melhores são possíveis, mas, para isso, é preciso exigir proporcionalidade, lutar contra os sistemas de opressões estruturais e responsabilizar mulheres que usam seus poderes para oprimir outras. É hora de agir. Ninguém disse que seria fácil.

Introdução

Quando eu tinha 26 anos, publiquei um ensaio pessoal sobre minha passabilidade branca e heterossexual — mesmo não sendo nenhum dos dois. Tenho a pele clara e sou convencionalmente feminina, atributos que, ao longo da minha vida, fizeram estranhos, colegas, chefes e pessoas que entrevistei acharem que estavam falando com uma mulher branca e heterossexual. Isso me trouxe uma série de vantagens, tanto no âmbito cotidiano (nenhum policial jamais me perguntou por que eu estava parada à toa) quanto no âmbito profissional (você teria me contratado para comandar uma plataforma nacional de mulheres se eu parecesse mais *queer*?).

Quando comecei a procurar mais experiências documentadas sobre passabilidade, tudo que eu encontrei parecia indicar que era algo que acontecia — no passado —, insinuando, de certa forma, que não acontece mais. Os arquivos mais recentes e robustos documentavam pessoas Negras* nos Estados Unidos do século xx que eram claras a ponto de terem conseguido recriar suas vidas como pessoas brancas

---

*   Ao longo do texto, grafo as palavras "Negra/Negro", "Nativa/Nativo", "Indígena", "Latina/Latino", "Asiática/Asiático" com iniciais maiúsculas (exceto nos casos em que foram grafadas com letras minúsculas no texto original) para marcar a forma como esses termos e essas categorias são utilizadas no contexto político e identitário norte-americano. (*N. da T.*)

norte-americanas. De forma simples, puderam decidir que eram pessoas brancas e recomeçar suas vidas como pessoas brancas que podiam usar os bebedouros "só para brancos", conseguir oportunidades de emprego mais lucrativas e estáveis e se casar com pessoas brancas. Havia um incentivo enorme para "cruzar a linha da cor", como por vezes descrito por historiadores da passabilidade, pois isto garantiria mais autonomia, oportunidades, recursos e liberdade — coisas que a sociedade branca, por tradição, manteve para si.

Mas eu queria documentar a passabilidade que acontece nos dias de hoje — para além das leis Jim Crow, do reconhecimento federal do casamento homoafetivo e do aumento de crianças mestiças nascidas nos Estados Unidos. Se as pessoas acham que você é uma pessoa branca, que você é heterossexual, que você é cisgênero, que você é cidadão, que você é de classe média alta, elas falam e se dirigem a você de forma diferente, de uma forma que oferece vantagens.

O ensaio que eu escrevi viralizou e ainda recebo mensagens de pessoas de todo o mundo me dizendo que coloquei em palavras uma experiência que elas nunca conseguiram digerir muito bem. Também recebi muitas críticas e mensagens de ódio — a recepção padrão quando você dá sua opinião na internet sendo mulher, *queer* e alvo de racialização.*

Mas, mais perturbadora para mim do que as respostas mais violentas ou condescendentes, era a afirmação de que eu deveria simplesmente ser branca. Sendo eu clara o bastante para ter passabilidade até diante de pessoas brancas, por que eu não poderia então ascender à branquitude? Fazer isso não seria uma melhora? Não seria progresso?

---

* No original, person of color. "Person of color" – "people of color", ou "PoC" e suas demais variações – é uma categoria de coalização política que inclui todas as pessoas de configurações étnicas e raciais exceto pelas brancas. Utilizo "pessoa alvo da racialização" – e suas variações – como tradução para "person of color" – e suas variações – em consonância com as formulações da tradutora Jess Oliveira, no intuito de marcar que a racialização é um processo violento por meio do qual a supremacia branca atribui raças a quaisquer pessoas que não sejam brancas ao mesmo tempo que "desracializa" a branquitude e a coloca como padrão da humanidade. (*N. da T.*)

O que permite presumir que eu iria querer isso é a crença inquestionável de que o branco é melhor. Se me dão a oportunidade de fazer parte deste clube especial onde não sofro agressões raciais e onde gerentes me acham competente antes mesmo de eu abrir a boca, eu deveria aceitá-la de bom grado. Mas, mais importante que isso, eu não deveria questioná-la.

Eu tinha uma consciência aguçada a respeito de como corpos poderosos me enxergavam. O que eu não sabia de forma direta nesse ponto da minha vida era como eles enxergavam a barreira de entrada. E foi isso que a mídia feminina me ensinou.

Em um dos meus trabalhos como editora, nós recebíamos as capas impressas (na época em que as pessoas ainda se importavam com a revelação das capas) por volta de um dia antes de serem publicadas on-line. Era uma experiência tátil estranhamente cerimoniosa, mas ainda assim muito empolgante para uma equipe de edição e escrita que existia em grande medida por meio de canais do Slack cheios de bipes, caixas de entrada abarrotadas de e-mails e atualizações super-rápidas de mídias sociais; não havia muita coisa que pudéssemos segurar em nossas mãos e daí tirar alguma satisfação. Todo o orgulho jazia e acontecia no *ethos* da internet. Os tuítes de qualquer lugar compartilhando certos artigos, os relatórios de engajamento que podiam ser averiguados, as altas gigantes no tráfego que corriam por toda a empresa. Exceto pelo que acontecia uma manhã por mês, quando uma caixa sem rótulos chegava no nosso andar e a equipe se reunia para abri-la e revelar todas as cópias fresquinhas da revista.

Em novembro de 2016, a estrela da capa foi Nicki Minaj, seu rosto inconfundível em todas as pilhas imaculadas e brilhantes. Lembro de ter pegado uma cópia para analisar o estilo de bom gosto e as linhas da maquiagem dela — o delineado preto e grosso nos olhos e a blusa plissada de gola alta. Ela estava tão linda e poderosa, tão fácil de reconhecer acima da legenda "Tudo que Jay-Z consegue fazer, eu também consigo".[1] Outra editora apareceu atrás de mim enquanto eu admirava a representação da mulher mais influente do hip-hop e também comentou sobre como a capa era bonita. Ela me disse que também tinha gostado por cima do meu ombro. Em seguida, acrescentou: "adoro quando fazem gente vulgar parecer bonita".

Essa observação, um comentário desnecessário que ela fez antes de largar a bolsa e ir pegar café na copa do escritório, ficou fundida em um pedaço do meu cérebro que eu nunca recuperei. Lembro de ouvir o som das sapatilhas dela enquanto ela caminhava para longe, mas eu mesma permaneci ancorada naquele exato ponto do carpete cinza. Em dado momento consegui me mover. Tenho a vaga lembrança de ter ido ao banheiro. Voltei para minha mesa. Fiz meu trabalho. Fui produtiva. Mas aquelas sílabas reverberaram junto ao meu teclado por meses a fio, chegando a mim nos momentos em que tratava de uma edição ou checava meu e-mail.

O que se estabeleceu no fundo do meu corpo com o passar do tempo foi que pessoas como Nicki Minaj, pessoas como eu, pessoas bem diferentes de nós duas, jamais se encaixariam nessa suposta versão de feminismo. Não importavam as palavras que usássemos em reuniões ou como nos apresentássemos, sempre haveria alguma editora de conteúdo autoidentificada como feminista para usar palavras como "vulgar" para descrever nossa classe, nossa sexualidade, nossa raça, nossa cultura, nossa política, nossa história e, sobretudo, nossos objetivos estratégicos como pessoas de gêneros marginalizados.

As reações ao meu ensaio sobre passabilidade também voltaram depressa. Os paralelos entre as duas respostas, "você deveria apenas ser branca" ou "você deveria ter uma aparência mais respeitável", falham fundamentalmente em questionar o poder. Ou em reimaginá-lo. Além de tudo, ainda existe a ideia de que sempre teríamos que nos assimilar ou buscar certas convenções para sermos vistas ou para que se dirigissem a nós.

Naquela época, vi serem publicadas diversas sobreposições com várias mensagens de veículos concorrentes que não condiziam com a vida das mulheres: que deveriam simplesmente superar a síndrome de impostora e brandir o chicote capitalista, mesmo que as mulheres que se reportam a você mal consigam pagar o aluguel. Todos estes cenários apresentam as armadilhas e o apelo do ganho individual, e é assim que são justificados: um emprego que você sempre quis, um vestido caro que você "merece", um prêmio com o qual você sempre sonhou — que, a curto prazo, são amiúde enquadrados como vitórias coletivas para todas as mulheres ou todas as pessoas.

As políticas de assimilação são amplas e espinhosas. E para muitos grupos privados de direitos nos Estados Unidos, seguir as regras e os parâmetros do opressor foi por vezes uma forma de sobrevivência básica. Você vai viver por mais um dia se falar essa língua, se vestir-se desse jeito, se casar nesse lugar, se rezar para esse deus, se portar dessa forma.

Quando comecei minha carreira na mídia feminina, o gênero estava apenas começando a ser um assunto aceitável fora dos reinos tradicionais da moda e da beleza. Isso significava que eu podia sentar em entrevistas com plataformas bem *mainstream* e discutir a desigualdade salarial entre homens e mulheres e a discriminação sofrida por grávidas sem ser tratada como "raivosa". Em algum ponto da minha carreira, no entanto, aprendi que, em muitas das salas de conferência com paredes de vidro onde eu planejava as pautas da revista, a realidade da vida das mulheres era interrompida em algum lugar em torno da possibilidade de atingir uma posição de liderança dentro de um trabalho de escritório e conseguir um casamento heterossexual com um homem cis que também trocasse fraldas. Todas as outras realidades "feministas" tinham que orbitar em torno dessa, ou ao menos fingir comprometimento com esse ideal final.

Para mim, o escopo de tópicos era complexo e contínuo: contracepção, acesso à saúde, desigualdade salarial, licença parental, encarceramento, imigração, controle armamentista, discriminação no mercado de trabalho, moradia acessível, violência e assédio, proteções ambientais, segurança alimentar, educação, pequenas empresas e empreendimento.

Entretanto, a linha que delimitava quais problemas genderizados se tornavam problemas "feministas" era por vezes desorientadora para sequer identificar. Assim como uma chaleira quente em que você, distraída, encosta a mão, por vezes eu não percebia que tinha cruzado a linha até tê-la de fato cruzado — colegas me encarando nas reuniões enquanto eu apontava que mulheres *queer* também enfrentavam uma enorme epidemia de assédio sexual por parte de outras mulheres, ou que a crescente indústria da cannabis era um insulto terrível para as diversas mulheres alvo da racialização que foram presas por posse de maconha. O que eu mais lembro a respeito dessas reuniões é do silêncio que se instalava em seguida. Uma espécie de movimento estático em que, em meio ao silêncio, os artigos de opinião, ensaios e destaques eram sopesados e comparados com a realidade cheia de aspirações que eu ainda estava tentando entender: independência, estabilidade, financeira e direitos melhores. Às vezes meus superiores permitiam que eu me debruçasse sobre essas histórias e pautas; noutras, não.

Aprendi as palavras que usavam, "descolado", "novo", "diferente", "brilhante" e, mais tarde, "desconstruído", e tentei construir uma esfera em que, se não todas, a maioria das minhas histórias fosse aceita. Se eu tivesse que pontuar minhas pautas com um linguajar corporativo e asséptico para conseguir passá-las pela brecha dos portões de acesso guardados — figurativamente e, por vezes, literalmente — por aqueles porteiros ideológicos, eu estava disposta a fazê-lo. Muito do que eu pensava nessa época tinha a ver com o respeito que eu tinha pela magnitude gigantesca daquela plataforma que estava disponível para mim. Editar um pacote sobre o que mulheres sentem a respeito da cultura armamentista dos Estados Unidos tem muito impacto se um público leitor que nunca considerou a possibilidade de controle armamentista passa a considerar. Relatar uma história sobre pessoas que se auto identificam como homens e usam maquiagem fora dos ditames do gênero vale todo estresse interno necessário para colocá-la no mundo, se ela servir para encorajar o público leitor a pensar em gênero como algo sem limites. Estou acostumada a alternar minha forma de falar: não uso com minha esposa, em ambientes explicitamente *queer*, os mesmos termos, palavras e sinais que uso com chefes em escritórios, em ambientes compostos por pessoas heterossexuais em sua maioria, com minha família ou quando vou ao banco. Eu achava que essa era apenas mais uma habilidade que eu teria que aprender como uma mulher *queer* e birracial em um mundo tão estratificado. Assim como tudo na vida. Mais uma para a lista.

Mas, por vários motivos, essa marcha em direção à igualdade de gênero era diferente das outras coisas. Pois deveria ser um caminho para a correção; um meio de ajustar e padronizar uma cultura para que esta fosse melhor para gêneros marginalizados. Deveria ser "feminismo".

Mas o que se desenvolvia em histórias completas, no entanto, ao contrário do que permanecia em estado embrionário na caixa de entrada do meu e-mail, tinha que seguir um cálculo preciso, uma forma de ver o mundo através de uma hierarquia de questões. Eu podia pautar ou editar artigos sobre o aumento de mulheres e meninas encarceradas como algo incidental no panorama geral. Eu podia pautar uma história sobre clareamento de pele e sobre as coisas que mulheres estão dispostas a fazer para alcançar um ideal de beleza inalcançável. Mas se eu criticasse os valores centrais daquele ideal, do panorama geral, minha ideia era prontamente dispensada.

Uma pessoa que era gerente da *MarieClaire.com* e se autoidentificava como feminista tinha uma forma muito específica de me informar que minhas ideias não serviam para a marca. Quando eu pautava histórias sobre homens trans pensando sobre opções de parto ou adolescentes e pré-adolescentes se aliando ao poder corporativo em vez de questioná-lo, geralmente por e-mail, esta pessoa, minha então chefe, com frequência me respondia com uma só palavra, toda em letras maiúsculas: "NICHO".

Era um código cuidadoso, uma forma de me dizer que o que era uma grande questão de gênero para mim era apenas uma questão secundária para aquela plataforma. A questão de mulheres pobres tentando ganhar o suficiente para comprar fraldas nunca foi tão central ou urgente quanto mulheres brancas heterossexuais tentando ficar ricas ou expondo seus problemas de relacionamento heterossexuais.

Minha vivência não era incomum. Em 2020, o *New York Times* relatou que Hearst, a empresa que é dona da *Marie Claire*, "lidou com demandas de mudança por parte de funcionárias que tratavam sobre o que elas descreveram como uma cultura de discriminação que há muito vinha sendo ignorada".[2]

Desde a pessoa da gerência que quantificava alguns tópicos sobre gênero como de "nicho", essa cultura restringia quais histórias eram contadas. Porém, mais preocupante ainda, essa cultura propiciava uma estranha realidade feminista em que mais ou menos todo mundo tinha dinheiro o bastante para viver, em que o direito ao aborto era a única questão reprodutiva a ser abordada, em que a cobertura sobre finanças era limitada a dívidas de empréstimo estudantil ou sobre a decisão de começar ou não um império de negócios. Mulheres e pessoas não-binárias que vivenciaram experiências genderizadas ou opressão fora destas lentes não eram retratadas. Ou pior que isso, dado o tratamento único que lhes permitia ter apenas uma história em contraponto à cobertura contínua sobre as mulheres que estavam acumulando riqueza em nome do feminismo. Para as primeiras, os encontros com a misoginia eram apresentados como pouco significantes ou adjacentes ao grande chamado feminista para a ação. Mulheres empreendedoras têm menos chances de receber dinheiro para começar um negócio, ah, e ali do lado uma mulher trans foi brutalmente agredida. Ao cobrir uma vez o número de mulheres e meninas Negras encarceradas, ao investigar uma vez a situação de mulheres pobres buscando alternativas para o aborto no mercado clandestino, plataformas como a minha transformavam essas realidades em anomalias, implementando a ilusão de que estas eram incidentais no panorama mais amplo de gênero.

Essa estratégia editorial produziu um ritmo diário supostamente feminista tão parcial em suas preocupações acerca de gênero que as pautas podem ser resumidas assim: "Se imponha, dinheiro é feminista", "Direito ao aborto", "Taylor Swift fez uma franja!", "Será que eu deveria ter um bebê?", "10 cremes para os olhos", "Esta manicure está fazendo artes de unhas lindas na quarentena",[3] "Por que fazemos jardinagem em momentos de crise",[4] "Uma verdade desconfortável: Mulheres também podem ser chefes malvadas".[5]

À medida que eu navegava por espaços que se colocavam como feministas, como conferências, painéis e espaços de *co-working*, vi essa subcategorização de mulheres e pessoas ser tratada como algo que pode ser corrigido por meio de anedotas: Você sabia que mulheres bissexuais têm mais probabilidade de sofrer violência sexual? Você sabia que mulheres trans têm muito mais probabilidade de sofrer violência que mulheres cis? Você sabia que Latinas ganham menos dinheiro que mulheres brancas que, por sua vez, ganham menos dinheiro que homens brancos?

Mas a única razão para que esses dados sejam citados em primeiro lugar é a centralidade do feminismo branco. Essas realidades são colocadas como alternativas, oferecidas entre asteriscos, em notas de rodapé, através de um sistema de marcadores em que a realidade número um é a da mulher cis, branca ou aspirante a branca, classe média, sem deficiência, jovem e heterossexual.

Considerando meus próprios encontros com feministas brancas, no entanto, esse comprometimento não é abordado de forma literal. Não é como se alguém já tivesse chegado para mim numa reunião e dito: "na verdade, nós só nos dedicamos ao feminismo branco aqui nessa marca". Isso é feito de outras formas, de formas insidiosas. Assim como a pessoa que era minha chefe tinha o costume de fazer, existem códigos contemporâneos para passar essas lentes adiante.

Aqui vai outro exemplo. Em 2015, me ofereceram um emprego como editora de notícias e política na *Glamour*. À medida que o processo da entrevista seguiu, perguntei para as pessoas que me entrevistaram, ambas do corpo editorial, em que pé a marca estava em relação a diversas questões: imigração, controle armamentista, educação sexual, licença parental federalizada. Eu queria um pouco mais de transparência em relação às posições editoriais que eu poderia defender caso aceitasse o emprego.

Queria saber quais eram os limites daquele lugar. As pessoas que me entrevistaram trocaram olhares e me explicaram que as posições acerca de todas as questões precisavam ser "pró-mulher". Pedi que explicassem melhor quais questões eu poderia cobrir ao mesmo tempo em que pensava, *eu não sei o que significa "pró-mulher"*. Depois de repetir o que já haviam dito, voltaram a declarar que toda a cobertura acerca de política da revista tinha que ser "pró-mulher".

Não aceitei esse emprego; por sorte, me ofereceram outro que me permitiu não precisar aceitar o primeiro. Mas a escolha do termo "pró-mulher", seguiu comigo conforme eu refletia sobre a inabilidade daquelas pessoas de se alinhar com qualquer questão que evocasse mães empreendedoras do Instagram. É quando rastreio o termo "pró-mulher" ao longo da minha carreira no campo editorial, através das pessoas que me contrataram ou que quiseram me contratar, das pessoas com quem trabalhei e negociei pacotes editoriais, políticas e relatórios culturais, que sempre chego no mesmo lugar: feminismo branco. E, talvez de forma mais reveladora, apesar de pluralidade ser a palavra usada com mais frequência para designar que algo tinha a ver com "mulheres", esta sempre tratava do mesmo tipo de feminismo a ser incorporado, posicionado de forma estratégica para se colocar como abrangente.

No fim das contas, o que aprendi foi que esses casos não eram apenas deslizes ou enganos — uma simples falta de consciência. O feminismo branco é uma ideologia que tem prioridades, objetivos e estratégias diferentes para alcançar a igualdade de gênero: autonomia personalizada, riqueza individual, autoaprimoramento eterno e supremacia. É uma prática e uma forma de ver a igualdade de gênero que tem seus próprios ideais e princípios, assim como o racismo, o heterossexismo e o patriarcado. E sempre teve.

Como muitos outros preceitos opressores, o feminismo branco é mais um sistema de crenças do que algo relacionado a uma pessoa específica, seja branca, mulher ou algo diferente disso. É uma forma específica de ver a igualdade de gênero ancorada na acumulação de poder individual em vez de na redistribuição de poder. Pode ser praticado por qualquer pessoa, de qualquer raça, contexto, pertença, identidade ou filiação.

O feminismo branco é um estado de espírito.

É um tipo de feminismo que engole as políticas de poder sem questioná-las — ao replicar padrões de supremacia branca, ganância capitalista, ascensão corporativa, práticas de trabalho desumanas e exploração e declarar que é empoderador para mulheres seguir estas doutrinas como os homens sempre fizeram. É uma mentalidade sedutora, pois posiciona *você* como agente de mudança, transformando suas necessidades individuais no ponto de referência para todas as rupturas revolucionárias. Tudo que você precisa é de uma rotina matinal melhor, esse macete para escrever e-mails, a saia lápis daquela mulher, essa conferência, aquela *newsletter*.

A abordagem do autoempoderamento fica ainda mais perigosa quando executada em escala macro: empresas, educação e infraestrutura governamental. O autoaprimoramento sem fim com frequência significa que barreiras sistêmicas e institucionalizadas para licença parental, salário igualitário, saúde, cidadania, creches acessíveis, práticas de trabalho justas, são reenquadradas como problemas pessoais em vez de situações de privação de direitos. Se estas questões são apenas dilemas individuais a serem resolvidos, então é possível projetar um caminho individual para superá-las, em vez de identificar, avaliar e se organizar contra preconceitos estruturais em conjunto.

O feminismo branco tem a tradição de ficar em cima desse muro, advogando pela organização de soluções pessoais, porque pessoas que seguem essa ideologia, historicamente, têm mais soluções desse tipo.

Essa doutrina não prioriza ativismos que não centralizem as realidades pessoais, obstáculos e educações de classe média. E, para este fim, essa ideologia amiúde responde mal aos esforços para democratizá-la ou expandi-la. Isso acontece porque o feminismo branco está, em última análise, investido na manutenção da superioridade da branquitude, especialmente diante do feminismo. As pessoas apoiadoras do feminismo branco querem conciliar seu feminismo com o mito de que continuam sendo especiais, melhores, "mais trabalhadoras" e, portanto, merecem ocupar os lugares que quaisquer combinações de raça, privilégio de classe, feminilidade convencional e/ou cisgeneridade lhes conseguiram. O feminismo branco deseja e afirma essa ilusão da branquitude e tudo que ela promete, mesmo que as pessoas que o praticam não sejam brancas.

Como eu vim parar aqui, numa plataforma nacional de mulheres por volta de 2016, com esses tipos de perguntas e dilemas, diz muito sobre como o feminismo se originou nos Estados Unidos. Historicamente, o termo vem da França. *"Féminisme"* foi usado pela primeira vez em 1837, pelo filósofo e socialista francês Charles Fourier[6] para definir a ideia de que mulheres podiam viver e trabalhar de forma tão independente quanto homens.[7] Por volta da metade do século XIX, o termo tinha evoluído no inglês tanto na Europa quando na América do Norte, junto ao movimento pelos direitos das mulheres que estava em desenvolvimento. A Convenção de Seneca Falls, que aconteceu em Nova York em 1848, é considerada a primeira reunião feminista organizada de mulheres nos Estados Unidos. Dirigida pelas abolicionistas e feministas Elizabeth Cady Stanton e Lucretia Mot,[8] os termos dessa batalha estavam bem definidos e eram benéficos para um grupo específico: mulheres brancas que queriam igualdade com homens brancos, particularmente através de educação, de propriedade e, o mais importante, através do direito ao voto. Foi aí que o feminismo branco, que significava poder compartilhado com os homens sobre estes sistemas, começou. Sete décadas depois, o sufrágio feminino e o termo "feminista" se fundiriam em uma abordagem abrangente nos Estados Unidos.

O termo entrou e saiu de moda várias vezes desde então. No período mais recente, o feminismo passou a chegar através de endossos de estrelas do pop e desafios à cultura à la *#MeToo** e canecas com os dizeres DESTRUA O PATRIARCADO, contribuindo para a narrativa cultural de que mulheres estão, de forma coletiva, vivenciando uma forma melhor de vida. Como se por norte-americanos terem visto um número recorde de mulheres se candidatarem à presidência na eleição de 2020[9] e *"Nevertheless, She Persisted"* [No entanto, ela persistiu]** ter virado meme e ter sido utilizado como arma, direitos equânimes de gênero tivessem sido alcançados de forma coletiva ou, de acordo com a teoria adjacente ainda mais perigosa, estão bem próximos de serem alcançados. Tudo o que precisamos é de parceiros que de fato priorizem o cuidado com as crianças, como mães de classe média lamentaram para o *New York Times* durante a pandemia da Covid-19 que seus maridos simplesmente não estavam contribuindo com as tarefas da casa da mesma forma que elas.[10] Ou de outra leva histórica de mulheres servindo no Congresso.[11] Ou de uma presidenta em 2024.[12] Estamos quase lá. Estamos no caminho certo. Agora todo mundo entende mais ou menos o feminismo. É só uma questão de encorajar mais meninas a entrarem nas áreas de ciência, tecnologia, engenharia e matemática e de mostrar para mulheres que elas também podem ter uma empresa se quiserem.

Essa suposição é absurdamente imprecisa no mesmo nível em que é prevalente. Mas, mais terrível ainda é a narrativa que diz que *O feminismo agora está em todos os lugares!* e seu efeito manipulador sobre mulheres alvo de racialização, que nos diz, por meio de seus diálogos abrangentes e bem aceitos, que nossas vidas estão muito melhores, quando na verdade

---

* #MeToo significa, literalmente, "eu também". É um movimento por parte de atrizes e artistas estadunidenses contra o assédio e a violência sexual na indústria cultural estadunidense. (*N. da T.*)

** Expressão do movimento feminista estadunidense. Foi uma frase dita por Mitch McConnell a respeito da senadora Elizabeth Warren, que continuou a expressar as objeções que tinha à posição de Jeff Sessions como procurador-geral mesmo depois de seu silêncio ter sido alvo de votação no senado. (*N. da T.*)

somos apenas um asterisco nas estatísticas da desigualdade salarial. Porque, quando remove-se as mulheres brancas e economicamente confortáveis do panorama de gênero, o feminismo não está em todos os lugares. A mudança nas políticas de gênero não veio de forma rápida. Para muitas mulheres, não veio de forma alguma.

Entre 1980 e 2015, mulheres Negras diminuíram em nove centavos a desigualdade salarial com homens brancos.[13] Demorou mais tempo do que eu tenho de vida para conseguir menos de dez centavos de progresso. A situação das mulheres Latinas é ainda pior, pois elas levaram 35 anos para diminuir apenas cinco centavos da diferença.[14] Enquanto isso, com o aumento de preços, nossa nação está tirando muitas de nós do caminho para a ascensão social. O custo de diplomas universitários dos Estados Unidos dobrou,[15] aumentando oito vezes mais rápido que os salários. Cada vez mais mulheres estão sendo encarceradas neste país; o número de mulheres encarceradas cresceu mais de 750 por cento entre 1980 e 2017.[16] E, de 1991 até 2007, o número de crianças cujas mães estão na prisão cresceu mais que o dobro.[17] Apesar de iniciativas como o Affordable Care Act [Lei de Cuidado Acessível] terem coberto muitas pessoas, mulheres alvo da racialização têm taxas mais baixas de acesso a saúde que mulheres brancas, o que as impede de conseguir tratamento para condições de saúde crônicas que podem ser prevenidas.[18] A realidade econômica tênue vivida diariamente pela maior parte das mulheres alvo da racialização nos Estados Unidos ficou ainda mais evidente durante a pandemia do Covid-19: muitas serventes, babás e trabalhadoras domésticas viram suas rendas já incertas desaparecerem assim que as medidas de isolamento social cresceram.[19] E as iniciativas para aliviar a situação por parte do governo federal notadamente não incluíram muitas mulheres imigrantes e sem documentos, mulheres que sustentam todo um setor de assistência e cuidados.[20]

Em tempos desse suposto "feminismo" aumentado, mulheres alvo da racialização e mulheres pobres são deixadas para trás e, ainda assim, as armadilhas que nos atingem de forma única, como pobreza, encarceramento, violência policial e imigração, não são tratados como "questões feministas" com muita frequência.

A razão para que haja tanta dissidência entre o que uma diretora executiva de uma empresa diz que você pode fazer e a realidade vivida do que você consegue de fato fazer, reside no fato de que esse tipo de feminismo não foi feito para nós. Precisamos de um movimento que aborde a realidade da vida das mulheres em vez do que se aspira que essas vidas sejam.

Nesses tempos urgentes, precisamos de um novo feminismo, com estratégias e objetivos explicitamente diferentes. Mas, antes que possamos construir um movimento, precisamos reconhecer os conflitos profundos e contínuos que precederam o momento atual. Precisamos aprender a reconhecer e mapear o curso do feminismo branco para que possamos desmantelá-lo de uma vez por todas.

Parte I
A história do feminismo branco

Falar sobre racismo no feminismo é atrapalhar a felicidade feminista. Se falar sobre racismo no feminismo atrapalha a felicidade feminista, precisamos atrapalhar a felicidade feminista.

—Sara Ahmed, *Living a Feminist Life*[1]

Capítulo um
A construção de uma "feminista"

"**F**EMINISTA" COSTUMAVA SER um palavrão na cultura popular moderna. No alto de sua influência em 2012, depois de ser elogiada por produzir hinos "empoderadores" para mulheres jovens, Taylor Swift, de forma notória, negou ser feminista para um repórter do *Daily Beast*. Sua resposta, que evoluiria nos anos seguintes, demonstrava uma crença na paridade de gênero mesmo que ela se desviasse do termo. "Eu não penso nas coisas dessa forma, meninos contra meninas. Nunca pensei. Fui criada por pessoas que me ensinaram que, se você trabalhar tanto quanto os caras, você pode chegar longe na vida"[1].

Era essencialmente a expressão "eu não sou feminista, mas...", uma expressão cultural curta, recorrente e bem documentada na qual o discurso dos direitos iguais era exposto ao mesmo tempo em que a filiação à ideologia feminista era evitada. Swift, um exemplo proeminente disso, era parte de um grande grupo de ícones do pop que fizeram declarações similares. Naquele mesmo ano, Katy Perry disse no evento Mulheres na Música da *Billboard*: "eu não sou feminista, mas acredito muito na força das mulheres".[2] No ano seguinte, em 2013, Kelly Clarkson declarou para a *Time* que ela tinha "trabalhado muito duro" desde a adolescência, mas "não diria [que sou] feminista, isso é muito forte. Acho que quando as pessoas escutam [a palavra] feminista pensam logo, 'sai da minha frente, não preciso de ninguém'".[3] Antes, naquele mesmo ano, a recém-eleita presidenta executiva do *Yahoo!*, Marissa Mayer, explicou: "não acho que me consideraria feminista. Acho que, com certeza, acredito em direitos iguais".[4]

Essas respostas acanhadas e confusas, ainda que pontuadas pelas declarações de "eu acredito em direitos iguais!", eram reflexo da ampla difamação do feminismo na cultura de forma geral. Em 2003, a *Maxim* notoriamente publicou um guia pictórico sobre "Como curar uma feminista".[5] Por volta da mesma época, na então dominante cultura de direita da era George W. Bush, houve a proliferação do termo "feminazi", utilizado para descrever mulheres que defendiam o direito ao aborto por figuras influentes como Rush Limbaugh.[6] Isso aconteceu no final da década de 1990, que assistiu ao movimento *Riot Grrrl* dar lugar a uma lista da *Billboard* cheia de cantoras do pop menores de idade, pregando valores cristãos de virgindade, em uma época em que também havia uma série de investidas da cultura pop sendo feitas contra o feminismo.

No filme *Eleição*, de 1999, a personagem de Reese Witherspoon, uma estudante corajosa, determinada e sabe-tudo que está tentando vencer uma eleição no ensino médio, é retratada como vilã — uma pedra no sapato do narrador simpático e, portanto, confiável interpretado por Matthew Broderick. Em *10 coisas que eu odeio em você*, outro popular filme adolescente que foi lançado no mesmo ano (baseado na peça *A megera domada*), a personagem principal Kat Stratford é difamada de forma semelhante por assumir uma posição política explicitamente feminista e por ser leitora de *A redoma de vidro*. Da política à cultura pop, a mensagem era bem clara: feminismo é uma algo ruim.

Ainda assim, em outras arenas culturais — a internet, de maneira especial — o conceito de gênero estava circulando. Como em muitas subculturas (e sim, política de gênero era definitivamente uma subcultura da internet nos anos 2000), pessoas que pensavam gênero criticamente ou que queriam consumi-lo em tempo real através da mídia se congregavam em torno de blogs: *Jezebel, Feministing, Racialicious*, e mais uma miríade de blogs pessoais e discussões no YouTube. Isso era o mais perto que era possível chegar de interpretações feministas da cultura pop sem ter que fazer reuniões feministas na sala da sua casa ou pegar matérias de estudos sobre as mulheres ou ir comigo em festas *queer*.

Então não é de se surpreender que, na primeira vez que escutei a canção "***Flawless", lançada em 2013 por Beyoncé — que incluía um trecho da conferência TEDxEuston de popularidade explosiva intitulada "Todos devemos ser feministas", feita em 2012 por Chimamanda Ngozie Adichie — eu tenha esperado que a frase de efeito fosse cortada logo antes da palavra "feminista". Esse é o tamanho da higienização que o termo enfrentava na cultura pop naquela época. O fato de que a palavra e a sua definição estendida tinham sido incluídas na íntegra na canção, me pareceu bastante intencional.

O momento de destaque em que Beyoncé ficou de pé na frente do proeminente telão com a palavra "FEMINISTA" no MTV Video Music Awards de 2014[7] demonstrou em contornos de rosa e preto que era possível ser uma cantora no topo das paradas internacionais e se importar com a desigualdade sistemática de gênero — ou, pelo menos, foi o que pensei. Como muitas jornalistas e escritoras naquela época, no início considerei progressista essa declaração estratégica, já que, honestamente, durante minha curta vida, eu e as outras pessoas nunca tínhamos visto nada parecido com isso sair da cultura pop.

Barbara Berg, historiadora e autora de *Sexism in America* [Sexismo nos Estados Unidos], disse à *Time* depois do VMA que "isso seria impensável na minha época".[8] Roxane Gay, que havia publicado sua coleção de ensaios *Má feminista* algumas semanas antes, disse no Twitter: "olha, o que Bey fez pelo feminismo em rede nacional, para o bem ou para o mal, é de um alcance BEM maior do que qualquer coisa que a gente já viu". E Jessica Valenti, em tom de ironia, tuitou uma captura de tela da silhueta de Beyoncé na frente do gigantesco "FEMINISTA" e declarou: "muito ansiosa para o próximo artigo de revista dizendo que o feminismo está morto ou que é irrelevante".[9] Sem dúvidas, Beyoncé havia movido a linha figurativa entre a cultura pop e o feminismo.

Mas quando você vê "FEMINISTA" como um acessório de set durante os VMAS, o que isso significa? O que uma feminista defende?

Se você perguntasse para as sufragistas — as mulheres brancas da elite que construíram a primeira onda do feminismo norte-americano — o termo "feminista" evocava a possibilidade de votar e de também ter acesso ao que seus maridos, pais e filhos tinham.

Esse é o credo feminista que motivou a sufragista Alice Paul a fazer parte da National American Woman Suffrage Association [Associação Nacional Norte-americana do Sufrágio Feminino] (NAWSA), por volta de 1910.[10] Ela acreditava que deveria ter acesso às mesmas oportunidades profissionais e educacionais disponíveis para os homens de sua comunidade. Para ela, esse direito sempre lhe pertencera — até que ela deixou sua casa isolada e percebeu que muitas mulheres não o tinham.

Apesar de ter nascido em 1885, Paul foi criada para acreditar na igualdade de gênero desde muito nova. Ela praticava esportes como hóquei sobre a grama, beisebol e basquete, e também era uma estudante excelente e leitora ávida. Seu pai e sua mãe eram quacres, uma fé que tinha muitos ensinamentos "radicais", incluindo igualitarismo espiritual entre homens e mulheres e ausência de ministros ou ministras e cerimônias religiosas.[11] "Eu nunca pensei que pudesse ser diferente... os princípios sempre estiveram lá", disse Paul mais tarde sobre as oportunidades atípicas que ela considerava naturais.[12] Mas apesar daqueles princípios serem centrais na casa, na fé e na comunidade dela, Paul viria a perceber que estes não se refletiam na sociedade. Muitas leis e práticas políticas dos Estados Unidos mantinham as mulheres em posições secundárias às dos homens. E, para mulheres como Paul, não poder participar da suposta democracia através do voto era a maior das privações de direitos.

Paul, seus irmãos e sua irmã passaram a infância em uma fazenda extensa em Nova Jersey, com acesso a vários confortos do início do século XX: encanamento interno, eletricidade e um telefone.[13] A maior parte do trabalho na "casa da fazenda", como Paul a chamava, era feita por trabalhadores e trabalhadoras domésticas contratados;[14] seu pai era um homem de negócios de muito sucesso,[15] presidente de um banco em Moorestown, Nova Jersey.[16]

Com a maior parte do trabalho doméstico sendo administrado por terceiros, a mãe de Paul, Tacie, pôde fazer outros investimentos em sua filha. Tacie era anfitriã e frequentadora de reuniões regulares de sufrágio, tanto na fazenda quanto em outros lugares. Ela começou a trazer sua filha mais velha consigo para ouvir enquanto as mulheres discutiam abertamente sobre o fracasso contínuo em conseguir que os estados ratificassem uma emenda ao sufrágio feminino. Esse foi o plano apresentado de início por sufragistas emblemáticas da década de 1890: Elizabeth Cady Stanton, Susan B. Anthony e Lucy Stone. Envolver os estados com as emendas e pressionar o Congresso a aprovar uma emenda federal.[17] Mas essa estratégia estagnou. E agora, já em um novo século, pelos salões de visitas, casas de fazenda e nas cozinhas, as mulheres ainda não tinham o direito de votar.

Na época em que Paul começou a frequentar as reuniões sufragistas com a mãe dela, o plano mudou novamente. A NAWSA decidiu implementar um "plano de sociedade" para recrutar pessoas influentes, inclusive mulheres privilegiadas e mulheres com educação universitária, para pregar e entender a necessidade social do sufrágio.[18]

Paul cresceria e colocaria este plano em ação, mas não exatamente como as senhoras que tomaram chá em sua sala haviam imaginado. Depois de se formar no Swarthmore College em 1905 (seu avô, outro guerreiro da igualdade entre homens e mulheres devido a sua afiliação à fé quacre, era cofundador da instituição), Paul viajou para a Inglaterra para estudar serviço social em uma faculdade quacre local.[19] Historiadores e historiadoras atribuem a radicalização das estratégias políticas de Paul ao período que viveu na Inglaterra; enquanto estudava, ela passou por uma grande multidão importunando uma mulher que falava publicamente sobre a urgência do sufrágio feminino. Os gritos e o assédio verbal da multidão foram supostamente tão altos que mal era possível escutar a palestrante. Aquela caótica manifestação pública (que nada tinha a ver com as reuniões sufragistas recatadas de sua mãe) despertou seu interesse e ela se apresentou à mulher que gritava para a multidão.[20] Seu nome era Christabel Pankhurst, e ela era filha de Emmeline Pankhurst, ambas sufragistas britânicas bastante radicais. Com frequência, elas eram fotografadas pela imprensa por reagir quando as multidões as importunavam. As Pankhurst eram presas com frequência por quebrar janelas, jogar pedras e por organizarem manifestações públicas barulhentas para divulgar a necessidade do sufrágio. Para elas, quanto mais aparecessem sendo algemadas nos jornais de Londres, melhor.

Paul ficou fascinada com essa abordagem, tão distinta da forma como sua mãe e outras mulheres quacres se organizavam em silêncio, em torno de petições e orações. A forma como suas reuniões eram sempre relegadas aos espaços privados das casas e salas de estar, longe do olhar e do escrutínio público. As militantes sufragistas britânicas queriam ser vistas e estavam dispostas a desafiar as convenções de gênero e a ordem social para conseguir isso. Paul não demorou para se juntar a elas. A garotinha de Nova Jersey, quieta e boazinha, oradora de sua turma no Swarthmore,[21] agora estava sendo presa em nome do sufrágio, fazendo greves de fome e sendo alimentada à força na prisão.[22] (Mais tarde, ela disse a um jornal na Filadélfia que nunca havia quebrado nenhuma janela, no entanto.)[23]

Quando Paul voltou aos Estados Unidos no navio a vapor *Haverford*,[24] ela estava decidida a fazer grandes manifestações públicas pelo sufrágio norte-americano. Ela atribuiu a conscientização a respeito dessa necessidade à educação que recebeu das sufragistas britânicas. Em 1910, Paul fez o seguinte relato a respeito de como as mulheres britânicas estavam progredindo com a causa: "a política militante está trazendo sucesso [...] [A] agitação tirou a Inglaterra de sua letargia, e as mulheres da Inglaterra agora estão falando do momento em que poderão votar, em vez do momento em que suas filhas poderão votar, como se fazia há um ou dois anos".[25]

Depois de ingressar formalmente na NAWSA, Paul resolveu planejar um grande espetáculo em nome do sufrágio feminino em Washington, D.C. Junto com suas amigas, as ativistas Crystal Eastman e Lucy Burns, Paul imaginou um grande desfile na proeminente avenida Pennsylvania que coicindiria com a posse do presidente Woodrow Wilson.[26] Com toda a imprensa presente, ninguém poderia ignorá-las.

A ideia era poder. A grande vitória foi o voto. Quando esse direito foi conquistado, jovens mulheres brancas de todos os lugares souberam que poderiam ingressar nas instituições e influenciá-las, fossem elas políticas ou comerciais. Elas poderiam ser reconhecidas fora de casa, como agentes capazes de moldar e impactar a política que governava o país. Ao mesmo tempo, elas definiram um modelo de como essa ideologia prosperaria: através da parceria com o poder e com o consumismo.

Como Betty Friedan diria cinco décadas depois em seu best-seller *A mística feminina*: "a revolução feminista precisava ser empreendida porque a mulher ficou simplesmente detida num estágio de evolução muito aquém de sua capacidade humana".[27]

Capítulo dois
Quem pode ser feminista?

S E O "FEMINISMO" é apresentado como a mais nova tendência entre mulheres da elite como Beyoncé, essa mesma lógica também funciona em outro sentido: as mulheres da elite são, e sempre foram, quem criam as tendências no feminismo. Elas quem ditam como será a decoração do tal "teto todo seu". No fim das contas, o feminismo acaba sendo enquadrado como algo que está meio na moda, e é muito fácil, olhando para a paisagem cultura, discernir quem está por trás dessas tendências.

Em 2016, era o The Wing, do qual fiz parte de 2017 a 2018, "um clube social exclusivo para mulheres"[1] com membras fundadoras de alto nível — profissionais do entretenimento, da mídia, da política, dos negócios e influenciadoras digitais — como a então presidenta da J.Crew, Jenna Lyons; a editora Tina Brown; a fundadora do *Man Repeller*, Leandra Medine; a rapper Remy Ma, e muitas outras. Ao abrir seu primeiro espaço na cidade de Nova York, as cofundadoras e presidentas executivas Audrey Gelman e Lauren Kassan disseram a vários veículos da mídia que o clube tinha se inspirado nos clubes sociais femininos norte-americanos da virada do século, oferecendo às afiliadas uma "rede de comunidade" selecionada por meio de cuidadosa curadoria, de acordo com o site do The Wing.[2]

Na década de 1910, eram as sufragistas cortejando ativamente o interesse das atrizes populares Mary Pickford e Ethel Barrymore,[3] ambas mulheres jovens e glamorosas que desafiavam os entendimentos de gênero convencionais com suas personas públicas e poder profissional, uma aberração para as mulheres da época. Pickford foi uma das primeiras atrizes norte-americanas a tornar-se uma potência tão grande que seu nome era reconhecido imediatamente. Ela foi o modelo que possibilitou que mais tarde as pessoas ouvissem nomes de atrizes como "Jennifer Lawrence" e "Julia Roberts" e soubessem todos os detalhes de quem se estava falando, incluindo a cor do cabelo, vestuário e filmes mais recentes. Bem paga pelo seu nome, uma raridade no início do cinema norte-americano,[4] ela expandiu sua influência nas telas ao ponto de conseguir controlar praticamente todos os aspectos por trás dela: roteiro, figurino, iluminação, maquiagem, elenco e cenografia.[5] Sua lista de títulos profissionais cresceu até incluir os cargos de produtora, roteirista e, mais tarde, executiva de estúdio — ela foi cofundadora do estúdio de cinema United Artists Corporation, com outros grandes nomes como Charlie Chaplin.[6] Barrymore era igualmente reconhecível, considerada "a primeira-dama do palco norte-americano",[7] com um icônico penteado[8] que era imitado por fãs. Da aclamada dinastia de atuação Barrymore, Ethel se destacou por seu talento incomparável, mas também por suas paixões multidisciplinares: ela lia Henry James, escrevia contos, escrevia peças — e tinha "classe".[9] Em suma, as duas mulheres eram marcas.

Desde o início dos movimentos organizados pelos direitos das mulheres nos Estados Unidos, o feminismo branco espreitou, se adaptou e perdurou — sempre reformulando sua marca e reencarnando ao lado da revolução que estivesse em voga na época. Mulheres como Barrymore e Pickford deram um apelo chique ao sufrágio com a dimensão extra da cobertura instantânea da imprensa. (Em 1910, quando Barrymore compareceu a uma reunião sufragista, o *Morning Telegraph* de Nova York publicou a manchete: "Ethel Barrymore é sufragista". A natureza musical dessa manchete é o som melífluo de uma diretora de relações públicas sufragista sendo promovida.)[10]

À medida que mulheres brancas começaram a defender o voto e a desafiar as tradições, etiquetas sociais e decoro que limitavam sua articulação social para além da esfera doméstica, logo se depararam com um sério problema de relações públicas. Como mulheres que falavam em público, diante de grandes multidões e em espaços públicos, eram consideradas desviantes — rompendo com o tipo de comportamento feminino que era considerado respeitável —, elas perceberam que teriam que mudar a percepção pública do que era uma sufragista.[11] Mas elas tinham acesso a uma nova plataforma que as sufragistas radicais que vieram antes delas não tinham: a crescente cultura de consumo. Desde a década de 1880, o desenvolvimento de lojas de departamentos e a produção em massa de mercadorias tornaram as lojas o novo lugar central da população dos Estados Unidos. E, com o ímpeto de vender, essas lojas, gerentes e anunciantes tiveram que orquestrar fantasias elaboradas para levar as pessoas, e principalmente as mulheres, a comprar.

As sufragistas embarcaram em seu desafio de construção de marca através da usurpação dos canais da cultura de massa no intuito de refazer sua imagem e transformá-la naquilo que os Estados Unidos, a tradição e o poder valorizavam: branquitude; corpos magros de pessoas sem deficiência; juventude; feminilidade convencional; maternidade de classe média; heterossexualidade; e uma dedicação ao consumismo acima de tudo. Essa representação da sufragista, uma jovem branca que protegia crianças brancas e usava seu chapéu na intenção de expressar certa classe e respeitabilidade, foi delineada internamente e depois exportada para todos os lugares. Maud Wood Park, sufragista e fundadora da Biblioteca Schlesinger — onde executei grande parte da pesquisa para este livro — descreveu a estratégia desta forma: "as pessoas podem resistir à lógica, mas será que podem resistir ao riso enfeitado com juventude e beleza? Nem sempre".[12] Desde o início, a publicidade do sufrágio feminino não foi planejada para desafiar ou tentar educar o público norte-americano acerca da expansão dos papéis destinados às mulheres, mas sim para afirmar que o sufrágio fazia parte deles.

Com relativa rapidez, a aparência da sufragista em cartazes, placas e anúncios (elas faziam anúncios explícitos a favor do sufrágio) era o tipo de jovem a quem o norte-americano médio gostaria de estender direitos,[13] porque ela não destoava muito de como mulheres deveriam ser ou do tipo de pessoa que era considerada mulher em primeiro lugar. Ela não era uma "outra" assustadora com chifres e uma voz "estridente" que estava "tentando virar homem" e votar. Ela era suave, feminina, de pele clara e, portanto, em nada ameaçava o status quo.

As sufragistas que seguiam essa estratégia também conceberam a fusão de uma identidade política e comercial, uma estratégia política duradoura. Usando esse "rosto" específico para o sufrágio, seu intuito era capitalizar a influência comercial e colocar suas sufragistas elegantes nas vitrines das lojas e anúncios em revistas, com direito a acessórios políticos também à venda. Em 1912, a Macy's foi declarada "sede de suprimentos sufragistas", pois oferecia um traje oficial de desfile que incluía alfinetes de chapéu, lanternas, uma faixa e um acessório de cabeça, além de outros acessórios indispensáveis.[14] A NAWSA, assim como muitos outros grupos, estabeleceu lojas sufragistas em distritos comerciais de destaque, cimentando a ideia de que era possível e, de fato, uma obrigação, que você comprasse seu feminismo.

Os negócios eram muito favoráveis à fusão entre política e produtos. Na década de 1910, quando o movimento sufragista começou a crescer em popularidade, muitas lojas — inclusive as boutiques de elite da Quinta Avenida em Nova York — lucraram com essa tendência, usando cores e parafernálias sufragistas em suas vitrines. A Macy's criou uma vitrine especial para sufragistas com chapéus brancos oficiais enfeitados de amarelo e adornados com bandeiras ou flâmulas com os dizeres "votos para as mulheres". Em 1920, a lista de bugigangas se expandiu e passou incluir cartas de baralho produzidas em massa, copos, etiquetas de bagagem, leques, bonecas, chapéus, cartões e uma variedade de trajes oficiais para sufragistas.[15]

O feminismo branco não é novo, mas encontrou um novo sopro de vida. A mesma plataforma que motivou sufragistas de classe média e alta a fazer parceria com varejistas comerciais, promovendo "blusas sufragistas" oficiais, "biscoitos sufragistas" e "macacões para mulheres", segue viva hoje. E são mulheres endinheiradas, como Barrymore, como Pickford, como as fundadoras do The Wing, que passam essas mensagens e produtos adiante por meio da cultura de massa. Começar missões explicitamente feministas a partir de círculos endinheirados é uma prática tão enraizada quanto o próprio movimento. Ao longo de minha carreira, as pessoas que entrevistei e com quem trabalhei me garantiram que essa estratégia não é intencional e que todas são bem-vindas no movimento, contanto que reivindiquem a palavra com "F". Mas, como qualquer sororidade, o feminismo branco tem parâmetros específicos para selecionar quem deseja se juntar à sua causa. É só perguntar àquelas que estão fora dos parâmetros.

No outono de 2005, quando cheguei como caloura na minha faculdade particular para mulheres, a Mills College, a instituição não tinha uma política formalizada de admissão de pessoas trans — porque, durante muitos anos, achava que não precisava ter. O seminário feminino, fundado sobre um legado de filhas cis de famílias ricas que se refugiaram nos livros antes de conseguirem maridos, deu lugar a um radicalismo mais aberto nas décadas de 1960 e 1970. Essa tensão entre o convencionalmente feminino, o tradicionalmente feminino, a performance de gênero que seu pai, sua mãe e seus avós aprovariam e a teoria *queer* e teoria racial profundamente radicais que sua professora e sua primeira namorada aprovariam, é superconcentrada — e dá para encontrar todo esse espectro em uma caminhada de quinze minutos até a sala de aula.

É por isso que você passa pelo Mills Hall, um prédio branco fosco de três andares, uma casa de bonecas vitoriana em tamanho real. No final dos anos 1800, abrigava toda a escola: as estudantes, que sempre imagino vestidas com camisolas brancas, que dormiam em uma longa fileira de camas de solteiro; as salas de aula, onde liam livros idênticos; e as professoras, que lhes ensinaram como pensar. Mais de um século depois, Mills Hall segue sendo o coração do campus — o lugar onde esperei minhas professoras me receberem para orientação, as escadas estreitas e acarpetadas que subi para minhas aulas de literatura, que carregam a mesma intimidade da casa de uma avó. Há um piano no primeiro andar que nunca escutei ser tocado, retratos de ex-reitoras cujas vozes nunca ouvi e os pisos de madeira cujo som emitido quando uma estudante passa apressada me é muito familiar.

São resquícios fantasmagóricos de um tipo de feminilidade que você vai levar para a sala de aula para desconstruir, analisar, segurar na mão e perguntar por quê? Por quê? Por quê? Você vai escrever artigos sobre ela. Vai conferir livros a perder de vista sobre ela. Vai ver que não é a primeira pessoa a fazer perguntas sobre ela; na verdade, você faz parte de um longo legado de pessoas que perguntaram antes de você. Vai usar as perguntas delas para tentar responder às suas próprias, mas fará isso em meio às caixas de vidro compridas com xícaras de chá *vintage* em todo o campus. Vai caminhar por um jardim de rosas pretensioso a caminho de uma aula sobre opressão de gênero. Vai ler sobre o colonialismo francês em uma sala de jantar com guardanapos e lâmpadas delicadas. Vai ser convidada a analisar criticamente um monte de convenções sociais e padrões classistas em um ambiente que foi fundamentalmente moldado por eles.

É por isso que, quando eu tinha dezoito anos, encontrei um anuário *vintage* da Mills na biblioteca do meu dormitório que continha lindas graduadas usando pérolas em uma página e uma fotografia de um show de talentos mostrando uma apresentação de *blackface* na página seguinte. É por isso que lembro de ouvir um burburinho depois de assistir a uma aula em que Simone de Beauvoir descreveu mulheres brancas como "escravas". (Quando a pedi para comentar sobre o caso em 2020, Renee Jadushlever, vice-presidenta de Parcerias Estratégicas da Mills College, me disse: "os anuários da Mills College são criados de forma independente pelas estudantes. Como instituição, a Mills não tolera a prática da *blackface* e trabalha de forma consistente para aumentar nossa sensibilidade racial como comunidade e trazer conscientização sobre a questão da apropriação cultural. Nós nos esforçamos para promover um ambiente inclusivo que reconheça e respeite todas as pessoas".)

Foi uma lógica semelhante que levou à política estudantil informal que permitia que as pessoas estudantes designadas mulheres ao nascer continuassem seus estudos na Mills mesmo depois de saírem do armário como homens trans, *genderqueer* ou dissidentes de gênero. Mas, quando se tratava da possibilidade de mulheres trans compartilhando nossas bibliotecas, nossos vestiários e nossos dormitórios, não havia nenhuma política formal estabelecida. Lembro de ver algumas alunas brincando a respeito dessa hipocrisia aparente em um espaço onde todo o corpo docente usava a expressão "pessoa com quem me relaciono" para falar de seus relacionamentos — e nós estudávamos as sílabas buscando sinais de que talvez fossem parte da comunidade LGBTQ+. O fato de que muitas vezes não tínhamos como adivinhar era tido tanto como algo progressista quanto como algo limitante.

É por isso que foi profundamente decepcionante para mim quando essas mesmas mulheres com quem estudei Judith Butler, com quem aprendi que gênero era uma performance, com quem me sentei no chão das salas de docentes, com quem costumava ler bell hooks, acabaram por defender que precisávamos de nosso próprio espaço como mulheres cis. As mulheres trans, que eram "diferentes", também precisavam de seu próprio espaço. E elas não estavam certas de que a Mills College, ou as faculdades femininas em geral, eram esse espaço.

Dá uma sensação esquisita no estômago quando alguém que você acreditava conhecer tão bem te decepciona de forma tão profunda que te deixa sem palavras. Lembro que, no início, eu nem conseguia falar, só produzir uns sons guturais que só viraram palavras anos após a formatura. Agora reconheço a lógica delas como parte de um *continuum* muito mais amplo de se dá a expressão da resistência ao progresso: "mas esta medida exige que a gente desista de algo", "mas isso vai mudar nossa experiência em um ambiente que deveria ser nosso", "mas isso vai ser inconveniente", "mas não é assim que fazemos as coisas", "mas essa não é nossa história".

Mas esse é o ponto. Você desiste. Porque essa história, essa suposição, esse isolamento, esse ambiente, é erigido com base na suposição de superioridade.

Alguns anos depois de minha saída, consegui pôr em palavras desta forma: nossa faculdade foi fundada com base na avaliação social de que mulheres eram um gênero marginalizado. Agora, sabemos que existe mais de um.

Quando compartilhei isso com uma mulher com quem fiz minha graduação — formada em estudos sobre as mulheres — ela argumentou que seria melhor que elas tivessem sua própria faculdade, seu próprio ambiente que "atendesse as necessidades delas" da melhor forma.

Foi como quando o site de mulheres *queer AfterEllen.com* publicou um artigo declarando que a inclusão trans significava, em última análise, anti-lesbianismo.[16] Outro artigo, publicado em 2018, postulou que encorajar mulheres que se identificavam como lésbicas a aceitarem "paus de mulher" é "fazer com que estabelecer os próprios limites íntimos e sexuais seja inaceitável para mulheres".[17] Essa prática pode ser vista desde o festival de fins duvidosos Michigan Womyn's Music, que notoriamente excluiu mulheres trans,[18] até o separatismo lésbico da década de 1970; espaços e comunidades que em geral tinham uma compreensão muito limitada de gênero. (Em uma declaração no Facebook, em 2019, a fundadora e organizadora do festival Michigan Womyn's Music, Lisa Vogel, negou o escopo dessa exclusão. Ela escreveu: "pedimos a uma mulher trans que se retirasse do festival em 1991. Ponto final. Nenhuma outra mulher trans foi convidada a se retirar ou proibida de comprar ingressos antes ou depois dessa ocasião em 1991. Antes e depois dessa transgressão, tínhamos o compromisso de não questionar o gênero de ninguém... muito antes dessas pessoas *hipsters* passarem a dizer que pronomes preferiam em todos os momentos possíveis".)[19] A história já demonstrou muito bem que, de forma geral, mulheres cis se reunindo de forma exclusiva, enfiando bandeiras figurativas no chão e usando palavras como "nosso" não se tratou de operações inteligentes ou cheias de nuances.

O que lembro de ter dito para a minha colega formada em estudos sobre as mulheres foi: *você sabe que nós somos os homens nessa situação, né?*

Mesmo sendo uma jovem que estudou academicamente o patriarcado estrutural, ela não conseguiu e não se dispôs a ligar os pontos. Como mulheres cis, éramos as opressoras naquela situação, hesitando em compartilhar "nosso" espaço porque isso nos tiraria do lugar de prioridade. Todas as coisas, recursos, pronomes de gênero, saudações e espaços não seriam mais exclusivamente nossos. Nós passaríamos a existir junto a um espectro de gêneros marginalizados e, como mulheres cis, não seríamos mais o padrão.

Mas isso vai de encontro ao elitismo. Os conceitos de "privado", "exclusivo" e "respeitável" envolvem manter algumas pessoas fora — uma linha que pode ser traçada desde as sufragistas que procuraram atrair o tipo certo de rosto público do feminismo até minha faculdade particular feminina até o clube The Wing. E é esse medo — de ser descentralizada por meio de políticas e admissões e de repente deixar de ser "elite" — que alimenta o fogo do feminismo branco.

Nem mesmo ter construído suas próprias missões foi suficiente para livrar do feminismo branco grupos não inclusos nessa noção de "elite". No início do século xx, várias ativistas na América Latina e no Caribe começaram a imaginar um movimento feminista global enraizado em igualdade salarial, direitos de maternidade, sufrágio feminino e na soberania de suas respectivas nações. Descrita como uma "rede pan-americana" por Katherine M. Marino em seu livro *Feminism for the Americas: The Making of an International Human Rights Movement* [Feminismo para as Américas: a construção de um movimento internacional de direitos humanos], "elas entendiam que os direitos das mulheres estavam explicitamente vinculados à busca de soberania de suas nações. [Elas] acreditavam que a organização coletiva pelos direitos internacionais das mulheres fundamentaria um feminismo pan-hispânico que desafiaria a soberania dos Estados Unidos sobre a América e tornaria os 'direitos iguais' das mulheres e da nação metas mutuamente constitutivas".[20]

Uma dessas ativistas foi Clara González, feminista do Panamá e primeira advogada de seu país, que foi bastante informada pela desigualdade de classe dentro dele e pelo forte controle exercido pelos Estados Unidos sobre sua nação. Clara era muito leal às mulheres trabalhadoras. Ela viu os Estados Unidos renegociarem os termos de seu tratado e controle sobre o Canal do Panamá em 1926. A linguagem que González costumava usar para falar de seu feminismo derivou consideravelmente das conversas panamenhas sobre soberania predominantes na época, escreve Marino.

Outras mulheres concordaram com a afirmação crescente de González de que um feminismo pan-americano teria que resistir ao imperialismo dos Estados Unidos, já que uma nação daquela escala, com aquele poder e quantidade de recursos determinaria para sempre os termos em que elas poderiam existir, limitando, portanto, seus direitos. No início de 1928, duzentas mulheres, incluindo feministas dos Estados Unidos, participaram de uma conferência em Havana, Cuba, para anunciar "um novo movimento pelos direitos das mulheres".[21] Uma parte explícita da discussão e plataforma delas criticava a suposta superioridade dos Estados Unidos em seu discurso e estratégia. Na época, as feministas norte-americanas, especificamente uma sufragista chamada Doris Stevens, pareciam concordar com isso.

Seis meses após a Conferência de Havana, como viria a ser conhecida, González viajou a Washington, D.C., para cofundar uma organização chamada Inter-American Commission of Women [Comissão Interamericana de Mulheres] (IACW) com Stevens. A organização cresceu até ter 21 membras, e a intenção era ter uma representante de cada república do hemisfério ocidental. A chegada de González coincidiu com uma sessão de fotos com Stevens para o National Woman's Party [Partido Nacional da Mulher]; elas foram capturadas conversando sob as palmeiras. A manchete escolhida para acompanhar a imagem de uma feminista norte-americana e uma feminista panamenha traçando estratégias para a construção de uma coalizão internacional foi declarativa: *"Feminismo"*.[22] A fotografia emblemática, junto com o texto detalhando a amizade e o compromisso compartilhado que ambas tinham com a igualdade, seria exportada para milhares de pessoas em todo o mundo, encontrando espaço em jornais do Brasil, Chile, Uruguai, Cuba, Estados Unidos e Panamá, entre outros.

Na época, havia relatos de que González estava animada para trabalhar com Stevens, dado o seu endosso a táticas anti-imperialismo na Conferência de Havana. Na prática, porém, González e muitas de suas companheiras feministas pan-americanas aprenderiam que Stevens tinha pouco interesse em desmantelar a hegemonia dos Estados Unidos. Inclusive, uma vez que a IACW foi estabelecida e outras conferências foram organizadas para reunir feministas panamericanas, Stevens assumiu a responsabilidade de definir para a comissão quais tópicos eram "feministas" e quais eram supérfluos para a missão. Muito do que foi retirado das conversas foram tópicos essenciais para o feminismo cubano, como a presença dos Estados Unidos em Cuba e o aumento dos impostos norte-americanos sobre o açúcar cubano, dois fatores que comprometeram a estabilidade econômica das trabalhadoras de corte de cana-de-açúcar. As feministas cubanas tinham plena certeza de que a IACW — um grupo transnacional de mulheres — deveria abordar essas questões importantes. Marino escreve:

"Várias feministas cubanas escreveram a Stevens antes da conferência de Havana solicitando que a IACW se opusesse ao aumento dos impostos estadundenses sobre o açúcar cubano. A questão se tornou crítica após a quebra do mercado de ações em 1929, quando a economia de exportação de monocultura de Cuba se deteriorou. O valor da produção de açúcar da ilha estava caindo; cairia de quase 200 milhões de dólares em 1929 para pouco mais de 40 milhões em 1932... Em Cuba, os impostos dos Estados Unidos afetaram diretamente o sustento de muitas trabalhadoras de corte da cana-de-açúcar e famílias que sofreram com o aumento contínuo do custo de vida."[23]

Mas Stevens rejeitou essas afirmações, citando apenas o foco da IACW no "feminismo". O que ela não conseguiu e se recusou a explicar foi que a influência norte-americana na economia tinha sido fundamental para o feminismo das panamenhas, considerando o impacto que tal influência teve na experiência de gênero do país. Esses imperativos econômicos simplesmente não eram cruciais para a compreensão pessoal de Stevens do feminismo como mulher norte-americana e branca. E, em uma dinâmica que conheço muito intimamente, essa falta de proximidade com sua própria experiência de feminismo tornou essas questões irrelevantes para ela. Ela escreveu: "houve pessoas que queriam... falar sobre várias coisas, falar de paz e de tudo menos feminismo".[24]

Stevens também teve ampla oportunidade de colaborar com quem tinha uma melhor compreensão sobre a urgência dos impostos dos Estados no açúcar cubano ao organizar a conferência. González sugeriu que talvez fosse interessante que uma advogada internacional estabelecesse a agenda de tópicos e ofereceu os serviços de sua amiga, a feminista cubana Ofelia Domínguez Navarro. Stevens recusou, dizendo que Domínguez poderia aprovar os tópicos já estabelecidos, mas não sugerir ou concluir tópicos extras.

Durante minha carreira, algumas feministas brancas jogaram comigo esse antigo jogo de poder. O labirinto é, essencialmente: "você pode endossar minhas ideias ou ficar calada". E assim a conferência multinacional sobre os direitos das mulheres foi realizada sem que fosse mencionado o cenário econômico precário em que as mulheres cubanas se encontravam naquele momento, graças à Grande Depressão dos Estados Unidos. (Tornando o ambiente ainda mais hostil para feministas cubanas, Stevens descreveu Gerardo Machado y Morales, o então presidente de Cuba — que demonstrou falta de compromisso com o direito de voto das mulheres e que havia permitido ataques violentos que tiveram como consequência assassinatos de mulheres militantes[25] — como "um presidente feminista".[26] O ditador Machado, que havia elaborado um força-tarefa especializada para lidar com militantes feministas,[27] também patrocinou a conferência.)

A feminista cubana Domínguez deu um basta — e ela tinha apoiado Stevens quando a IACW foi criada em 1928. No que eu reconheço agora como um longo histórico de mulheres alvo da racialização e pessoas *queer* saindo de organizações dirigidas por senhoras brancas ignorantes — que gostariam de assim permanecer —, Domínguez decidiu que as mulheres latino-americanas precisavam de seu próprio grupo para atender às suas necessidades. Na imprensa, ela apontou que a dinâmica de poder no IACW era, em última análise, desigual e que a estrutura "demonstra mais uma vez nossa condição de povo sujeito ao império da força, aos tratados que nos são impostos".[28] Ela declarou que continuar a oferecer "cooperação a esses congressos" foi, de forma geral, menos construtivo que fundar seu próprio grupo como "mulheres de nosso país".[29]

Então ela se voltou para outras feministas da América Latina. Ela escreveu para sua amiga Paulina Luisi, uma ativista feminista do Uruguai e a primeira mulher a se formar em Medicina em seu país, dizendo que queria estabelecer um novo movimento de mulheres Latino-americanas para "sacudir nosso continente!".[30] Era fundamental para este esforço que elas construíssem "um renascimento corajoso e forte contra o imperialismo ianque que nos despersonaliza".[31] Foi quando Stevens confrontou a opinião feminista branca que ninguém pediu.

Nessa época, o presidente Machado conduzia uma violenta tirania contra o povo de Cuba, o que resultou em uma guerra civil. Uma "polícia secreta" de Machado realizava bombardeios, tiroteios nas ruas e assassinatos, o que causou diversos desaparecimentos. E os Estados Unidos apoiaram Machado como líder, o que levou a uma reavaliação da influência e de sua presença ali. No entanto, apesar das muitas nuances de toda essa violência e agitação civil, Stevens criticou Domínguez e suas aliadas por não priorizarem o sufrágio feminino neste clima.

Domínguez, com o que só posso imaginar como a paciência de uma santa, respondeu a Stevens que: "[...] elas não promoveriam o sufrágio, detalhou as muitas caricaturas de justiça da ditadura cubana que tornariam o sufrágio feminino sem sentido e explicou que as feministas eram alvos de violência física e encarceramento".[32]

A resposta de Stevens foi "concisa", de acordo com Marino, já que ela não indicou nenhum apoio à mulher com quem ela tinha tanto interesse em construir uma comissão havia apenas três anos. Ela afirmou, mais uma vez, que estavam perdendo uma oportunidade importante para o sufrágio — o que Domínguez havia acabado de definir como absurdo diante de sua realidade política, com suas conterrâneas e seus conterrâneos sendo assassinados com violência. (Stevens não se contentou apenas em dizer a Domínguez que ela estava fazendo feminismo de maneira errada — ela também escreveu para a secretária da Unión Laborista com a frase didática: *por que você não está fazendo pressão pelo sufrágio?*)

A falta de compreensão de Stevens acerca da violência e do cenário político em Cuba ficou mais evidente quando ela caracterizou os protestos de ativistas e a tirania de Machado como uma "crise cívica meio histérica".[33] Marino escreveu que até as feministas cubanas que mantinham relações cordiais com a IACW ficaram "profundamente chateadas"[34] com essa redução absurda de sua guerra civil, seu ativismo e suas prioridades políticas. Afinal, essa mesma tática de diminuir a resistência e os esforços organizacionais para conseguir direitos humanos, classificando-os como "históricos" ou como "histeria", havia sido empregada em críticas ao movimento sufragista. A disposição de Stevens de retomar essa mesma terminologia em resposta às explicações de feministas Latinas imita a estrutura de poder contra a qual ela e seu grupo lutavam. É evidente, porém, que essa lente não se estendia para além das norte-americanas brancas que buscavam direitos em um contexto muito específico nos Estados Unidos.

Crucial para que Stevens falasse dessa maneira com as feministas latino-americanas foi seu sentimento de grandeza e poder por ter conquistado o sufrágio feminino nos Estados Unidos cerca de uma década antes. Ela cometeu o grave erro imperialista de defender as táticas políticas de seu próprio país como a única forma de alcançar um objetivo, em vez de abordá-la como uma experiência que poderia servir a suas colegas. Em última análise, essa situação tem mais a ver com poder do que com precedência histórica. O que está implícito em suas trocas com Domínguez é sua suposição de que as feministas cubanas não sabiam o que era melhor para elas, para seus direitos ou seu país. E, como os Estados Unidos conquistaram o sufrágio feminino antes, isso a autorizou a ditar como as feministas cubanas deveriam lutar por seus direitos. (Nas suas cartas a Domínguez, pelo que vi, não existe qualquer questionamento acerca de por que os Estados Unidos foram capazes de aprovar a Décima Nona Emenda em meio a sistemas como: o capitalismo, o comercialismo, a cultura de consumo e o racismo, entre outras dinâmicas.)

Depois que Domínguez veio a público com suas afirmações de que as feministas latino-americanas não encontrariam a libertação por meio da IACW, Stevens duplicou sua atitude de desprezo. Em uma citação que li da década de 1930 que ecoa em todas as minhas reuniões com a mídia de mulheres na década de 2010, Stevens disse que "deplorava a divisão das mulheres em mulheres da América do Norte e mulheres da América Latina".[35] (A Organização dos Estados Americanos, que supervisiona a IACW, não respondeu aos meus vários pedidos para que se pronunciasse sobre o assunto.)

A ordem para "parar de dividir o movimento" é a grande bandeira verbal do feminismo branco, cuja aproximação consigo detectar mesmo a muitas frases de distância. Ao fazer o esforço de levantar diferenças fundamentais nas vivências de gênero — que estão sendo negligenciadas — você é acusada de "dividir o movimento". Essa tentativa de recodificar a experiência vivida e as barreiras do sistema como "coisas que dividem o movimento" não é apenas uma tentativa de soterrá-las sob a homogeneidade branca, heterossexual, cis e de pessoas sem deficiência, mas também de defender que feminismo branco é *o* feminismo. Porque, em última análise, o que você está propondo desvia desse feminismo — e é exatamente por isso que você propôs. Porém, o que feministas brancas supõem nesse momento é que você não quer causar esse desvio ou que você não sabe que essas experiências, dados, estatísticas e leis exigirão que um sistema alternativo de justiça seja reconhecido. Das muitas falhas decorrentes do uso dessa expressão para suprimir diálogos sobre gênero que tenham mais nuance, a mais insidiosa é a expectativa casual de que você quer ser como elas ou defender as causas delas. Essa é a supremacia branca na prática, uma forma comum de homogeneizar a vivência feminista para torná-la uma vivência feminista branca.

Há outras maneiras de proteger a estrutura de poder, em especial para preservar o domínio branco ocidental, e elas obviamente não são apenas verbais — também são táticas.

Além de afastar feministas latino-americanas de posições de controle, Stevens também usou dinheiro para determinar como e quando elas poderiam participar de diálogos sobre os direitos das mulheres. A respeito do tempo e das necessidades financeiras das ativistas, Marino observa:

"O dinheiro sempre foi vital para a organização feminista internacional, que exigia reunir pessoas em vários lugares do mundo. O trabalho das afluentes mulheres norte-americanas, britânicas e europeias no International Council of Women [Conselho Internacional de Mulheres] e na International Alliance of Women [Aliança Internacional de Mulheres] há muito revelava que mulheres de países com recursos financeiros geralmente assumiam posições de poder, reproduzindo hierarquias que colocavam mulheres dos Estados Unidos e da Europa ocidental acima de mulheres do 'sul global'."[36]

Essa dinâmica se manifestou dentro do movimento feminista pan-americano através de Stevens que, posicionada como a líder da IACW e de uma nação mais rica, tinha certo controle sobre a lista de presença das conferências e eventos. Stevens tinha total controle financeiro sobre os fundos da IACW, um dinheiro que ela obteve de doações de pessoas dos Estados Unidos. Supostamente, ela usou esses recursos para pagar tudo, de fotógrafas a tradutoras. Mas ela definitivamente não usou para permitir que feministas latinas das quais ela discordava viajassem internacionalmente para defender suas causas.

Marino aponta em sua pesquisa que Stevens não recebeu um salário oficial por seu papel na IACW, mas usou o dinheiro que arrecadou para pagar suas próprias viagens ao exterior. No entanto, ela aconselhou as Latino-americanas da comissão a conseguirem financiamento para viagens de seus respectivos governos. Muitas não conseguiram e, portanto, não puderam participar dessas conferências internacionais em que agendas críticas eram definidas e tópicos cruciais eram levantados. Stevens construiu ainda mais obstáculos para a igualdade de representação e visibilidade:

"Stevens deu salários a várias membras do NWP [o Partido Nacional da Mulher dos Estados Unidos] que trabalhavam com a comissão, mas González não recebeu salário nenhum, embora fosse chefe de pesquisa da IACW e, nos primeiros anos, uma das únicas mulheres Latino-americanas trabalhando em D.C. Quando Stevens convidou González para ficar na sede da NWP, ela não ofereceu hospedagem e alimentação gratuitas; estipulou um aluguel de dezoito dólares por mês.

Para González e outras feministas Latino-americanas, essa dinâmica destacou o imperialismo econômico dos Estados Unidos sobre a América Latina."[37]

Associada a essa tendência estava a dedicação sagaz de Stevens à publicidade (as fotógrafas faziam parte do orçamento por um motivo).

Ela estava muito disposta a capitalizar em cima da imagem de trabalhar com feministas Latino-americanas sem que de fato estivesse encorajando o diálogo ou o estabelecimento de objetivos comuns. Essa estratégia, consciente ou inconsciente, de reduzir mulheres alvo da racialização a funções decorativas ou estéticas em grandes organizações, tem sido, ao longo da história, uma das motivações que estas encontram para deixar essas organizações e fundar suas próprias instituições. Marino escreve:

"O National Woman's Party utilizou avidamente González em sua promoção da comissão — destacando as muitas realizações da advogada de trinta anos a quem a imprensa chamou de 'Portia do Panamá'. No entanto, Stevens nunca ofereceu o financiamento que possibilitaria as viagens de González a várias conferências internacionais que prepararam o terreno para o Tratado de Igualdade de Direitos. A exclusão de González desses locais foi significativa. O fato de Stevens ter sido econômica com González mas ter oferecido financiamento a outras membras Latino-americanas da comissão — que apoiaram sua visão mais do que ela considerou que González tinha apoiado —, também é digno de nota. Embora Stevens quisesse o trabalho de pesquisa jurídica de González, ela definitivamente não queria sua interferência caso houvesse chance de González defender uma agenda diferente da dela".[38]

O NWP não respondeu aos meus vários pedidos para que se pronunciasse sobre o assunto.

Independentemente do que uma empresa lhe diga a respeito da própria missão, de por que você é necessária e sobre o trabalho que vocês podem fazer juntas, a história e a experiência vivida demostram que, quando chega a hora de implementar essas mudanças de fato, os porteiros ideológicos atuam com maior firmeza para proteger a tradição. E o fazem porque integrar de fato as mudanças e perspectivas que costumam vir com essas comunidades compromete a estrutura de poder que os privilegiou e facilitou a ascensão deles. Qualquer ameaça a isso, quer a reconheçam diretamente ou não, é recebida com medo, suspeita, rejeição ou resistência.

Essa é muitas vezes a parte da realidade utópica multiracial, *queer* e diversa de gênero, que feministas brancas e seus aliados não levam em consideração quando estão postando "mulheres empoderadas empoderam outras mulheres" no Instagram. Ter essas vozes, essas perspectivas e essas ideias diminui o espaço das pessoas que tradicionalmente ocuparam essas funções e títulos e operaram essa plataforma. Ter mais escritoras alvo de racialização na equipe significa que não haverá tantos papéis reservados para mulheres brancas. Contratar uma pessoa *queer* significa que haverá menos pessoas heterossexuais concordando com você em todas as suas decisões editoriais heteronormativas. Ceder o poder não significa apenas dar as boas-vindas a pessoas Negras e de outros grupos alvo de racialização em suas reuniões — significa também que você vai precisar abrir mão de algumas coisas. E ainda não criamos frases bonitinhas dignas do Pinterest para expressar essa segunda parte. Não tem nada do tipo sendo vendido no Etsy ou pendurado no escritório de uma mulher poderosa. Denunciar a supremacia branca significa que não serei mais suprema. Promover a diversidade em meu ambiente de trabalho significa que falarei menos como a força dominante da sala. Ser pró-LGBTQ não me dá o direito de explicar à minha colega lésbica que os relacionamentos dela são "mais fáceis".

Um grupo de estudantes me abordou com um problema desse tipo na primavera de 2019, quando eu era bolsista Joan Shorenstein na Harvard Kennedy School. Um grupo de estudantes da pós-graduação estava catalogando uma série de mudanças que queriam trazer para o corpo docente a fim de melhor refletir a educação racial em seus programas e a diversidade no corpo docente. Um dos pontos destacados por mim para uma das redatoras do projeto foi que ela deveria abordar diretamente que contratar mais docentes alvo da racialização, em última análise, significava contratar menos docentes brancas e brancos. Eu estava me antecipando, pois a resposta que previ que Harvard teria derivava de um roteiro que eu poderia recitar de cor, em virtude das minhas próprias negociações com o poder. Geralmente é algo assim: *gostaríamos de fazer x, mas não temos recursos agora. Este é um momento muito difícil para nós e realmente não podemos explorar x tanto quanto gostaríamos. Além disso, precisamos assegurar x para x, que é uma prioridade por causa do* ETARISMO/ CAPITALISMO/ RACISMO/ HETERONORMATIVIDADE/ CLASSISMO *[ESCOLHA UM OU CINCO]*.

Meu conselho para a pessoa da pós-graduação foi que ela abordasse essas "prioridades" diretamente, tanto para questionar o que era considerado prioridade quanto para reconhecer francamente que o grupo de estudantes estava pedindo a instituição que contratasse menos docentes brancas e brancos. Essa franqueza desafia a suposição de que docentes brancas e brancos sejam uma prioridade em primeiro lugar.

Fazer lobby por esses tipos de transformações estruturais seria exaustivo, mesmo que fosse feito de maneira franca. Mas, na minha experiência e na de outras pessoas, não é. Essa empreitada está cheia de armadilhas dentro de um labirinto de manipulações e espelhos, muitas vezes projetado de forma a garantir que os poderes permaneçam incontestáveis. Quando as pessoas apontadas como agentes de mudança pressionam demais, com frequência elas são relegadas ao que a autora, acadêmica e feminista Sara Ahmed define como "polimento institucional". Em seu livro *Living a Feminist Life* [Vivendo uma vida feminista], em que entrevista "pessoas trabalhadoras da diversidade" — pessoas contratadas para melhorar uma série de falhas estruturais em vários ambientes profissionais — Ahmed observa:

"A diversidade também é uma forma de polimento institucional: quando o trabalho dá certo, a imagem brilha. O trabalho remove os próprios vestígios do trabalho... A criação de uma superfície brilhante é a forma através da qual uma organização pode refletir uma boa imagem para si mesma. A diversidade torna-se uma técnica para não abordar as desigualdades por permitir que as instituições pareçam felizes."[39]

Ela elabora que: "diversidade passa a significar mudar as percepções da branquitude, em vez de significar mudar a branquitude das organizações".[40] E essa é a realidade gritante que, depois de conhecer de frente, não pude mais ignorar. A realidade que levo até a minha mesa e que atrapalha minha capacidade de editar com eficiência. A realidade de que você deseja manter essa situação como está e quer que eu lhe ajude a fazer isso.

Por meio de seu orçamento para fotografia e relações de publicidade com feministas Latino-americanas, Stevens estava pedindo a González que fizesse o mesmo.

O legado de Stevens revela muito sobre a mecânica central do feminismo branco ao empregar e construir relacionamentos com outras ideologias, práticas de justiça social e feminismos. A principal delas, no entanto, é uma capacidade aguda de criar imagens contemporâneas que contam uma história de progresso (*aqui estou posando casualmente sob as palmeiras com uma feminista pioneira de Cuba!*) enquanto mantêm as estruturas de poder como estão. Essa manobra perigosa permite que o feminismo branco usurpe as honras, a produção intelectual, os esforços e o conhecimento de pessoas alvo da racialização, de pessoas *queer*, de pessoas com deficiência, de todas as pessoas desprivilegiadas, e use isso contra elas dentro das próprias instituições que desejam mudar.

Uma palavra que tenho ouvido com frequência em ambientes profissionais para codificar esse relacionamento é "credibilidade". Chamar uma pessoa com experiência x ou identidade x para escrever isso aqui, tuitar isso aqui, endossar isso aqui, editar isso aqui, traz "credibilidade". Ter uma pessoa Negra como editora em determinada posição dá "credibilidade" ao conteúdo. Ter uma mulher em uma posição de poder dá "credibilidade" à empresa pós-*#MeToo*.

Mas o que muitas vezes está sendo mascarado aqui é que a estrutura da própria instituição não permite o crescimento de identidades marginalizadas, conhecimento formal acerca dessas experiências e realidades não é um requisito para o pessoal como um todo. Assim, uma única pessoa que seja muçulmana, que seja gay, que seja transgênero, que seja gorda, que seja não-binária, que seja uma mulher, é contratada para fazer o trabalho de transformar viscualmente a organizaçãoe, supostamente, seu interior.

González se viu na posição de polir institucionalmente a IACW, de dar "credibilidade" a uma organização imperialista branca e de classe média que não se importava com os direitos dela, com as mulheres de seu país nem com as outras feministas Latino-americanas com quem ela tralhava.

Então ela cessou seus esforços.

Capítulo três

Separadas, mas desiguais: como o "feminismo" se tornou oficialmente branco

DITAR PARA MULHERES e pessoas de outros gêneros marginalizados de que forma seu feminismo deveria ser, tem uma história muito sombria. É essencialmente uma organização poderosa dizendo a uma organização sem direitos: "você deveria ser como eu". Essa dinâmica remonta a uma história internacional de colonialismo e imperialismo, conjurando roteiros que resistiram como métodos de oprimir as pessoas por não serem semelhantes a seus opressores. O feminismo branco pode até ser elegante ou eufemístico em sua exclusividade. Mas, por vezes, ele nomeia sua dominação racial em termos diretos.

Quando a ativista Alice Paul começou a organizar a Washington Woman Suffrage Procession [Procissão pelo Sufrágio Feminino de Washington] em 1913, as imagens eram de extrema importância. Paul e a NAWSA fizeram bandeiras brancas, roxas e douradas e prepararam 24 carros alegóricos para a procissão.[1] Elas recrutaram mulheres de todo o país para marchar e conduziram o desfile com uma imagem marcante: Inez Milholland, oradora proeminente e correspondente de guerra, vestida em uma túnica branca grega, de capa e coroa, e montada num cavalo branco.[2] Relatos posteriores a descrevem como um "arcanjo"[3] e um "símbolo semelhante a Joana d'Arc",[4] que intencionalmente liderou as milhares de manifestantes[5] enquanto ela estava montada com uma perna de cada lado de seu cavalo, em vez da costumeira sela lateral, para passar o visual da Nova Mulher do século XX: independente e forte, mas também elegante e bonita.

Essa construção intencional de marca foi comprometida quando as sufragistas Negras começaram a perguntar se elas também estavam convidadas para o desfile. O *Women's Journal* publicou uma carta à editora perguntando se as manifestantes Negras eram bem-vindas.[6] A pedido de Paul, uma colega da organização entrou em contato com a editora solicitando: "se abstenha de publicar qualquer coisa que possa suscitar esse tópico [*negro*]* nesse momento".[7] Essa tática acabou se transformando em uma estratégia mais ampla, quando estudantes da Universidade Howard, uma instituição exclusiva para pessoas Negras, escreveram para Paul, dizendo que gostariam de comparecer.[8] As organizadoras da Procissão pelo Sufrágio Feminino receberam a ordem de "não dizer absolutamente nada sobre a questão [do *negro*], para mantê-la fora dos jornais, [e] para tentar fazer com que essa fosse uma manifestação puramente sufragista sem complicações causadas por quaisquer outros problemas".[9] O silêncio perduraria como tática feminista branca em casos de discussões sobre exclusividade.

"Outros problemas" aludiam à certeza de Paul de que as sufragistas brancas do sul dos Estados Unidos não marchariam com mulheres Negras — a NAWSA havia atraído o apoio do sul ao fazer reuniões além da fronteira Mason-Dixon.** Essa posição de apaziguamento sulista não representava um caso isolado relacionado somente ao que Paul vislumbrava para o desfile, mas sim um sentimento geral da liderança da NAWSA. Alguns anos antes do desfile, a presidenta da NAWSA, Anna Howard Shaw, foi convidada pela ativista Martha Gruening para denunciar a supre-

---

* Em todas as ocorrências que a palavra "*negro*" aparece em itálico trata-se da palavra "*negro*" em inglês, um termo histórico atualmente considerado ofensivo por muitas pessoas Negras estadunidenses. (N. da T.)

** Fronteira cultural que separa o norte e o sul dos Estados Unidos. No passado, separava os estados que eram escravagistas dos que eram abolicionistas. (N. da T.)

macia branca em uma convenção nacional. Ela tinha um bom motivo para isso: ao passo que alguns capítulos da NAWSA incluíam sufragistas Negras, outros as proibiam.[10] Em diferentes reuniões, quando ativistas e sufragistas levantaram questões como a segregação no transporte público, a liderança da organização as deixou de lado.[11] Em resposta a Gruening, a presidenta Shaw enfatizou que ela era pessoalmente "a favor do voto de pessoas de cor*", mas tinha ressalvas em relação a confrontar outras mulheres em seu movimento.[12] É assim que o racismo institucionalizado se desenvolve — há o que as pessoas acreditam de forma individual e há a forma como a organização funciona.

É muito importante considerar aqui que muitas sufragistas da era anterior, da época de Elizabeth Cady Stanton, eram abolicionistas — muitas delas começaram seu ativismo a partir de uma plataforma para acabar com a escravidão. Mas, como o feminismo branco demonstraria cada vez mais, há uma diferença enorme entre pensar que pessoas Negras norte-americanas deveriam ser livres e acreditar que deveriam ter oportunidades iguais às pessoas brancas. Em 1893, a NAWSA aprovou uma resolução sob a presidência de Susan B. Anthony, que prometeu — parcamente — a lealdade das mulheres brancas de classe média e alta ao capitalismo branco se elas conseguissem o direito de votar. A resolução desprezou os direitos de homens e mulheres imigrantes, de pessoas norte-americanas pobres e brancas sem educação formal e de pessoas Negras dos Estados Unidos com base no "analfabetismo":

> "Resolvido. Que, sem expressar qualquer opinião sobre as devidas qualificações para votar, chamamos a atenção para o fato significativo de que em cada Estado há mais mulheres que sabem ler e escrever do que todo o número de eleitores homens analfabetos, mais mulheres brancas que sabem ler e escrever do que todos os eleitores *negros*; mais

---

* *Colored* no original. Expressão atualmente considerada ofensiva para se referir a pessoas Negras. O termo tem um histórico parecido com a expressão "de cor" no contexto brasileiro. (*N. da T.*)

mulheres norte-americanas que sabem ler e escrever do que todos os eleitores estrangeiros; de modo que a concessão de direitos a tais mulheres resolveria as polêmicas questões do domínio do analfabetismo, seja nacional ou estrangeiro."[13]

O desfile espelharia esta resolução.

Enquanto Paul e suas colegas organizadoras intencionalmente ficaram caladas sobre a participação Negra, grupos de mulheres Negras apareceram de qualquer maneira. Sufragistas como Mary Church Terrell, presidenta da National Association of Colored Women [Associação Nacional de Mulheres de Cor],[14] e Adella Hunt Logan, uma escritora conhecida, as encorajou a comparecer. Então, cerca de um dia antes da marcha, Paul e a NAWSA tiveram "outros problemas" ainda maiores ao coordenar as autorizações e a cobertura da imprensa: agora que as mulheres Negras estavam lá, elas iriam barrá-las? Ou segregar a marcha? No ensaio, as organizadoras tomaram a decisão de última hora de segregar. Na perspectiva de Paul, "precisamos ter uma procissão branca ou uma procissão *Negra* ou procissão nenhuma", disse ela a uma editora.[15]

As sufragistas Negras que tinham viajado até Washington, D.C. para demonstrar seu compromisso com o voto feminino, foram instruídas — por defensoras feministas — a ir para o fundo da procissão.

A jornalista Ida B. Wells recusou-se a segregar. Ela havia chegado ao desfile com suas delegadas brancas de Illinois e pretendia ficar lá. Mas, quando uma organizadora deu outro aviso severo, Wells supostamente sumiu.[16] Suas colegas presumiram que ela havia ido embora. Mas, depois que o desfile começou, ela ressurgiu da multidão para se juntar à sua unidade em Illinois, um momento imortalizado por uma pessoa que fotografava para o *Chicago Daily Tribune*.[17]

Esta fotografia, apresentando uma sufragista Negra na histórica Procissão do Sufrágio Feminino de 1913 em Washington, seria uma anomalia. O desfile foi projetado para a atenção da mídia e a Biblioteca do Congresso quantifica a cobertura como "com certeza o evento de sufrágio mais fortemente representado" em seus arquivos.[18] No entanto, uma bibliotecária de referência na Biblioteca do Congresso me disse que lá não têm como confirmar se outras sufragistas Negras foram fotografadas. ("Determinar se algum grupo de sufragistas Negras norte-americanas aparece em quaisquer das imagens de multidões é um projeto de pesquisa amplo demais para os recursos que temos", disse ela.)

Isso porque elas nem deveriam ter sido vistas. E se Wells tivesse realmente ido para o final da fila, ela provavelmente não teria sido fotografada também, apesar de sua proeminente carreira relatando a questão do linchamento e se organizando em nome do sufrágio.

Até hoje, não há um número confirmado de quantas sufragistas Negras participaram do desfile de 1913.[19] *The Crisis*, a publicação oficial do NAACP editada por W.E.B. Du Bois,[20] relatou que mais de quarenta mulheres Negras marcharam com seus estados ou com suas profissões.[21] Vinte e cinco estudantes da sororidade Delta Sigma Theta de Howard marcharam.[22] E pelo menos quatro estados tinham grupos integrados: Delaware, Michigan, Nova York e, por causa do descumprimento de regras por parte de Wells, Illinois.[23]

Mesmo depois que a marcha acabou, Paul parecia não entender muito bem por que excluir ou manipular as sufragistas Negras era uma omissão drástica — por que tratar a luta por votos para mulheres como uma luta por votos para mulheres brancas. Inclusive, o National Women's History Museum [Museu Nacional de História da Mulher] a descreve como "chateada".[24] Ela escreveu sobre o assunto: "não consigo entender... por que fazer essa procissão sem a participação delas significa algum tipo de ofensa".[25]

Mas esse movimento prejudicou profundamente as mulheres Negras. Mesmo depois que o sufrágio feminino foi garantido em 1920, com a aprovação da Décima Nona Emenda, as leis Jim Crow, como os testes de educação formal, as *grandfather clauses* [cláusulas do avô], as taxas de votação, bem como as ameaças de violência e a intimidação por parte da Ku Klux Klan tiveram sucesso em manter as mulheres Negras fora das eleições por décadas.[26]

Mesmo assim, o consenso nacional era de que os votos para as mulheres haviam sido ganhos coletivamente — e grupos feministas como o NAWSA, dirigido por mulheres muito parecidas com Paul, defendiam essa interpretação. Apesar da insistência de sufragistas Negras e brancas para que se tomasse uma posição nacional sobre a segregação e a superioridade racial, a NAWSA não levou em conta as barreiras racistas em sua plataforma para a igualdade de gênero. (Esta abordagem definiu o terreno em que pisei um século depois; redações onde a pobreza e a imigração não são tratadas como assuntos "feministas" em um momento que o "feminismo" está ressurgindo.)

Paul continuaria a manter seu racismo e classismo na sua próxima empreitada política ao fundar o National Woman's Party [Partido Nacional da Mulher] (NWP) em 1916, o mesmo NWP ao qual Doris Stevens se filiou. O grande objetivo de Paul era conseguir uma Emenda de Igualdade de Direitos, um fim às distinções legais entre homens e mulheres, na constituição federal. Mas as mulheres da classe trabalhadora levantaram que uma emenda tão abrangente poderia acabar por revogar as leis trabalhistas que haviam sido conquistadas para as mulheres com tanta dificuldade.[27] As mulheres Negras também queriam que a campanha de sufrágio continuasse até que homens Negros e mulheres Negras pudessem votar com segurança e facilidade.[28] Paul negou ambas as urgências; para seu feminismo e no NWP, o sexismo seria o único foco.[29] Isso era estratégico. "Tentar lidar com questões de classe e raça, dizia [Paul], diluiria a força do partido como defensor da igualdade de gênero", escreve Annelise Orleck em *Common Sense and a Little Fire: Women and Working-Class Politics in the United States, 1900-1965* [Senso comum e uma pequena chama: mulheres e política da classe trabalhadora nos Estados Unidos 1900-1965]. "Foi como uma traição para muitas sufragistas Negras e da classe trabalhadora, pois deixou todas as mulheres — salvo as brancas de classe média e classe alta — a mercê."[30]

A insistência de Paul a respeito do sexismo se tornaria apenas uma divisão fundamental e duradoura entre feministas brancas e, literalmente, todas as outras pessoas; leia-se feminismos *queer*, não-brancos e da classe trabalhadora. Essa uma característica definidora da mobilização feminista branca em cada uma de suas sucessivas ondas, e é fundamental para a forma como elas continuariam a imaginar e a lutar pela igualdade de gênero.

Com a grande vitória legislativa da votação, o feminismo branco consolidaria um legado ainda mais sombrio: culpar outras mulheres por não conquistarem as possibilidades que haviam sido garantidas para mulheres brancas heterossexuais.

Essa prática faz parte de uma estratégia muito mais ampla de desumanização. Em contextos em que culturas dominantes conseguem sufocar a diferença e exportar seus próprios valores, o colonialismo sempre vem logo atrás. A prática perigosa de controlar um pedaço de terra, oprimir as comunidades já existentes e minerar os recursos para ganho econômico é a tradição que causou trauma intergeracional em pessoas de todo o mundo. Junto com o trauma veio também um sem fim de devastação econômica, abuso, agressão, vício, dependência e violência, problemas pelos quais os opressores culpam essas comunidades.

Foi o que aconteceu com as mulheres Negras nos Estados Unidos em 1965, depois que o então secretário-assistente do trabalho, Daniel Patrick Moynihan, publicou o infame relatório *The* Negro *Family: The Case for National Action* [A família *negra:* um caso de ação nacional].[31] Conhecido como o "Relatório Moynihan", o texto culpou mulheres Negras por dificultarem a capacidade de homens Negros de alcançar estabilidade econômica por causa de sua estrutura familiar "desviante";[32] mulheres tinham muito poder na família Negra, o que inibia homens Negros de cumprir seu papel de provedor principal, e é por isso que a população Negra estava empobrecida.

Em 1970, este relatório bastante influente e profundamente racista provou ser fundamental para muitas políticas federais que não levavam em conta as mulheres, de acordo com a então presidenta da National Organization for Women [Organização Nacional para as Mulheres] (NOW), Aileen Hernandez. Mas, no momento da publicação do relatório, um momento muito sensível durante o movimento pelos direitos civis, as conclusões sobre a culpabilização das vítimas impeliram as mulheres Negras e as organizações de mulheres Negras.

A NOW (cuja primeira presidenta foi Betty Friedan em sua fundação em 1966), no entanto, concentrou seus recursos na discriminação sexual, fazendo uma petição à Equal Employment Opportunity Commission [Comissão de Igualdade de Oportunidades de Emprego] (EEOC) para acabar com os anúncios de emprego segregados por sexo.[33] No ano seguinte, a NOW fez forte campanha em apoio à legalização do aborto.[34] E, no ano seguinte, uma de suas membras, Shirley Chisholm, tornou-se a primeira mulher Negra eleita para a Câmara dos Representantes dos Estados Unidos.[35]

Assim como havia inconsistência sobre raça na NAWSA, havia membras da NOW dedicadas ativamente às mulheres em situação de pobreza. Mas elas eram minoria.

Quando a NOW foi fundada, um ano após a publicação do Relatório Moynihan, uma de suas sete forças-tarefa iniciais era a Mulheres na Pobreza,[36] uma plataforma sobre a qual as líderes do grupo falavam bastante. Mas, na prática, as membras da força-tarefa perceberam que a NOW simplesmente seguia a National Welfare Rights Organization [Organização Nacional de Direito ao Bem-Estar] (NWRO), o único grupo focado especificamente em mulheres de baixa renda, em questões de pobreza.[37] "Essa postura relativamente passiva frustrou o pequeno núcleo de ativistas da NOW que acreditavam que a organização deveria recrutar mais mulheres de baixa renda e tomar a iniciativa de falar sobre mulheres em situação de pobreza", escreve Martha F. Davis em *Integrating the Sixties* [Integrando os anos 1960].[38]

O relacionamento entre as organizações é descrito pela autora como uma "colaboração à distância"[39] em que a liderança, em última análise, não conseguia colaborar com eficácia devido a uma incapacidade de "entrar em acordo".[40]

À medida que 1970 se aproximava, ficou fácil entender por quê. Sob a abordagem de Friedan para a igualdade de gênero, a NOW se concentrou principalmente nas mulheres que trabalhavam fora de casa. Mas a NWRO acreditava que mulheres tinham o direito de ser valorizadas como cuidadoras e de devotar seus dias a cuidar de suas crianças. A NWRO se opunha aos ditames da NOW sobre programas obrigatórios de treinamento profissional. Davis aponta que "confrontar as diferenças entre as perspectivas da NOW e da NWRO sobre a importância do trabalho das mulheres fora de casa poderia muito bem tê-las acentuado...".[41] Mas não foi o que aconteceu. Em vez de se empenhar em resolver a questão, as líderes da NOW fizeram vista grossa e se limitaram a endossar as posições da NWRO.[42]

Também não ajudava a fixação da NOW pela Emenda de Igualdade de Direitos como caminho para absolver as mulheres da pobreza também; era uma posição confusa que frustrava a NWRO.[43]

A posição dócil da NOW sobre a pobreza parecia mais ou menos solidificada quando houve uma conferência em 1970 em que não havia eventos planejados dedicados a discutir mulheres de baixa renda e suas dificuldades. A coordenadora da força-tarefa, Merrillee Dolan, compareceu mesmo assim e se ofereceu para dar uma oficina improvisada para as participantes. Friedan fez uma pesquisa informal para ver quem compareceria a tal evento. Apenas duas mãos foram levantadas e nenhuma oficina sobre mulheres na pobreza foi realizada[44]. (A NOW não respondeu aos meus vários pedidos para que se pronunciasse sobre o assunto.)

Essa trajetória continuaria ao longo da década de 1970. Feministas brancas se reuniam em torno de plataformas de mulheres vítimas de violência doméstica e linhas diretas para vítimas de estupro,[45] mas, ao defender essas leis, projetaram que as vítimas se enquadrariam no paradigma feminino branco.

As mulheres Indígenas da atual América do Norte tinham e têm conhecimento íntimo acerca disso, pois o impacto do colonialismo é responsável pela seguinte realidade: de acordo com relatório de pesquisa do National Institute of Justice [Instituto Nacional de Justiça] (NIJ) divulgado em maio de 2016, quatro em cada cinco mulheres Nativas dos territórios atualmente compreendidos como Estados Unidos e Alasca foram vítimas de violência. Mais de uma em cada duas sofreram violência sexual.[46] E, ao contrário da maioria das estatísticas de estupro para mulheres de outros grupos étnicos e raciais, mulheres Nativas em geral não conheciam seus estupradores antes do crime. De acordo com um relatório de 2016 do National Center for Injury Prevention and Control [Centro Nacional para Prevenção e Controle de Lesões] do U.S. Centers for Disease Control and Prevention [Centro para Controle e Prevenção de Doenças dos Estados Unidos] (CDC), 96% das mulheres Nativas sobreviventes de estupro nos Estados Unidos foram agredidas por estupradores de outros grupos étnicos e raciais.[47]

Esses dados refletem uma presença distintamente colonial: homens de fora das comunidades estão atacando, perseguindo, agredindo e assassinando mulheres Nativas em escala epidêmica. E uma rede de estatutos e leis federais (leis coloniais, basicamente) proíbe que esses agressores sejam acusados. De acordo com o *High Country News*:

"Atualmente, os tribunais de povos originários não têm jurisdição para processar pessoas de fora da comunidade por muitos crimes, como agressão sexual e estupro, mesmo que ocorram em terras de povos originários. Este é um grande problema, porque são homens de outros grupos étnicos e raciais que cometem a maioria das agressões contra mulheres Nativas. Também há poucos recursos para sistemas de justiça criminal de povos originários, pouco apoio da segurança pública local e quase nenhum financiamento do governo federal para melhorar esses sistemas. E tudo isso contribui para as taxas excepcionalmente altas de estupro e violência doméstica."[48]

Esse cenário mudou um pouco em 2013, quando a Violence Against Women Act [Lei de Violência Contra a Mulher] reconheceu a jurisdição de povos originários para perpetradores de violência doméstica e "violência no namoro" de outros grupos étnicos e raciais em terras de povos originários.[49] Mas essa pequena expansão não incluiu assassinato, tráfico sexual, estupro e abuso infantil (nem incluiu a maior parte das terras de povos originários no Alasca ou no Maine).[50] A expansão foi descrita pelo National Indigenous Women's Resource Center [Centro Nacional de Recursos para Mulheres Indígenas] como "um raio de esperança, para as vítimas e comunidades, de que a segurança pode ser restaurada".[51] Mas já faz algum tempo que esta cultura precisa de muito mais do que um raio de esperança.

Por quase quatro décadas, ativistas Nativas e Indígenas têm pedido recursos federais para acabar com a epidemia de mulheres e meninas desaparecidas e assassinadas (frequentemente citadas como #*MMIW*, #*MMIWG* ou #*MMIWG2*).[52] Por anos, através de gerações, famílias Indígenas perdem familiares e pessoas da comunidade para predadores sexuais de fora da comunidade de forma rotineira (de acordo com um estudo de 2018 do Urban Indian Health Institute [Instituto de Saúde de Indígenas Urbanos] (UIHI), um centro de epidemiologia de povos originários, a taxa de assassinato de mulheres Nativas é dez vezes a média nacional),[53] e o governo que tomou as terras, recursos, habilidades e cultura delas, reorganizou suas famílias, tirou suas filhas e filhos e as culpou por suas taxas de dependência química, pouco faz para lidar com essa crise. Os Estados Unidos sequer quantificam federalmente essas vidas perdidas. Essas vidas pouco lhe importam.

Em 2018, um relatório do Urban Indian Health Institute perguntou em 71 cidades norte-americanas o número de mulheres Nativas desaparecidas. Quase dois terços dos departamentos de polícia não conseguiram confirmar um número preciso, não responderam, ou admitiram que não poderia confirmar a raça das vítimas.[54] O relatório quantificou os dados não confirmados — diretamente dos departamentos de polícia — como tendo "erros significativos", enquanto algumas agências tentaram recontar essas mortes através da memória humana porque os registros eram muito incompletos. Annita Lucchesi, diretora executiva do Sovereign Bodies Institute [Instituto Corpos Soberanos] e mulher descendente do povo Cheyenne do Sul,[55] assim falou sobre a falha em confirmar esta informação essencial:

"É inaceitável que as instituições de segurança pública achem que a recuperação de dados por meio de memória é uma resposta adequada a uma solicitação de registros. No único caso em que isso ocorreu e o policial pesquisou seus registros depois, foram encontrados vários casos adicionais dos quais o policial não conseguiu se lembrar. Isso destaca a necessidade de melhores padrões de fornecimento de registros e mostra que a memória institucional da segurança pública não é uma fonte de dados confiável ou precisa."[56]

Com base em um relatório de 2018 do Urban Indian Health Institute, o *Guardian* relatou em 2019 que havia 5.712 casos de MMIW (sigla para Missing and Murdered Indigenous Women [Mulheres indígenas desaparecidas e assassinadas]), mas apenas 116 desses casos foram inseridos no banco de dados do Departamento de Justiça.[57] Ao reportar sobre a epidemia, o portal de notícias local *Tucson.com* ressaltou como a falta de consideração por mulheres e meninas Indígenas anda lado a lado com a falta de uma coleta de informações consistente:

"Não há uma contagem abrangente de quantas mulheres Indígenas desaparecem ou são vítimas de homicídio, em parte porque diferentes instituições de segurança pública não têm um método uniforme de rastreamento desses dados, não têm rastreamento integrado entre as agências e muitas vezes não rastreiam dados com base em raça e gênero."[58]

Por outro lado, o Canadá, com quem os Estados Unidos compartilham sua presença colonial na *Turtle Island**— ou América do Norte — divulgou um amplo relatório federal em 2019 tentando quantificar a escala dos sequestros, estupros e assassinatos.[59] Esse esforço hercúleo veio a pedido de ativistas, defendendo uma investigação sobre uma epidemia que a nação não queria reconhecer. Apesar das mais de setecentas páginas, entrevistas detalhadas com Anciãs e Anciões, líderes da comunidade e familiares das vítimas, o Canadian National Inquiry [Inquérito Nacional Canadense] reconhece que o número exato se perdeu com o tempo:

"A verdade é que, apesar dos melhores esforços do National Inquiry para reunir todas essas verdades, concluímos que ninguém sabe o número exato de mulheres e meninas Indígenas desaparecidas e assassinadas no Canadá. Milhares de mortes ou desaparecimentos de mulheres provavelmente não foram registrados ao longo das décadas, e muitas famílias provavelmente não se sentiram prontas ou seguras para compartilhar suas histórias com o National Inquiry antes que nossos prazos exigissem que encerrássemos o registro. Uma das informações mais reveladoras, no entanto, é a quantidade de pessoas que compartilharam sobre suas próprias experiências ou sobre a experiência de entes queridos publicamente pela primeira vez. Sem dúvida, existem muitos mais casos."[60]

O relatório aborda diretamente a epidemia de mulheres e meninas Indígenas desaparecidas como um "genocídio" executado pelo colonia-

---

* Literalmente "Ilha da Tartaruga". Nome dado ao território hoje conhecido como América do Norte por diversos povos originários do continente. (*N. da T.*)

lismo, pela violência estrutural e pelo fracasso dos sistemas de justiça. Essas mortes violentas são o resultado de uma presença colonial vigente, "uma crise que está sendo formada há séculos". O relatório afirma que "o processo de colonização criou, de fato, as condições para a crise persistente de mulheres Indígenas, meninas e pessoas 2SLGBTQQIA [dois-espíritos, lésbicas, gays, bissexuais, transgênero, *queer*, questionantes, intersexuais, e assexuais] desaparecidas e assassinadas que estamos enfrentando hoje".

O relatório, que parece mais uma dissertação cuidadosa do que qualquer relatório paralelo sobre violência que li nos Estados Unidos, analisa como as interpretações coloniais do poder engendraram e propiciaram esse genocídio. As pessoas autoras afirmam que transmitimos verdades sobre:

"[...] ações e inações do Estado enraizadas no colonialismo e nas ideologias coloniais, construídas a partir da presunção de superioridade e utilizadas para manter o poder e o controle sobre a terra e o povo por meio da opressão e, em muitos casos, por meio de sua eliminação."

Para começar a combater essas repercussões perigosas, violentas e generalizadas, o National Inquiry defende o desenvolvimento de uma "mentalidade descolonizadora" que "exija que as pessoas questionem de forma consciente e crítica a legitimidade do colonizador e que reflitam sobre as maneiras como fomos influenciadas e influenciados pelo colonialismo".

O que essa iniciativa pleiteia ativamente é uma reinterpretação do poder por parte dos poderosos, especialmente nos níveis estadual e federal, nos quais o governo canadense afirmou seu domínio. Mas essa estratégia não se limita a essas vias de poder literal, legislação, fundos federais e formulação de políticas. As pessoas responsáveis pelo relatório apontam: "isso inclui a cultura dominante branca e ocidental do Canadá, em que atitudes racistas e políticas de assimilação forçada são exemplos de violência cultural, uma vez que se originam de crenças racistas profundamente enraizadas na cultura canadense".

O relatório leva o Canadá a reconsiderar sua supremacia assumida como nação colonial ocidental (uma reivindicação similar à que foi feita por feministas Latino-americanas quando Doris Stevens se recusou a abrir mão do controle de sua agenda) e a urgência de tratar da vida das mulheres. Mas o feminismo branco compartilhou dessas ambições coloniais de supremacia — tanto pela inação citada no relatório do National Inquiry quanto pela adoção dessa narrativa colonial para articular sua própria ascensão aos direitos e, portanto, ao poder. Há uma "falta de indignação moral nos Estados Unidos a respeito desta questão",[61] escreve a dra. Margaret Moss, diretora da First Nations House of Learning [Casa de Aprendizado das Primeiras Nações], o que depois é melhor detalhado no artigo de 2017 de Jen Deerinwater "How White Feminists Fail as Native Allies In Trump Era" [Como feministas brancas falham em ser aliadas de pessoas Indígenas na Era Trump]. Jen, jornalista, fundadora e diretora executiva do Crushing Colonialism [Esmagando o colonialismo],[62] um projeto de mídia Indígena, escreve sobre o despertar feminista pós-Trump nos Estados Unidos:

"Já me identifiquei fortemente como feminista, mas a hipocrisia do movimento feminista me afastou. Meu povo, os Tsalagi, nunca precisou do feminismo antes dos homens brancos e cristãos invadirem nossas terras. Éramos matrilineares e matriarcais. Nossas mulheres tinham poder, segurança e amor. É apenas como resultado da invasão branca que o feminismo é supostamente necessário; isto é, o feminismo estadunidense é apenas mais uma maneira pela qual colonos brancos se impuseram sobre nós. Mulheres Indígenas precisamos tanto do feminismo quanto precisamos do colonialismo e cristianismo.

Além disso, as feministas brancas parecem se lembrar de nós apenas quando desejam se apropriar e interpretar mal nossos costumes pré-colonização — que promoviam o equilíbrio entre os gêneros e instilavam respeito por nossas mulheres — para seus próprios fins. Ou, quando mulheres brancas querem se sentir como muito especiais, fazem declarações falsas sobre pertencer a nossos povos, como fizeram Blake Lively [63] e a senadora Warren [64].

Simultaneamente, essas mesmas feministas brancas esperam que sejamos eternamente gratas por elas terem assinado uma petição ou por terem nos tirado recursos valiosos ao decidirem sentar suas bundas privilegiadas nos acampamentos de resistência no Dakota Access Pipeline (DAPL).[65]

Muitas mulheres brancas pensam que ter usado um terninho branco para votar em Hillary as impede de serem destrutivas para com outras mulheres. Na realidade, porém, isso só prova que elas colocam seus direitos acima dos direitos das mulheres Indígenas e de outras mulheres marginalizadas. [...] A violência que os povos Nativos enfrentam não é nova — e não foi preciso que Trump aparecesse para nos fazer acordar e lutar. Temos lutado pelos direitos de todas as mulheres desde 1492. No entanto, o mesmo não pode ser dito sobre mulheres brancas.[65]"

Deerinwater discorre sobre a crescente conscientização acerca da cultura do estupro nos Estados Unidos e sobre como as mulheres Nativas foram deixadas de fora desse reconhecimento, apesar de quão altas são suas taxas de agressão e homicídio:

"Enquanto mulheres brancas são rápidas em se manifestar contra as injustiças em casos de estupro em que foram ou podem se ver sendo abusadas e sofrendo opressão institucional — como o caso de Brock Turner —, elas ficam em silêncio quando se trata da violação de Mulheres Indígenas. Quando eu, por repetidas vezes, levantei a questão das taxas absurdamente altas de violência contra Mulheres Nativas, fui ignorada pelas principais organizações feministas, como a Ultraviolet e a National Organization of Women [NOW], ou fui informada de que somos de alguma forma responsável pelos estupros cometidos contra nós. Uma colonizadora/'feminista' tuitou para mim que, se a violência em nossas reservas era tão alta, por que simplesmente não íamos embora? Esta declaração é ignorante e ultrajante. Como se devêssemos abrir mão do que sobrou de nossas terras. Como se o abuso que sofremos estivesse sob nosso controle e, portanto, fosse culpa nossa. Seguindo essa lógica, mulheres brancas deveriam parar de frequentar a faculdade para diminuírem as chancesde serem estupradas."[66]

A NOW e a Ultraviolet não responderam aos meus diversos pedidos para que se pronunciassem.

Em um artigo anterior, em 2016, Deerinwater fez observações semelhantes sobre quem estava sendo levada em consideração nas conversas nacionais sobre estupro e agressão sexual. A violência duradoura infligida às mulheres Nativas e Indígenas não era uma questão muito relevante nas plataformas de questões dessas mulheres, o que levanta pontos cruciais sobre quem é a "mulher" para a qual os "direitos das mulheres" são criados:

"Tanto Democratas quanto Republicanos permaneceram em silêncio no cenário nacional em face das taxas assustadoramente altas de estupro, tráfico sexual, desaparecimento e assassinato de mulheres Nativas e Indígenas. Permaneceram em silêncio, incluindo o presidente Obama e a candidata presidencial Democrata Hillary Clinton, enquanto Meninas e Mulheres Nativas estão sendo atacadas por cães, gás lacrimogênio, forças paramilitares e pela Guarda Nacional em Standing Rock. Permaneceram em silêncio enquanto Trump estava ofendendo profundamente todas as Meninas e Mulheres Nativas usando termos ofensivos como Pocahontas e *squaw*[*]. Somente nos casos em que aqueles que estão no poder conseguiam imaginar suas mães, esposas, filhas ou eles próprios sendo vítimas de Trump é que ele estava indo longe demais. Somente quando conseguiam imaginar uma mulher semelhante à sua própria classe sendo vítima é que se preocupavam com a agressão sexual."[67]

---

[*] Termo ofensivo utilizado para descrever meninas e mulheres Indígenas. (*N. da T.*)

O *Guardian* relatou em 2016 que, de fato, eram as mulheres Indígenas que estavam "liderando o movimento contra o Dakota Access Pipeline"[68] em Standing Rock, muitas vezes sujeitas a gás lacrimogêneo, balas de borracha e a serem presas. "Centenas de mulheres" e pessoas dois-espíritos tentando proteger "o direito humano básico à água potável". E, além de colocar fisicamente seus corpos em frente à terra que lhes foi tirada através dos processos coloniais, as mulheres protetoras da água também eram "líderes espirituais centrais" que traçavam estratégias de como proteger seus recursos do oleoduto.

No entanto, apesar da cobertura do *#NoDAPL* — os protestos contra o oleoduto — nos sites *Glamour.com*, *MarieClaire.com*, *Vogue.com*, *HarpersBazaar.com*, *Cosmopolitan.com* e outros, "conquistar" segue sendo um termo e um pensamento difundido para expressar objetivos feministas convencionais e objetivos feministas brancos. Um post de 2015 no site *EverydayFeminism.com* traz o título "If We Divide, We Don't Conquer: 3 Reasons Why Feminists Need to Talk About Race" [Divididas não conquistaremos: 3 motivos pelos quais feministas precisam falar sobre raça].[69] Um artigo no *EllevateNetwork.com*, um site de networking para mulheres, diz "Divide and Conquer: Feminist Style and why Patricia Arquette is Right" [Dividir para conquistar: estilo feminista e por que Patricia Arquette está certa].[70]

Para além dos canais e portais centrados em mulheres, está evidente que essa associação do feminismo a uma narrativa de "conquista" — seja da cultura ou das indústrias dominadas por homens — é a forma como estão nos convidando a entender a igualdade de gênero. *CollectorsWeekly.com*, um site para colecionadores de antiguidades, tem um artigo de 2014 intitulado "Women Who Conquered the Comics World" [Mulheres que conquistaram o mundo dos quadrinhos],[71] enquanto um artigo de 2015 do Salon publicou o perfil "The Woman Who Conquered Porn" [A mulher que conquistou a pornografia].[72] Um artigo do *Telegraph* de 2014 explica "How Feminism Conquered Pop Culture" [Como o feminismo conquistou a cultura pop][73] (apresentando a arte de várias mulheres brancas na primeira página e Beyoncé na segunda). Um artigo de 2017 no site *Vox.com* analisando os enredos feministas de personagens fictícias de "franquias *geek* populares" como Princesa Leia, Xena e Buffy, a Caça-Vampiros, demonstra o que quero dizer:

> "A compreensão moderna de como as personagens femininas se encaixam em narrativas culturais mais amplas evoluiu amplamente em resposta à nossa compreensão cada vez maior de como o sexismo se manifesta na ficção. De muitas maneiras, personagens fictícias já lutaram e conquistaram em campos de batalhas que mulheres ainda estão lutando na vida real."[74]

Repetidas vezes, por meio dessa mensagem, "conquistar" é afirmado como um passo positivo e progressista, uma chave para a estratégia ou organização feminista. E, no entanto, esta é uma mentalidade, uma maneira de ver as pessoas, recursos, comunidades e culturas que causou devastação multigeracional, trauma e violência contra mulheres e meninas Nativas, Indígenas e das Primeiras Nações — bem como de muitas, muitas outras civilizações em todo o mundo.

Mais uma vez, a ambição feminista branca — e até mesmo a maneira como comunicam essa ambição umas às outras — carrega a tradição brutal de explorar, suprimir e dominar outrem para ganho pessoal ou estratégico. Seja para elas mesmas, suas empresas, seus empreendimentos comerciais ou suas famílias, a disposição do feminismo branco de adotar uma compreensão "conquistadora" de seus direitos e poder, especificamente de forma inconsciente, ressalta o vasto espaço ideológico entre a ideologia feminista branca e aquilo contra o que mulheres Indígenas e pessoas dois-espíritos têm se organizado há séculos.

Sobre essa divisão, a jornalista e ativista Cherokee Rebecca Nagle observou em seu podcast *This Land* [Esta terra]: "a cruel ironia de ser uma pessoa Nativa em 2019 é que sobrevivemos ao genocídio apenas para sermos tratadas como se fôssemos invisíveis. Mas ainda estamos aqui".[75]

Capítulo quatro
Pensando como um coletivo

U MA DAS PRINCIPAIS razões pelas quais a ideologia feminista branca consegue aderir bem à narrativa de conquistadora e não achar isso nada demais, é que seu alicerce de empoderamento é quase que uniformemente individualista. Esta é a dimensão do feminismo branco que mais claramente exibe sua influência, a que denota que construir capital, dinheiro, influência e poder é um esforço independente.

Feministas brancas entendem seus direitos nesses termos desde a década de 1850, quando as feministas Elizabeth Cady Stanton e Susan B. Anthony escolheram se concentrar em educação e avanços políticos que tiveram pouco impacto na vida diária de mulheres pobres e da classe trabalhadora — mulheres que limpavam casas, cuidavam de crianças e colhiam algodão.[1] Assim, enquanto feministas brancas se misturavam nos círculos da elite, mulheres não pertencentes à elite construíam seus próprios movimentos para atender suas necessidades imediatas.

Uma marca registrada de muitos movimentos de base evitados pelo feminismo branco, através de identidades múltiplas e interseccionais, é que estes colocavam direitos coletivos na frente do progresso individual. O acesso de comunidades à água potável, educação, espaços públicos, instituições e alimentos é valorizado e colocado acima da ascensão, sucesso ou aceitação de uma única pessoa. Esta é uma forma completamente diferente de imaginar e exigir igualdade.

A longa história de ativismo do consumidor por parte de donas de casa da classe trabalhadora, imigrantes, judias e de grupos alvo de racialização nos Estados Unidos é uma janela importante para essa abordagem — momentos em que essas mulheres simplesmente pararam de comprar coisas para promover mudanças. Quando várias comunidades se recusaram a comprar algo, o capitalismo foi impactado. E, considerando que o dinheiro determina literalmente tudo em uma estrutura capitalista, mudar quem fica com o dinheiro pode ser radical — contanto que outras pessoas trabalhem junto com você.

Em 1902, donas de casa judias no Lower East Side de Nova York descobriram que o preço da carne casher passaria de doze centavos de dólar por cerca de 450g para dezoito centavos da mesma quantidade. A inflação de preços não foi determinada por lojistas locais, que inicialmente resistiram ao aumento de preços, mas pelo *"The Meat Trust"* [Fundo da carne], as corporações que controlavam o mercado de carnes.[2]

Ao ouvirem isso, essas mulheres judias disseram coletivamente ao *Meat Trust* que eles poderiam ficar com sua carne cara, porque elas não comprariam. Duas mulheres, conhecidas como sra. Levy, que era casada com um fabricante de túnicas, e a sra. Edelson, dona de um restaurante, convocaram uma reunião com outras esposas e mães para coordenar um boicote à carne.

O mais importante a notar é que essas não eram mulheres que haviam participado anteriormente do movimento trabalhista, não eram particularmente jovens, sem filhas e filhos ou idealistas. A maioria dessas senhoras estava na casa dos trinta e muitas tinham mais de quatro crianças para cuidar. Mas sua falta de experiência formal e suas extensas responsabilidades domésticas e cuidados com as crianças não as impediu de se posicionar em nome do que interpretaram como uma afronta ultrajante a uma necessidade humana básica. Por todo o Lower East Side, as mulheres espalharam a notícia do boicote à carne. Elas distribuíram (e criaram) panfletos em iídiche com uma caveira e ossos cruzados que diziam: "não coma carne enquanto o *Trust* a estiver tirando dos ossos de suas mulheres e crianças".[3]

Elas também começaram a protestar, chamando atenção física para o boicote, jogando carne nas ruas, tijolos nas janelas e, alegadamente, arrancando a carne das mãos de clientes. Outros transtornos aconteceram dentro da comunidade pelo fato de elas serem mulheres — os homens judeus não achavam que suas mulheres deveriam se comportar dessa maneira em público. Para protestar contra essa avaliação patriarcal de seu ativismo, e para enfatizar que esse esforço era essencial para suas famílias e lares, as mulheres alegadamente saíram de uma sinagoga local durante uma leitura da Torá.[4] Enquanto os homens de sua comunidade seguiram soltando muxoxos de desaprovação diante de seu desrespeito pela ordem, pelos protocolos e pela fé, as donas de casa judias fortaleceram seu compromisso com a causa. De acordo com um artigo de 2019 do site *Tablet.com*:

> "Quando um homem disse à sra. Silver, uma das mulheres que lideravam o protesto na sinagoga, que ela tinha chutzpah [audácia] e sua ação foi um *hillul Hashem* (uma profanação do nome de Deus), ela respondeu friamente que a Torá a perdoaria. Mulheres marcharam e gritaram: 'não vamos ficar caladas; vamos derrubar o mundo' e se autodenominavam 'soldados na grande guerra das mulheres'."[5]

Os protestos continuaram com o aumento da presença da polícia. As mulheres que promoveram o boicote da carne demonstraram que estavam dispostas a revidar fisicamente e resistiram aos esforços da polícia. Sobre os protestos, o *New York Times* descreveu a cena caótica como: "sapatos velhos, escovas, pentes, vassouras e todos os outros artigos portáteis de uso doméstico que se possa imaginar choveram na calçada".[6] Mais de setenta mulheres foram presas, e quando algumas delas foram apresentadas a um magistrado, ele alegadamente disse que elas não entendiam o mercado de carne bovina. Mais muxoxos, agora da parte dos homens de fora da comunidade também. (As mulheres foram de porta em porta arrecadando dinheiro para pagar a fiança umas das outras.)

Os portais de mídia e arquivos através dos quais podemos entender essa situação também estão deveras manchados por classismo, xenofobia e sexismo. O *Tablet.com* aponta que as manifestantes foram descritas como "muito ignorantes"; também foi dito que "a maioria delas fala uma língua estrangeira". As reportagens do *Times* sobre os protestos garantem que a polícia agrediu e espancou as mulheres de forma suave com seus cassetetes, caso você queira entender melhor quem a imprensa tinha intenção de proteger e glorificar na época.

No final do mês, os homens judeus decidiram aparecer e participar do boicote também. E, no início de junho, o *Meat Trust* cedeu. Eles baixaram o preço da carne para menos de catorze centavos por cerca de 450g. Acontece que essas donas de casa judias sabiam exatamente como funcionava o mercado de carnes, mais do que os líderes mais velhos de sua fé e de seus tribunais — e levou apenas cerca de um mês para fazer valer essa mudança.

A carne continuaria a ser um ponto centralizador para as mulheres no campo do ativismo do consumidor nos Estados Unidos por várias décadas. A recusa por parte das donas de casa em participar do comércio diário em nome dos alimentos básicos e basais de suas famílias reverteria a estrutura de poder com base no que essa estrutura mais valoriza: o dinheiro.

O que também é significativo sobre o ativismo do consumidor das donas de casa é que essa estratégia se tornaria inter-racial. Na década de 1930, enquanto os norte-americanos lutavam contra a Grande Depressão, donas de casa Negras e judias fecharam efetivamente quatro mil açougues em Nova York por meio de piquetes.[7] Esse boicote foi estimulado pelos esforços de mulheres com ideias semelhantes em Hamtramck, Michigan, que exigiam uma redução de 20% nos preços da carne dos "açougueiros", açougues e frigoríficos da cidade. O preço da carne havia subido 62% em três anos,[8] durante uma época em que muitas pessoas norte-americanas lutavam para manter empregos e alimentar suas famílias. (Os açougueiros afirmaram que o aumento de preço foi causado pelo presidente Roosevelt, que instituiu um imposto de processamento, e não por interesses comerciais.) Tendo começado como um protesto de quinhentas mulheres em julho de 1935, o boicote à carne continuaria durante o verão, com as manifestantes eventualmente ocupando mais de três quilômetros e se espalhando por Detroit.

Mary Zuk, uma mulher pequena, esposa e mãe, liderou as manifestantes. A jovem de 32 anos era norte-americana de origem polonesa de primeira geração e, como aconteceu com muitas mulheres norte-americanas durante a Depressão, seu marido perdera o emprego na indústria automobilística local. Com dois filhos e um marido desempregado, Zuk se viu tentando economizar para alimentar uma família e lutando com o preço da carne. Ela recorreu à justiça social porque precisava — não havia outra maneira de garantir que suas crianças pudessem comer regularmente.

Antes dos piquetes, Zuk foi eleita chefe do Committee for Action Against the High Cost of Living [Comitê de ação contra o alto custo de vida]. Ela e o comitê chegaram a uma reunião do conselho municipal em que o prefeito estava presente e pediram para que os preços das carnes fossem investigados pelo governo federal. Mais tarde naquela semana, elas começaram o boicote, carregando cartazes que diziam "Greve contra os altos preços da carne. Não compre". Ecoando o legado do boicote das donas de casa judias em 1902, Zuk e suas companheiras de boicote estavam dispostas a arrancar a carne das mãos de clientes e jogar mercadorias nas ruas. No primeiro dia de seu boicote, as manifestantes haviam dado um desfalque de 65 mil dólares no lucro de açougueiros locais, o equivalente em poder de compra a cerca de 1.2 milhões em 2019.[9] Uma quantia que declarou: *nós não estamos aqui de brincadeira*.

Os açougueiros ficaram assustados, e isso se refletiu em reduções temporárias de carne dentro das lojas, mas nenhuma redução fixa. As manifestantes mantiveram o boicote durante o verão e as lojas continuaram sofrendo e fechando. Os açougueiros, então, buscaram a ajuda do governador do estado e uma liminar para evitar que as senhoras protestassem (boa sorte com essa tentativa). Mas o governador Frank Fitzgerald afirmou que as manifestantes garantiram supervisão federal com suas reivindicações.

Então Zuk foi para Washington, D.C., com a intenção de explicar a situação ao secretário de agricultura Henry Wallace — mas o Wallace sequer apareceu. (Foi relatado que Wallace nunca teve a intenção de ouvir as manifestantes falarem sobre o boicote à carne.) Zuk só chamou sua atenção quando, após uma reunião com outro oficial, disse que não deixaria o escritório até que Wallace chegasse. Então ele chegou, à vista dos repórteres, com quem tentou negociar para que saíssem da sala, até que Zuk proferiu este golpe épico: "nosso povo quer saber o que vamos dizer e querem saber o que você vai dizer, então o pessoal da imprensa vai ficar".

Inicialmente, Wallace sustentou que os altos preços da carne se deviam a uma escassez nacional, mas Zuk foi inflexível ao afirmar que era o imposto de processamento do governo de Roosevelt que estava enchendo os bolsos dos frigoríficos enquanto crianças passavam fome. Ela exigiu a proibição desse imposto de processamento e apontou: "o governo não quer que a gente viva? Tudo em Detroit subiu, menos os salários". Em resposta a isso, Wallace literalmente fugiu de seu próprio escritório.[10] Ele fugiu daquela mulher de origem polonesa de de 45kg, desarmada, porque ela lhe fez uma pergunta direta — é assim que o poder é subvertido.

O governo federal nunca interveio na questão dos altos preços da carne em Hamtramck. Usando o que é agora uma tática comum para minar a mudança política, um congressista democrata do Missouri, Clarence Cannon, estipulou que as mulheres boicotadoras de carne não eram realmente da classe trabalhadora nem estavam com dificuldades financeiras (para um exemplo contemporâneo, veja as afirmações da conspiracionistas de direita de que as vítimas, e os pais e mães das vítimas do massacre de Sandy Hook são "falsos" ou atores). O congressista Cannon declarou que as mulheres manifestantes eram uma fachada para os próprios frigoríficos que queriam abolir o imposto para seu próprio benefício comercial. Ele pediu uma investigação sobre o boicote à carne feito pelas mulheres, porque, de acordo com sua avaliação, as mulheres não tinham aparências que condiziam com a classe trabalhadora. Com fotos das manifestantes no chão da Câmara, apontou para seus penteados, pérolas, sapatos e bolsas como prova de que elas "eram donas de casa mimadas que buscavam satisfação por meio de badernas públicas", de acordo com o site *Narratively.com*.[11]

O congressista Cannon declarou o boicote como sendo "falso", alegando também que considerava inviável que mulheres se organizassem por conta própria sem a orientação de homens. Essa propaganda não diminuiu a velocidade do boicote. À medida que o verão chegava ao fim, as donas de casa de outras cidades começaram a ouvir falar das táticas das mulheres de Michigan e a traçar estratégias para organizar seus próprios boicotes à carne.

O boicote continuou até 1936, mesmo depois que o tribunal decidiu que os piquetes não podiam obstruir os negócios fisicamente ou abordar clientes. Naquele ano, o imposto foi declarado inconstitucional pela Suprema Corte e os preços locais da carne em Hamtramck foram mantidos a um preço viável, graças ao trabalho das mulheres locais. Zuk passou a servir na Câmara Municipal de Hamtramck, a primeira mulher a ocupar uma cadeira, e expandiu seus esforços para assegurar moradia justa, despesas domésticas e outros preços de alimentos.

Após a Depressão, os boicotes à carne cresceriam como uma forma eficaz de protesto liderado por mulheres. Em 1947, dezenove organizações femininas convocaram o Congresso a estabelecer limites de preço para moradia, carne, leite e pão. A guerra tinha acabado, mas ainda era muito caro sustentar suas famílias. Elas tornaram isso público inundando os escritórios de congressistas e senadores em Washington, D.C. — 1.629 donas de casa de todo o país: Trenton, Boston, Baltimore,

Chicago, Nova York, Filadélfia e Cleveland. Elas propuseram aos seus representantes um projeto de lei para controlar os aluguéis nacionais, a habitação pública e os preços dos alimentos.[12]

Quando o Congresso não fez nada, as donas de casa voltaram para suas respectivas cidades e lançaram um boicote nacional à carne, que, segundo a historiadora Orleck, "diminuiu até mesmo as grandes ações da era da depressão". Acredita-se que o boicote à carne de 1948 começou na casa da sra. R. D. Vaughn, uma avó de setenta anos do Texas que ligou para todas as suas amizades (muitas casas agora tinham telefones) e as incentivou a não comprar carne em suas lojas locais até os preços caírem. Quarenta e oito horas depois, boicotes à carne surgiram em dezessete municípios e cidades texanas. Na mesma semana, o boicote à carne se expandiu para a Flórida e para a Geórgia. Eventualmente, incluiria Nova Jersey, Nova York, Michigan e Ohio.[13]

Um pilar proeminente dessa rápida mobilização era o acesso das donas de casa aos telefones, já que, antes da década de 1940, as boicotadoras de carne tinham que se organizar de forma muito mais lenta e transmitir sua mensagem indo de porta em porta ou distribuindo panfletos, como fizeram as mulheres judias em 1902. Mas agora que mesmo as famílias mais pobres tinham telefone, era possível comunicar estratégias, princípios e ações com muito mais rapidez. E também era possível recrutar. Uma dona de casa de Ohio explicou a um repórter que elas atribuíam dez páginas da lista telefônica para cada uma das 58 mulheres, uma espécie de árvore telefônica. (Essa estratégia de organização feminina segue uma linha direta para o que acontece nas redes sociais, nas quais movimentos digitais como o *#YesAllWomen* [#SimTodasAsMulheres], o *#SolidarityIsForWhiteWomen* [#SolidariedadeÉParaMulheresBrancas] e o *#MeToo* podem ser nacionalizados e às vezes até internacionalizados em algumas horas.) Os piquetes feitos por mães com seus bebês também provaram ser muito eficazes e, no Brooklyn, 150 mil donas de casa boicotaram carne.[14] Em 1951, o *New York Times* relatou que as donas de casa de Chicago forçaram uma queda de 60% em um dos bairros.[15]

Os preços do gado caíram 10% por mandado federal[16] e, em um raro momento de iluminação da grande mídia, o ímpeto foi identificado como "donas de casa zangadas"[17] (maldoso, mas preciso). Esse reconhecimento das donas de casa como força motriz do ativismo do consumidor seguiria sendo reafirmado. No boicote nacional de 1973, no qual os preços da carne haviam subido 20% em um ano graças à inflação, a revista *Time* imortalizou o impasse entre donas de casa norte-americanas e produtores de gado com uma reportagem de capa na primavera.[18] Mas, de forma semelhante ao que aconteceu na reportagem do *New York Times* sobre as donas de casa judias em 1902, é possível perceber o preconceito e a influência da mídia na ilustração da capa. Relatos desse período detalham a participação e o escrutínio de preços por parte de donas de casa Latinas[19] e donas de casa Negras do Harlem, incluindo o apoio de Florence Rice,[20] ativista Negra do movimento de ativismo do consumidor, considerada a líder do Harlem Consumer Movement [Movimento de consumidores do Harlem]. Mas a *Time* reduz o visual do boicote à imagem de uma dona de casa magra com passabilidade branca dotada de todos os marcadores da classe média. Ela usa uma bolsa (tudo bem, parece vazia) que combina com sua faixa amarela. E tão ameaçadora quanto ela supostamente deveria ser com sua placa de "não coma carne!", suas sobrancelhas arqueadas e sua postura agressiva, a sensação que a imagem passa é que, se ela não estivesse boicotando carne, estaria servindo-a com muito amor para você.

O modo com que muitas vezes os movimentos ativistas são traduzidos diz mais sobre a interpretação editorial destes apelos por justiça do que sobre a realidade. A iniciativa de colocar uma dona de casa magra com passabilidade branca como o único marcador visual desse tipo de ativismo de consumo — que está profundamente enraizado nos esforços de mulheres Negras, *chicanas* e imigrantes — sinaliza em quem você deve pensar ao considerar o clamor por preços mais baixos para a carne. Você não deve pensar em uma mulher como Dolores Huerta, organizadora da bem-sucedida greve de Delano em 1965, que resultou em uma renegociação sem precedentes dos direitos dos trabalhadores.[21] Você deve pensar em uma mulher que é convencionalmente feminina, que usa uma bolsa, que é magra, que performa tanto gênero quanto raça como a sociedade dita que ela deveria. É ela quem está pedindo o boicote à carne. O que transforma sua causa, portanto, em uma causa digna. Basta uma imagem para transmitir essa mensagem — e assim foi em grande parte da história da mídia. (A imagem de Gloria Steinem muitas vezes funcionou dessa forma em relação a muitas questões de gênero.)

Apesar dos erros cometidos pela grande mídia ao relatar o feminismo na prática, essa linha estimulante do ativismo das mulheres pratica, de forma consistente, uma ideologia política que não depende de nenhuma de suas classes em ascensão. Essa estratégia não interpreta o aumento de recursos individuais como uma vitória da justiça social para todas as pessoas. Para Zuk e para as outras mulheres boicotadoras, esse movimento não visava escapar das amarras da classe trabalhadora, e sim proteger os direitos da classe trabalhadora. Essa estratégia se baseia no reconhecimento absoluto de que, em primeiro lugar, pessoas pobres e da classe trabalhadora têm — e merecem ter — direitos. E que essas pessoas não são pragas na sociedade nem preguiçosas que não querem se esforçar, ou que deveriam, por meio de alguma matriz elaborada e da suspensão de bloqueios sistêmicos, simplesmente deixar de ser a classe trabalhadora. Existir nessa faixa socioeconômica tendo essas realidades financeiras intrínsecas era uma vida legítima, tanto para suas famílias quanto para as famílias das pessoas de seu bairro. E essa abordagem comum, com o intuito de avaliar necessidades e sucessos, priorizava a proteção dos preços de alimentos para todas as pessoas em vez de aplicar engenharia reversa em suas vidas individualmente a fim de acomodar o aumento dos preços.

Um entendimento comunitário de justiça era inerente a essas ativistas boicotadoras da carne e também inerente à época, como observa Emily E. LB. Twarog, historiadora do trabalho e autora de *Politics of the Pantry: Housewives, Food, and Consumer Protest in Twentieth-Century America* [Política da despensa: donas de casa, comida e protesto do consumidor nos Estados Unidos do século XX]. Em uma entrevista ao site *TheAtlantic.com* em 2017, ela apontou a mudança na forma como os norte-americanos concebem não apenas uns aos outros e umas às outras, mas, de forma mais específica, como concebem as pessoas que têm menos:

> "Agora, a percepção geral é que, se alguém está passando por dificuldades financeiras, o problema é desse trabalhador ou trabalhadora, de forma individual. Certamente, no governo de Ronald Reagan, houve uma mudança na forma de falar sobre o povo, que passou de corpo de consumidores a contribuintes individuais. Isso teve, ao longo do tempo, um grande impacto na psique do povo dos Estados Unidos, uma vez que este não é mais tratado como um coletivo pela grande mídia."[22]

Essa abordagem para entender as afrontas à comunidade excedeu o status socioeconômico e a raça de mulheres mais privilegiadas dos Estados Unidos. O importante trabalho antirracista das mulheres brancas nos Estados Unidos deixou um legado forte e valioso sobre como ser uma feminista que é branca em vez de ser uma feminista branca. Espalhadas pela história, mas congregadas principalmente no sul dos Estados Unidos, existiram mulheres brancas que viram a segregação, os linchamentos, os espancamentos e a difamação constante das pessoas Negras nos Estados Unidos e assumiram o combate ao racismo como sua responsabilidade coletiva. Presentes em um espectro de profissões, reflexões pessoais e observações sociais, essas mulheres brancas antirracistas consideravam a supremacia branca sua prioridade, especificamente por serem brancas, mais uma vez evocando uma reconsideração do poder por parte de pessoas detentoras do poder. De forma similar ao caso do relatório do Canadá sobre o MMIWG apresentado no capítulo anterior, essas ativistas avaliaram que o poder e a dominação racial por parte de pessoas brancas tinham de ser analisados e desfeitos.

Anne McCarty Braden, uma jornalista e ativista antirracista branca nascida em uma família de classe média no Kentucky na década de 1920 e que depois se mudou para o Alabama, estado bastante segregado racialmente, falou de sua motivação da seguinte forma:

"Nenhuma pessoa branca, nem antes e nem agora, pode ser neutra nessa questão [da segregação]. Ou você encontra uma maneira de se opor ao mal ou o mal se torna parte de você e você parte dele, e ele se enrola em sua alma como os tentáculos de um polvo. [...] Não há um meio-termo."[23]

Sua família era pró-segregação, uma prática cotidiana na qual ela estava completa e culturalmente imersa, visto que sua família era considerada elite no sul. Segundo historiadoras e historiadores, no entanto, Braden, mesmo quando jovem, não defendia a segregação, e começou a questionar quão válido era "o problema do *Negro*", como lhe tinha sido apresentado, na igreja. Mais tarde ela relembraria:

"Fiz um comentário moderado dizendo que achava que as pessoas deviam ser tratadas da mesma forma, independentemente da cor que fossem. E me lembro de pessoas ficando um pouco assustadas e de alguém vindo até mim mais tarde e dizendo: 'você não deveria dizer coisas assim, as pessoas vão pensar que você é comunista'."[24]

Braden, no entanto, continuou dizendo coisas assim — e isso custou a ela muito mais do que sua reputação social entre fiéis sulistas. Em 1951, ela protestou contra o que acreditava ser a execução e condenação injusta de um homem Negro por estuprar uma mulher branca. Ela foi presa e, pelo que lembra, o policial ficou furioso ao ver uma mulher branca do Sul protestando especificamente contra a discriminação racial. Ela lembra que seu encontro com o policial quase terminou em violência devido à sua posição política, e alega que a situação revelou quais privilégios e proteções da branquitude ela estava perdendo ao se posicionar:

"Ele disse: 'você está aqui; você é sulista e está aqui nesse negócio!?' Ele se virou como se fosse me bater, mas não o fez porque outro policial o impediu. [...] De repente, aquele momento se tornou muito revelador para mim. Durante toda a minha vida, a polícia esteve do meu lado. Eu não pensava nisso dessa forma, mas, no mundo em que eu cresci, a polícia não incomodava a gente, sabe. De repente percebi que eu estava do outro lado. Ele disse: 'você não é uma mulher sulista de verdade'. E eu disse: 'não, acho que não sou seu tipo de mulher sulista'."[25]

Esse "outro lado" a que ela alude, que não incluía uma infraestrutura social segura para as mulheres brancas, foi um conceito que ela aprofundaria mais tarde ao refletir sobre as decisões que tomou em sua vida, dizendo:

"Uma pessoa Negra estadunidense mais velha, líder da política que eu respeitava muito, me disse que eu tinha que fazer uma escolha: fazer parte do mundo dos linchadores ou juntar-me aos Outros Estados Unidos — de pessoas que desde o início deste país se opuseram à injustiça e, especialmente, se opuseram ao racismo e à escravidão."[26]

Os custos de fazer parte desses "Outros Estados Unidos" em vez de manter a certeza da supremacia branca foram graves para essas ativistas brancas antirracistas. Como Juliette Hampton Morgan, uma socialite sulista de Montgomery, Alabama, que comprometeu a segurança do nome de sua família e sua posição na aristocracia sulista quando se manifestou contra a segregação nos ônibus de Montgomery. Uma cruz foi queimada em seu gramado. Ela recebia cartas de ódio e ameaças pelo telefone com frequência e foi afastada de praticamente todas as suas amizades, da maioria de sua família e das pessoas que a empregavam, que foram pressionadas a demiti-la por causa de suas opiniões políticas.[27] Sobre esse assédio, ela relembrou: "os cortes por parte de amizades antigas, o telefone tocando com vozes anônimas; eu sei como é quando o friozinho no estômago começa a virar náusea".[28]

Morgan tinha sido criada para o sucesso convencional proporcionado pelo privilégio branco, pela influência e pelo poder de sua família (o pai e a mãe dela tinham amizade com outras pessoas sulistas influentes, como Tallulah Bankhead e Zelda Fitzgerald). Ela se formou entre os 5% melhores de sua classe na Universidade do Alabama, onde obteve o diploma de bacharel e de mestra. Tornou-se professora de escola pública e, mais tarde, bibliotecária, além de escritora. Um âmbito em que Morgan não era tão privilegiada, porém, era o campo da saúde mental. Ela lutou bastante contra a depressão e contra ataques de pânico e, devido à sua ansiedade, não conseguia dirigir. Então ela pegava ônibus. E foi lá, nos ônibus de Montgomery, que ela testemunhou em primeira mão o rebaixamento da clientela Negra, que era relegada aos bancos do fundo.

Em 1939, ela começou a escrever cartas para seu jornal local, o *Montgomery Advertiser*, detalhando o quão desumana era a segregação nos ônibus. Enquanto ela redigia essas críticas e as enviava, Morgan recebeu o primeiro de muitos ataques da supremacia branca. A livraria onde Morgan trabalhava a demitiu.[29]

Em uma viagem de ônibus específica, Morgan observou uma mulher Negra pagar sua passagem e ser instruída a entrar no ônibus pela entrada dos fundos; quando a mulher pisou no degrau da frente do ônibus, o motorista tentou acelerar. Morgan se levantou e puxou o freio de mão, criticando o motorista por deixar a cliente Negra para trás depois que ela pagou e exigindo que ele a deixasse entrar. Puxar o freio de mão ao testemunhar tratamentos maldosos para com pessoas Negras viraria uma estratégia duradoura para Morgan — à qual motoristas de ônibus respondiam com zombaria. Os outros passageiros brancos não a apoiavam nem seguiam seu exemplo. Eles também zombavam dela.

Mais tarde, Morgan identificou a natureza sinistra da decência branca como "nosso maior problema".[30] A pressão para manter etiqueta, respeitabilidade e decoro fez com que muitas pessoas brancas de Montgomery permanecessem complacentes. Em uma carta publicada no *Tuscaloosa News* em 1957, ela observou quão sozinha estava em sua indignação:

> "Eu tinha começado a me perguntar se havia algum homem no estado — algum homem branco — que tivesse alguma avaliação sensata de nossa situação aqui na metade do século xx, que tivesse boa vontade e, principalmente, qualquer coragem moral para expressá-la."[31]

A publicação dessa carta provocou a ira de organizações supremacistas brancas, bem como de clientes de bibliotecas que boicotaram o local onde ela trabalhava. Eu consigo entender por quê. O apelo de Morgan à moralidade utiliza a mesma moeda usada com frequência por racistas para justificar a segregação e a propriedade. "Moral" é a narrativa que inventam e na qual incluem mães e crianças, perguntando em voz baixa a outras mães e pais brancos preocupados se gostariam que seus bebês compartilhassem recursos, espaços comuns e bebedouros com crianças daqueles bairros. É uma maneira doce de dizer "o problema do *Negro*" sem soar particularmente acusatório. Dissimular o racismo com a ideia de moralidade foi muito eficaz e útil para disseminá-lo e, quando Morgan fez um jogo editorial com o mesmo sentimento ao praticar o antirracismo, a supremacia branca se organizou rapidamente para sufocá-lo.

Eles exibiram a mesma veemência contra a escritora Lillian Eugenia Smith, autora de *Strange Fruit* [Fruto estranho], romance best-seller de 1944, que detalhou um romance inter-racial e ampla crítica à segregação. Como Morgan, Smith nasceu em uma família rica do sul, ela estudou música e se tornou a chefe do departamento de música de uma escola metodista norte-americana na China. Enquanto supervisionava a instrução de meninas chinesas, Lillian observou a abordagem colonialista branca dispensada àquelas estudantes. Quando voltou para os Estados Unidos para cuidar de sua e mãe e seu pai doentes (e se apaixonar por sua companheira de muito tempo, Paula Snelling), ela percebeu que o tratamento dispensado a pessoas Negras norte-americanas parecia estar baseado na mesma ideologia.[32]

Quando *Strange Fruit* foi publicado, Boston e Detroit baniram o livro e o Serviço Postal dos Estados Unidos se recusou a transportá-lo. Mas a primeira-dama Eleanor Roosevelt pressionou seu marido, presidente Franklin Delano Roosevelt, a intervir para que o livro pudesse continuar a encontrar leitoras e leitores.[33] No mesmo ano em que *Strange Fruit* foi publicado, Smith escreveu ao Southern Regional Council [Conselho Regional do Sul dos Estados Unidos] dizendo que "segregação é linchamento espiritual"[34] e convocou sulistas a refletirem sobre seu próprio racismo. No seu livro autobiográfico de 1949, *Killers of a Dream* [Assassinos de um sonho], Smith atribui às pessoas brancas do Sul o ônus de avaliar seus próprios padrões de abuso e discriminação; nas palavras dela: "a história secreta das relações raciais no Sul, os medos e os horrores, estão ligados aos hábitos secretos do povo sulista".[35] O cerne da análise de Smith é que "o problema do *Negro*" do qual Braden falou, ao qual Morgan resistiu, é na verdade um problema de gente branca. A reformulação da dinâmica racial sob essa lente acusatória foi recebida com violência e incêndio criminoso. Em 1955, a casa de Smith foi incendiada por segregacionistas.

Por meio desse trabalho antirracista, os papéis de gênero brancos também estavam sendo disputados. Desafiando o papel culturalmente aceito do que uma mulher branca do Sul deveria ser, essas ativistas brancas questionaram e perturbaram os poderes da sociedade. De forma semelhante ao ativismo do consumidor do século xx, a supremacia branca tradicionalmente confia nas mulheres para cumprir seus ditames, principalmente através de movimentos de base, boletins informativos, reuniões de pais e mestres, vendas de bolos e iniciativas comunitárias.[36] O afastamento de mulheres brancas do sul dessa ordem e dessa performance de gênero ameaça a própria economia do racismo institucionalizado e, em alguma medida, a supremacia branca sabe disso. É por isso que um policial branco sulista quer bater em Braden por reconhecer uma condenação racista e que Morgan é provocada por motoristas de ônibus por se importar com passageiras e passageiros Negros.

Manter a ordem da respeitabilidade, como Morgan escreveu, é fundamental para a branquitude, principalmente para a branquitude das mulheres — os grandes bastiões de moralidade, civilidade e valores familiares. Afastar-se desse código de conduta racial e de gênero significava ser rotulada de "traidora de raça", como Braden disse sobre seus próprios confrontos com segregacionistas. A ativista feminista e antirracista Mab Segrest descreve bem essa dinâmica em seu livro de memórias *Memoir of a Race Traitor: Fighting Racism in the American South* [Memórias de uma traidora da raça: lutando contra o racismo no sul dos Estados Unidos]; nas palavras dela: "não estou traindo meu povo, estou traindo a ideia de raça. Demorei um pouco para conseguir entender a diferença".[37]

Entendimentos coletivos acerca de justiça social, ao contrário de narrativas únicas de sucesso, têm capacidade de gerar importantes ações legislativas. O protesto sentado [*sit-in*] intitulado "*504 Sit-In*"* em São Francisco produziu uma legislação que é considerada "o nascimento do movimento das pessoas com deficiência"[38] de acordo com a ativista Kitty Cone, que liderou uma ocupação de 26 dias de um prédio federal em 1977 com mais 150 ativistas dos direitos das pessoas com deficiência.[39] Suas demandas eram simples: ninguém iria deixar as instalações até que o governo de Jimmy Carter assinasse e implementasse a seção 504 da Lei de Reabilitação de 1973.[40] Esta lei foi a primeira proteção

---

* Protesto organizado por pessoas com deficiência a fim de pressionar o governo a implementar o proposto na seção 504 da Lei de Reabilitação dos Estados Unidos de 1973. (*N. da T.*)

federal de direitos civis para norte-americanos com deficiência, uma peça legislativa muito importante que proibia a exclusão de pessoas com deficiência no âmbito de programas, agências e empregos federais. Mas a seção 504, baseada na linguagem de outras leis de direitos civis, levou essa iniciativa um passo adiante, reconhecendo e proibindo a discriminação contra pessoas com deficiência (PCDs).[41]

Isso inverteu um importante estigma cultural para PCDs presente em muitas conversas sobre trabalho, educação, moradia, instalações médicas, transporte e conversas preconceituosas atualmente: o estigma de que ter uma deficiência é culpa e responsabilidade pessoal da pessoa, e não indicativo de uma infraestrutura, de um sistema que prioriza um padrão presumido de bem-estar na vida cotidiana.

Cone, que tinha distrofia muscular, escreveu que implementar a seção 504 era essencial para, mais uma vez, incentivar os poderosos — as pessoas sem deficiência — a repensar a maneira como a deficiência fora quantificada: como um problema individual. Ela escreveu:

"Nós, pessoas com deficiência, não achávamos que os problemas que enfrentamos em nossas vidas diárias eram produto de preconceito e discriminação. A deficiência foi definida pelo modelo médico de reabilitação, caridade e paternalismo. Se eu pensasse sobre o motivo de não poder frequentar uma universidade sem acessibilidade, diria que era porque não conseguia andar, um problema pessoal meu. Antes da seção 504, a responsabilidade pelas consequências da deficiência recaía apenas sobre os ombros da pessoa com deficiência, em vez de ser entendida como uma responsabilidade social. A seção 504 mudou drasticamente essa percepção social e jurídica.

Somente com a seção 504 o papel da discriminação foi finalmente reconhecido legalmente."[42]

Em última análise, o que essa medida exigia eram regulamentações — basicamente diretrizes — para que hospitais, escolas, bibliotecas e outros prédios pudessem aplicá-los. Mas, de quando a lei foi aprovada em 1973 até 1977, tribunais, juízes e o Congresso não chegaram a um acordo sobre quais seriam essas regulamentações. Enquanto isso, pessoas com deficiência esperavam para participar desses espaços públicos com base na legislação aprovada. As alterações propostas para aprovar a seção 504 também foram consideradas tão absurdas que teriam praticamente diluído o mandato de não-discriminação.

Então, um enorme número de ativistas decidiu parar de esperar. Reuniram a Emergency 504 Coalition [Coalizão Emergencial da 504] para coordenar uma manifestação seguida por um protesto sentado no prédio do United States Department of Health, Education, and Welfare [Departamento de Saúde, Educação e Bem-Estar dos Estados Unidos] (HEW) em São Francisco, bem como manifestações em outras oito cidades. O plano para a manifestação de São Francisco era que o grupo não deixasse o prédio do HEW até que o novo secretário do HEW, Joseph Califano Jr., assinasse as regulamentações para a seção 504.

Cone e Judy Heumann, outra ativista pelos direitos das pessoas com deficiência, se concentraram em organizar o protesto sentado de São Francisco pela longevidade com vários comitês focados em publicidade, divulgação, arrecadação de fundos e assistência médica. Organizar uma manifestação com pessoas com deficiência também apresentou desafios específicos que a coalizão teve que planejar. Cone lembra:

"Os comitês tinham muito trabalho a fazer e envolveram muitas pessoas nesse processo. Isso foi bom, porque as condições eram fisicamente extenuantes, só era possível dormir às vezes três ou quatro horas por noite no chão e todas as pessoas estavam sob estresse e preocupadas com suas famílias, empregos, nossa saúde e com o fato de estarmos imundas e imundos e tudo o mais."[43]

Cone e Heumann foram muito táticas em sua organização, baseando-se amplamente em suas respectivas experiências como organizadoras e também na organização de outras pessoas privadas de direitos. Heumann, que se tornou cadeirante após um diagnóstico de poliomielite na infância, defendera o aumento da acessibilidade às salas de aula e dormitórios quando era aluna da Universidade de Long Island, bem como sua própria capacidade de ensinar em sala de aula; com frequência, teve vitória nessas disputas. Ela é reconhecida como a primeira pessoa cadeirante a dar aulas no ensino fundamental na cidade de Nova York. Por meio de seu ativismo, desenvolveu parcerias com os Panteras Negras, com vários grupos *queer* e com o United Farm Workers of America [União dos trabalhadores do campo dos Estados Unidos]. (Mais tarde, ela viria a servir como secretária assistente do Office of Special Education and Rehabilitative Services [Escritório de Educação Especial e Serviços de Reabilitação] no governo Clinton.)

Da maneira similar, Cone havia trabalhado pela justiça social para identidades bem diferentes da sua. Quando estudante na Universidade de Illinois, ela se envolveu com a NAACP[*] e participou do movimento pelos direitos civis na década de 1960. Aprender com esses outros movimentos e poder tirar proveito de sua resiliência e legado resultou em paralelos deliberados durante o protesto sentado. Cone relembra:

> "Em cada momento, nos sentíamos descendentes do movimento pelos direitos civis dos anos 1960. Aprendemos sobre protestos sentados com o movimento dos direitos civis, cantamos canções de liberdade para manter o ânimo e mostrar de forma consciente a conexão entre os dois movimentos. Sempre traçamos paralelos. Sobre o transporte público, dizíamos que não podíamos nem mesmo chegar ao fundo dos ônibus."[44]

E esses outros grupos também reconheceram esses paralelos — demonstrando resistência ao grupo mais poderoso em nome dos direitos civis. Eles mostraram seu reconhecimento e apoio através das seguintes

---

[*] Instituição que defende os direitos civis de pessoas Negras nos Estados Unidos. (*N. da T.*)

iniciativas: o Exército de Salvação, que cobre de desastres naturais até pobreza, doou cobertores e leitos temporários; a igreja metodista unida Glide Memorial Church, que fornecia refeições para pessoas pobres rotineiramente, e a fundação Delancey Street, que provia treinamento profissional para pessoas norte-americanas com dependência química e pessoas egressas do sistema prisional, doaram alimentos.[45] O grupo de Panteras Negras de Oakland, que preparou e transportou comida pela baía durante todos os dias do protesto, também foi fundamental para estas iniciativas.

Oferecer comida às pessoas manifestantes era uma tática essencial e estratégica. Corbett Joan O'Toole, uma ativista dos direitos das pessoas com deficiência, lembrou em uma entrevista à *Atlas Obscura* em 2017, "eles [o Partido dos Panteras Negras] entendiam o que significava apoiar um movimento revolucionário que não estava simplesmente levando armas para as ruas". O'Toole, que esteve presente no protesto *504 Sit-In*, alude ao programa radical dos Panteras Negras de oferecer café da manhã gratuito a crianças como forma de combater a pobreza institucionalizada.[46]

No final de abril, depois da pressão gerada pelos protestos, Califano, o secretário do HEW, assinou o texto integral das regulamentações da seção 504 — sem sequer uma alteração. Até o momento, o *504 Sit-In* é a ocupação não violenta mais longa de um prédio federal nos Estados Unidos. Além de ser uma conquista imediata dos direitos civis para as comunidades de pessoas com deficiência, essa vitória também passou uma mensagem incrível sobre as pessoas que são alvo de paternalismo. Heumann apontou que as pessoas manifestantes "nos transformaram, fomos de indivíduos oprimidos a pessoas empoderadas. Demonstramos a toda a nação que nós, pessoas com deficiência, podemos assumir o controle de nossas próprias vidas e assumir a liderança na luta pela igualdade".[47]

Os protestos em torno desta lei impactaram o futuro e a acessibilidade de todas as pessoas com deficiência dos Estados Unidos e foi também fundamental para decisões futuras, como a Americans with Disabilities Act [Lei para norte-americana com deficiências] de 1990 — oferecendo muito mais barreiras contra a discriminação. Mais tarde, Cone apontou que, depois que a seção 504 foi assinada, ela "não foi fortemente aplicada".[48] Mas esse alicerce para o aumento dos direitos foi essencial para estabelecer legalmente que a discriminação pode se manifestar não apenas em políticas excludentes, mas também através de ausência de acessibilidade. E também que, independentemente do diagnóstico que tenham as pessoas com deficiência, elas têm a capacidade de vivenciar a discriminação como classe — como corpo coletivo.

Posteriormente, Cone refletiria que "entendemos que nosso isolamento e segregação resultavam da política da sociedade, não de defeitos pessoais de nossa parte, e que nossas experiências com segregação e discriminação não eram problemas pessoais nossos".[49]

Capítulo cinco
As leis de trabalho visam ajudar todos os gêneros

F OI A NEW York Women's Trade Union League [Liga Sindical das Mulheres de Nova York] (NYWTUL) que acabou por garantir a previdência social no estado de Nova York bem como o direito a indenizações trabalhistas para trabalhadoras domésticas.[1] Em 2010, após seis anos de organização por parte das trabalhadoras domésticas e dos sindicatos, Nova York se tornou o primeiro estado em todos os Estados Unidos a reconhecer proteções trabalhistas básicas para trabalhadoras domésticas. A *Domestic Workers Bill of Rights* [Declaração de Direitos das Trabalhadoras Domésticas], legislação que garante que as trabalhadoras tenham direito ao pagamento de horas extras, dias de folga, proteção contra discriminação e assédio e proteção sob as leis para pessoas com deficiência, foi promulgada no Havaí em 2013, na Califórnia em 2014, no Oregon,[2] em Connecticut[3] e em Massachusetts[4] em 2015, e em Illinois[5] em 2017.

Ai-jen Poo, diretora da National Domestic Workers Alliance [Aliança Nacional de Trabalhadoras Domésticas], começou a atuar como ativista trabalhista pelos direitos das trabalhadoras domésticas em Nova York no ano de 2001. Antes da fundação da aliança, ela e várias outras ativistas vinham tentando estabelecer garantias e regulações básicas para trabalhadoras domésticas. No mesmo ano, elas foram ao conselho municipal para tentar aprovar legalmente algumas garantias, assegurando que as trabalhadoras seriam informadas sobre seus direitos e que as empregadoras e empregadores seriam informados sobre suas obrigações legais para com suas funcionárias.

"Encontramos um gancho nas leis municipais", disse Poo. "Tivemos sucesso em conseguir que a lei fosse aprovada em um ano através de muito trabalho de base por parte das trabalhadoras domésticas, incluindo *lobby* político, manifestações e ligações para legisladores e formação de coalizões. E então, quando as leis foram aprovadas, percebemos as limitações que tinham. Mesmo se notificássemos cada empregadora e empregador e cada trabalhadora a respeito de seus direitos e obrigações legais, havia tantos limites para esses direitos que o impacto não seria muito grande, então percebemos que teríamos que mudar as leis trabalhistas."

Poo e suas colegas de organização começaram a perguntar às trabalhadoras domésticas quais tipos de mudanças elas gostariam de ver consagradas na lei do estado de Nova York. Em 2003, esse esforço acabou se transformando na convenção Having Your Say [Dando sua opinião], onde cerca de 250 trabalhadoras domésticas de toda a cidade de Nova York e do estado se reuniram em pequenos grupos e compartilharam sua experiências profissionais.

"[Elas] falaram sobre como seria ter respeito e reconhecimento no trabalho e, a partir de uma longa lista de talvez quarenta e poucas ideias que surgiram dessa convenção, fizemos um encaminhamento para estudantes de direito da NYU — a Immigrant Rights Law Clinic [Clínica Jurídica dos Direitos de Imigrante] — que nos ajudaram a traduzir tudo para linguagem jurídica de verdade", diz Poo.

Com essa linguagem jurídica em mãos, Poo, algumas outras organizadoras, estudantes de direito e um grupo de empregadas domésticas foram a Albany em janeiro de 2004 para apresentar essas garantias como um projeto de lei. "O projeto passou por muitas mudanças", lembra Poo. Ela e suas companheiras ativistas fizeram uma campanha de seis anos para aprovar a legislação que acabou sendo assinada pelo governador do estado em 2010. Após três anos de defesa do projeto de lei perante o estado de Nova York, a National Domestic Workers Alliance foi formada através de conexões entre trabalhadoras da Califórnia, do Oregon e de Maryland. "Começamos a nos conectar entre nossas diferentes localidades para podermos aprender umas com as outras e nos apoiarmos. Decidimos realizar nossa primeira reunião nacional de grupos de trabalhadoras domésticas em junho de 2007. Foi nessa primeira reunião que falamos sobre a Declaração de Direitos de Nova York e compartilhamos nossos aprendizados, e o grupo da Califórnia também compartilhou seus aprendizados. E foi nessa reunião que dissemos que realmente precisávamos de uma organização em nível nacional."

Juntar essas outras iniciativas locais em uma iniciativa maior, porém, não implicou usurpar os recursos e metas locais. Na verdade, Poo especifica que a fundação da National Domestic Workers Alliance na verdade funcionou de forma oposta: "grande parte do trabalho da aliança nesse processo de unificação envolveu descobrir uma forma de oxigenar e apoiar todas as organizações locais, principalmente a campanha de Nova York, que tinha trilhado um caminho longo — e contado com um grande impulso, com um poder crescente", diz ela.

Uma das primeiras iniciativas da aliança depois de se tornar oficialmente uma organização nacional foi coordenar uma reunião em Nova York para trabalhadoras domésticas dos Estados Unidos. Trabalhando com outras organizações locais de trabalhadoras domésticas em todo o país, a intenção da reunião era apoiar Declaração de Direitos das trabalhadoras domésticas de Nova York. Simultaneamente, Poo relembra que as trabalhadoras domésticas de Massachusetts também estavam começando a discutir um projeto de lei.

"O impulso estava começando a crescer e todas queríamos apoiar o que estava acontecendo em Nova York e também começar a apoiar e incentivar as trabalhadoras que estavam se organizando em todo o país", disse ela.

Poo enfatizou diversas vezes que ouvir sobre a realidade dessas trabalhadoras domésticas e criar fóruns para que elas compartilhassem suas vivências entre si foi fundamental para esses esforços organizacionais. Bem como os círculos de conscientização do feminismo de segunda onda, essa tática fundamental permitiu que as trabalhadoras domésticas encontrassem pontos em comum em suas vidas profissionais e, portanto, uma compreensão sistêmica de suas experiências e condições de trabalho. Entender seus papéis não apenas como encontros individualizados, principalmente trabalhando dentro do domínio blindado de casas particulares, facilitou conversas e iniciativas estratégicas a respeito de quais garantias elas queriam do sistema que as empregava.

E isso só foi possível porque essas trabalhadoras domésticas não foram ensinadas por outrem a respeito da própria realidade ou sobre quais deveriam ser seus direitos, nem mesmo pelas ativistas que as acompanharam em sua jornada em busca de direitos trabalhistas. Em vez disso, essas trabalhadoras domésticas foram ouvidas.

Capítulo seis
A emergência do eu

NA DÉCADA DE 1970, o feminismo branco emergiu com novas faces e um novo mantra: autolibertação. Essa estratégia não foi totalmente equivocada. Afirmar sua própria humanidade, seu próprio valor e ousar sonhar outra vida para si mesma fora do que é tido como aceitável é o tipo de autoempoderamento que pode levar a grandes mudanças, como revelou o feminismo de segunda onda.

Em 1973, a autora e poetisa Erica Jong publicou seu romance autobiográfico, agora um clássico, *Medo de voar*, detalhando o abandono de um casamento sufocante por sua heroína e a busca pela experimentação sexual. Muito depois, a autora Naomi Wolf se lembrou da cena final do livro como: "muito libertadora, é um símbolo de autopertencimento e autoconhecimento. Inclusive, cito a cena em meu livro. Ela mostra que, se você não é dona do seu corpo, você não é dona da sua mente".[1] Na mesma época, a feminista australiana Germaine Greer publicou seu best-seller internacional, *The Female Eunuch* [A eunuca], defendendo que a supressão da sexualidade feminina comprometia a capacidade das mulheres de se realizarem e de terem autonomia.[2] Esses textos influentes refletiam um sentimento crescente acerca de quanto foi negado às mulheres devido à associação ao lar. Em uma crítica contundente à corrente principal do "movimento das mulheres" no *New York Times*, a autora Joan Didion cita uma mulher que diz que "o nascimento de filhos e filhas muitas vezes significa a dissolução do romance, a perda da liberdade e o abandono dos ideais para a economia".[3]

Uma nova revista chamada *Ms.*, cofundada por Gloria Steinem, começou a aparecer nas bancas depois que uma geração crescente de mulheres respondeu de forma esmagadora a suas histórias sobre assédio sexual, aborto, política e violência doméstica. O encarte único feito para a revista *New York* gerou mais de vinte mil cartas de leitores em questão de semanas, e o mais importante, isso aconteceu em um momento em que as revistas femininas mais populares funcionavam como uma cornucópia de histórias sobre como encontrar maridos, como usar maquiagem e como criar filhos e filhas.[4] Mas as mulheres não estavam pensando necessariamente nos bebês ou nos maridos que queriam ter. Pela primeira vez na cultura norte-americana, elas estavam pensando em si mesmas.

A primeira edição da revista *Ms.*, um ano antes do caso Roe contra Wade* ser aprovado, apresentava os nomes de cinquenta mulheres de destaque que afirmaram ter feito um aborto.[5] Menos de cinco anos antes, uma lista dessa natureza poderia ter sido feita para envergonhar mulheres, mas o corpo editorial da *Ms.* estava fazendo uma declaração pública sobre como uma "mulher tem o direito de soberania sobre seu próprio corpo".[6] O artigo, com um título simples e corajoso, "We Have Had Abortions" [Nós fizemos abortos], assinado por mulheres conhecidas como Susan Sontag, Billie Jean King, Grace Paley e a própria Steinem, pedia a legalização do procedimento que já tinha provado ser essencial — embora potencialmente fatal — para a vida de muitas mulheres. Letty Cottin Pogrebin, uma autora e editora fundadora da *Ms.* que também assinou a declaração, disse mais tarde que ela e suas colegas editoras estavam tentando normalizar publicamente o que já era normal para muitas. "Achava que era especialmente importante porque, por eu ser casada e ser mãe de três filhos, não poderia ser facilmente acusada de ser 'assassina de bebês'. Quase todas as minhas amigas já tinham feito um aborto. Eu queria que todo mundo admitisse".[7]

---

* Caso judicial que fez com que a Suprema Corte dos Estados Unidos reconhecesse o direito ao aborto no país. (*N. da T.*)

E isso incluía as leitoras. A declaração incluía uma declaração individual recortável para assinar e enviar pelo correio, confirmando que você também havia feito um aborto e que estava se juntando à petição da *Ms.* para revogar as leis contra a liberdade reprodutiva.[8] Foi uma tentativa da *Ms.* de colocar o movimento em uma revista. E esse movimento já estava acontecendo.

Estivessem as mulheres lendo sobre a heroína de Jong em busca da "foda sem amarras" ou assinando petições pela liberdade reprodutiva, fato é que o feminismo estava abraçando a liberdade cultural de simplesmente existir e redefinindo essa existência fora dos papéis que as mulheres foram extremamente condicionadas a ocupar.

Uma vez despojada dessa identidade a "esposa e mãe heterossexual", várias iniciativas culturais da década de 1970 tentaram explorar o que essa existência poderia ser. O filme *Quando nem um amante resolve* (*Diary of a Mad Housewife* no original, em homenagem ao livro homônimo de 1967) tratou do movimento de tornar-se um ser sexual em meio a um casamento em frangalhos. O irresistivelmente moderno *A redoma de vidro*, de Sylvia Plath, publicado nos Estados Unidos em 1971 — e presente na lista de best-sellers do *New York Times*[9] — investigou o processo de tornar-se uma mulher artista. E *The Dream of a Common Language* [O sonho de uma língua comum], o segundo livro de poemas de Adrienne Rich depois que ela saiu do armário como lésbica em 1976, contemplou relacionamentos que estavam fora da heteronormatividade.[10]

Em suma, o consenso da segunda onda era que era importante que as mulheres mantivessem e cultivassem seu "eu".

Uma década mais tarde, em 1988, a poeta Audre Lorde publicou sua coleção de ensaios *A Burst of Light* [Uma explosão de luz], em que ela escreveu: "cuidar de mim mesma não é autoindulgência, é autopreservação, e isso é um ato político".[11] Ela bem sabia disso. Lorde passou toda a década de 1970 publicando poesia e ensinando,[12] navegando pelo mundo da academia branca e masculina como uma lésbica Negra norte-

-americana de primeira geração. Ela estava acostumada a se autoafirmar e ter essa afirmação desconsiderada por colegas, instituições, detentores de poder e comercialismo. Ao saber de seu diagnóstico de câncer na década de 1980, ela escreveu que tentaria tornar sua morte significativa, observando: "não era para eu existir de qualquer forma, pelo menos não de forma significativa neste mundo fodido de meninos brancos".[13]

Essa autoafirmação tem um espectro que vai de esforços legislativos ao erótico, onde ainda revisitamos o tabu constante de, por exemplo, uma mãe dedicada que quer fazer muito sexo ou uma pessoa pobre que é um gênio artístico. A persistência desses temas no cinema, nos livros, na mídia e na cultura pop evidencia o quão difícil é atribuir a condição de pessoa, um espaço que é só para si e mais ninguém, a essas mulheres. Elas existem predominantemente em relação a outras pessoas, sejam filhas e filhos, famílias, chefes, parceiras e parceiros românticos ou as necessidades comunitárias.

Reivindicar a si mesma também foi essencial na criação e manutenção da arte fora das lentes dominantes. Foram as mulheres "egoístas" ao longo da história que nos proporcionaram um cânone de trabalho que fala sobre experiências que não são brancas, cis ou masculinas. A autora Doris Lessing deixou duas de suas crianças e seu marido[14] para se dedicar totalmente à escrita e ao trabalho político.[15] A poeta Edna St. Vincent Millay recusou várias propostas de casamento, mas eventualmente aceitou uma oferta do advogado Eugen Jan Boissevain, que jurou não apenas que nunca exigiria nenhum trabalho doméstico da parte de Edna como também prometeu dedicar-se totalmente a genialidade literária dela — uma promessa que ele cumpriu.[16] E, no entanto, a tendência cultural de vilipendiar essas mulheres diz muito mais sobre o que, de maneira intrínseca, esperamos delas do que sobre os parâmetros desumanizadores que construímos em torno de suas vidas.

Para muitas pessoas, focar-se de maneira individual em si mesma também se mostrou essencial para o esforço de avaliar e confrontar sistemas que fundamentalmente não foram feitos para elas; é necessário se preocupar com o próprio bem-estar ao perceber que muito do que existe para proteger e servir a outrem não funciona para você. O feminismo branco foi e ainda é muito bem-sucedido nessa empreitada: encorajar mulheres a se interessarem mais por si mesmas e a afirmar uma existência que não signifique ser constantemente um recurso para outras pessoas.

Mas a interpretação feminista branca desse credo, que perduraria na terceira e na quarta ondas, colapsou o autoempoderamento e o individualismo. Lutar por sua própria humanidade não é a mesma coisa que se tornar uma diretora executiva realizada; mas, na opinião de feministas brancas, é a mesma coisa sim. Tornar-se autoempoderada não significa necessariamente se preocupar apenas consigo mesma. Para outros movimentos de gênero, perceber o que você precisa pode ser o limiar para conseguir identificar e compreender também o que as outras pessoas precisam.

O que fez a iniciativa da *Ms.* sobre o aborto ser tão poderosa foi que ela uniu o indivíduo ao coletivo ao tornar a declaração um desafio coletivo: *todas nós fizemos abortos e queremos mudanças legislativas para todas. Todas nós tivemos que tomar decisões tabus, vergonhosas e potencialmente fatais e* não deveria ser assim para toda*s*.

A história também ecoou essa interpretação. Penso em todas as imagens de arquivo que vi de mulheres em escrivaninhas com os trajes de costume da época — uma colagem de mocassins, meias ou minissaias com suéteres cujas cores são camufladas pelo preto e branco. Cabelo *black power* com grandes argolas e medalhões delicados sobre conjuntinhos ao lado de uma máquina de escrever que ela comandava com apenas uma das mãos. Presilhas combinando com um broche e pernas cruzadas com um bloco de notas no colo e um lápis para escrever. Um computador grande e robusto da década de 1980 e uma engenheira com uma prancheta e um protocolo a seguir. *Rosie the Riveter**. Mulheres

---

* Ícone cultural dos Estados Unidos. Poster da época da Segunda Guerra Mundial que visava estimular mulheres a assumirem serviços tradicionalmente vistos como masculinos nas fábricas quando seus maridos estavam na guerra. (*N. da T.*)

com silhuetas dos anos 1940 e ferramentas elétricas. Encontrei essas fotos ao pesquisar histórias em potencial e direitos de gênero e as amei muito por aquilo que representam: ruptura. Este foi o ano em que esta universidade começou a admitir alunas. Este foi o momento em que as mulheres foram recrutadas para a guerra. Esta foi a primeira mulher contratada para trabalhar nesta empresa. Isso aqui foi quando as mulheres foram contratadas para algo além do secretariado.

Nós ilustramos essa história incrível com seus rostos — e também com os ambientes nos quais elas adentraram: escritórios de advocacia, escritórios de jornais, linhas de montagem, órgãos públicos, chãos de fábrica, impérios de negócios e empresas comerciais. De maneira sutil, isso também me diz — e diz para muitas pessoas — que a esfera profissional é o principal campo de batalha para a insurgência. Que será nas salas de conferência com paredes de vidro e nos espaços abertos dos escritórios e na mesa metafórica que alcançaremos nossos marcos de gênero.

Mas os desafios ao poder não acontecem apenas nesses ambientes. Em 1933, Marlene Dietrich foi assumidamente egocêntrica quando decidiu desembarcar de um navio a vapor em um traje totalmente masculino. A atriz alemã bissexual e andrógina foi fotografada no *ss Europa* vestindo um terno branco masculino e viajando dos Estados Unidos para a França — ambos países onde vestir roupas designadas como do sexo oposto justificou prisões até o século XX. Dietrich não foi exceção; um chefe de polícia em Paris, que soube da fotografia de Dietrich através da imprensa francesa, informou que, se ela descesse do navio em trajes masculinos, seria detida imediatamente. Muitas dessas leis, que nos Estados Unidos se originaram por volta de 1850, alcançaram novos patamares e aumentaram o número de prisões à medida que o policiamento de gênero se tornou mais urgente. Como William N. Eskridge Jr. escreve em seu livro *Gaylaw*: "no início do século XX, a inadequação de gênero [...] era cada vez mais considerada uma doença e uma ofensa pública".[17]

Dietrich, que ainda estava a bordo do ss *Europa* quando foi informada a respeito da ameaça do chefe de Paris, tomou a decisão de não apenas desafiar o aviso de propósito, mas também de se comprometer ainda mais com a ofensa: ela reviu seu guarda-roupa e escolheu seu traje mais "másculo" para sua chegada, um terno de *tweed* com um casaco longo, uma gravata, uma boina e minúsculos óculos de sol circulares[18] — um sinal intencional e sutil de lesbianismo.[19]

Quando o navio atracou pelo canal da Mancha, Dietrich pegou um trem para Paris, onde o chefe de polícia esperava por ela (bem como um pessoal da imprensa ansioso para capturar Dietrich chegando do outro lado da lagoa). De acordo com relatos, Dietrich avistou o chefe de polícia e caminhou direto até ele, pegou seu braço e caminhou com ele para fora da plataforma.[20] Uma fotografia[21] do encontro ainda resiste, revelando uma Dietrich aparentemente caminhando confiante com uma mão no bolso à frente de uma fileira de homens de terno, todos de chapéu.

Nenhuma prisão foi feita. O chefe da polícia supostamente se desculpou com Dietrich e lhe enviou uma pulseira.[22] (Observe que o presente foi uma pulseira e não, por exemplo, abotoaduras.)

Capítulo sete
O rebuliço perene do trabalho doméstico

A PRINCIPAL RAZÃO pela qual a compreensão do eu para as mulheres ocorre às custas do trabalho doméstico é que nunca demos conta de explicá-lo de maneira adequada. Mesmo com os direitos das mulheres garantindo vitórias importantes, a economia feminista, um campo em crescimento desde a década de 1980, estabeleceu o quão profundamente ligada ao gênero é nossa compreensão do trabalho. Estudiosas e pensadoras feministas têm procurado corrigir esse enorme descuido, explorando as muitas maneiras pelas quais o trabalho tradicional das mulheres não foi considerado parte da equação econômica — ou foi considerado "natural".

O trabalho doméstico, a criação de filhos e filhas e a preparação da comida são desconsiderados na teoria econômica tradicional, explica Katrine Marçal em *Who Cooked Adam Smith's Dinner?* [Quem fazia a janta de Adam Smith?]. Ao revisitar as crenças formativas de Adam Smith — o "Pai da Economia", como é chamado com frequência —, Marçal afirma que o trabalho tradicional das mulheres não foi incluído na economia — e, portanto, não é considerado um esforço de valor (seja no âmbito financeiro ou no âmbito social).

Ela observa:

"Adam Smith queria conservar o amor em um pote. Os economistas escreveram 'mulheres' em seu rótulo. O conteúdo do pote não tinha autorização para se misturar com qualquer outra coisa e por isso foi mantido trancado em algum lugar. Essa 'outra economia' era vista como algo totalmente separado do resto. Não tinha importância para o todo e, na verdade, não era economia nenhuma, mas sim um recurso natural inesgotável.

Mais tarde, os economistas de Chicago concluíram que essa outra economia não apenas era irrelevante para explicar como se gerava prosperidade; ela simplesmente não existia. Tudo bem administrar nossas famílias e nossos casamentos segundo as regras do mercado.

Não existia mais nada.

Se realmente quiséssemos conservar o amor e o cuidado na sociedade, em vez de excluí-los, deveríamos ter tentado apoiá-los com dinheiro e recursos. Devíamos ter organizado a economia em torno do que era importante para as pessoas. Mas fizemos o oposto.

Redefinimos as pessoas para que se encaixassem em nossa ideia de economia."[1]

Uma consequência desse alicerce sexista que perdura é que o trabalho doméstico é muitas vezes considerado sem valor, de pouca importância ou não tão importante quanto o trabalho que gera dinheiro. Mas a não geração de lucros por parte do trabalho que mulheres faziam — e a ainda fazem — não o torna sem valor. E associar dinheiro a validade, como feministas economistas e críticas do capitalismo examinaram, é uma lógica falha.

"Depois que o movimento as ensinou a pensar radicalmente sobre o valor pessoal e sobre as habilidades das pessoas cujo papel na sociedade nunca havia sido desafiado, muitas mulheres do movimento passaram a tentar aplicar esse aprendizado em suas próprias relações com homens", escreveram Casey Hayden e Mary King, duas ativistas do Student Nonviolent Coordinating Committee [Comitê de Coordenação Não-Violento do Estudante] (SNCC), que abordaram o sexismo no movimento pelos direitos civis em 1965.[2] Seu texto amplamente divulgado, "Sex and Caste: A Kind of Memo" [Sexo e casta: uma espécie de memorando], detalhou as muitas maneiras como mulheres foram relegadas a certas tarefas e papéis por causa de um "sistema de castas sexuais". E o pior foi que, quando tentaram discutir esse tratamento com os homens do movimento, a resposta que eles deram foi que elas eram burras, malucas ou fúteis (que criativos!):

"[...] poucos homens podem responder de forma não defensiva, uma vez que ou a ideia está além da compreensão deles ou os ameaça e os expõe. A resposta mais comum é o riso. Essa incapacidade de ver a questão como séria, como uma camisa de força que aprisiona ambos os sexos e como algo que é socialmente determinado, muitas vezes molda nossa própria resposta, de modo que aprendamos a pensar sobre nós mesmas a partir das concepções deles e a nos sentirmos bobas em vez de confiar em nossos sentimentos."[3]

Em última análise, a ordem era apoiar a todo custo os homens alvo da racialização perseguidos em suas respectivas comunidades, dada a ameaça abrangente da supremacia branca. O fato de que defender os homens significava assumir todo o trabalho doméstico e a criação das filhas e filhos de forma subserviente e invisível era revelador, entretanto, e algumas ativistas alvo da racialização descobriram que essa era uma narrativa suspeita e perniciosa com raízes muito mais profundas. Em seu livro *Separate Roads to Feminism: Black, Chicana, and White Feminist Movements in America's Second Wave* [Diferentes estradas para o feminismo: movimentos feministas Negros, chicanos e brancos na segunda onda dos Estados Unidos], a professora Benita Roth observa que discriminação de gênero, assédio e abuso estavam se perdendo e, às vezes, sendo diretamente refutados no discurso dos direitos civis dos anos 1960. Roth escreve: "a TWWA [Third World Women's Alliance, aliança das mulheres do terceiro mundo, uma organização socialista fundada por e para mulheres alvo da racialização em 1968] insistiu com veemência que os homens Negros militantes estavam sendo 'brancos' e de classe média ao reforçar papéis de gênero da classe média e esperar que mulheres Negras fossem 'reprodutoras' em nome da revolução".[4] Uma das fundadoras, Frances Beal, abordou essa conexão mais diretamente em um panfleto para a TWWA intitulado "Double Jeopardy: To Be Black and Female" [Duplo risco: ser Negra e mulher], que foi posteriormente revisado para várias antologias. Ela argumentou que todo o conceito de dois gêneros que atuam de maneiras distintas foi moldado pela necessidade de vender produtos específicos para cada gênero. As mulheres Negras não faziam parte dessa visão de feminilidade abundante, porque essa aspiração foi pensada tendo em mente o conforto da classe média, a branquitude e a disponibilidade de renda. As mulheres Negras trabalhavam fora de casa além de executar todo o trabalho doméstico, então não se encaixavam na visão da dona de casa endinheirada contemplando sua rotina de cuidados com a pele enquanto alguém cuidava das crianças no quarto ao lado. Beal argumentou que fazia pouco sentido "que a comunidade Negra apoiasse um sistema que não foi projetado para ela, que os ativistas libertários Negros tirassem seus parâmetros para a análise de gênero das páginas do *Ladies Home Journal* [revista norte-americana para mulheres]".[5]

Mas, ao passo que a economia codificou o trabalho das mulheres como "natural", o capitalismo o enquadrou como "escolha". O cenário neoliberal em evolução no qual mulheres que se identificam como feministas iniciam sua tomada de consciência de gênero com autonomia, agência e autoempoderamento, implica que não existem barreiras econômicas ou financeiras: existem apenas decisões a serem tomadas em uma linha do tempo individualizada.

Vejo tudo isso colidir de forma mais explosiva na arena pública de mulheres e pessoas não-binárias que estão avaliando se devem ou não ter filhas e filhos.

O tipo de artigo pessoal basilar que mais editei em minha carreira foi o que trazia o questionamento perene: "Devo ou Não Ter Filhos?".

A autora geralmente tem educação universitária, é casada com um homem e tem algo entre os vinte e tantos e trinta e poucos anos. Seu relacionamento é geralmente bastante estável e, pela primeira vez na vida, ela não está acordando em pânico pensando em como quitar sua dívida de empréstimo estudantil e a conta de luz. Ela vê outras mulheres com suas crianças e começa a pensar. A mulher segura a cartela de anticoncepcional de noite e começa a pensar em pular uma pílula — ou um adesivo ou uma camisinha ou um anel ou qualquer tipo de método contraceptivo que possibilitou que ela pudesse tomar essa decisão em primeiro lugar.

Eu mesma já solicitei esses tipos de artigos e também já publiquei junto com artigos do tipo em praticamente todas as plataformas de mulheres para as quais já trabalhei. O que torna essas narrativas eternas é que elas têm uma boa audiência apesar do ciclo de notícias, apesar da celebridade que acabou de sumir, apesar do que Trump acabou de dizer. Porque, se o tráfego estiver diminuindo no meio do mês, dá para publicar um desses textos em uma tarde de segunda-feira e as leitoras compartilharão emocionadas uma citação comovente seguida de um "é isso" como comentário. Mas a popularidade perene e garantida deste tipo de artigo ilumina o beco sem saída em que se encontram mulheres de determinadas origens socioeconômicas.

Devido à ausência de creches e cuidados infantis subsidiados, licença parental federal remunerada e com a crescente discriminação sofrida durante a gravidez, mulheres jovens que tiveram acesso a uma boa quantidade privilégios de classe passam a se perguntar se querem mesmo perdê-los — porque é nisso que implica a maternidade nos Estados Unidos: um trabalho que lhes oferecerá menos proteções legais, pagamento limitado, aumento de jornada de trabalho, aumento dos encargos financeiros pessoais e zero apoio das instituições às quais dedicaram dias a fio e jornadas de trabalho aumentadas.

Nesse crescente terreno cultural neoliberal, onde todas as pessoas são encorajadas a se aprimorar para conseguir empregos melhores, parcerias mais fortes e o caminho mais bem-sucedido, que mulher de classe média e um tanto consciente quer trabalhar mais por menos dinheiro? Se não estivéssemos falando de maternidade, mas sim de um emprego na área administrativa, Sheryl Sandberg diria a essas jovens para recuarem*.

A parte pragmática envolvida em ter um bebê é fundamentalmente incompatível com as mensagens culturais dominantes em torno de segurança econômica, ascensão de classe e bom desempenho voltadas para as mulheres dessas origens socioeconômicas específicas. Essa tensão subjaz muitos desses artigos sobre maternidade, e acredito que é essa tensão que pessoas jovens e profissionais que estão pensando em crianças estão tentando aplacar quando clicam em manchetes como: "Será que Eu, uma Mulher de Classe Média que Estudou na Universidade de Nova York, Deveria Ter um Bebê e Foder o que Está Bom?". Mas o que as espera é, muitas vezes, uma reflexão sobre "escolha", e raramente uma crítica estrutural expandida. Elas são apaziguadas com o mantra entorpecente de que ter filhas e filhos é "uma escolha pessoal", incentivando uma reflexão individual sobre o que é, na verdade, uma violenta falha sistêmica que depende do trabalho gratuito de mulheres. Mas estruturar a conversa sobre ter filhas e filhos em torno da autonomia pessoal e de circunstâncias isoladas também eclipsa com sucesso a identificação da maternidade como trabalho em primeiro lugar.

Se a maternidade é uma "escolha", então ela não está necessariamente enquadrada como trabalho. Se o que você está fazendo não está colocado como trabalho, então você não acha que tem direitos trabalhistas. Você não se junta com outras pessoas em prol desses direitos. Você não se organiza em torno desses direitos. Você não rompe com a ordem por causa desses direitos. Porque você se comprometeu a fazer

---

* *Lean out*, no original. Sheyrl é autora de um livro chamado *Lean In* — a tradução oficial brasileira foi intitulada *Faça acontecer* — que dá instruções a mulheres sobre como elas podem se impor para avançar no mercado de trabalho. "Lean out" é o nome da sequência desse livro (ainda sem tradução brasileira) e trata do processo inverso: de como recuar no trabalho para ter mais tempo para o que se considera importante. (*N. da T.*).

isso por "escolha", se utilizando de recursos e circunstâncias pessoais, invisibilizando as estruturas ou tornando-as irrelevantes.

Como algumas mulheres obtiveram acesso a possibilidade de adquirir poder, educação e autonomia financeira, a "escolha" tornou-se uma narrativa de sucesso utilizada para esconder a realidade gritante de que os Estados Unidos são a única nação industrializada no mundo sem licença parental ou licença maternidade federal remunerada. Entre as remunerações perdidas da licença parental, os custos altos de creches e cuidados com crianças e o prejuízo financeiro geral envolvido no processo de voltar a trabalhar sendo mãe, não é de se surpreender que a taxa de natalidade no país continue a cair.[6] Nem que as mulheres que têm condições de classe suficientes para tomar essa decisão estão decidindo ter filhas e filhos mais tarde, ou simplesmente não os ter.

É óbvio que nem todas as decisões são decisões intelectuais. Mas a decisão consciente de cair na insegurança financeira depois de ascender, conseguir ou viver em meio aos confortos da classe média é um labirinto sobre o qual recebi rios de argumentos ao longo de minha carreira. Para algumas dessas mulheres privilegiadas, o rebaixamento de classe que ter filhos infligiria em suas vidas é tão contraproducente que elas sequer conseguem aplicar intencionalidade a ele, então consideram brincar com o acaso de formas mais simples: o que aconteceria se elas pulassem uma pílula? E se elas, mulheres cis, e seus parceiros homens cis decidissem *não* tentar evitar a concepção? E se não usassem camisinha uma ou duas vezes? Ter filhas e filhos biológicos então passa a ocupar uma posição de acaso ou uma posição que elas acabaram de descobrir, em vez da posição da decisão coletivamente orquestrada que certamente comprometeria o status de classe delas.

Independentemente das condições financeiras de alguém, o desejo biológico por uma criança (como vivenciado por algumas pessoas) pode superar a lógica básica dos recursos. Mas a tensão aqui, como explicou Marçal, é que não erigimos nossa economia em torno da biologia ou dos corpos — especialmente dos corpos de mulheres cis. Ela observa:

"Essas teorias econômicas nos colocam fora de nossos corpos. [...] Nossas teorias econômicas se recusam a aceitar a realidade do corpo e fogem dela, para tão longe quanto possível. Que pessoas nascem pequenas e morrem frágeis, que pele cortada com um objeto afiado vai sangrar não importa quem você seja, não importa de onde venha, não importa o quanto ganhe e não importa onde viva. O que temos em comum começa com o corpo. Trememos quando sentimos frio, suamos quando corremos, gritamos quando gozamos e gritamos quando parimos. É através do corpo que podemos alcançar outras pessoas. Então o homem econômico o erradica. Finge que não existe. Nós o observamos de fora como se fosse capital estrangeiro.

E estamos sozinhas."[7]

A profunda solidão que pode se originar do trabalho do cuidado nos Estados Unidos, seja o cuidado voltado para crianças muito pequenas ou para mães e pais idosos, sempre existiu como um murmúrio baixo na história das mulheres, ecoando por trás da literatura, das estatísticas, das evoluções na saúde mental e das narrativas angustiantes da imprensa sobre redes sociais.[8] Entre casamentos abusivos e expectativas culturais de gênero, é o que mais me lembro de detectar em minhas aulas de inglês na graduação: o isolamento único das mulheres dentro de suas próprias famílias, muitas vezes perpetuado pelo trabalho e pelo cuidado que ninguém vê, respeita ou valoriza. Pude detectá-lo ao longo de minha carreira, observando a exploração do trabalho das mulheres se desenvolver e tornar-se um estereótipo que flutua por programas de televisão, filmes e romances contemporâneos, uma piada recorrente quando combina com o tom da situação ou quando a história não é necessariamente contada a partir do ponto de vista dela.

Nossa cultura também não valoriza as pessoas e os corpos na outra extremidade desse trabalho do cuidado. Mais especificamente, mulheres mais velhas: uma das populações mais invisíveis dos Estados Unidos. E o feminismo branco, com sua juventude eterna e sua obsessão por produtividade, não as defendeu nem defendeu suas necessidades (exceto em casos em que se trata de uma mulher mais velha considerada produtiva, como Nancy Pelosi, Gayle King, Glenn Close e Katie Couric, entre outras).[9]

Em "A Feminist Analysis of the Abuse and Neglect of Elderly Women" [Uma análise feminista de maus tratos e negligência para com mulheres idosas], a teórica feminista dra. Rosemarie Tong e o advogado Howard Lintz observaram em 2019 que, se tratando dos maus tratos a pessoas idosas, é mais comum que mulheres sejam alvos do que homens. Tong e Lintz atribuem essa realidade pouco investigada ao sexismo presente nas análises do envelhecimento (as experiências de homens são priorizadas), mas também por conta das prioridades do "feminismo". A autora e o autor escrevem:

> "Em geral, a literatura feminista sobre saúde se preocupa com as questões reprodutivas de mulheres mais jovens, como gravidez indesejada ou infertilidade indesejada, quase que excluindo as questões de saúde de mulheres idosas, como artroplastias, artrite reumatoide, deterioração dos sentidos e perda de memória. O resultado é uma análise pouquíssima capacidade de tratar dos interesses das mulheres idosas. As preocupações e interesses das mulheres com mais de 65 anos são percebidos ou tratados como menos significativos do que os das mulheres mais jovens."[10]

Eu mesma testemunhei esse tipo de etarismo na prática em espaços "feministas". Das mulheres com quem me sentei em painéis de gênero que banalizam as preocupações e lutas das mulheres mais velhas a uma feminista branca com quem trabalhei, que rotineiramente se referia às nossas leitoras da geração *baby boomer* como "as velhotas". Como "jovem feminista", uma mensagem que recebi muito de outras "feministas" em "discussões feministas" é que as mulheres mais velhas não importam. E quando estamos projetando ou fabulando um futuro "feminista", mulheres com mais de 65 anos simplesmente não existem.

O que isso demonstrou para mim é que, quer as mulheres precisem de cuidados ou quer estejam prestando cuidados, tanto o feminismo branco quanto o patriarcado não estão se dedicando a buscar vocabulário, medidas ou ímpeto para entender essa área.

Em todo o espectro da idade, o clichê — muitas vezes branco — da "dona de casa deprimida" tornou-se uma fórmula cultural para muitas realidades às quais escolhemos não atribuir complexidade; entre elas: falta de autonomia financeira, abuso financeiro, parcerias abusivas, depressão pós-parto, estresse prolongado e exaustão. Mas, abrangendo todas elas, está o pressuposto de que o trabalho doméstico de alguma forma não é produtivo. E é mais fácil e mais conveniente simplesmente reduzir todas essas influências sistêmicas sob a imagem de uma mulher branca e triste com bobes no cabelo do que de fato considerar a infraestrutura maior que existe por trás disso.

Do outro lado do estereótipo de dona de casa de classe média está "mulher trabalhadora" extremamente estressada, uma expressão que não consigo dizer sem usar aspas, afinal todas as mulheres trabalham — é só que algumas delas trabalham fora de casa. Essa mulher, que é como uma personagem de desenho animado, também branca e funcionária da área administrativa, usa terninhos cujo estilo está sempre mudando — mas, além deles, nada a respeito dela muda muito. Ela pode até ter contratado trabalhadoras domésticas, mas ainda assim se atrasa para as reuniões, preocupada em levar as crianças para a escola no horário certo, derramando café em seu terninho poderoso antes de um compromisso importante, e parece ter um marido que se oferece para levar a filha ao balé de vez em quando. Ela pode perder momentos importantes, como os primeiros cortes de cabelo das crianças e os jogos de futebol, mas ela faz o almoço e lê histórias de ninar para elas e as ajuda com o dever de casa; nos intervalos de tempo, lava muita roupa (ou algo do tipo) — é aí que seu marido reclama da ausência de uma vida sexual. Este personagem bidimensional alude à mesma falta de apoio ao trabalho das mulheres, mas é exclusivamente através dela e de sua narrativa de classe média ou classe alta que o feminismo é muitas vezes culpado por sua situação, seja de forma sutil ou de forma direta. Às vezes através de um longo monólogo com outras mães, noutras através de uma piada de um colega ou chefe: *mas não é você que defende os direitos das mulheres? Não é você que queimou seu sutiã?*[11] Não é você que já foi lésbica?

A avaliação geral é que trabalhar fora de casa, ganhando um salário bom e gerenciando outras pessoas é o que representa o progresso de gênero. E reclamar de momentos perdidos com suas filhas e filhos vai contra as vitórias feministas. Portanto, cale a boca e faça seu segundo expediente e seja grata por ter a oportunidade de cochilar nas reuniões de pais e professores porque você ficava acordada até tarde lavando pratos só para tentar mostrar para os seus filhos que você os ama.

Então a mulher branca trajando um terninho poderoso se volta para dentro, por conta de um estado mental que, fora de uma comédia romântica ou uma dramédia, seria identificado como depressão, e o feminismo é sutilmente (ou às vezes não tão sutilmente) alfinetado por colocar nossa protagonista nesta posição. Mas é aí que essa lógica econômica e o entendimento acerca do que foi deixado de fora nessas fórmulas da sociedade se tornam essenciais para reconstituir a opressão de gênero. Porque estamos responsabilizando o feminismo pelo sexismo profundamente enraizado na economia?

Marçal detalha o quão falaciosa é essa acusação:

"Talvez não seja o feminismo que está deixando as mulheres estressadas. Talvez seja a forma como administramos nossa economia. Talvez as mudanças conquistadas pelo movimento feminista nos últimos quarenta anos não tenham causado esses problemas. Talvez simplesmente tenham destacado uma contradição entre o trabalho do cuidado e a competição que é inerente à sociedade. Há contradição entre as coisas que fazemos para nós mesmas e as coisas que precisamos fazer para as outras pessoas. E uma contradição como essa é essencialmente um problema econômico."[12]

É essa mesma contradição que tornou as trabalhadoras domésticas essenciais para a egocêntrica e frequentemente capitalista ascensão à igualdade de gênero das feministas brancas — seja em suas casas, em seus ambientes de trabalho ou dentro de suas próprias famílias. Mas a terceirização do trabalho que tradicionalmente trouxe as mulheres brancas para casa não resultou necessariamente em maior reverência, melhores salários ou mais respeito para as pessoas que o executam. Ao longo da história, feministas brancas têm sido reticentes em admitir que sua possibilidade de participar de outras facetas da vida pública depende dessas mesmas mulheres.

A ativista e autora Angela Davis observa em seu livro clássico, *Mulheres, raça e classe*:

> "As mulheres brancas — incluindo as feministas — demonstraram uma relutância histórica em reconhecer as lutas das trabalhadoras domésticas. Elas raramente se envolveram no trabalho de Sísifo que consistia em melhorar as condições do serviço doméstico. Nos programas das feministas 'de classe média' do passado e do presente, a conveniente omissão dos problemas dessas trabalhadoras em geral se mostrava uma justificativa velada — ao menos por parte das mulheres mais abastadas — para a exploração de suas próprias empregadas."[13]

Essa exploração segue em curso. Em 2012, o primeiro censo nacional de trabalhadoras domésticas foi lançado pela National Domestic Workers Alliance, pela Universidade de Illinois em Chicago e pelo DataCenter, concluindo que 95% das faxineiras, babás e cuidadoras são mulheres.[14] Dentre as pouco mais de 2 mil trabalhadoras domésticas entrevistadas, a equipe de pesquisa descobriu que 23% de todas as pessoas trabalhadoras domésticas e 67% das que residiam em seus empregos recebiam salários abaixo do salário-mínimo.

Ai-jen Poo, diretora da National Domestic Workers Alliance, relatou para a Time que, como muitos dessas trabalhadoras não têm contratos formalizados com suas e seus empregadores, suas cargas de trabalho podem aumentar sem que haja pagamento adicional.[15] Muitas trabalhadoras são imigrantes e muitas vezes trabalham sozinhas dentro dessas casas e, portanto, não têm recursos para comparar salários nem estão em ambientes onde isso seria possível.

De acordo com Poo, as desigualdades só continuam: salários atrasados, insegurança alimentar por causa dos salários atrasados e os "riscos físicos" de trabalhar com produtos químicos. Quarenta por cento das trabalhadoras disseram que tiveram que pagar aluguel ou outras "contas essenciais" com atraso, enquanto 20% ficaram sem comida. E, além dessas dificuldades, apenas 4% das pessoas entrevistadas recebem plano de saúde de suas e seus empregadores e menos de 9% contribuem para a Previdência Social.[16]

Abusos financeiros à parte, "muitas" trabalhadoras domésticas entrevistadas disseram que sofreram abuso verbal, físico ou psicológico de sua ou seu empregador sem "recurso". De forma muito semelhante à dinâmica de poder frequentemente citada em assédio sexual não denunciado por mulheres tanto da área de trabalhos manuais e braçais quanto da área de trabalho administrativo de escritório, essas trabalhadoras temiam retaliação por parte do empregador.

Noventa e um por cento das trabalhadoras domésticas que enfrentaram problemas com suas condições de trabalho no último ano não reclamaram por medo de que isso lhes custasse sua renda. Da mesma forma que 85% dos imigrantes sem documentos não "reclamaram" porque temiam que seu status de imigração fosse usado contra elas.

Estas são as mulheres que possibilitam que outras mulheres "se imponham" e estes são seus dados demográficos: mais da metade das trabalhadoras entrevistadas se identificam como hispânicas ou Latinas,

Negras ou afro-americanas, Asiáticas ou das ilhas do Pacífico ou como "alguma outra raça" que não seja a branca.

A versão de 2019 deste relatório, "Human Trafficking at Home: Labor Trafficking of Domestic Workers" [Tráfico de pessoas em casa: o tráfico de trabalhadoras domésticas],[17] que detalha mais ou menos o mesmo panorama, observa de maneira sombria:

> "Para trabalhadoras domésticas, fatores sociológicos e históricos também desempenham um papel. O trabalho doméstico era parte integrante do regime escravista dos Estados Unidos. As pessoas escravizadas limpavam, cozinhavam, cuidavam das crianças e forneciam toda a estrutura para a vida como era concebida no sul dos Estados Unidos durante a escravidão. Após a abolição da escravidão, o empoderamento de pessoas trabalhadoras domésticas era visto como algo que poderia mudar a dinâmica racial daquela época, e por isso não foi promovido. Mais de um século depois, o legado da escravidão ainda está se manifestando de maneiras mais tangíveis ou menos tangíveis. A exclusão de trabalhadoras domésticas das proteções de certas leis trabalhistas dos EUA é um exemplo de uma ressaca tangível da era da escravidão e da era das leis Jim Crow, já que essas leis foram propositalmente elaboradas para impedir que pessoas ex-escravizadas acumulassem poder para responsabilizar seus empregadores."[18]

E, no entanto, a mensagem passada pelo feminismo branco é que, para estar à frente e quebrar tetos de vidro, é preciso se engajar e tirar proveito dessa mesma dinâmica — enquanto declara que esse tipo de ação é "feminista".

O que era tradicionalmente considerado "trabalho de mulher" na década de 1950 e bem antes — cuidar das crianças, cuidar da casa, fazer comida; o trabalho doméstico que apoiou e possibilitou o crescimento das carreiras dos homens — passou a ser o trabalho de mulheres Negras e de demais raças alvo da racialização (e, na verdade, em muitos casos, já o era antes), libertando assim as mulheres com mobilidade econômica em ascensão para se tornarem os homens dos anos 1950 na era pós-*millennial*.

Mas o que há de feminista em oprimir outras mulheres sob a sombra da escravidão para que você possa ter um escritório particular e um perfil publicado na *The Cut*?

A confiança do feminismo branco na terceirização de mão de obra provou ser uma dinâmica complexa que, em tempo real, sempre foi difícil de conciliar, principalmente para as mulheres brancas. Ecoando a observação de Davis sobre o quão intimamente o avanço de mulheres brancas está ligado à exploração de trabalhadoras domésticas, trata-se de um nó endurecido que até mesmo os sindicatos têm sofrido para desfazer.

Em 1939, depois de anos sem sucesso na sindicalização das trabalhadoras domésticas, a New York Women's Trade Union League [Liga Sindical das Mulheres de Nova York] finalmente conduziu uma conferência em toda a cidade sobre os "mercados escravistas", como eram conhecidos. Esses "mercados" consistiam em trabalhadoras domésticas Negras desesperadas se reunindo nas esquinas de Nova York, onde donas de casa brancas prometiam trabalho para o menor lance.[19] Para os sindicatos, o que tornava essa dinâmica ainda mais tensa é que muitas das esposas judias que iam buscar e garantir mão de obra barata eram casadas com sindicalistas — as mesmas pessoas que se organizavam em nome dos direitos de pessoas em situação de privação de direitos.[20] Evidentemente, a compreensão fundamental de qual o tipo de trabalho estava sendo explorado não se estendia ao lar ou às mulheres que estavam sendo recrutadas para sustentá-lo.

De forma semelhante ao que aconteceu com as descobertas do NDWA em 2012, os sindicatos desta época acharam desafiador legislar proteções e se organizar pelas trabalhadoras que iam para casas de outras pessoas todos os dias. Eles focaram sua estratégia no Departamento do Trabalho, onde uma das suas, Frieda Miller, havia garantido uma posição influente como comissária industrial de Nova York. Ela organizou um comitê especificamente para quebrar os "mercados escravistas", mas também para criar soluções mais imediatas para as mulheres que dependiam desses baixos salários. O comitê montou agências de emprego estaduais para este fim nas mesmas esquinas onde muitas dessas trabalhadoras domésticas se reuniam. Orleck escreve em *Common Sense and a Little Fire* [Senso comum e uma pequena chama]: "as agências funcionaram muito bem. As duas primeiras, abertas no Bronx, relataram mais de seiscentas negociações bem-sucedidas entre contratada-contratante por dia, para um total de 19 mil durante os dez meses de operação". Mas, após o início da Segunda Guerra Mundial, houve um aumento de oportunidades de emprego para mulheres Negras especificamente em funções relacionadas à manufatura e à defesa, e assim os "mercados escravistas" acabaram desaparecendo de forma orgânica.

Capítulo oito
Se impor vs. Se apoiar

O LADO SOMBRIO das mulheres que buscam uma compreensão individualizada de si mesmas à maneira de Erica Jong é que o trabalho doméstico não simplesmente desaparece. Se você deseja encontrar uma vocação baseada em uma paixão, encontrar um hobby, aprimorar a educação ou experimentar com sua sexualidade, o chão ainda precisa ser limpo e a comida ainda precisa ser feita. Se os homens não estão assumindo essas responsabilidades ou se as mulheres não têm cônjuges, alguém precisa dar conta disso. E em todas as ocasiões que determinada mão de obra foi barata sob o capitalismo, mulheres e pessoas de outros gêneros marginalizados foram historicamente convocadas para executá-la.

Como as feministas industriais discordaram das feministas de classe média alta sobre o que era efetivamente igualdade de gênero, o trabalho surgiu como um ponto de divergência duradouro entre elas. Isso aconteceu porque mulheres abastadas viam os homens em suas vidas — seus maridos, irmãos e filhos — como o modelo para sua própria igualdade. O que isso significava na prática é que, quando se tratava de conceber a ordem política sob o sufrágio feminino, as ativistas das classes média e alta também buscavam ditar como as mulheres da classe trabalhadora nas fábricas e lavanderias deveriam votar e quais eram as questões centrais. Pior ainda, as mulheres mais ricas queriam tomar essas decisões ao lado dos homens dos movimentos socialistas e trabalhistas — homens que não priorizavam politicamente o trabalho das mulheres da classe trabalhadora.

Para as feministas industriais, essa linha através dos poderosos — o controle de seu trabalho — as incentivou a solidificar sua plataforma política sobre o trabalho: as mulheres que o fazem, as condições em que o fazem e como são recompensadas.[1] Essa divisão crítica também estabeleceu um princípio orientador: a mão de obra gratuita ou barata com frequência era constituída por mulheres e, portanto, negligenciada pelos patriarcas e pelos planos de governo.

As feministas industriais puderam afirmar o valor de seu trabalho através de greves quando as demandas por condições de trabalho justas foram ignoradas e através do incentivo à sindicalização para proteger seus objetivos. Essa estratégia dupla perturbava a ordem da indústria — e era esse seu objetivo.

Em novembro de 1909, dois anos antes do devastador incêndio da fábrica da Triangle Shirtwaist, um grupo de 15 mil pessoas trabalhadoras do setor de confecções, formado em sua maioria por mulheres judias e imigrantes, saíram e não voltaram por três meses. Sua organização em massa contra a exploração e o abuso aumentaria a partir daí.

Mais milhares de mulheres se juntariam a esse grupo. A greve foi liderada por Clara Lemlich, uma organizadora sindical do International Ladies' Garment Workers' Union [Sindicato Internacional das Mulheres Trabalhadoras do Setor de Confecções] (ILGWU), e apoiada pela crescente NYWTUL. Conhecida como a Revolta dos 20 mil, foi a maior greve de trabalhadoras norte-americanas até então.

As trabalhadoras e trabalhadores voltaram às fábricas em fevereiro de 1910, depois que seus empregadores finalmente cederam o que eles queriam em primeiro lugar: jornada de trabalho menor, salários melhores e condições de trabalho mais seguras. A greve não foi apenas um sucesso, mas também motivou o movimento sindical feminino a pensar maior. Elas queriam uma reforma legislativa. Uma meta importante de algumas organizações era um salário mínimo estadual.

Inicialmente, muitas dessas mulheres da classe trabalhadora foram recrutadas para o movimento sufragista por Harriot Eaton Stanton Blatch, filha de Elizabeth Cady Stanton,[2] e sem dúvida influenciaram em seu triunfo. No entanto, a dupla de mãe e filha tinha visões muito diferentes acerca igualdade das mulheres: enquanto Elizabeth acreditava que deveria haver requisitos literários e educacionais para o voto,[3] Harriot acreditava que a inclusão das mulheres da classe trabalhadora era essencial para os direitos de gênero.[4] Apesar das opiniões de ambas as Stantons, as mulheres que se sustentavam sozinhas, imigrantes, trabalhadoras de fábricas, não permaneceriam com o grupo do sufrágio por muito tempo.

Por meio de sua maior visibilidade e protestos contínuos ao longo dos vinte anos seguintes, ativistas sindicais organizaram sua primeira convenção nacional. Quando a primeira-dama Eleanor Roosevelt soube disso, ela convidou um taquígrafo, seis trabalhadoras do setor de confecções de Nova York, uma garçonete e sete trabalhadoras têxteis do Alabama para irem à Casa Branca por uma semana e discutirem sua plataforma.[5] O que se seguiu foi uma relação frutífera entre o governo Roosevelt e as mulheres da classe trabalhadora, pontuada com leis trabalhistas. Muitas iniciativas estaduais nasceram e se findaram quando Rose Schneiderman, imigrante, feminista e ativista trabalhista da NYWTUL, começou a trabalhar no Departamento de Trabalho. Em 1938, ativistas trabalhistas haviam garantido a Previdência Social para profissionais de pequenas e grandes empresas e padrões salariais, de segurança e jornada de trabalho para todos os sexos.[6] Isso não quer dizer que elas conseguiram tudo pelo que argumentaram. Mas um novo precedente foi estabelecido: um presidente norte-americano trabalhando com e para as mulheres da classe trabalhadora, algo que as pessoas do país em geral e essas ativistas especificamente, nunca haviam presenciado.

Os movimentos no Congresso e nos projetos de lei estaduais também criaram um efeito dominó sobre outros setores que não eram, no papel, protegidos por leis vigentes. Após anos de organização de greves, a NYWTUL finalmente conseguiu sindicalizar as trabalhadoras de lavanderias, um esforço que durou cerca de trinta anos. Em 1939, Nova York era o lar de um sindicato de 27 mil profissionais de lavanderia com contratos garantindo férias remuneradas, redução de jornada de trabalho, licença médica remunerada e salários melhores.[7] Depois que o Congresso promulgou a Fair Labor Standards Act [Lei de Padrões Justos de Trabalho], a NYWTUL coagiu os proprietários de hotéis em Nova York a resolver greves em andamento com as equipes dos hotéis, mais especificamente com as equipes de limpeza. Quando os hotéis finalmente aceitaram, em 1938, as ativistas garantiram uma semana de trabalho de seis dias, aumento dos salários e redução da jornada de trabalho para as camareiras predominantemente porto-riquenhas e Negras.[8]

Para garantir essas vitórias foram necessárias décadas de organização consistente, reuniões, muito *lobby* e, por vezes, concessões momentâneas. Mas uma convicção central da mobilização feminista industrial era a de que estavam fazendo um trabalho essencial para a crescente indústria de roupas do século xx. E, como responsáveis por esse trabalho fundamental, elas quem podiam atribuir valor a ele — e não seus patrões. Foi uma mudança cultural dramática no poder, na autoridade e na execução da exploração. Mais central ainda era a crença de que o trabalho que elas estavam fazendo era, de fato, trabalho; uma lente conceitual que o pagamento insuficiente por vezes obscurece.

Este reconhecimento estreito do que é trabalho não se limita necessariamente a instituições abertamente capitalistas, como empresas. É um modelo que já foi exportado para a construção de movimentos sociais, tingido com patriarcado. Na década de 1960, enquanto membros leais dos movimentos pela libertação Negra e do movimento chicano se reuniam pelos direitos civis, muitas vezes eram as mulheres que faziam o trabalho de base que sustentavam a economia de seu ativismo.[9] A datilografia de cartas, os telefonemas, a preparação de comida para as pessoas da organização, a compra de selos e a organização de creches e dos cuidados com as crianças — para que as mulheres pudessem estar lá em primeiro lugar — eram tarefas que tendiam a ser distribuídas de forma bastante genderizada, com as mulheres Negras e as organizadoras *chicanas* fazendo todo o trabalho braçal. Esse trabalho árduo nas escrivaninhas, nas casas, ao redor das mesas da cozinha e nas margens das sedes foi o que possibilitou o ativismo voltado para o público de oradores e radicais, homens em sua maioria. As mulheres não apenas eram frequentemente relegadas a esses papéis de apoio, mas muitas vezes o reconhecimento ou respeito por esses empregos era escasso, mesmo entre coletivos que lutavam por revoluções. (Essa falta de reconhecimento ou consideração era agravada com o assédio e a objetificação sexual que não eram abordados dentro de seus respectivos movimentos.)

O fato de mulheres e o trabalho feito por mulheres sequer ter sido identificado em algumas das campanhas mais reformistas da época, estimulou feministas Negras, *chicanas* e mulheres brancas da Nova Esquerda a ostensivamente fundar e estabelecer o feminismo de segunda onda: mulheres que apoiaram mudanças ideológicas e estruturais no poder, mas que não viram a educação acerca de questões gênero sendo praticada nesses espaços supostamente revisionistas. As mulheres que surgiram nesta época, que falaram publicamente sobre opressão de gênero e racismo, pressionaram coletivamente para conseguir muitas das vitórias legislativas que agora são consideradas fundamentais para os direitos das mulheres nos Estados Unidos: o caso *Roe vs. Wade* [decisão judicial que garantiu o direito ao aborto], *Title IX* [lei que proibiu a discriminação baseada em sexo em escolas e programas educacionais com incentivo federal], o fim de anúncios de emprego segregados por sexo, a capacidade de obter um cartão de crédito sem ser casada, o reconhecimento legal de que existe estupro conjugal e um ato contra discriminação na gravidez (depois que a Suprema Corte decidiu que a discriminação na gravidez não era uma forma de discriminação baseado em sexo que cabia ao Civil Rights Act [Lei dos Direitos Civis]), entre outras.

No entanto, essas vitórias foram eventuais. Inicialmente, na década de 1960, enquanto mulheres ativistas falavam sobre serem apalpadas em reuniões sobre justiça social ou serem isoladas em certas tarefas por causa de seu gênero, a resposta dessas comunidades radicais separadas e lideradas por homens não foi favorável. O feminismo foi rejeitado e tachado como um movimento pouco substancial demais para justificar quaisquer recursos ou, nos casos dos movimentos chicanos e Negros, como um conceito de mulher branca de classe média que infectou suas comunidades. Mas havia uma ameaça mais imediata a esses grupos radicais do que diferenças ideológicas sobre gênero: as mulheres que abandonavam sua causa para fundar outra causa eram uma ameaça a economia ativista.

Quem datilografaria toda a correspondência? Quem faria as ligações? Quem alimentaria todo mundo? O fato de muitos desses grupos ativistas terem explorado o trabalho de suas aliadas em nome da revolução era um indicativo de como sempre esteve arraigada a ideia de tirar proveito do trabalho delas em prol de sua operatividade.

Mas essa compreensão exploradora do trabalho que as mulheres realizavam é muito anterior aos esforços por justiça social da década de 1960 ou mesmo do chão de fábrica da virada do século. Ao falharmos em atribuir valor, recursos ou mesmo uma avaliação crítica ao trabalho necessário para manter um lar, deixamos de fora as pessoas que o executam.

Marçal escreve: "o trabalho das mulheres é um recurso natural que não achamos que precisamos contabilizar. Porque presumimos que sempre estará lá. É considerada uma infraestrutura invisível e indelével".[10] E como trocar fraldas, fazer as compras da casa, lavar roupa, limpar a cozinha e fazer o jantar são tarefas codificadas como "um recurso natural", esse trabalho não requer manutenção, conservação, reabastecimento ou mesmo materiais segundo a economia tradicional. Mas, como qualquer pessoa que já executou essas tarefas pode lhe dizer, para cuidar é necessário ter pessoas. Às vezes, muitas pessoas e, às vezes, uma pessoa específica. Famílias inteiras ou uma mãe ou um pai ou avós ou irmãs e irmãos mais velhos ou tias e tios ou babás ou creches ou empregadas domésticas de meio período ou uma constelação elaborada de vizinhas, vizinhos e uma comunidade. Para a economia básica, porém, esta constelação não existe — apenas pessoas completamente formadas existem, sem qualquer avaliação dos recursos, tempo e trabalho que as levaram até onde estão.

Essa compreensão falha foi adotada sem crítica pelo feminismo branco e nos tempos modernos. Uma crítica importante a *Faça acontecer: mulheres, trabalho e a vontade de liderar*, o "manifesto meio feminista" — nas palavras dela — de Sheryl Sandberg,[11] foi que seu incentivo retumbante para que mulheres se imponham em seus trabalhos exige que elas se apoiem em outras mulheres. A autora e professora Nancy Fraser apontou em 2015 que, para se impor de forma efetiva, você precisa se apoiar em cuidados domésticos mal pagos, geralmente executados por mulheres de baixa renda, cuja maioria é de mulheres alvo da racialização[12] — pessoas que, para o discurso feminista fechado em si mesmo, nem mesmo são tradicionalmente vistas como mulheres.

Como não temos assistência federal subsidiada como em quase todos os outros países industrializados, a assistência básica de crianças e membros da família fica a cargo do que mulheres e pessoas de outros gêneros marginalizados conseguem organizar financeiramente — e isso começa com a licença maternidade. Se você é como a maioria das mulheres norte-americanas e se encontra grávida, você monta uma licença maternidade com base em uma colcha de retalhos de folgas remuneradas, supondo que você as tenha em primeiro lugar. Se por acaso você trabalhar para uma empresa que tenha pelo menos cinquenta pessoas em sua equipe por mais de um ano, você tem direito a até doze semanas de licença sem vencimento, o que a grosso modo significa que seu empregador é obrigado a manter seu emprego, mas, legalmente, espera que você volte antes que seu bebê consiga se sentar, supondo que você pariu. Se você adotou ou acolheu uma criança, o acordo é o mesmo. O mesmo prazo se aplicaria a você se um membro da família estivesse doente e precisasse de você para organizar seus cuidados. Isso é tudo o que é protegido pela Family and Medical Leave Act [Lei de Licença Médica e Familiar] (FMLA), que conseguimos em 1993. Antes disso, não havia legislação para proteger o tempo de uma mãe com seu bebê recém-nascido nos Estados Unidos.

Estados individuais e empresas privadas têm todos os tipos de licença-maternidade (remunerada e não remunerada), grande parte das quais foram conseguidas através da narrativa de produtividade e custo — mais um índice feminista branco. Quando o Google aumentou a licença parental remunerada de doze para dezoito semanas, a diretora executiva do YouTube, Susan Wojcicki, que tem cinco filhos, tuitou em 2016 que a taxa de mães de primeira viagem pedindo demissão caiu 50%.[13] Quando a Quartz, uma marca de notícias sobre negócios, cobriu essa notícia, ela foi obviamente estruturada em torno do que era melhor para a empresa:

> "Essas mudanças fazem mais do que simplesmente fazer com que as mães de primeira viagem se sintam bem-vindas no ambiente de trabalho. Como a rotatividade é cara para as empresas — segundo uma estimativa, custa 20% ou mais do salário de um funcionário para substituí-lo — as empresas também se beneficiam ao manter as funcionárias e suas habilidades profissionais."[14]

Mas essa mensagem ecoou em outros veículos com um tom semelhante. Codificar uma vitória para a licença parental em torno da economia de dinheiro por parte das empresas mais uma vez — assim como o livro *Faça acontecer* — coloca o "feminismo" como algo vagamente pró-mulher cujos interesses são corporativos. O sucesso de mulheres e de pessoas de outros gêneros marginalizados nesses ambientes é uma extensão dessa narrativa. Essa equação que iguala sucesso corporativo a feminismo se desintegra facilmente quando se pensa no cuidado com as crianças.

Assim como a licença maternidade que a maioria das mulheres dos Estados Unidos precisam costurar com as peças de um sistema de benefícios arcaico, o cuidado com as crianças geralmente funciona da mesma forma: com as mulheres em empresas privadas com licenças parentais "generosas" se saindo muito bem e, em seguida, empregando mulheres de baixa renda por salários baixos para cuidar de suas crianças, limpar suas casas e levar suas sogras às consultas médicas.

É aqui que o feminismo branco é mais literal: o empoderamento e o avanço param nas mulheres brancas ricas ou nas mulheres que refletem um modelo de sucesso branco, ou seja, aquelas preparadas para o sucesso capitalista por meio da educação universitária e de um status socioeconômico de classe média alta.

O fato de que dinheiro, lucros e negócios eram a corrente subjacente a esse discurso feminista popular altamente individualizado ficou ainda mais evidente na mobilização em torno da autonomia pessoal e da ideia de agência. Como o feminismo estava alinhado aos interesses comerciais, uma grande quantidade de ícones da cultura pop comunicou que o feminismo era uma forma para elas se sentirem independentes, no controle de seus destinos, e poderosas em seus negócios/indústrias/desenvolvimentos artísticos.

No evento Power of Women [Poder das Mulheres] da revista *Variety* em Beverly Hills, Califórnia, a modelo Chrissy Teigen disse ao jornal *Huffington Post* que, para ela, o feminismo evocou a autogestão de sua própria realidade; nas palavras dela: "é ter o poder de fazer qualquer porra que você quiser. É poder ter suas próprias crenças e ser fiel a elas".[15]

A então diretora executiva Tory Burch[16] e a atriz Kerry Washington[17] expressaram o mesmo sentimento.

Com muitas mulheres públicas e bem remuneradas adotando a tendência de operar como indivíduos, o "feminismo" foi reduzido a uma estratégia de autoempoderamento. Uma maneira de conseguir coisas. Uma maneira de obter mais daquelas coisas que você achava que merecia. Uma forma de consumir. Mas isso também suscitou algo muito mais sinistro: o "feminismo" tornou-se automaticamente imbuído de agência e autonomia, iniciando o discurso feminista popular com uma ausência de consciência de classe. Centrar o feminismo popular ali significava que as mulheres e pessoas de outros gêneros marginalizados que não tinham os meios necessários para garantir a independência ou o poder — na cultura de um modo geral, em suas famílias, em suas comunidades, em seus ambientes de trabalho — não faziam parte desta conversa que tratava de tornar-se uma agente otimizada de si mesma. Sem uma análise financeira, apenas a suposição de que todo mundo tem muito dinheiro ou dinheiro o bastante, as conversas "feministas" se estabeleceram livremente em torno da reivindicação do feminismo como algo que se toma para si — em vez de um corpo coletivo com o objetivo de superar as barreiras sistêmicas.

O individualismo fez de você uma feminista.

Capítulo nove

Como o heterossexismo manteve as mulheres em seus lugares

A MESMA PRÁTICA frequentemente atrapalhava o movimento por empoderamento, ação coletiva e progresso, fosse você uma feminista branca reflexiva ou uma ativista de base. Quando as mulheres se tornavam muito unidas em seus objetivos, o heterossexismo sempre foi a maneira ideal de mantê-las em seus lugares. Para muitos grupos radicais, isolar e identificar o heterossexismo — o pressuposto da heterossexualidade como orientação padrão — levou a uma avaliação profunda de valores e prioridades políticas.

Nas décadas de 1960 e 1970, quando mulheres alvo da racialização ativistas começaram a participar de causas pelos direitos civis, as feministas lésbicas Negras sentiram uma crescente exclusão e discriminação por parte da organização Negra radical, muitas vezes com a intenção de cimentar a heterossexualidade. Para homens Negros e mulheres Negras, a lesbianidade era frequentemente enquadrada como uma "doença branca",[1] de acordo com Barbara Smith, ativista, autora e editora de vários textos feministas negros. O desejo homossexual foi (e ainda é) postulado como uma aflição da branquitude que se infiltrou na comunidade Negra, redirecionando a homossexualidade como antinatural, uma doença, mas também como algo que não tem origem na negritude. As feministas lésbicas *chicanas* lutaram contra a mesma dinâmica, discordando fundamentalmente da mensagem dos homens organizadores do movimento chicano de que tanto o lesbianismo quanto o feminismo eram infecções brancas em sua comunidade e que, não fosse por eles, a comunidade seria natural e inteiramente heterossexual.

Cheryl Clarke, uma poetisa e ativista lésbica Negra, escreveu sobre como essa compreensão da homossexualidade estava silenciando as lésbicas Negras em *This Bridge Called My Back*, observando no livro publicado em 1983 pela editora Kitchen Table: Women of Color Press:

"As lésbicas Negras que trabalhamos em grupos ou organizações estabelecidas por/sobre/para pessoas Negras ou passamos como 'heterossexuais' ou relegamos nossa lesbianidade à chamada esfera 'privada'. Quanto mais dominada por homens ou pela burguesia nacional Negra é uma organização ou grupo, mais resistente à mudança e, portanto, mais homofóbica e antifeminista. Nesses setores, aprendemos a ser discretas."[2]

No mesmo ensaio, Clarke observou que o que os grupos políticos heterossexistas estavam perpetuando era a dominação e o controle por meio da sexualidade — para as mulheres de maneira específica, mas também para as pessoas em geral. Ela escreveu:

"Onde quer que nós, como lésbicas, caiamos neste *continuum* político bastante generalizado [incluindo mulheres bissexuais, mulheres sexualmente fluídas e mulheres que não se identificam], devemos saber que a instituição da heterossexualidade é um costume ferrenho através do qual instituições supremacistas masculinas garantem sua própria perpetuação e controle sobre nós. [...] É lucrativo para nossos colonizadores confinar nossos corpos e nos alienar de nossos próprios processos de vida, assim como foi lucrativo para o europeu escravizar pessoas africanas. [...] E, assim como a fundação do capitalismo ocidental dependia do tráfico de pessoas escravizadas do Atlântico Norte, o sistema de dominação patriarcal é sustentado pela subjugação de mulheres por meio da heterossexualidade. Portanto, os patriarcas devem exaltar a díade menino-menina como 'natural' para nos manter heterossexuais e obedientes, da mesma forma que os europeus exaltaram a superioridade caucasiana para justificar o tráfico de pessoas africanas. Considerando esse contexto histórico, *'a mulher que escolhe ser lésbica vive perigosamente'*.[3]

Traçar esses paralelos importantes entre capitalismo, colonialismo, racismo e heterossexismo colocou a veemência contra a lesbianidade em um contexto crucial: o patriarcado de sempre. Vários grupos de feministas alvo da racialização da segunda onda estavam aprendendo que homens em posições de organização e liderança investiam muito na manutenção da dominação e da superioridade masculinas, apesar das outras causas progressistas que defendiam.

Preservar essa hierarquia masculina muitas vezes significava evocar o tabu da lesbianidade para evitar que as mulheres se aproximassem demais — e também para deixar claro que passar muito tempo juntas, sem supervisão masculina, era algo perverso, sexualmente desviado ou, de alguma forma, antinatural. Smith relatou como esta estratégia foi eficaz para prevenir a construção de coalizões com mulheres de todas as raças e orientações:

"Feministas têm sido retratadas como nada além de 'lésbicas' para a comunidade Negra também. Houve um esforço considerável no início dos anos 1970 para afastar a comunidade Negra do feminismo. Você pode observar as publicações — principalmente as publicações Negras — fazendo pronunciamentos sobre o que era o movimento feminista e sobre quem ele alcançava que banalizavam o movimento, que diziam que nenhuma mulher Negra estava envolvida, que fizeram todo o possível para evitar que acontecessem coalizões entre mulheres Negras e brancas porque tinham muito medo. Os homens Negros não queriam perder as mulheres Negras como aliadas. E a estrutura de poder branco não queria ver todas as mulheres se unindo para além das linhas raciais porque sabiam que seria uma combinação imbatível e impossível de deter. E fizeram um ótimo trabalho."[4]

Em suas respectivas organizações, as feministas lésbicas *chicanas* também identificaram como táticas homofóbicas semelhantes eram utilizadas não apenas pelos homens do movimento chicano, mas, talvez de forma mais importante, pelas mulheres em suas vidas. Em *Chicana Lesbians: The Girls Our Mothers Warned Us About* [Lésbicas *chicanas*: as meninas sobre as quais nossas mães nos alertaram], a autora Carla Trujillo escreveu que a manutenção da ordem patriarcal da família é um trabalho frequentemente realizado por mulheres *chicanas*:

"Embora nossos pais tenham tido muito a ver com a imposição da conformidade sexual, geralmente eram nossas mães que sussurravam as advertências, erguiam as sobrancelhas ou transmitiam secretamente para nós a 'natureza tabu' dos relacionamentos entre pessoas do mesmo sexo. [...] Nossa existência por si só perturba o papel específico de gênero desempenhado por nossas mães de forma tão agressiva."[5]

O fato de as mulheres, quer se identifiquem como feministas quer não, terem sido fundamentais para sustentar o heterossexismo de suas comunidades, revelou muito sobre as expectativas de gênero e feminilidade convencional que as mulheres transmitiram uma para a outra. A dra. Cristina Herrera descreveu essa tática da melhor maneira: "Assim, as mães (hétero) sexualizam suas filhas para se encaixarem em um sistema de patriarcado".[6]

Identificar a ordem ou a suposição da heterossexualidade permitiu que as feministas lésbicas *chicanas* e suas aliadas desenvolvessem uma lente mais ampla para compreenderem a opressão de gênero. De acordo com a professora assistente Yvette J. Saavedra, essas mulheres desenvolveram uma compreensão multifacetada de gênero: que nem todas as mulheres vivenciam a opressão da mesma maneira. Ela observou em 2001:

"Ao contrário das feministas heterossexuais que não levavam em conta as diferentes identidades das ativistas, as lésbicas admitiam diferenças não apenas nas características individuais, mas também nas diferenças na opressão que cada mulher enfrentava. Algumas, por exemplo, abordaram o classismo, entendendo que nem todas as lésbicas *chicanas* [sic] eram da classe trabalhadora, um pressuposto que o chicanismo exigia. Algumas abordaram dificuldades físicas. Algumas defenderam a inclusão de muitos tipos de expressão sexual — aberta, discreta e também o celibato. O que as lésbicas *chicanas* conseguiram ao admitir as diferenças entre mulheres foi um tipo mais completo de feminismo que, ao contrário do praticado por feministas heterossexuais, incorporou mais do que somente a opressão de gênero."[7]

Acabar com o heterossexismo, ou mesmo apenas reconhecer sua presença, foi o ímpeto que permitiu que elas abrissem seu feminismo para incluir essas outras realidades.

Esse também era um importante pilar do ativismo gordo nos Estados Unidos, no qual pessoas gordas de ideologias variadas resistiam à implacável cultura da magreza, tanto na indústria da beleza quanto na médica. Essa rejeição ao corpo feminino homogêneo e binário como um corpo magro, delicado e de uma feminilidade convencional tem uma distinta camada *queer*, postulam intelectuais e ativistas gordas e gordos. A dra. Amy Erdman Farrell, professora de Estudos Norte-americanos e Estudos sobre Mulheres, Gênero e Sexualidade, argumenta em seu livro *Fat Shame: Stigma and the Fat Body in American Culture* [Vergonha gorda: estigma e o corpo gordo na cultura norte-americana] que "o feminismo lésbico e uma '*queer*ização' de ideologias dominantes de beleza genderizada moldou todo o movimento de empoderamento gordo, da mais heterossexual aceitação gorda até o ativismo lésbico gordo mais radical".[8]

Desafiar os padrões genderizados de beleza inclui falar de tamanho, e a isso pessoas ativistas gordas devotaram grande parte de suas vidas.

Esse ativismo é abrangente e remonta a um *fat-in** em 1967, em que quinhentas pessoas protestaram contra a gordofobia no Central Park de Nova York. Marilyn Wann, fundadora da zine gorda FAT!SO? em 1994 (que mais tarde viraria um livro), tornou-se uma ativista gorda depois de sua requisição de plano de saúde ter sido negada por causa de seu peso quando ela tinha 26 anos.[9] Sobre essa discriminação, ela disse em outra ocasião: "eu não tinha histórico significativo de doença ou lesões. Eu só era gorda".[10] Isso era compatível com outras mensagens culturais sobre se sentir "como se não fosse bem uma pessoa"[11] em sua adolescência e no início da vida adulta, com a mensagem abrangente de que erotismo, desejo, sucesso profissional e casamento simplesmente não eram possíveis por causa de seu tamanho. E assim como o movimento de ativistas dos direitos das pessoas com deficiência do capítulo quatro, Wann — e muitas outras pessoas ativistas — começaram a ver isso não como um problema pessoal, mas como um problema sistêmico. Participar do ativismo gordo mudou essa perspectiva — pois através dele foi possível reconhecer o quão comum era envergonhar e estigmatizar pessoas gordas. Em seu site, Wann escreve:

> "Vivemos em uma sociedade gordofóbica. Para mudar isso, primeiro precisamos entender isso. Exemplos de discriminação por peso estão por toda parte, mas isso não os torna necessários nem verdadeiros. Atitudes gordofóbicas reforçam — e derivam de — sexismo, racismo, classismo, capacitismo, salutarismo e homofobia. Quando você se deparar com uma mentira, lembre-se: alguém está lucrando com isso. Não acredite na mentira. Seu peso não define seu valor."[12]

---

* Trocadilho com "*sit-in*" [protesto sentado], em que a palavra "*sit*" [sentar] é substituída pela palavra "*fat*" [gorda, gordo, gordura], designando assim um protesto de pessoas gordas. (*N. da T.*)

Em consonância com o ponto de Wann, o estigma da gordura nos Estados Unidos e em outros países se desenvolveu como uma opressão distinta, principalmente em resposta à ansiedade crescente sobre homens e mulheres desfrutando dos confortos da classe média. As preocupações da sociedade com o desenvolvimento de uma nova classe ociosa, que poderia desfrutar de mais descanso, comida, consumismo e oportunidades para relaxar, transformaram-se rapidamente em desdém pela gordura. (Antes dessa mudança cultural, a gordura era considerada um sinal de saúde robusta.) Mas, ao criar uma hierarquia de corpos aceitáveis em relação aos inaceitáveis, o estigma da gordura também bebeu consideravelmente de ideologias racistas, classistas e sexistas. Corpos não magros passaram a ser interpretados como não tão controlados e não tão "civilizados" assim e, portanto, indicativos de selvageria. Dr. Farrell observa sobre esta história: "a gordura, então, serviu como mais um atributo de demarcação da divisão entre a civilização e as culturas primitivas, a branquitude e a negritude, o bom e o mau".[13] Isso se consolidou ainda mais em um padrão de beleza, de classe, de inteligência e, eu também diria, de pessoa digna. E tudo isso bebe da ideia de que corpos Negros e corpos Indígenas são inferiores.

Essa percepção colide de maneira brutal com o gênero quando se leva em consideração a interpretação colonial e supremacista branca de que, em primeiro lugar, mulheres dessa laia não eram necessariamente consideradas "mulheres". Que quando médicos, acadêmicos, pensadores, editores e funcionários do governo usavam termos como "mulheres" geralmente em relatórios, conselhos médicos e declarações, muitas vezes não estavam falando sobre as mulheres que estavam oprimindo, as mulheres cujas terras eles roubaram, as mulheres que limparam suas casas, cuidaram de suas crianças, que possibilitaram que suas esposas deixassem totalmente a esfera doméstica. Para contrapor essa percepção padronizada de mulheres e de gênero, muitas pessoas ativistas gordas desafiaram os princípios heterossexistas.

O ativismo de Wann, por exemplo, também envolve participar do erótico e de performances públicas — duas dimensões das quais pessoas gordas são frequentemente excluídas na cultura dominante. Além de falar extensivamente sobre a diversidade de peso, ela também se apresentou com o *Fat-Bottom Revue*, um show burlesco gordo criado pela ativista Heather MacAllister.[14] Em 2003, Wann descreveu se despir como uma mulher gorda como "contrapropaganda"[15] de mensagens dominantes sobre quem pode ser desejada sexualmente. Wann também é membra fundadora do Padded Lilies, um grupo de natação sincronizada para mulheres gordas em Oakland, Califórnia, estabelecido pela ativista Shirley Sheffield. As Padded Lilies se apresentam publicamente (e já apareceram no *The Tonight Show*), e esse é o objetivo. Fazer as pessoas olharem para elas. E existe a intenção de causar tumulto. Como Wann explicou ao dr. Farrell, "queremos pessoas gordas em todos os lugares... Pode ficar com raiva! E depois arranje uma roupa de banho!".[16]

E é aí que o ativismo gordo fica *queer*. Wann se identifica pessoalmente como heterossexual, mas o dr. Farrell afirma que há uma *queer*idade inata sendo exercida no ativismo de Wann e em outras iniciativas como essa que erotizam o corpo gordo; nas palavras dele: "[...] todas as mulheres gordas que reivindicam sua própria beleza são *queer*, desafiando a noção de mulher 'civilizada' com gênero e corpo apropriados".

Desafiar o que os corpos deveriam ser, a aparência que deveriam ter e o tipo de sexo ao qual deveriam consentir, em última análise, suscita uma reflexão sobre o gênero, seja qual for.

Capítulo dez
O futuro não é feminino; é gênero-fluido

A FRASE "o futuro é feminino", que pontilhou muitos argumentos da corrente principal do feminismo, tornou-se representativa de muitas ideologias, dependendo de com quem se está falando. A referência aliterativa refere-se a uma espécie de utopia feminista inevitável — uma reformulação das dinâmicas de gênero e do poder que todo o mundo está buscando — mas também às crescentes habilidades profissionais, recursos e engenhosidade das mulheres. Já ouvi a frase sendo usada em referência às mudanças na cultura do estupro, no exercício da influência política, como elogio à presença das mulheres no mundo corporativo nos Estados Unidos e de seu crescente tino empresarial. Eu também ouvi isso ser usado em referência a projeções e estatísticas sobre como o mundo está mudando a "nosso" favor, com algumas mulheres eventualmente possuindo dois terços da riqueza privada.[1]

Um tanto análoga à retórica "pró-mulher" que foi usada comigo durante minha entrevista de emprego, "o futuro é feminino" infelizmente cresceu a ponto de abranger qualquer coisa remotamente feminina e positiva.

O processo que fez essa frase passar a representar tanta coisa espelha como ela ganhou tamanha evidência para começar. Declarado por Hillary Clinton em 2017 após a posse do presidente Trump,[2] o lema já cozinhava lentamente na cultura mais abrangente cerca de dois anos antes, depois que figuras públicas *queer* como a cantora St. Vincent e sua então namorada Cara Delevingne começaram a usar roupas com a frase. De acordo com o Google, o primeiro aumento observado no interesse público em "o futuro é feminino" surgiu em 2015, com um pico de pesquisas no início de 2017 (na época em que Clinton o usou). E o mais revelador é que as principais pesquisas foram todas sobre produtos, como, por exemplo, "camiseta o futuro é feminino" e "moletom o futuro é feminino".[3] (Notavelmente, quando a marca de roupas *queer* Otherwild começou a vender as camisetas, parte dos lucros com as roupas foi direcionada para a *Planned Parenthood*.)[4]

Essas não são as origens da frase. "O futuro é feminino" tem uma história profundamente radical que começa com separatistas lésbicas. Como um "grito de guerra" separatista lésbico foi parar nas araras da loja Nordstrom e passou a incorporar tudo, da ascensão capitalista sem vergonha até as *hashtags* do Instagram, é o estudo de caso perfeito do feminismo branco.

A frase foi originalmente impressa em camisetas na década de 1970 para promover a primeira livraria de mulheres da cidade de Nova York, a Labyris Books. Fundada por feministas lésbicas e usavam o espaço para tratar de racismo e de ativismo. Em 1975, a fotógrafa Liza Cowan começou a tirar fotos de lésbicas para uma apresentação de slides sobre a saída do armário e a mudança da apresentação física. Uma das mulheres que ela fotografou foi sua então namorada, a ativista Alix Dobkin, que vestia uma camiseta com os dizeres "o futuro é feminino" em azul e em negrito. Essa fotografia então viveu nos arquivos pouco financiados e pouco apreciados de mulheres *queer* — um esforço em sua maioria voluntário para preservar a história para pessoas que com frequência escutam que não têm uma.

Em 2015, Rachel Berks, fundadora e proprietária da Otherwild, supostamente viu a foto *vintage* de Dobkin na conta @h_e_r_s_t_o_r_y no Instagram,[5] um perfil criado por Kelly Rakowski e dedicada a preservar "imagens sapatão". Berks retomou a frase em uma linha contemporânea de roupas para a Otherwild que se esgotou rapidamente. (St. Vincent comprou dois moletons Otherwild e foi fotografada vestindo uma.) Berks disse ao *New York Times* em 2015 que foi emocionante ver um sentimento separatista lésbico ser "abraça[do]" por tantas pessoas, como as vendas pareciam mostrar. Ao ver "o futuro é feminino" ganhar nova popularidade, ela interpretou a frase como "uma reação a uma cultura misógina e patriarcal que afeta muitas pessoas".[6] Cowan observou o significado desta forma: "é uma espécie de grito de guerra e é também uma afirmação".[7]

A linha do tempo de "o futuro é feminino" acelera bastante depois disso. Pouco depois que a coleção da Otherwild ficou disponível, Delevingne começou sua própria linha de camisetas "o futuro é feminino" para beneficiar a organização *Girl Up*, e então a frase começou a aparecer em roupas nas lojas Topshop e ASOS. Cerca de quatro anos depois de St. Vincent ter sido fotografada vestindo um moletom de uma pequena loja *queer* de uma mulher, agora você pode comprar uma versão dele em qualquer lugar, da Nordstrom à Net-a-Porter. E isso sem falar na miríade de chaveiros, ecobags, adesivos, ímãs, broches e estampas ou nas modificações da frase que apareceram em outros lugares, como: "mulheres são o futuro" e "o futuro é uma mulher".[8]

Há muitos componentes nessa diluição, incluindo os impactos infelizes por parte de celebridades, a questão da demanda, oportunidades de negócios, e também, é necessário dizer, as boas intenções.

Uma das declarações que Berks fez para o *New York Times* foi que ela estava impressionada com a maneira como um slogan voltado para um gênero específico estava sendo adaptado para um futuro menos binário. Ela disse ao jornal: "as pessoas estão recontextualizando a frase: mulheres trans, homens, mães que têm filhos".

Mas como "o futuro é feminino" foi adaptada para a cultura de massa, essa recontextualização nem sempre foi feita. E, em conferências que se colocam como feministas, em painéis de discussão, em espaços de trabalho voltados para mulheres, essa frase muitas vezes é utilizada para afirmar o binário de gênero em vez de desafiá-lo.

Ao abordar o argumento feminista branco que consiste em declarações como "aqui está um exemplo de mulheres ganhando dinheiro e, portanto, exibindo valor", os meios de comunicação costumam reafirmar "motivos que demonstram que o futuro (empreendedor) é feminino" entre outras variações.[9] E, nesses casos, estão obviamente falando apenas sobre pessoas que se identificam como mulheres. O binário é sancionado mais uma vez, em minha opinião, em 2016, quando o diretor executivo da Puma, Bjørn Gulden, comentou sobre sua lucrativa parceria com a cantora Rihanna dizendo que "o futuro é feminino".[10] Ou quando a Money20/20, uma conferência global do setor financeiro, divulgou um relatório sobre o poder de compra cisgênero intitulado "O Futuro É Feminino".[11] O mesmo pode ser dito da matéria de capa de *Marie Claire* em maio de 2017, que dizia "O Futuro É Feminino", apresentando cinco capas diferentes com celebridades cisgênero.[12]

Não é de se surpreender e nem há ironia em dizer que as mulheres cisgênero que não desafiam o binário ganham muito dinheiro para as empresas e para si mesmas, e são reafirmadas como bonitas, sexy, influentes e possuidoras de valor cultural. (Eu poderia ter lhe dito isso sem precisar de um ensaio fotográfico chique ou de estilistas.) Essas narrativas sustentam a afirmação perigosa e perniciosa de que existem apenas dois gêneros — e elas estão usando um slogan separatista lésbico para fazer isso.

Isso não está totalmente dissociado da intenção original do slogan ou da questionável política de gênero que o cercava. O separatismo lésbico e algumas formas de lesbianismo radical têm um histórico de perpetuação do binário com a intenção de ofender, excluir e agredir mulheres transgênero, homens transgênero bem como uma variedade de pessoas gênero-inconformes e gênero-diversas.

Em 1973, Sylvia Rivera uma ativista Latina dos direitos trans deixou a corrente principal do movimento gay por direitos depois de ser ofendida publicamente por Jean O'Leary, uma ativista lésbica feminista, cofundadora do *National Coming Out Day* [Dia Nacional da Saída do Armário]. Em um protesto em prol dos direitos de pessoas homossexuais em Washington Square Park, O'Leary e o grupo em prol dos direitos das mulheres que ela fundou, o Lesbian Feminist Liberation [Libertação Feminista Lésbica], distribuíram panfletos se opondo às drag queens e às mulheres trans chamando-as de "imitadoras de mulheres" e recusando-lhes espaço no palco. Drag queens que tinham vindo ao protesto para se apresentar e falar sobre sua situação de privação de direitos foram fisicamente impedidas de se dirigir à multidão. Rivera relembrou a experiência: "tive que lutar para chegar ao palco e pessoas que chamei de camaradas no movimento literalmente me deram uma puta surra".[13]

A presença visível de Rivera no movimento incomodou muitas pessoas *queer* da organização porque ela não se encaixava perfeitamente em seus entendimentos limitados de gênero. Mas essas pessoas também estavam tentando estabelecer uma certa distância entre suas manifestações e o "povo das ruas", como lembrou Arthur Bell, cofundador da Gay Activists Alliance [Aliança de Ativistas Gays] (GAA).[14] Esse julgamento depreciativo foi um ataque a Rivera em todas as frentes: como mulher trans, como trabalhadora do sexo, como Latina, como mulher pobre — e veio da própria comunidade com a qual ela estava tentando estabelecer alianças. Rivera tentou unir forças com esses grupos após a rebelião de Stonewall em 1969, participando de reuniões e propondo uma ação política unificada. Mas Bell lembra que a identidade e expressão de gênero multiplamente vulneráveis de Rivera a identificaram como "baderneira"[15] para a GAA. Mais uma vez, a perturbação da ordem e da primazia das pessoas cisgênero, das pessoas de classe média e das pessoas brancas foi recebida por radicais *queer* com desdém e com atitudes que diziam: "se coloque no seu lugar".

O historiador e ativista gay Martin Duberman observou a maneira estratificada com que gays e lésbicas rejeitaram a presença de Rivera e seu questionamento da ordem social: "quando alguém não estava desdenhando de sua pele escura ou rindo de seu inglês não padrão cheio de paixão, estava desprezando seu anarquismo simples e o tachando como hostil à ordem ou estavam denunciando seu jeito de se mexer como algo ofensivo à feminilidade".[16]

Rivera não foi a única pessoa trans ou gênero-inconforme que gays e lésbicas cisgêneros menosprezaram e atacaram dentro de suas avaliações políticas. Depois que as notícias da rebelião de Stonewall chegaram ao resto da comunidade gay, as reações sobre quem resistiu à prisão policial não geraram simpatia ou solidariedade, mas sim deboche. Duberman observou:

> "Muitos dos gays mais ricos, tomando sol em Fire Island ou nos Hamptons no fim de semana, ou ouviram sobre os protestos e os ignoraram [...] ou ficaram sabendo das notícias tarde demais. [Eles descreveram a rebelião como] 'lamentável', como o comportamento insano de 'queens maconheiras e cafonas' — os elementos do mundo gay dos quais já haviam se desassociado há muito tempo."[17]

A capacidade de se assimilar a alguma versão de sociedade heterossexual respeitável por meio da riqueza ou da branquitude era obviamente o objetivo a curto prazo — um objetivo que pessoas como Rivera nunca alcançariam. E o mais importante era que ela não queria alcançá-lo. Esse não era o ponto. Assim como as donas de casa imigrantes da classe trabalhadora que declaravam com firmeza que tinham direitos como mulheres que não eram ricas, a política de Rivera ecoava um etos semelhante: *eu tenho direitos como uma trabalhadora do sexo trans, Latina e pobre. E eu não vou dar uma de gay branco riquinho para consegui-los.*

Rivera viu uma série dessas dinâmicas de poder na comunidade *queer* de forma muito transparente, uma lente que ela sem dúvida adquiriu ao participar de ativismo dentro do movimento das mulheres, o movimento dos direitos civis e o movimento anti-Guerra do Vietnã. Por exemplo, Rivera avaliou o Stonewall Inn desta forma: "um bar de homem branco para homens de classe média pegarem rapazes de raças diferentes".[18] Sua descrição faz alusão a quem tinha o poder neste espaço *queer*: homens cis brancos endinheirados. E Rivera também fez questão de apontar quem não o tinha: os "rapazes" alvo da racialização. (O Stonewall não respondeu aos meus vários pedidos para que se pronunciasse sobre o assunto.) O espaço também era, segundo ela, determinado pelas preferências dos detentores do poder: eles só queriam meninos cisgêneros lá.

Decididamente, não era um espaço para drag queens ou pessoas transgênero, pessoas gênero-inconformes eram frequentemente rejeitadas no Stonewall Inn porque, segundo a lógica de lá, essas pessoas chamavam problemas com a polícia por causa de sua incapacidade de seguir o binário. Rivera tinha apenas dezessete anos na noite da rebelião e conseguiu entrar para dançar porque conhecia gente de dentro do bar. Mas, quando a polícia chegou e os clientes começaram a resistir à prisão, foram pessoas como Rivera — o "povo das ruas" — que receberam os créditos por liderar o protesto. Rivera disse a Leslie Feinberg, autora de *Stone Butch Blues*: "Eram os gays das ruas do Village lá na frente — pessoas em situação de rua que viviam no parque na Sheridan Square do lado de fora do bar —, as drag queens atrás deles e todas as outras pessoas atrás de nós".[19]

A autora Jessi Gan apoiou esse relato, observando na coleção *Are All the Women Still White?* [As mulheres ainda são todas brancas?] que, embora os clientes do Stonewall Inn fossem em sua maioria brancos e de gênero normativo, foram as pessoas alvo da racialização gênero-inconformes da classe trabalhadora que resistiram. "As pessoas que mais tinham sido alvo de violência policial, aquelas que eram social e economicamente mais marginalizadas, lutaram com mais ferocidade", escreve Gan.

No entanto, após os protestos, a cobertura da imprensa colapsou os esforços de pessoas gênero-diversas, descrevendo a rebelião simplesmente como "gay". Ao relatar esse apagamento do ativismo transgênero e gênero-diverso — promovido tanto por publicações heterossexuais quanto por publicações gays — Gan observou:

"Por exemplo, a manchete de um artigo de setembro de 1969 na revista *Advocate* originalmente escrito para o *New York Mattachine Newsletter*, era

Police Raid on N.Y. Club Sets Off First Gay Riot [Batida de polícia em bar de Nova York desencadeia a primeira rebelião gay]. Esta formulação — de que o levante de Stonewall foi uma 'rebelião gay' — agrupou e consolidou pessoas gênero-inconformes, pessoas pobres e pessoas alvo da racialização sob a categoria identitária 'gay'. Mas essa formulação não conseguia explicar por que a polícia escolheu dispensar um tratamento mais violento a algumas pessoas 'gays'."[20]

À medida que a vida de Rivera se resume, parte desse "tratamento mais violento" originou-se no próprio movimento gay por direitos. O'Leary, a feminista lésbica cuja organização distribuiu panfletos contra mulheres trans e drag queens, mais tarde expressou pesar por excluir as pessoas gênero-inconformes em seu ativismo. "Olhando para trás", disse ela na década de 1990, "acho isso muito vergonhoso porque minhas opiniões mudaram muito desde então. Atualmente eu nunca pegaria no pé de uma travesti".[21] Nos anos 2000, ela fez paralelos entre o desdém por parte do movimento de mulheres em relação a trabalhar com lésbicas com seus próprios erros, dizendo: "foi horrível. Como eu pude trabalhar para excluir travestis e ao mesmo tempo criticar as feministas que naquela época estavam fazendo tudo que podiam para excluir as lésbicas?"[22]

Mas os espaços "exclusivos para mulheres" tradicionais ainda estão polvilhados com esse legado centrado no binário. É uma tensão que ressurge continuamente — em festivais, equipes esportivas, centros comunitários, em clubes e na educação. Especialmente nas faculdades para mulheres dos Estados Unidos, muitas vezes baseadas em uma compreensão básica do sexismo institucionalizado que colocava as mulheres em desvantagem, a questão da inclusão trans demorou muito para chegar.

A própria ideia de que existem apenas dois gêneros é uma interpretação distintamente colonial e racista. Em muitas comunidades das Primeiras Nações, as pessoas existiam ao longo de um *continuum* de diversidade de gênero, incluindo pessoas dois-espíritos, terceiros gêneros e uma variedade de termos Indígenas. Foram os colonialistas, armados com sua retórica cristã, que rejeitaram esse entendimento das pessoas e ordenaram que houvesse dois gêneros distintos com suas respectivas performances (eles também exigiam que mulheres performassem esse gênero em subserviência aos homens).

No relatório abrangente do Canadá detalhando as ligações coloniais com mulheres e meninas desaparecidas, as autoras e autores identificaram como essa violência específica foi infligida a todos os gêneros:

> "Os missionários denunciavam especificamente pessoas que demonstravam identidades de gênero não-binárias, inclusive, depois, em escolas residenciais ou missionárias onde os responsáveis puniam as crianças por comportamento impróprio de gênero. À medida que se tornava cada vez mais perigoso, e até mesmo ilegal, sob a acusação do crime de 'sodomia', demonstrar essas características, e devido à intervenção governamental e missionária, muitas famílias interviram para evitar que seus próprios membros as demonstrassem, por vezes porque haviam se convertido."[23]

Por que afirmar essa mitologia colonialista? E, principalmente, por que perpetuá-la com linguagem e políticas binário-centradas?

O fato de minha faculdade liberal de artes não ter uma política que afirmava as mulheres trans como possíveis estudantes, na prática, era exclusão. Nós sabíamos disso, alguns membros do corpo docente e do corpo administrativo sabiam muito bem disso, mas só no ano de 2013 eu finalmente leria algo a respeito.

Naquele ano, Calliope Wong, candidata transgênero a uma vaga na Smith College, teve a leitura de sua ficha de inscrição negada por ter marcado "sexo masculino" em seus documentos solicitando auxílio financeiro.[24] Na carta de rejeição que ela recebeu da Smith College e depois postou em sua conta no Tumblr, a instituição argumentou: "Smith é uma faculdade para mulheres, o que significa que as candidatas à graduação na Smith devem ser mulheres no momento da admissão. Seu FAFSA [documento norte-americano de solicitação de auxílio financeiro estudantil] indica seu gênero como masculino. Portanto, a Smith não pode processar sua inscrição".[25] De acordo com a política da universidade, todos os documentos de apoio para novas estudantes, de transcrições a recomendações, deveriam "refletir sua condição de mulher".[26] (Uma porta-voz da Smith College disse ao ABC News em 2013: "alguém cujos documentos reflitam consistentemente a identidade feminina será considerada para admissão. Cada inscrição é avaliada individualmente. Na Smith, uma estudante trans, assim como toda estudante, recebe o apoio total da faculdade".) [27]

Wong era de Connecticut e a Smith College fica em Massachusetts, dois estados que exigiam uma carta escrita por um cirurgião ou cirurgiã confirmando a cirurgia de afirmação de gênero ou uma ordem judicial para registrar formalmente uma redesignação sexual.

Trata-se de um obstáculo de ordem econômica, física, emocional, social e burocrática colossal e é demais pedir a qualquer estudante de dezoito anos ter de lidar com isso apenas para fazer parte de espaços para gêneros específicos. Em seu Tumblr, Wong expôs o quão inviável isso era, mas também o quão absurdo era que o estado ditasse quais procedimentos cirúrgicos ela precisava fazer para ser reconhecida como o gênero com o qual ela se identificava:

> "Mas para ser legalmente reconhecida como 'feminino' na minha certidão de nascimento de acordo com as leis de Massachusetts e de Connecticut, tenho que me submeter à vaginoplastia (genitoplastia feminilizante). Pelo que entendi, a Smith College só me classificará como uma garota 'de verdade' se eu fizer uma cirurgia de redesignação de sexo. [...] As mulheres trans em geral não estão prontas para a cirurgia aos dezessete ou dezoito anos, a idade típica de uma candidata a estudante universitária. É uma decisão pessoal monumental que geralmente vem de anos de introspecção e deliberação."[28]

Wong criou uma campanha nacional chamada *"Trans Women @ Smith"* [Mulheres trans na Smith][29] para protestar contra a decisão. A campanha incluía uma petição exigindo uma política de admissão revisada.[30] Os esforços de Wong foram reconhecidos por terem pressionado significativamente as faculdades femininas dos Estados Unidos a aumentarem a presença de estudos trans e estudos de gênero e irem além dos "estudos sobre as mulheres" cis-centrados. Em maio de 2014, a Mills College tornou-se a primeira faculdade para mulheres nos Estados Unidos a formalizar uma política de admissão de pessoas transgênero. A nova diretriz elucidava que qualquer pessoa designada como mulher ao nascer ou que se identificasse como mulher, transgênero ou gênero-fluido poderia se inscrever. (Os estudantes que saem do armário como homens ao longo de seu tempo na Mills podem permanecer até que se formem, mas os candidatos que se identificam como homens no momento da inscrição não serão considerados.) Seis outras faculdades femininas, incluindo a Smith, seguiram rapidamente o exemplo com políticas semelhantes. (Em 2020, uma pessoa representante da Mills me contou sobre a decisão: "mantendo nossa história de quase 170 anos de quebra de barreiras para as mulheres, a Mills via a inclusão de pessoas trans como uma extensão de nossa missão de promover a justiça racial e de gênero". Em 2015, Kathleen McCartney, presidenta da Smith College, disse ao *New York Times*: "chegamos à decisão coletiva de que mulheres trans são mulheres e fazem parte da Smith"[31].)

Mas, como o ativismo das pessoas com deficiência revelou, há políticas e linguagem diretamente excludentes — *você não pode ficar aqui, não vamos te admitir, não vamos te dar acesso* — e há ambientes excludentes que são mais sutis: com linguagem que não inclui você, com banheiros que você não pode usar, docentes que não consideram suas necessidades básicas. Na minha *alma mater* especificamente, a formalização dessa política estudantil foi o resultado de uma investigação enorme sobre a expansão de vivências de gênero em um ambiente que era previamente exclusivo para um sexo. Declarar abertamente que estudantes trans e gênero-fluido podem participar não significa automaticamente que podem — sempre existem as barreiras estruturais estabelecidas. Várias pessoas do corpo docente presidiram um subcomitê de Identidade e Expressão de Gênero no campus com as estudantes para abordar essas barreiras e outros fatores.[32] Em conjunto, produziram o "Report on Inclusion of Transgender and Gender Fluid Students: Best Practices, Assessment and Recommendations" [Relatório sobre a inclusão de estudantes transgênero e gênero-fluido: práticas recomendadas, avaliação e recomendações], detalhando uma variedade de mudanças que poderiam melhorar a vivência no campus para pessoas que não se identificam como mulheres cis.

Deve-se notar que apenas uma dessas recomendações virou uma política pública formalizada sobre candidatas transgênero e gênero-fluido. Mas existem mais. No outono de 2014, o primeiro ano em que a política formal foi reconhecida, a estudante do segundo ano Eileen Sochi foi citada pelo jornal da escola; ela disse: "espero que, em vez de apenas dizer que tudo bem elas virem para cá, a instituição efetivamente recrute estudantes transgênero". Outra estudante do segundo ano, Sarah O'Neal, disse: "e que tornem o processo financeiramente acessível, não apenas para mulheres trans brancas".

Este é um esforço contínuo e segue em andamento.

Esses avanços para integrar noções mais amplas de gênero e igualdade de gênero na corrente principal do feminismo foram, em geral, promovidos por pessoas jovens na década de 2010. No entanto, ao mesmo tempo, pessoas jovens também estavam sendo doutrinadas por um novo feminismo que reavivaria os valores das sufragistas feministas brancas e elitistas e renovaria fortemente sua lealdade ao capitalismo, ao poder e ao individualismo. O que viria a seguir redefiniria completamente a maneira como discutimos o gênero enquanto cultura.

Parte II
Feminismo branco™: Quando o movimento se tornou corporativo

E, como consumidoras, elas exerciam seus direitos como mulheres.
—Margaret Finnegan, *Selling Suffrage*[1]

Parte II

Capítulo onze

Quando o feminismo branco virou "marca"

Quando Beyoncé subiu ao palco nos VMAs de 2014, já estava sendo estabelecida a base para alinhar o feminismo com os interesses corporativos gerais e com ascensões corporativas individuais. Depois de anos em que o feminismo era visto como "radical" e "militante", de repente ele estava na moda. Naquele mesmo ano, a atriz e fundadora da Honest Company, Jessica Alba, apareceu em um artigo da Us Weekly intitulado "Jessica Alba: Why I Love Being a Female CEO, Running My Own Business" [Jessica Alba: Por que eu amo ser uma diretora executiva tocando meu próprio negócio], traçando um paralelo entre o sucesso de sua empresa de utensílios domésticos e sua "missão de, como atriz e feminista de longa data, buscar igualdade e buscar ultrapassar os limites do que é possível".[1] Em 2013, a fabricante de brinquedos GoldieBlox, fundada por Debbie Sterling, engenheira graduada em Stanford, para incentivar as meninas a entrarem nos campos de ciência, tecnologia, engenharia e matemática, foi classificada como tendo uma "mensagem feminista" em seus anúncios populares.[2] O serviço de assinatura HelloFlo, dedicado a produtos para menstruação, também percorreu a internet com seu anúncio viral de uma menina de doze anos risonha contando como se tornou "a ginecologista do acampamento" depois de ser a primeira campista a menstruar. O triunfo foi reconhecido como "feminismo e comercialismo combinados", de acordo com o *The Verge*.[3] E ainda por cima, a cantora internacionalmente famosa e vencedora do Grammy, Taylor Swift, declarou que ela era e, na verdade, sempre tinha sido, feminista[4] — posicionando seus hinos de empoderamento e sua marca com um tom diretamente feminista: "Blank Space", seu videoclipe de 2014, foi descrito por Jessica Valenti, autora e cofundadora do *Feministing*, como um "conto de fadas distópico feminista".[5]

A promessa feminista do império empresarial de Alba por meio de *startups* fundadas por mulheres e a epifania de Swift foram assustadoramente similares: a riqueza e o corporativismo te libertarão.

Em 2013, a publicação de *Faça acontecer: mulheres, trabalho e a vontade de liderar* por Sheryl Sandberg com base em seu TED Talk viral de 2010, "Why We Have Too Few Women Leaders" [Por que temos poucas mulheres líderes], conseguiria engendrar uma conversa nacional sobre as experiências das mulheres no ambiente de trabalho, ao mesmo tempo que cimentava uma nova iteração do feminismo branco. O fenômeno de "se impor" — ou seja, instruir as mulheres a alcançarem o sucesso profissional sentando-se mais perto da mesa onde são tomadas as decisões e não cedendo à timidez condicionada — seguiria firme pela próxima década.

Após a era Trump, estamos atoladas em #Roupasderesistência, que coloca frases como "Mulheres desagradáveis: unam-se!" e "No entanto, ela persistiu" em tudo, desde capas de telefones celulares a canecas e ecobags.[6] O #feminismo é abundante, principalmente para profissionais de marketing que querem que eu compre meus ideais políticos em camisetas, broches, adesivos e até maquiagem.[7] Aparentemente, de acordo com a *Glamour.com*, agora existe batom feminista.[8] Agora, gerir dinheiro é feminista.[9] Em meu último trabalho de edição, recebi uma versão preliminar de um livro que estava para ser lançado sobre um guia "feminista" de saúde pessoal.

E de forma similar ao feminismo branco praticado por algumas sufragistas, todas essas interseções — transacionais e voltadas para o lucro — com a política produziram um "estilo de vida feminista" — uma estética, uma série de slogans, símbolos, cores e formas de viver estampadas em bandeiras ou canecas, dependendo se o ano é 1920 ou

2020, todas elas disponíveis para compra. Espaços de *co-working*, clubes, conferências e experiências exclusivas de marca — todas ligadas à Macy's ou à revista *Cosmopolitan* ou ao The Wing.

A chegada a um feminismo que envolvia a centralização de si foi concomitante com o aumento massificado do "empoderamento das mulheres", uma expressão que estava no pico de popularidade de pesquisas no Google em 2014. A higienização do "empoderamento" e o consequente afastamento do termo do histórico ativismo radical foi fundamental para o feminismo branco de quarta onda porque ele precisou se tornar transacional — algo que se poderia comprar, obter e experimentar como um produto, em vez de um sentimento amorfo nascido do ato de desafiar o poder.

Esta abordagem comercial do empoderamento, ou "empoderamento", se manifestou não apenas no surgimento de produtos "feministas" (chaveiros, camisetas e ecobags), mas também na construção e design de "experiências feministas". No mesmo ano em que "empoderamento das mulheres" alcançou seu pico no Google, a *Cosmopolitan* lançou sua primeira conferência *Fun Fearless Life* [Vida divertida e sem medo], "voltada principalmente para mulheres na faixa dos 20 anos em busca de aconselhamento e inspiração profissional", de acordo com o WWD. Joanna Coles, a então editora-chefe da *Cosmopolitan*, supostamente desenvolveu a conferência com a agência de talentos WME depois que "a revista public[ou] um trecho inédito do *Faça acontecer* de Sheryl Sandberg", informou o *The Hollywood Reporter*.[10] E a influência do *Faça acontecer* estava em toda parte.

Eu cobri o evento de 2014 — com uma programação de dois dias de painéis e oportunidades de networking cujo valor dos ingressos variava entre 99 e 399 dólares — no Lincoln Center com uma pessoa que era minha colega na época. E, mais do que a iluminação fúcsia, a variedade de tablets extremamente digitais para os *check-ins* e as mulheres jovens em trajes profissionais casuais confirmando verbalmente a grafia do meu nome com uma cadência que só me traz à mente as noites de pijama do ensino fundamental, o que mais me lembro é de pensar, de forma curiosa: *agora isso é feminismo, então?* Cartões de visita, coquetéis e moças que queriam me contar tudo sobre seus empreendimentos comerciais. Você quer investir? Você quer virar cliente? Você quer fazer uma parceria com nosso segmento de comércio eletrônico?

Essas são as conversas que pairavam sobre o estande de beleza patrocinado pela Maybelline e balcanizadas em um dia em que Sara Blakely, a diretora executiva da Spanx, nos explicou como fazer seis dígitos nos primeiros cinco anos depois da faculdade.[11] Mas enquanto as participantes irrequietas ovacionavam palestrantes magras e loiras e rabiscavam seus "espíritos animais de estilo" em seus crachás (eu achei aquilo tudo muito intrigante e coloquei "Rose Byrne" no meu), muitas mulheres alvo da racialização sequer puderam passar pela porta. Na época dessa primeira conferência, as rendas médias de mulheres solteiras Negras e Latinas eram, respectivamente, duzentos e cem dólares.[12] Isso significa que até o ingresso mais barato custaria metade ou todo o dinheiro que elas não gastassem com despesas básicas. Você sabe qual era a renda média das mulheres brancas? 15.640,13 dólares.[13]

É assim que o negócio do feminismo continua sendo branco e de classe média na prática. Como as conversas sobre como aprimorar sua "carreira, saúde e vida amorosa" são reservadas para certas mulheres e decididamente não para outras. A estrutura básica das vidas destas não é considerada apropriada para ingressar no negócio.

Ainda mais evidente do que o preço, porém, foi a maneira como os desafios de gênero nos foram apresentados. A maior marca registrada da conferência *Fun Fearless Life*, e de outras semelhantes das quais participei ao longo dos anos, foi a afirmação geral de que poderíamos superar qualquer barreira com estratégia pessoal o bastante. Organização o bastante. Experiência o bastante. Listas o bastante. (Catherine Rottenberg, autora de *The Rise of Neoliberal Feminism* [A ascensão do feminismo neoliberal], descreve esta abordagem como "uma matriz calculista" para alcançar empoderamento e igualdade de gênero.)[14]

Esta mensagem é incrivelmente atraente porque apaga sistemas complexos e faz de você a criadora de seu próprio destino. Os obstáculos heterossexistas, classistas, sexistas e capacitistas profundamente institucionalizados são reformulados como algo que você, um gênio feminista, tem capacidade de controlar e superar. Essa narrativa perpetua o fundamento importante do feminismo branco de que você pode superar essas circunstâncias por meio de um planejamento pessoal elaborado. Seja em relação a negócios, ao "equilíbrio entre trabalho e vida pessoal", a estilos de vida ou a romance, o "empoderamento" passa a ser um processo de ser um indivíduo aprimorado diante do racismo ou da violência de gênero, e não parte de um levante ou corpo coletivo contra sistemas ou instituições.

De maneira ainda mais perigosa, essa mentalidade também alinha ser "pró-mulher" com ser totalmente voltada para si mesma. O si mesma se torna a lente dominante pela qual se metaboliza a opressão, que é reformulada e resumida como falta de oportunidade de negócios, falta de capital inicial, falta de confiança, falta de energia, falta de capacidade de acreditar em si mesma. Esse tipo de introdução à compreensão de vivências de gênero não é apenas limitante, dadas as vantagens de classe necessárias para se estar em uma conferência desse tipo, mas também sequer encoraja as participantes a olharem além de suas próprias vivências distintas de gênero nesses contextos "pró-mulheres".

Mas onde não há críticas estruturais a empreendimentos sistêmicos que mantêm algumas mulheres e pessoas não-binárias longe da segurança e da riqueza econômica, há amplas oportunidades de vender produtos e experiências para "chegar lá". Em 2014, o mesmo ano em que a *Cosmopolitan* estreou a Fun Fearless Life, o *New York Times* observou: "as conferências que promovem o empoderamento das mulheres estão em ascensão e não tinham esse tipo de prestígio desde que o movimento feminista encorajou grupos de conscientização na década de 1970.[15] Os "eventos voltados para mulheres" incluíam o *Women in Washington* [Mulheres em Washington] do *National Journal*, o *Women in Washington* do *The Atlantic* e o *How to Command a Room* [Como comandar uma sala] da revista *More*. Tina Brown e Arianna Huffington desenvolveram seus respectivos impérios de conferências, o *Women in the World* [Mulheres no mundo] e o *Thrive Global*. Também foi relatado crescimento dos prêmios Mulheres do Ano da *Glamour* e da franquia As Mulheres Mais Poderosas da *Fortune*.

O "aumento das conferências sobre o empoderamento das mulheres" estava acontecendo tão rápido que Lesley Jane Seymour, então editora-chefe da *More*, disse à revista: "sinto que estamos chegando a um ponto de saturação. Parece que isso está em todo lugar. Todo mundo está fazendo isso, todo mundo está tentando entrar nessa". Principalmente os anunciantes. O *Times* afirmou que, ao passo que aqueles "grupos de conscientização da década de 1970" eram organizados por amigas em salas de estar próximas, nesse caso os patrocinadores corporativos estavam vendo aquilo como um espaço lucrativo para atrair clientes e conseguir chegar muito mais perto dessa clientela do que um anúncio impresso tradicional possibilitava. Ao contrário dos grupos de conscientização feitos em casa, nos quais o objetivo era encontrar semelhanças entre vivências e traumas de gênero, esses casos estourados foram incentivados de forma a gerar lucros para empresas que estavam passando por dificuldades. O *Times* relatou que:

> "[...] o principal motivador para a expansão do cenário de conferências femininas é que, ao passo que as empresas de revistas enfrentavam problemas em suas principais impressões — queda nas vendas em banca de jornal e pouca publicidade —, esses eventos geravam receita extra. Ken Doctor, um analista de mídia, disse que as conferências aumentaram porque as empresas hesitantes em gastar com publicidade impressa estão vendo mais valor no patrocínio de eventos."

Essa evolução da estratégia de negócios, na qual você pode literalmente interagir com uma marca em meio a máquinas de fumaça, luzes piscando e sacolas de presentes, é a continuação do relacionamento de longa data da mídia de mulheres tradicional com anunciantes.

Essa aliança pode ser sentida em todos os cantos de certas plataformas para as quais trabalhei, mesmo que não seja explicitamente declarada. É assim que o poder funciona; ninguém precisa dizer nada diretamente, porque ele já está implícito nos contornos de cada interação que você tem. Você pode lê-lo junto com as vozes das pessoas e dentro do ritmo dos e-mails que aparecem sem uma assinatura profissional. Ele se reflete no tom de colegas e você pode detectá-lo em olhadas para telefones que, a princípio, parecem espontâneas. Mas, independentemente do que seja dito ou não, sempre era muito evidente quando eu propunha uma ideia para uma história que poderia ofender um anunciante, pois a repreensão que se seguia visava garantir que eu não o fizesse novamente. A mensagem repassada repetidamente é que isso é fundamental. É uma estrutura, uma forma de negociar e ditar autoridade e controle, que deve ser mantida.

A publicidade sempre ditou quais histórias, conteúdos e talentos são exibidos na mídia de mulheres tradicional porque é ela que paga as contas. A mídia impressa tem sustentado historicamente sua receita por meio de anúncios impressos, e é por isso que, com o consumo digital (seja em sites, no Instagram ou em vídeos on-line), as revistas impressas têm sofrido financeiramente para se manter funcionando. Do ponto de vista do anunciante, é muito mais sustentável financeiramente colocar seus anúncios onde a maioria das pessoas os verá — seja "conteúdo de marca" (anúncios que você não deveria saber que são anúncios porque estão incorporados em um ensaio pessoal ou em uma narrativa on-line), dando seus produtos para influenciadoras e influenciadores, editoras e editores (para colocar em seus *feeds* pessoais do Instagram ou da marca), ou essas conferências interativas.

Mas o conteúdo de marca não é novo. As sufragistas feministas brancas foram as pioneiras dessa prática moderna quando começaram a estabelecer publicações sobre sufrágio feminino. Para sustentar seus negócios, cobrir despesas gerais e, francamente, para lucrar, algumas publicações começaram a publicar o que ficou conhecido internamente como *"puffery"*. Essas peças consistiam em depoimentos sobre produtos que eram enquadrados na publicação como notícias — para *"puff up"* [inflar] o negócio ou a marca. E às vezes, ativistas dos direitos das mulheres bem conhecidas os escreviam, como quando a renomada abolicionista Lydia Maria Child escreveu um artigo para o *The Women's Journal* elogiando um dos anunciantes do jornal.[16]

Historiadoras e historiadores agora reconhecem esse protocolo como eticamente questionável, mas ainda assim trabalhei para plataformas de mulheres um século depois que fazem esse mesmo tipo de aliança com as marcas de forma rotineira. O que mudou em minha época, no entanto, foi a forma como esse tipo de aliança evoluiu. O mesmo etos deixou a página impressa (e mais tarde digital) apenas para encontrar públicos engajados mais uma vez.

O crescimento das conferências de empoderamento das mulheres, um espaço efêmero — ainda que físico — para vivenciar o empoderamento e talvez até o "feminismo", abriu as portas para o ressurgimento de espaços fixos que se colocavam como feministas: clubes para mulheres e pessoas não-binárias com filiação paga — espaços cujas fidelidades variavam.

O The Wing foi fundamental para a proliferação desta oportunidade de marketing e esteve na vanguarda da identificação, construção e popularização do conceito contemporâneo de espaços exclusivos para mulheres e, posteriormente, pessoas não-binárias. A "rede"[17] de *co-working* com salas de conferência, cabines telefônicas privadas, poltronas macias cor-de-rosa, estações de recarga de telefones, sala de beleza, sala de lactação, chuveiros, armários e uma quantidade mais do que suficiente de tomadas elétricas turvou ainda mais as dimensões entre trabalho administrativo de escritório e feminismo. Foi relatado que o acesso a essa rede em 2016 custava 1.950,00 dólares para uma filiação anual e 185 dólares para filiação mensal.

No mesmo ano em que o The Wing abriu seu primeiro espaço, o New Women Space foi fundado por Melissa Wong e Sandra Hong — supostamente construído com foco em princípios de acesso e programação de eventos, em vez de *co-working*. As fundadoras disseram ao *Village Voice* em 2017 que ainda estavam pensando em como melhor alinhar sua ética com a segurança financeira.[18] Naquele ano, elas haviam organizado suas próprias oficinas (sobre artesanato, maternidade e zines, respectivamente) enquanto também alugavam seu espaço para outros grupos e clubes. Seus eventos foram oferecidos em uma faixa de valor de 10 a 25 dólares. Uma filiação anual, que oferecia entrada em todos os eventos, custava 125 dólares.

No final do ano seguinte, a *Quartz* relatou que: "clubes exclusivos para mulheres estão se espalhando como um movimento de base", citando o Wildflower Collective, um super clube com sede em Nova York; o HER Global Network, uma franquia de "amigas e contatos para negócios" que, na época, existia em quinze cidades; e o *The Tribe*, descrito pela co-fundadora Lynne Guey como "uma espécie de *brain trust* [grupo de aconselhamento para líderes da política] para essas ideias, parecido com o que homens encontram em seus clubes de investimento ou grupos de capital de risco quando falam de negócios..."[19]

Essa tendência e o modelo de negócios aparentemente bem-sucedido para algumas pessoas continuaram. Em 2018, o *The Week* documentou "o aumento dos espaços de *co-working* exclusivos para mulheres"[20] e o *Washington Post* observou nesse mesmo ano que "os espaços de *co-working* para mulheres estão em ascensão em um ano em que o ativismo de mulheres está em alta, e há nova atenção voltada às questões presentes no ambiente de trabalho, como assédio sexual e igualdade de remuneração".[21] Nessa janela de dois anos, o The Wing se expandiu para vários locais na cidade de Nova York e depois para Chicago, São Francisco, Boston, Los Angeles, Seattle, Washington, D.C., e Londres. Antes da

Covid-19, o The Wing havia revelado planos de expansão para Toronto e Paris.

Um dos muitos atrativos relatados sobre esses espaços, especialmente sobre os que oferecem acesso e proximidade a pessoas da elite, é que os homens cis (e todas as peças de infraestrutura cultural que os acompanham) eram barrados na porta. Isso inclui — mas não se limita a — algumas formas de assédio sexual, o quanto homens se sentem donos do espaço (tanto para ocupá-lo fisicamente quanto por conta do espaço adicional que precisam para acomodar seus egos), ótica masculina performativa (por que ele está flexionando os músculos aleatoriamente?), táticas vocais masculinas (por que ele está ocupando a sala toda com o volume da voz?), e uma descentralização geral da experiência padrão do homem cis. Essa era a base essencialmente oferecida por minha faculdade particular para mulheres e a de muitos outros lugares: que as mulheres (e depois, outros gêneros marginalizados) são capazes de fazer um trabalho mais profundo, mais impactante e, por vezes, mais gratificante quando não precisam desviar nem mesmo um pouquinho de energia para acomodar e existir ao lado da masculinidade construída. Eu poderia escrever muito mais rápido, melhor, com mais força, se não tivesse que lidar com cantadas só para conseguir conectar meu notebook na tomada. Eu poderia realmente me concentrar se aquele cara esquisito parasse de me olhar e me perguntar se ele poderia me comprar um chá.

Eu me lembro que o maior atrativo de cursar uma faculdade para mulheres foi que, como uma mulher muito jovem, fui afastada do olhar ardente, exigente e nunca saciado de homens cis. A capacidade de mergulhar tão profundamente na teoria racial crítica, na pesquisa, na contemplação absorta sobre por que as coisas são, nunca foi repentinamente quebrada por um cara olhando para o meu decote ou interrompendo meus estudos para me dizer como ele se saiu bem nas últimas provas. A concentração que foi concedida a mim neste momento muito formativo da minha vida foi e ainda é diferente de tudo que eu já vivenciei. E também mostrou para mim como, na adolescência, tantos momentos de reflexão, de estudo e de consideração profunda foram tirados de mim em momentos de assédio. Como os pensamentos escapavam de mim nos momentos em que eu era agarrada ou assediada ou seguida ou tinha meu espaço invadido. De repente, eu perdia meus pensamentos porque tinha um corpo, um corpo feminino — e foi dessa constante recentralização de mim mesma por parte de homens assediadores, do cerebral para o corporal, que minha faculdade particular para mulheres me aliviou.

É de alguma versão desse alívio que muitas mulheres e pessoas não-binárias estão falando quando atestam o apelo de espaços ou clubes exclusivos. E é a partir do dinheiro que clubes como The Wing fazem isso, assim como minha alma mater. Custa dinheiro (e, no caso do The Wing e da minha faculdade, muito dinheiro) ter esse alívio. Existe um número limitado de bolsas de estudo para subsidiar os custos para ambos os espaços, ressaltando o quanto são lugares da elite.

As amplas oportunidades de negócios no fornecimento de santuários controlados para alguns encontros sexistas — que geram depoimentos de clientes sobre o alívio derivado dessas experiências — elevam o feminismo branco a novos patamares. O nível seguinte é que a natureza transacional desses espaços transforma "feministas", ou pessoas letradas em questões de gênero, em clientes. (Muitos outros negócios, marcas e linhas de roupas também estão fazendo isso, mas geralmente com produtos mais tangíveis, como "alpargatas com bordado feminista" na Bergdorf Goodman.) [22]

Um clube de mulheres/pessoas não-binárias construído com base na ambição da elite não atrai apenas mulheres que veem o dinheiro como fundamental para o empoderamento, mas também as enquadra como clientes. As pessoas filiadas não estão apenas tendo experiências feministas ou empoderadas (onde quer que se elas se alinhem nesse espectro), mas experiências para clientes. Isso muda drasticamente o espaço, para quem ele se destina e como as pessoas o vivenciam. Porque agora elas não são mais pessoas; são clientes. Se as clientes estão pagando para estar lá, elas podem ostentar todo os direitos, demandas e expectativas incluídas no que significa pagar por um serviço, um produto ou uma experiência. Tornar-se cliente também protege silenciosa e implicitamente o direito a essa experiência única e o posiciona acima de tudo. Qualquer coisa que possa comprometer a experiência de cliente, seja desconforto, confronto ou desafio a ideais, é incongruente com esse relacionamento tácito.

Curiosamente, é exatamente disso que as feministas brancas precisam: encontros nos quais suas crenças ou ideologias de gênero sejam questionadas ou rompidas. Mas, nesse caso, elas estão pagando para higienizar de seus ambientes de empoderamento, removendo deles justamente essas possibilidades.

A mulher trajando um terninho poderoso tornou-se um sinônimo na mídia para muitos conceitos: subversão, progresso e direitos das mulheres. Comecei a entender isso de dentro do sistema quando, depois de relatar uma história para a *MarieClaire.com*, me disseram que a mulher branca trajando um terno de corte profissional "contou a história mais rápido" do que a mulher Negra que entrevistei extensivamente para a mesma história.

A exaltação do trabalho corporativo criou um novo diálogo para vender produtos, para um público que tinha dinheiro para gastar. (Este foco também teve um cruzamento linguístico estranho, no qual lojas femininas como a Glamour começaram a usar termos como "patroa" para descrever por que Mindy Kaling foi a Mulher do Ano em 2014[23] e para nos informar que Drew Barrymore trabalhou em um "projeto pessoal" em 2016.)[24] Dado que a mídia de mulheres tradicional sempre esteve na cama com anunciantes, ditando e reformulando as conversas para se adequar aos produtos, essa mudança cultural não foi diferente. Quando a conversa dominante em torno das mulheres (que são vistas apenas como clientes em potencial) passou a ser sobre o crescimento da carreira, os anunciantes estavam lá para se adaptar a essa mensagem empoderadora — com produtos. E a mídia de mulheres tradicional estava lá para transmitir essa mensagem.

Além de detalhar a desigualdade salarial e promover conselhos sobre como negociar um aumento, a *Elle.com* oferece "10 Wardrobe Staples That Will Make You Look and Feel Like a Boss" [10 peças curinga que farão você parecer e se sentir como uma chefe].[25] Se você é uma #chefona que passa oitenta horas por semana em um escritório de qualquer maneira, o *Cosmopolitan.com* ostenta as "14 Best Candle Brands That'll Make You Want to Spend All Your Money" [14 melhores marcas de velas que farão você querer gastar todo o seu dinheiro].[26] Se você está construindo seu próprio negócio em casa, então claramente precisa estar "sempre trabalhando com estilo", de acordo com o artigo "Boss Lady: 15 Chic Desktop Accessories" [Bem patroa: 15 acessórios finos para sua mesa] no *HarpersBazaar.com*, que apresenta calendários, cadernos, um suporte para celular, um peso de papel em formato de batom e um porta post-it em formato de diamante.[27] Esses guias e listas também aproveitaram as mudanças tecnológicas na vida do escritório para novas oportunidades de gastos, como o artigo de 2016 do *Vogue.com* "Got a Skype Interview? 8 Video-Friendly Looks Guaranteed to Seal the Deal" [Tem uma entrevista pelo Skype? 8 looks para vídeo que vão te fazer fechar o negócio], apresentando uma foto de Sophia Amoruso olhando por cima de um smartphone com seu laptop, café e tablet em cima da cama.[28] Ou uma lista de dicas anti-procrastinação no *Cosmopolitan.com* que funciona duplamente como um anúncio de um cronômetro, fones de ouvido com cancelamento de ruído, blocos de notas e cadernos.[29] Ou "The 5 Best Cell Phone Stands" [Os 5 melhores suportes para celular] do *Bustle.com*, que exibe uma mulher de aparência eficiente em uma mesa, respondendo mensagens na tela de seu iPhone com um lápis na mão.[30]

Em momentos de mudança de papéis de gênero, guias como esses suscitam culturalmente a afirmação de que, no fim das contas, esses papéis acabarão não mudando muito. Mulheres seguirão priorizando as compras acima de tudo e seguirão mais ou menos genderizadas. Em meio aos pedidos por salários iguais e cargos seniores e pela possibilidade de falar em uma reunião, elas continuarão comprando acessórios para suas mesas muito feministas, buscando o "armário cápsula" perfeito e garantindo que todas as suas tarefas sejam concluídas a tempo. Mesmo usando termos como "feminista" e tendo discussões abertas sobre questões sociais como misoginia, disparidade salarial e assédio sexual, essas feministas não vão perturbar completamente as estruturas já estabelecidas. Elas não vão entregar suas mesas (gastaram muito tempo e dinheiro organizando-as), se retirar de culturas opressoras de escritório e ameaçar a ordem ou exigir qualquer coisa verdadeiramente radical, como licença maternidade remunerada de seis meses. Essas listas e guias funcionam como uma espécie de apaziguamento social. Amenizam a situação, passando a mensagem de que tudo ainda será como é e que o "feminismo" na verdade pode vir a reafirmar e apoiar esses sistemas patriarcais.

Essa afirmação foi exportada para vários setores e áreas. "Emergiu uma nova onda de feminismo executivo voltada diretamente para os níveis mais altos do mundo profissional", anunciou um artigo de 2013 na *Harvard Business Review*.[31] Foi nesse clima que Sallie Krawcheck, ex-diretora executiva da Merrill Lynch e analista de Wall Street, lançou a reformulada Ellevate Network em 2014, um clube de *networking* para mulheres profissionais. No ano seguinte, Anne-Marie Slaughter, advogada e diretora de planejamento de políticas do presidente Obama, publicou seu livro sobre desigualdade de gênero, *Unfinished Business: Women Men Work Family* [Negócio inacabado: mulheres, homens, trabalho, família].

Muito dessa "nova onda de feminismo executivo" reinserido na cultura foi em virtude de uma fixação pelo trabalho administrativo de escritório e pela eficiência na mesa de trabalho figurativa. Ser boa em seu emprego extremamente profissional agora era algo muito, muito feminista. Trabalhar 24 horas por dia em um *call center* para sustentar suas filhas e filhos sendo mãe solo, por exemplo, decididamente não fazia parte desse escopo.

A adoração no altar da produtividade centrada na mesa de trabalho tornou-se implícita em todas as colunas verticais sobre Trabalho/Carreira/Emprego em muitas plataformas de mulheres com teor feminista recém adquirido. O *Refinery29.com* oferece "5 Email Hacks That Will

Boost Your Productivity in a Big Way" [5 macetes de e-mail que irão aumentar sua produtividade em grande escala],[32] enquanto o *Glamour.com* diz "Struggling With Your To-Do List? Try These Tricks to Be More Productive" [Lutando com sua lista de tarefas? Experimente esses truques para ser mais produtiva][33] *MarieClaire.com* cita "8 Productivity Apps to Help You Get Your Life Together" [8 aplicativos de produtividade para te ajudar a organizar sua vida"[34] e a *Bustle.com* apresenta "11 Tips to Become the Most Productive Person You Know" [11 dicas para se tornar a pessoa mais produtiva que você conhece][35]. (O fato de que esses artigos sobre produtividade são enquadrados diretamente em torno da "produtividade" literal, e não disfarçados com eufemismos suaves, diz muito sobre quão intencional é essa mensagem para o público leitor.)

Pendurada no final de muitos dos guias, dicas e artigos de aconselhamento vem a suposição que você, como leitora, deseja ascender na hierarquia de sua empresa, negócio ou ambiente de trabalho e que, inerentemente, deseja acumular capital e, portanto, poder. O dinheiro, e particularmente a busca implacável por ele, é descaradamente feminista e qualquer cenário, contexto, acessório, blusa ou estratégia que facilite a obtenção de dinheiro também é encaixado nessa mesma narrativa.

Essa fusão de mulheres endinheiradas e poderosas em uma narrativa englobante estava ancorada nas histórias pessoais das mulheres que agora ditavam nossas conversas feministas *mainstream*. Como empreendedoras, diretoras executivas, diretoras operacionais, gerentes e fundadoras, elas delinearam seus princípios orientadores para o funcionamento de uma empresa, que foram então colados e enquadrados como "igualdade". A principal delas foi Sheryl Sandberg, que, um ano após a publicação de *Faça acontecer*, escreveu uma matéria para a edição de novembro de 2014 da *Cosmopolitan* intitulada "Embrace Your Power" [Aceite seu poder]. E por poder ela queria dizer "dinheiro":

> "Planejamento financeiro raramente é ensinado na escola. E fazer um orçamento não é a parte mais emocionante do dia de ninguém. Mas

lavar roupa também não é, e mesmo assim fazemos isso. Também temos anos de estereótipos caindo sobre nós, passando a mensagem de que homens são melhores em lidar com dinheiro.

Isso tem que mudar, porque ter conhecimento financeiro é essencial para nossa igualdade e empoderamento. Não dê ouvidos àquela voz em sua cabeça que diz: *aff, eu não entendo esse 401(k)*.* Quase ninguém entende de primeira, inclusive os homens. Comece pensando que, se você consegue acompanhar os enredos de *Scandal*, você com certeza conseguirá escolher um fundo mútuo.

Esta edição da *Cosmo Careers* trata de como explorar seu poder financeiro. Queremos aumentar sua confiança, aprimorar suas habilidades de negociação e fazer seu pagamento ir mais longe."[36]

Trançando "igualdade", "empoderamento" e "poder" ao redor de um apelo por educação financeira e maior capacidade de negociação afirma o dinheiro como o único equalizador de toda opressão de gênero que você, leitora, está enfrentando. Afirma que mais dinheiro em suas mãos, ou um melhor uso desse dinheiro, é a chave para neutralizar o domínio patriarcal e a dependência.

O que as sufragistas conseguiram com essas iniciativas foi sucesso em estabelecer e afirmar que mulheres brancas eram dignas de participação em esferas fora do lar; elas eram entidades políticas separadas dos homens em suas vidas. O problema é que elas conseguiram esses direitos garantindo ao grande público que outras pessoas não o eram: pessoas que não eram femininas, que não eram respeitáveis, que não participavam da sociedade de uma forma específica. E esse legado perdura.

O *Faça acontecer* de Sandberg pode não ser um manifesto feminista, mas é definitivamente um manifesto feminista branco.

---

* Tipo de plano de aposentadoria. (*N. da T.*)

Sua premissa central, que acertadamente irritou escritoras feministas, de oferecer estratégias para ter sucesso dentro da cultura do trabalho patriarcal em vez de erradicá-la a partir do topo, se tornaria o roteiro para o feminismo branco da quarta onda — uma próxima geração do feminismo branco perpetuado por Betty Friedan, Alice Paul e Elizabeth Cady Stanton. E seu conselho para fazer isso envolvia dicas acomodadoras do patriarcado, como aconselhar as mulheres a sorrir,[37] omitir o uso de "eu" durante as negociações salariais[38] e convidar seus chefes a conhecerem o cronograma de criação de suas crianças[39] — indignidades, apagamento do eu em nome do conforto de outrem e violações de privacidade, mas suponho que, de acordo com a tese geral do livro de Sandberg, se impondo no processo e aproveitando esses espólios.

Embora Sandberg tenha demandado "políticas públicas e empresariais, como folga pessoal remunerada, creche de alta qualidade a preços acessíveis e práticas de trabalho flexíveis",[40] ela defende o *Faça acontecer* com a afirmação de que está focada em estratégias pessoais (em vez de mudanças sistêmicas) porque "[nós] podemos desmontar os obstáculos em nós mesmas hoje".[41] Insinuando que as falhas governamentais são muito difíceis ou muito distantes para que lutemos contra elas.

Michelle Goldberg escreveu para o *Daily Beast* que reconhecer que o "manifesto" de Sandberg foi fundado em soluções pessoais deu um "contexto" ao *Faça acontecer*:

"O livro dela trata amplamente de como fazer isso no contexto de uma sociedade sexista. É escrito com a compreensão de que as cartas estão contra as mulheres e a esperança de que, se mais mulheres se tornarem mais poderosas, elas possam mudar esse cenário."[42]

Este é o mesmo "contexto" que muitas vezes dita como o valor das mulheres é quantificado. Um estudo que tende a ser popular nos painéis dos quais participo — elaborado para evidenciar um ponto sobre como as mulheres são valiosas — é o grande estudo de 2016 do Peterson Institute for International Economics [Instituto Peterson de Economia Internacional] e da EY que examinou 21.980 empresas globais de capital aberto em 91 países.[43] Em todas as indústrias e setores, a pesquisa descobriu que empregar mulheres em pelo menos 30% dos cargos de liderança, a chamada "C-suite" [cargos de alto escalão executivo], adiciona 6% à margem de lucro líquido.[44]

Um relatório de 2015 da McKinsey & Company descobriu que dentre 366 empresas públicas nos Estados Unidos, Reino Unido, Canadá e América Latina, aquelas no quartil superior de diversidade de gênero têm 15% mais probabilidade de ter retornos financeiros acima de suas respectivas medianas da indústria nacional.[45] E aquelas no quartil superior de diversidade étnica e racial têm 35% mais probabilidade de ter retornos financeiros maiores do que a mesma mediana.[46] Um estudo de 2007 da Catalyst descobriu que as empresas da lista *Fortune 500* com pelo menos três diretoras têm um retorno 53% maior em capital próprio e um retorno sobre as vendas 42% maior do que as outras.[47]

Essas descobertas foram cobertas com a satisfação de quem pode declarar "eu te avisei"; não apenas por parte veículos convencionais de mídia, mas especificamente por parte de plataformas de mulheres. O *The Muse*, um site sobre carreiras voltado para mulheres, escreveu que "encontramos as estatísticas para provar de uma vez por todas por que realmente vale a pena contratar mais mulheres" em sua cobertura do tema, intitulada "The Cold, Hard Proof That More Women Means Better Business" [A prova definitiva de que mais mulheres significam negócios melhores].[48]

O fato de que grande parte da mídia se reportou a essas descobertas para determinar o valor das mulheres diz muito a respeito de como nossa indústria está, em última análise, estruturando essa conversa: ao redor do capitalismo.

Capítulo doze
O problema do capitalismo

EM GERAL é possível reconhecer os movimentos feministas liderados por pessoas alvo da racialização por seu evidente reconhecimento de como o capitalismo marginaliza grupos já marginalizados. Historicamente, o feminismo construído por mulheres alvo da racialização foi fundado na ideia de que elas iriam lutar contra o racismo e o classismo e abraçar ideais anticapitalistas. Elas sabiam, intuitiva e ideologicamente, que se você estivesse operando com as lentes do dinheiro, seria inevitável excluir muitas pessoas do processo.

Parte desse pensamento era intrínseco ao feminismo Negro em sua crítica à escravidão — um componente do capitalismo que era altamente lucrativo para os Estados Unidos e, por causa dessa lucratividade, considerado valioso demais para ser erradicado por séculos. O capitalismo, um sistema em que as indústrias de um país são de propriedade privada e estão sujeitas a interesses e preconceitos privados em nome dos lucros, era tão letal quanto o racismo ou o sexismo — pois tinha a capacidade de prover incentivo a racistas e sexistas.

Keeanga-Yamahtta Taylor escreve na introdução de sua incrível história oral *How We Get Free: Black Feminism and the Combahee River Collective* [Como nos libertamos: feminismo Negro e o coletivo Combahee River]:

> "Em todos os seus casos e talvez em milhares de outros, essas mulheres chegaram a conclusões revolucionárias de que a sua opressão — e a

opressão de todo o povo Negro — estava profundamente enraizada no capitalismo. Isso significava que os objetivos limitados de simplesmente alcançar a 'igualdade' com os homens ou com pessoas brancas não eram suficientes. [...] Elas passaram a acreditar que a libertação Negra não poderia realmente ser alcançada dentro dos limites da sociedade capitalista."[1]

Comportar-se como os homens ou obter o que os homens têm ou alcançar paridade com os homens era (e ainda é) não apenas algo mal pensado, mas também era considerado inatamente opressor e, portanto, não estava de acordo com o feminismo Negro. Afinal, as estruturas que tornam possível o que os homens têm e como eles operam historicamente — o patriarcado — dependem da exploração de outras pessoas. A supervisão dos interesses econômicos como princípios orientadores fundamentais de como nossa sociedade foi construída teve consequências históricas devastadoras.

Para as mulheres, esse impulso para gerar lucros se manifestou de maneiras diversas, e, para as mulheres Negras norte-americanas, o tráfico de pessoas escravizadas é o exemplo mais proeminente. Quando o tráfico internacional de pessoas escravizadas começou a ser interrompido, os senhores escravistas começaram a considerar alternativas para manter uma população doméstica que havia se provado crucial para a crescente e lucrativa indústria do algodão. Para manter os negócios funcionando, acima da humanidade, "a capacidade reprodutiva das [mulheres escravizadas] passou a ser valorizada", escreve Angela Davis em *Mulheres, raça e classe*.[2] Mulheres escravizadas férteis que tinham parido mais de dez crianças tornaram-se uma mercadoria ainda mais especializada — mas foi o gosto e o sustento dos lucros que efetivamente afastou mulheres Negras da "exaltação ideológica da maternidade — tão popular no século XIX".[3]

Onde havia dinheiro a ser ganhado, mulheres Negras não tinham acesso a uma narrativa convencional de feminilidade, o que fazia parte de uma estratégia mais ampla para desumanizá-los para senhores escravistas:

"[...] [mulheres escravizadas] não eram realmente mães; eram apenas instrumentos que garantiam a ampliação da força de trabalho [escravizada]. Elas eram 'reprodutoras' — animais cujo valor monetário podia ser calculado com precisão a partir de sua capacidade de se multiplicar.

Uma vez que as [mulheres escravizadas] eram classificadas como 'reprodutoras', e não como 'mães', suas crianças poderiam ser vendidas e enviadas para longe, como bezerros separados das vacas."[4]

Essa matriz baseada em lucros foi crítica para colocar as mulheres Negras abaixo da mulheridade — ou melhor, da mulheridade branca — onde a maternidade ainda era considerada um vínculo sagrado, uma dinâmica que se desenvolve amplamente atualmente. Ainda assim, apesar de o capitalismo ser essencial para a continuação da escravidão, Davis identifica como, durante a Guerra Civil dos Estados Unidos, a ignorância econômica proibia uma análise mais profunda da escravidão, especificamente entre as pessoas que se opunham a ela:

"Mesmo abolicionistas brancos mais radicais, que baseavam sua oposição à escravidão em questões morais e humanitárias, não conseguiam compreender que o rápido avanço do capitalismo no Norte também era um sistema opressivo. Viam a escravidão como uma instituição intolerável e desumana, uma transgressão arcaica da justiça. Mas não reconheciam que a mão de obra branca do Norte, não obstante sua condição de operárias ou operários 'livres', não estava em situação muito diferente da mão de obra [escravizada] do Sul: ambas eram vítimas da exploração econômica."[5]

Davis explica que as pessoas abolicionistas brancas exibiam pouca ou nenhuma pertença de classe neste contexto ou "defendiam diretamente os capitalistas industriais". De qualquer forma, o dinheiro e o impulso de explorar outrem para obtê-lo foram omitidos das críticas contemporâneas dominantes à escravidão. Esta "aceitação inquestionável do sistema econômico capitalista" foi adotada na organização nascente das mulheres brancas em meados do século XVIII, e estabeleceu uma estrutura limitada para se visualizar uma opressão social sistêmica:

> "Se a maioria das abolicionistas via a escravidão como um defeito indecente que precisava ser eliminado, a maioria das defensoras dos direitos das mulheres enxergava a supremacia masculina de forma similar — como uma falha imoral de uma sociedade que, em seus demais aspectos, era aceitável.
>
> As líderes do movimento pelos direitos das mulheres não suspeitavam que a escravização da população Negra no Sul, a exploração econômica da mão de obra no Norte e a opressão social das mulheres estivessem relacionadas de forma sistemática."[6]

Feministas industriais da primeira onda, trabalhadoras brancas e imigrantes que trabalhavam em fábricas de roupas e lavanderias norte-americanas também identificaram os lucros e as influências evidentes das empresas como opressoras para seu gênero. Sua extensa organização sindical, tanto antes como depois do incêndio da Triangle Shirtwaist em 1911, que matou mais de cem trabalhadoras devido a uma política industrial comum que trancava portas e escadarias para evitar que trabalhadoras fizessem intervalos sem autorização, inflamou o rápido crescimento da ILGWU, que foi um dos maiores sindicatos trabalhistas da primeira metade do século XX.[7] Sua plataforma feminista era centralizada em torno dos direitos das trabalhadoras: condições seguras, jornada de trabalho mais curta, salários bons, acesso à educação, fim da desigualdade salarial baseada em sexo e mais representação dentro dos sindicatos.

Orleck observa em *Common Sense and a Little Fire* [Senso comum e uma pequena chama] que "o feminismo industrial postulou uma relação recíproca entre direitos econômicos e políticos"[8] que identificava o então hipotético direito de votar como parte de uma estratégia maior para ter mais controle sobre a qualidade de suas vidas como mulheres da classe trabalhadora. "A atração do sufrágio era simples: o uso bem orquestrado do voto prometia aumentar seu poder e independência em relação aos empregadores, ao Estado e a seus aliados muitas vezes manipuladores."[9] Sob o capitalismo desenfreado, essas mulheres eram consideradas mão de obra barata e nada mais. E o capitalismo precisa de mão de obra barata para atingir seu melhor desempenho possível.

Em um memorial para as pessoas mortas no incêndio da Triangle Shirtwaist, Schneiderman, uma imigrante judia polonesa que ajudaria a fazer lobby pelo direito das mulheres ao voto e se tornaria uma líder sindical e socialista proeminente, ressaltou a falta de consideração pela vida humana nas mãos dos que lucravam:

"Esta não foi a primeira vez que meninas foram queimadas vivas na cidade. Todas as semanas, preciso ouvir falar sobre a morte prematura de uma de minhas irmãs trabalhadoras. Todos os anos, milhares de nós somos mutiladas. A vida de homens e mulheres é tão barata e a propriedade tão sagrada. Há tantas de nós para cada emprego que pouco importa se 146 de nós queimarmos até a morte."[10]

O que Schneiderman identificou foi essencial para as iniciativas crescentes para obter proteções legais. Esse foi um feminismo que reconheceu como as mulheres imigrantes e de baixa renda eram fundamentais para o crescimento dos negócios, e ainda assim eram tratadas como se fossem menos do que os bens ou serviços que forneciam. Seu feminismo estava ancorado lá, na aquisição de direitos humanos básicos, com fiscalizações legislativas para garantir que elas fossem realmente tratadas como humanas, em vez de engrenagens substituíveis que poderiam ser jogadas fora ou substituídas caso danificadas.

Mas Schneiderman também popularizou a noção de que as mulheres da classe trabalhadora mereciam mais do que apenas o básico. Ela defendeu poeticamente que elas também tinham direito ao desenvolvimento, crescimento pessoal e acesso cultural em sua metáfora agora imortalizada sobre "pão e rosas":

> "O que a mulher que trabalha deseja é o direito de viver, não simplesmente de existir — o direito à vida, assim como a mulher rica tem direito à vida, ao sol, à música e à arte. Não há nada que você tenha que a mais humilde trabalhadora não tenha o direito de ter também. A trabalhadora precisa de pão, mas também precisa de rosas."[11]

A ideia de que mulheres imigrantes e da classe trabalhadora tinham direito inato às alegrias culturais que antes eram reservadas apenas para "a mulher rica" era um conceito profundamente radical, particularmente para outras mulheres brancas que começavam a se organizar. Para as sufragistas brancas das classes média e alta que também se reuniam politicamente, essa narrativa dos direitos humanos e do feminismo não se alinhava aos seus próprios interesses de classe. Orleck observa que: "desde o seu início, o movimento sufragista das mulheres trabalhadoras falava com uma voz distintamente diferente daquela usada pelas sufragistas mais abastadas",[12] um argumento em prol da luta por direitos humanos de maneira ampla em vez da luta pelo acesso ao que os maridos e o patriarcado possuíam. Essa divergência manifestou-se posteriormente na maneira distinta como os dois grupos interpretavam o direito ao voto e, depois, a Emenda sobre a Igualdade de Direitos:

> "Mulheres profissionais — que eram, em geral, bem-educadas, economicamente confortáveis e não imigrantes — tinham uma visão de igualdade sexual diferente da que tinham as operárias. [...] as mulheres profissionais e de classe alta buscavam igual acesso ao poder, dinheiro e prestígio que seus maridos e irmãos detinham. As mulheres da classe trabalhadora queriam usar o voto para redistribuir esse poder para a classe trabalhadora como um todo."[13]

A busca capitalista por "poder, dinheiro e prestígio" continuaria a separar o feminismo branco de formas mais holísticas de organização, como foi registrado nitidamente na segunda onda pela jornalista e ensaísta Ellen Willis. Em seu artigo "Economic Reality and the Limits of Feminism" [Realidade econômica e os limites do feminismo] na edição de junho de 1973 da *Ms.*, Willis relata a participação em uma reunião de um grupo de mulheres de "mais ou menos uma dúzia de donas de casa de classe média alta do Meio-Oeste"[14] e evidencia sua crescente preocupação de que o movimento das mulheres não estava preparado para repensar o cenário econômico, um componente central. Ela explica ao grupo que a mesma lógica usada para relegar mulheres ao trabalho doméstico é frequentemente empregada para manter mulheres em empregos mal remunerados: simplesmente que trabalhos dessa natureza precisam ser executados para sustentar o funcionamento social. Ela propõe uma variedade de estruturas econômicas diferentes na reunião: que pessoas que desempenham essas funções recebam mais (em vez de menos, como de costume), que todo o mundo se comprometa a realizar essas tarefas por um ano ou que sejam criadas estruturas de trabalho híbridas, que incluam tarefas "onerosas" e tarefas gratificantes. Willis lembra de uma mulher que respondeu à sugestão: "francamente, se a Emancipação das Mulheres implica sacrificar o que já tenho, não estou interessada". Willis continua por analisar essa resposta muito reveladora através das linhas da comunidade:

"A principal diferença entre essa mulher e muitas que se autodenominam feministas — ou mesmo feministas radicais — é que ela é franca a respeito de seu autocentramento. Mais frequentemente, a mesma atitude básica é disfarçada com retórica radical extravagante como: 'como uma revolucionária, devo me organizar em torno da minha própria opressão, não da opressão de outras pessoas' e 'todas as mulheres são classe trabalhadora'. Há vários anos, as feministas têm insistido que queremos revolucionar a economia, não apenas fazer parte dela.

O sistema atual — segundo o argumento usual — não pode acomodar nossas demandas porque requer mão de obra feminina barata no mercado e mão de obra feminina gratuita em casa; o custo de abolir a divisão sexual do trabalho, o que garantiria às mulheres salários iguais, e de compensar o trabalho doméstico e o cuidado com as crianças pelo seu valor justo seria proibitivo. Além disso, o capitalismo é sua própria forma especializada de patriarcado [...]."[15]

Aqui, Willis destila uma forma muito particular, e muitas vezes personalizada, de feminismo com interesses individuais — feminismo essencialmente branco. Ela traça essa distinção novamente ao identificar um feminismo alternativo e economicamente divergente com objetivos diferentes: "muitas mulheres de classe média alta consideram o feminismo como um processo de libertação individual e desdenham a 'política'".[16] E esta "libertação individual" em particular tem sido uma narrativa exuberante para vender produtos, experiências e aspirações, ao mesmo tempo que limita nossa imaginação com base no que podemos comprar.

Por meio desse escrutínio do capitalismo, algumas feministas Negras seguiram uma linha direta para um argumento mais amplo. Se o capitalismo definiu efetivamente os papéis de gênero dentro da intenção de vender mercadorias, então essa prática também construiu arbitrariamente uma masculinidade que diminuiu as mulheres. Se o gênero é construído por empresas que precisam permanecer escondidas, por que abordar ou considerar suas definições do que é gênero? Só querem ganhar dinheiro, o que revela, em última análise, uma ideologia em mudança constante que seguirá em direção dos lucros, esteja onde estiverem.

Ver as pessoas apenas como lucros e os lucros como pessoas teve outras consequências sinistras. Reduzir as pessoas a recursos também sufocou sistematicamente a capacidade das mulheres de participar de qualquer outra esfera além do trabalho. Alice Walker medita sobre essa premissa em seu ensaio fundamental de 1974 para a *Ms.* intitulado "In Search of Our Mothers 'Gardens: The Creativity of Black Women in the South" [Em busca dos jardins de nossas mães: a criatividade das mulheres Negras do Sul], no qual ela reflete sobre como a criatividade das mulheres Negras foi reprimida durante séculos para priorizar a economia da escravidão.[17] Mary Helen Washington observa, em resposta ao ensaio: "[...] mulheres Negras têm sido artistas ocultas — gênios criativos em alguns casos — cujos impulsos criativos foram negados e frustrados em uma sociedade que as valorizou somente uma fonte de mão de obra barata".[18]

Esta dimensão importante cria um contexto crítico para debates continuados sobre a visibilidade das mulheres Negras em campos de estudo e indústrias, bem como seu acesso a instituições, ensino superior, mobilidade econômica ascendente e direitos básicos que se confundem com luxos, como o direito a saúde. Essa observação crítica também destrói o argumento da "falta de pessoal qualificado" — a desculpa que ouvi incontáveis empresas, instituições e colegas usarem para justificar a contratação de pessoas brancas, heterossexuais, e de classe média em vez de qualquer outra pessoa. A desculpa é que não há um número suficiente de mulheres Latinas com doutorado, mulheres Negras com experiência em jornalismo, mulheres muçulmanas com histórico político ou mulheres Indígenas com diploma de direito para contratar quando buscam pessoal para atuar em cargos de grande influência e prestígio. É por isso que não vemos legiões de mulheres alvo da racialização no cinema, em nossas redações, em nosso cenário político, em nossos museus de arte, ensinando em nossas universidades, no mercado editorial. É uma outra maneira de transferir a responsabilidade: *Veja, a culpa não é nossa. Elas simplesmente não são qualificadas, interessadas, motivadas ou comprometidas.*

Mas isso não é um argumento — é uma janela para nossas práticas de negócios. Talvez se as mulheres alvo da racialização não fossem relegadas a varrer o chão, cuidar de crianças e lavar roupa por pouco ou nenhum dinheiro durante séculos, poderíamos ter sido reconhecidas como químicas, ensaístas, médicas e artistas. Como possuidoras do potencial de contribuir para a sociedade e a cultura para além de suprir a necessidade efêmera de mais mantimentos, pias limpas e crianças alimentadas. Mas alguém que não custava muito dinheiro tinha que lavar pratos e colher algodão e produzir e cozinhar toda a comida e depois limpar tudo. Às vezes, eram mulheres brancas. Mas na maioria das vezes, eram e ainda são mulheres alvo da racialização. Raramente somos consideradas os "gênios criativos" que Washington descreve, porque as empresas não nos veem dessa forma. Elas nos veem como uma forma acessível de manter seu funcionamento diário — uma prática que o feminismo branco herdou diretamente ao criar estratégias para seus próprios objetivos em torno de necessidades perenes, como cuidados com crianças e trabalho doméstico.

É a falta de atenção à economia que facilita essa ignorância, essa maneira de dizer sem pudor nenhum que o problema é simplesmente que não somos artistas ou acadêmicas ou advogadas porque não queremos ser. É mais barato e, em última análise, mais lucrativo apenas nos direcionar para a manutenção da *plantation* literal ou metafórica, porque é isso que o mundo corporativo sempre fez.

O fato de que o *Faça acontecer* encorajou as mulheres a trabalharem mais como uma solução abrangente para receberem menos, discriminadas e furtivamente demitidas por terem filhas e filhos efetivamente transferiu a responsabilidade por essas injustiças para as mulheres, ao mesmo tempo em que direcionava trabalho mal remunerado extra para essas empresas nas quais as mulheres estavam supostamente se impondo. Um dos principais objetivos do feminismo branco é que o poder seja mantido como está, principalmente no que diz respeito ao dinheiro.

Uma crítica corrente, às vezes analisada de forma mais precisa em algumas respostas da mídia do que em outras, era que Sandberg estava defendendo o avanço dentro do sistema patriarcal em vez da abolição dele — uma decisão que soou para jornalistas como Maureen Dowd, Melissa Gira Grant e muitas outras (on-line e off-line) como mais uma concessão e, em última análise, uma construção não tão feminista.

Em sua resposta ao *Faça acontecer* na *Feminist Wire* em 2013,[19] a autora, professora e ativista bell hooks notou que a ausência de crítica estrutural foi muito reveladora:

"A definição de feminismo de Sandberg começa e termina com a noção de que tudo gira em torno da igualdade de gênero dentro do sistema social vigente. Segundo esta perspectiva, as estruturas do patriarcado capitalista imperialista supremacista branco não precisam ser desafiadas. [...] Qualquer que seja o seu ponto de vista, qualquer pessoa que defenda a política feminista precisa entender que o trabalho não termina com a luta pela igualdade de oportunidades dentro da estrutura patriarcal vigente. Devemos compreender que desafiar e desmantelar o patriarcado está no cerne da luta feminista contemporânea — isso é essencial e necessário para que mulheres e homens sejam realmente libertados de pensamentos e ações sexistas antiquadas."[20]

Ao deixar de levar em conta as maneiras pelas quais o dinheiro tem motivado a opressão, perdemos uma camada essencial de por que tantas entidades poderosas e influentes, proprietários de negócios, empresários e magnatas se recusam a assumir a justiça social: simplesmente não é rentável fazê-lo. E esse legado continuou e até se adaptou à medida que algumas empresas fingiram uma mensagem mais populista em relação à representação de mulheres. Independentemente de quantas vezes eles possam dizer "feminista!" em um produto ou anúncio, é a fidelidade ao dinheiro que atrapalha o progresso.

Era de conhecimento comum em uma marca feminina proeminente para a qual trabalhei que o motivo pelo qual elas não tinham mais mulheres alvo da racialização, especificamente mulheres Negras, em suas capas de revistas legadas era porque elas não vendiam tão bem. Para uma empresa com dificuldades financeiras, a estratégia editorial de inundar rotineiramente as capas com mulheres brancas, heterossexuais e de tamanho normativo foi apresentada como um negócio necessário, e não como uma lente profundamente racista.

Mas é aqui que descobri que o capitalismo se mostra mais prejudicial: ele fornece uma linguagem abrangente para codificar o racismo, o heterossexismo e o classismo como outra coisa — estabelecer uma distância entre esses preconceitos profundos e persistentes e as realidades inevitáveis de administrar um negócio. Essa distância isola. Estabelece uma realidade alternativa em que depoimentos, relatórios de diversidade, investigações e análises de dados sobre representação não vão adiante porque ganhar dinheiro é o objetivo final acima de tudo. Mas esse é mais um motivo pelo qual o ímpeto para gerar lucros também precisa ser alinhado e analisado nos esforços contra a opressão. Porque o ímpeto para ganhar dinheiro, mais dinheiro, mais dinheiro do que seus concorrentes, mais dinheiro do que você ganhou no ano passado, mais dinheiro do que o projetado para o ano seguinte é um instrumento persistente de repressão.

Capítulo treze

Dinheiro mulçumano e pobreza sapatão

NÃO PODEMOS CONFIAR apenas nas empresas para salvar as pessoas mais marginalizadas da opressão. Principalmente porque nem todo mundo pode se dar ao luxo de ser cliente delas.

Uma percepção recorrente sobre mulheres *queer* e lésbicas nos Estados Unidos é a de que não compramos nada. Ao contrário do que acontece com homens homossexuais, muitos anunciantes não estão em busca de adquirir uma clientela lésbica, como foi relatado no artigo de 2016 do *BuzzFeed* intitulado "Attention, Advertisers: Lesbians Buy Stuff, Too" [Atenção, anunciantes: lésbicas também compram coisas".[1] A repórter Lauren Strapagiel atribui essa falta de amplo endosso corporativo aos "estereótipos de lésbicas como pessoas fechadas e desajeitadas que não se importam com a vida noturna ou com a moda". Mas os estereótipos persistem, junto com os relatos crescentes de que, na última década, os bares lésbicos estão desaparecendo nos Estados Unidos. Os dados atuais sobre isso são esparsos, o que significa que muito é especulação. As teorias cruzadas tratam da acessibilidade de aplicativos de namoro à gentrificação, de mulheres *queer* se ajuntando para ficar em casa à expansão das necessidades de espaços *queer* — especialmente para pessoas além do binário de gênero. Mas, independentemente do que aprendemos sobre o fim ou sobre a mudança de negócios físicos para mulheres *queer*, um dado crucial é que mulheres *queer* não têm dinheiro — pelo menos, não enquanto grupo.

Mulheres *queer* (inclusas aqui lésbicas, bissexuais e transgênero) correm maior risco de insegurança econômica quando comparadas à população de homens e mulheres que se identifica como heterossexual.[2] Mesmo quando certos membros de nossa comunidade estão bem financeiramente, isso não é indicativo de mudanças muito grandes. Uma pesquisa Gallup de 2014 concluiu que menos de três em cada dez mulheres LGBT estavam prosperando financeiramente, em comparação com 39% das mulheres heterossexuais. Mulheres *queer* também têm mais probabilidade de viver na pobreza do que outras pessoas *queer* ou heterossexuais (de acordo com um relatório, cerca de uma em cada três mulheres bissexuais entre 18 e 44 anos vivem na pobreza e uma em cada cinco mulheres LGBT que vivem sozinhas vive na pobreza). Mulheres *queer* alvo da racialização, mulheres *queer* mais velhas e mulheres *queer* com crianças são particularmente vulneráveis a essas realidades.

Além disso, ajuntar-se ou casar-se não necessariamente as livra de suas finanças. De acordo com um relatório de 2015 sobre dinheiro e mulheres LGBT, "as mulheres em casais homossexuais têm mais probabilidade de serem "trabalhadoras em situação de pobreza" do que homens em casais homossexuais ou homens e mulheres em casais heterossexuais".[3]

Estes dados são reflexo de uma colcha de retalhos elaborada de discriminação consciente e inconsciente: diferença salarial por gênero, racismo, xenofobia e falta de proteção trabalhista federal para pessoas norte-americanas LGBTQ, entre outros. Mas, para empresas e corporações, esses dados simplesmente se traduzem como uma clientela insegura.

Não é financeiramente estratégico investir para atrair clientes que não têm renda disponível e, considerando que tantos espaços exclusivamente *queer* também operam como negócios em uma estrutura capitalista, é precário contar com essas pessoas de baixa renda como uma clientela consistente — principalmente para sustentar um negócio inteiro. Mais pessoas norte-americanas terem saído do armário e ser *queer* torna-se cada vez menos estigmatizado para algumas pessoas, mas isso não significa diretamente que mulheres *queer* terão dinheiro para gastar em coquetéis ou em "noites das amigas". Isso porque nosso poder aquisitivo é prejudicado por uma série de outros fatores institucionalizados, e nossa falta de capacidade de gastar dinheiro da forma como homens gays cis gastam, da forma como mulheres cis heterossexuais gastam, da forma como casais heterossexuais gastam, não incentiva empresas a pensarem o marketing para nós. E é por não sermos clientes desejáveis que temos menos poder. Assim é o capitalismo.

Mesmo se você levar em consideração os negócios de pessoas *queer*, nosso poder é mínimo. Esqueça as corporações. Dos 28 milhões de pequenas empresas nos Estados Unidos, menos de mil foram certificadas como LGBT Business Enterprises [Empreendimentos Comerciais LGBT][4] em 2016 — certificação concedida a estabelecimentos em que pelo menos 51% da empresa seja administrada por uma pessoa *queer* ou pertença a uma pessoa *queer*.[5] E a maioria dessas empresas pertenciam a homens gays. Apenas 30% pertenciam a lésbicas, enquanto menos de 3% pertenciam a pessoas bissexuais ou trans, respectivamente.[6]

Nossa falta de capital é uma das razões pelas quais, além de tantos estabelecimentos lésbicos terem falido, espaços digitais para mulheres *queer* também foram fechados. Quando o *AfterEllen.com*, considerado "um espaço importante da comunidade on-line de mulheres *queer*",[7] cessou a publicação regular em 2016, Strapagiel relatou para o *BuzzFeed News* que a falta de anunciantes contribuiu bastante para o fim do site. (O *AfterEllen.com* se tornaria um fantasma de si mesmo — publicando muito menos artigos por dia, de autoria de fora da equipe, sem um tom, uma voz unificada.) Sarah Warn, a fundadora, declarou que estava procurando anunciantes para a marca além de outros sites. Era fundamental identificar a clientela e homens *queer* eram mais desejáveis que as mulheres *queer*, apesar dos esforços da equipe: "a equipe de representantes da The Logo [a empresa que era dona da *AfterEllen.com* até 2014] tentou bastante vender tanto para homens gays quando para lésbicas, mas os anunciantes quase sempre queriam comercializar seus produtos apenas para homens gays". A então editora-chefe Trish Bendix declarou que o gerente, Emrah Kovacoglu da Evolve, sua nova matriz, deu a notícia a ela por telefone. "Ele disse: 'não conseguimos dinheiro para os sites LGBT, queremos nos dedicar a ampliar o espaço para mães e para moda, é lá que está o dinheiro'." Em um comunicado separado, Kovacoglu também confirmou que não eles não tinham "suporte suficiente por parte de anunciantes para justificar a continuidade do investimento nos mesmos níveis",[8] mas deixou claro que o site permaneceria acessível com conteúdo de "*freelancers*, colaboradoras e colaboradores".

O fim do *AfterEllen.com* foi lamentado em toda a comunidade *queer* da internet. As conversas e comentários muitas vezes se assemelhavam à narrativa fúnebre em torno do fechamento de bares lésbicos: *Eu conheci minha primeira namorada lá. Foi o lugar que comecei a ir depois que saí do armário. Eu amava aquele lugar.* Mas onde leitoras encontraram uma comunidade, afirmação e uma lente unificada para compartilhar cultura, os anunciantes não conseguiram encontrar clientes, e foi esse parâmetro que fez o *AfterEllen.com* deixar de existir.

Esses são os limites do cenário econômico como os compreendemos atualmente: se as mulheres *queer* não têm dinheiro nenhum, como podemos criar "visibilidade"? Como é que devemos nos encontrar? Como podemos influenciar a cultura e a política sem nossas próprias plataformas?

Algumas ativistas do passado e do presente entenderam e entendem que as respostas para essas perguntas são deveras limitadas pelo capitalismo — e por isso o evitam dentro de suas organizações. Elas não têm interesse em encaixar suas crenças em uma plataforma econômica que não apenas as coloca em desvantagem desde o início, mas que também pode mudar de acordo com os interesses corporativos, vulnerabilizando suas táticas.

A Dyke March [Marcha sapatão], um protesto pelos direitos e visibilidade de mulheres *queer* que começou em 1993 em Washington,

D.C., rejeitou o patrocínio corporativo, mesmo que os direitos de pessoas *queer* tenham se tornado mais endossados pelo mundo corporativo através das paradas LGBT. Até hoje, a Dyke March de Nova York não busca permissão oficial para fazer sua manifestação porque a marcha se pretende como uma ruptura, e não meramente como um desfile.

"A Dyke March é para as sapatonas", declarou Marlene Colburn, uma "mãe fundadora" da Dyke March, a respeito da decisão duradoura da organização de não buscar patrocínios corporativos. "Trata de ser visível em uma sociedade que quer nos apagar, ser visível do nosso jeito", ela explicou, aludindo a políticas, demandas ou estipulações adicionais que muitas vezes vêm junto com o recebimento de dinheiro corporativo. "Duvido que alguma entidade corporativa quisesse nos patrocinar. E se alguma quisesse, diríamos 'não, porra. Não precisamos disso nem queremos [seu dinheiro]'".

A Dyke March original em Washington, D.C., foi organizada pela New York Lesbian Avengers [Vingadoras Lésbicas de Nova York] em 1993. A equipe providenciou materiais promocionais (cerca de oito mil folhetos) e fiscais para supervisionar o caminho até a Casa Branca. Foi relatado que um número de vinte mil "sapatonas" compareceu e marchou em direção ao National Mall. Naquele mesmo ano, a New York Lesbian Avengers organizou a primeira Dyke March de Nova York, ecoando temas similares acerca de organizações de base e da afirmação do direito ao protesto da Primeira Emenda. São Francisco e Atlanta também realizaram suas primeiras Dyke Marches em 1993.[9]

A tenacidade do terreno da Dyke March reflete o ambiente cultural *queer* em que as marchas iniciais foram organizadas. "O comitê da Dyke March foi formado antes dos patrocínios corporativos para a parada LGBT surgirem. Mas acho que jamais iremos por esse caminho", diz Colburn. "Nós não monitoramos ou policiamos outras Dyke Marches ao redor do mundo (e existem muitas), mas eu não acho que haja muitas delas com as mãos estendidas implorando por patrocínio corporativo". Ela elucida que a Dyke March não se identifica diretamente como anticapitalista e que as organizadoras não representam uma estratégia unificada de justiça social. "Sei que nos unimos para que todos os anos aquelas que marcham se sintam seguras, empoderadas e iluminadas", acrescenta ela. A Dyke March aceita doações em seu site e por meio de voluntárias que coletam dinheiro das participantes em sacos de lixo ou fronhas de travesseiro. Até agora, esse método de arrecadação de fundos sustentou a Dyke March por mais de vinte anos na cidade de Nova York e, até o momento, não há planos de mudança.

Mas a falta de endosso corporativo explícito provou ser um ponto forte para o protesto,[10] pois as manifestantes descrevem a Dyke March como "inclusiva"[11] e como um movimento que tem mais a ver com comunidade do que com álcool e dinheiro. Esta divisão, compreensivelmente, se estende de forma ampla entre as pessoas *queer* que têm dinheiro e as que não têm. A riqueza provou ser uma divisão muito rígida em nossa comunidade, já que alguns homens cis brancos *queer* conseguem ficar mais ricos e alcançar algo próximo de aceitação cultural mais ou menos na mesma proporção. A riqueza continuará a fugir do resto de nós, então por que esta deveria ser a referência principal para que nossos direitos sejam protegidos? Para sermos visível? Para estarmos em comunidade?

Por ter participado de muitas Dyke March e de algumas paradas LGBT em Nova York, sempre pude perceber esse efeito dominó. Quando se remove a compra e as marcas como fator de mobilização, mais pessoas podem comparecer. A lente é alargada.

Evocando a dinâmica poderosa da história *queer* radical, Colburn diz: "acho que aceitar patrocínios corporativos para protestos não é a coisa certa para nós. A Rebelião de Stonewall não teria surgido se aquelas pessoas tivessem esperado que as corporações injetassem [dinheiro] para fazerem o movimento brilhar. Essas pessoas compraram seu próprio brilho, assim como a Dyke March de Nova York".

Isso também pode funcionar de forma contrária. Mesmo que você seja considerada um cliente desejável pelos padrões capitalistas, esse reconhecimento pode efetivamente enfraquecer comunidades e necessidades. As mulheres muçulmanas norte-americanas passaram por isso com o recente aumento na representação comercial, à medida que marcas como Nike, GAP, Macy's e H&M buscaram "explorar o potencial multibilionário do mercado consumidor muçulmano dos Estados Unidos", de acordo com o *The Intercept*.[12] Identificar as mulheres muçulmanas como uma clientela lucrativa incentivou essas marcas a comercializar e vender "linhas de roupas modestas", coleções para o Ramadã, hijabs — e a contratar influenciadoras muçulmanas para endossá-los.

Rashmee Kumar relatou em 2018 que ter mulheres muçulmanas norte-americanas representadas nessas campanhas nacionais tem a capacidade de contrapor as mensagens islamofóbicas e supremacistas brancas que determinam suas experiências e sua segurança. Kumar escreveu: "a visibilidade da pessoa consumidora também pode sinalizar um passo em direção à inclusão de pessoas muçulmanas como norte-americanas em tempos politicamente hostis, especialmente para a geração que cresceu durante a guerra contra o terror, quando a maioria das representações classificou pessoas muçulmanas como terroristas estrangeiros e uma ameaça à segurança nacional".

"É uma validação incrível em um nível individual para as mulheres muçulmanas que usam o lenço, que têm que lutar com os comentários, a acidez e a violência que enfrentam todos os dias", disse Sylvia Chan-Malik, professora associada da Universidade Rutgers. "É uma sensação de alívio que é quase muito prática, 'ah, se isso for normalizado, talvez eu me sinta mais segura'."[13]

Essas ameaças à segurança têm se acumulado. Uma pesquisa de 2014 com mais de 10 mil pessoas entrevistadas concluiu que, dentre todas as religiões nos Estados Unidos, as pessoas muçulmanas são as que são vistas de maneira mais "fria" pelo público norte-americano.[14] As denúncias de ataques a pessoas muçulmanas norte-americanas aumentaram "significativamente" entre 2015 e 2016, de acordo com o Pew Research Center, e excederam seu pico em 2001 após os ataques de 11 de setembro.[15] Ao longo de 2019, mesquitas nos Estados Unidos continuaram a ser alvo de ameaças, incêndios criminosos e pichações.[16] Por isso a possibilidade de ter o sentimento de proteção e segurança em tempos cada vez mais hostis para com pessoas mulçumanas norte-americanas tem valor.

Mas é quando esse valor se torna transacional — *sinta-se normal, compre isso aqui* — que o processo se torna repleto de outras dinâmicas.

Considere como Shelina Janmohamed, vice-presidente da Ogilvy Noor, divisão muçulmana de uma agência de *branding*, descreveu a jovem muçulmana em 2016:

> "Se eu fosse escolher uma pessoa que represente a vanguarda Muçulmana Futurista, essa pessoa seria uma mulher: educada, conhecedora de tecnologia, do mundo, com a intenção de construir seu próprio futuro, leal à marca e consciente de que seu consumo diz algo importante sobre quem ela é e como ela escolhe viver sua vida. [...] O público consumidor que essas marcas têm como alvo são pessoas jovens, descoladas e prontas para gastar seu dinheiro. [...] A aspiração que pessoas Muçulmanas Futuristas têm de levar um estilo de vida muçulmano holístico significa que as consumidoras muçulmanas são influentes e têm dinheiro para gastar."[17]

A mulher muçulmana, como Janmohamed a imagina, tem dinheiro — é isso que, em última análise, a torna atraente e, de acordo com o relato de Kumar, estabelece sua normalidade. Isso segue uma lógica feminista branca: *eu tenho valor porque tenho dinheiro*.

E, pela inversão dessa lógica, só quem tem dinheiro é que vai conseguir ter esse valor.

Mas uma distinção mais importante aqui é que Janmohamed não está descrevendo uma mulher muçulmana necessariamente; ela está descrevendo uma consumidora muçulmana. E mesmo que essas duas identidades sejam facilmente fundidas em anúncios e estratégias promocionais, elas não são a mesma coisa.

Aqui estão as diferenças. É verdade que algumas pessoas norte-americanas que se identificam como muçulmanas têm segurança financeira: em 2017, cerca de 24% tinham uma renda familiar de 100 mil dólares ou mais. Mas 40% ganham menos de 30 mil dólares por ano e uma parcela muito pequena de pessoas ocupa o espaço financeiro entre um grupo e outro.[18] Isso significa que muitas pessoas muçulmanas estão vivendo em extremos opostos do cenário financeiro nos Estados Unidos, mais do que as pessoas do país de um modo geral.

Mas não é de se surpreender que são esses 24% que estão obtendo a visibilidade das marcas e, de certa forma, aquele sentimento de segurança e proteção cultural. E, na busca por essa clientela, há uma percepção estreita sendo perpetuada. A maioria das pessoas norte-americanas, de acordo com dados nacionais, não conhece uma pessoa que seja muçulmana,[19] e, no entanto, a versão dessa pessoa que estão encontrando está sendo "reduzida à imagem de uma mulher hijabi cheia de filtros, gostosa, burguesa e de pele clara cujo iluminador está 'no ponto'", observa Nesrine Malik em um artigo de 2018 para o *Guardian*.[20]

No entanto, ela é apenas uma entre muitas mulheres muçulmanas. Não existe uma única origem étnica ou maioria racial dentre as pessoas muçulmanas norte-americanas. Mais de um quinto são Negras, enquanto outras se identificam em uma série de categorias raciais e linguísticas — do Oriente Médio, árabes, persas/iranianas e Asiáticas, entre outras etnias.[21] É importante também mencionar que o número de mulheres muçulmanas-norte-americanas que relatam usar hijab todos os dias é quase o mesmo número de mulheres muçulmanas-norte-americanas que nunca o usam; cerca de 20% declara que o usa, mas não o tempo todo.[22] No entanto, quando se trata de campanhas de marketing, Malik está certa: a consumidora muçulmana é sempre identificada por seu hijab. Ela escreve sobre como essa imagem pode ser, em última instância, limitante:

"Como você pode saber que uma mulher é muçulmana se ela não usa um hijab? Como você vai embalá-la? É apenas o capitalismo fazendo seus movimentos. As muçulmanas usando hijabs não são portadoras de alguma autenticidade inata. E embora existam aspectos positivos na forma como estão sendo cada vez mais apresentadas na mídia, é válido mencionar que esse tipo de exposição pode promover estereótipos em vez de erradicá-los."[23]

São as maquinações corporativas que nos dizem quem é e quem não é muçulmana ao manipular essa representação para atender a clientes — e não necessariamente a populações.

"[As empresas] querem o rosto, mas não querem a complexa política, a identidade ou a voz por trás desse rosto", disse a blogueira de moda e ativista iraniano-americano Hoda Katebi ao *The Intercept* sobre suas experiências ao lidar com consultas por parte de marcas.[24]

Parte dessa "complexa política" trata de como marcas como H&M e GAP[25] exploram a força de trabalho em países de maioria muçulmana através de regimes de trabalho extremamente precários e exploratórios. Jornadas de trabalho longas e não regulamentadas, salários baixos e violência de gênero foram amplamente relatados em empresas de *fast-fashion*. Um relatório da Global Labor Justice de 2018 sobre as condições das fábricas da H&M descobriu que as trabalhadoras e trabalhadores, em sua maioria mulheres, precisam cumprir cotas de produção tão restritas que não conseguem nem ir ao banheiro ou fazer pausas.[26] Há pouca ventilação e pouca água potável em um espaço com temperaturas sempre crescentes. O assédio sexual e a agressão sexual são frequentes, mas raramente relatados, porque essas mulheres sabem que as vias de denúncia dessas violências não foram construídas para elas — foram construídas para proteger os lucros da empresa. E elas mal ganham dinheiro suficiente para sobreviver.

A GAP não respondeu a meus vários pedidos para que se pronunciasse sobre o assunto. Uma porta-voz da H&M me disse em uma declaração: "todas as formas de abuso ou assédio são contra tudo o que o grupo H&M representa". Ela acrescentou: "este relatório mostrou claramente a necessidade de abordar continuamente essas questões. O empoderamento econômico e social das mulheres é uma forma de prevenir a violência de gênero. Nossa posição é muito clara e apoiamos ativamente esse desenvolvimento na indústria têxtil global. E o fazemos trabalhando para permitir a liberdade de associação, fortalecendo a voz dos trabalhadores e o direito de se filiarem ou formarem um sindicato, bem como de negociar coletivamente. Esses são os direitos fundamentais dos trabalhadores contemplados em nosso acordo global com o sindicato global IndustriALL. Também abordamos isso por meio de uma série de projetos em nossos países de produção em conjunto com a OIT. Nós examinamos cada seção do relatório e procedemos em nível de fábrica com nossas equipes locais de cada país de produção".

"Machuca recebermos tão pouco", disse Sakamma, uma mãe de 42 anos, em um tribunal de direitos humanos em 2012, em Bengaluru, Índia, sobre as condições do operariado do setor de confecções numa fábrica da GAP.[27] "Tenho que fazer isso e eles vendem uma peça de roupa por mais do que eu recebo em um mês. Não podemos comer alimentos nutritivos. Não temos uma vida boa, vivemos com dor para o resto de nossas vidas e morremos com dor." Essa caricatura de "mulher empoderada" termina literalmente nos anúncios.

"Há pouco valor em usar modelos visivelmente muçulmanas se você vai matar e explorar — direta ou indiretamente — suas famílias em seus lares", escreveu Katebi em seu blog *JooJoo Azad*,[28] que se identifica explicitamente como radical, anticapitalista e interseccional.[29] A plataforma de moda ética "sem remorso" inclui uma lista de boicote que cita marcas como DKNY, Zara, Forever 21 e Express.[30] Nenhuma delas respondeu aos meus inúmeros pedidos para que se pronunciassem sobre o assunto.

As marcas não vão nos salvar porque não são projetadas para isso. Elas são projetadas para buscar e manter o lucro.

Capítulo catorze
Performando feminismo na mesa de trabalho

MUITAS VEZES, QUANDO entrevistei empresárias de sucesso, empreendedoras, diretoras executivas, que haviam chegado a cargos de chefia recentemente, que eram o rosto de uma organização, essas pessoas sempre acabavam dizendo na conversa: "ainda não chegamos à perfeição". Não importa se eu tinha perguntado sobre a inclusão de pessoas não-binárias em campanhas de gênero ou sobre acessibilidade à licença maternidade. Todas essas pessoas usam a mesma frase: "ainda não chegamos à perfeição". Já ouvi isso tantas vezes, no mesmo tom, dito com o mesmo fôlego, que consigo prever a frase com muita antecedência e, de forma geral, espero que essas pessoas me digam que a empresa já tem um plano projetado para implementar pronomes neutros até 2021 ou que a política de licença maternidade remunerada de seis meses já está sendo avaliada pela diretoria. Mas geralmente não dizem.

Dizem: "ainda não chegamos à perfeição, mas..." *Mas apoiamos as mulheres! Mas pessoas* LGBT *trabalham aqui! Mas temos uma sala de lactação de última geração no terceiro andar!* Há muito mais que poderiam dizer. Tenho feito esse tipo de relatório por tempo suficiente para entender que esse processo nunca tem a ver com apenas uma pessoa chegando e implementando a mudança. Várias políticas devem ser elaboradas. Pessoas de nível sênior geralmente têm que pensar sobre elas e, em seguida, votá-las. Às vezes, elas as recusam ou propõem alternativas que estão bem aquém do que foi originalmente proposto. Negociações precisam ser agendadas. Então tem que haver negociações para as negociações. Enquanto isso, as pessoas que pressionam por essas mudanças têm todas as suas tarefas diárias, crianças que precisam ser buscadas, consultas médicas, emergências, pais e mães idosas e casas que precisam ser limpas. Você raramente tem tempo livre para escrever uma cooperativa de creche com as pessoas que são suas colegas ou para formar um sindicato. O processo de mudança por meio dessas vias pode ser lento e desgastante. E às vezes, as pessoas que são contra a mudança estão contando que seja assim. Elas querem te cansar. Estão contando com sua desistência absoluta.

Mas as pessoas que entrevisto não dizem isso.

Em vez disso, dizem: "ainda não chegamos à perfeição", o que efetivamente reduz o alcance do que eu perguntei em primeiro lugar. Assim como "sorte" é uma maneira de dizer que se tem recursos desproporcionais sem reconhecer vantagens estruturais, acho que "ainda não chegamos à perfeição" funciona da mesma maneira.

Há um reconhecimento da falha — a falta de mulheres em cargos de liderança, o fato de sua diretoria ser composta apenas por homens cis, de seu artigo apresentar apenas mulheres brancas. Mas o posicionamento da "perfeição" classifica paridade de gênero, políticas para que mães e pais possam cuidar de seus bebês e o direito de pessoas trans a usar o banheiro como objetivos difíceis de alcançar, quando muitas vezes estamos falando apenas de direitos humanos básicos. A "perfeição" projeta proteções para pessoas com deficiência, proteções salariais e proteções para complicações na gravidez como algo utopicamente distante. Ela classifica a possibilidade de pessoas privadas de direitos viverem suas vidas cotidianas como algo idealista. Ela trata questões que são necessidades críticas como afirmações de luxo.

Essa resposta aparentemente diplomática tornou-se comum no feminismo branco — para desviar a atenção de tudo, desde por que uma empresa que se identifica como "feminista" não tem um sindicato até por que a maioria das empresas que são "pró-mulheres" desencorajam ativamente as funcionárias a pedirem aumentos. "Ainda não chegamos à perfeição" provou ser uma forma eficaz de fingir que o trabalho interno está de fato acontecendo quando na verdade as prioridades estão sendo ativamente traçadas considerando o que é viável com base em sistemas de poder bastante tradicionais. Mas são as prioridades que estão mudando — e não esses sistemas de poder.

Eu vejo essa tática, esse esforço para preservar o *status quo* enquanto se sustenta uma aparência progressista, de maneira mais frequente quando a "mudança" está disfarçada em práticas de contratação tokenistas — a ideia de que a mudança chegará uma mulher por vez. Além de a "mudança" estar sendo resumida ao nível individual, percebo que pessoas de gêneros marginalizados, pessoas alvo da racialização, pessoas com deficiência e pessoas *queer* estão sendo recrutadas para um círculo de poder de acordo com quem consegue imitar melhor os grupos opressores. Quer seja em relação à maneira como eles exploram as equipes que gerenciam, a maneira como afirmam más condutas ou a maneira como erodem os esforços de efetivamente democratizar as decisões, os grupos detentores do poder estão frequentemente buscando padrões que eles reconhecem, em vez de qualquer coisa que entendam como "diferente".

Dentro da melhor versão desse cenário, vejo essas contratações desafiando o significado de ter esse poder. No cenário mais típico, vejo uma mulher jovem exigindo que outras mulheres jovens trabalhem dezesseis horas por dia por um valor inferior ao de mercado e com poucas proteções trabalhistas caso seus pais ou mães precisem de cuidados, caso tenham filhas ou filhos ou caso tenham problemas de saúde. Basicamente, feminismo branco.

Às vezes, isso é feito por meio de medidas ilegais, mas, na maioria das vezes, se dá por meio da cultura da empresa, na qual os limites são comprometidos pela cultura de um ambiente de trabalho curado de maneira cuidadosa como legal e amigável. A chefia é uma "amizade" sua, colegas ou as pessoas que você gerencia são "como família". O desempenho no trabalho é mais determinado por quão agradável você é dentro dessa hierarquia social muito específica do que por uma descrição de trabalho atualizada com metas de desempenho específicas.

Embora eu tenha visto esse estilo de gestão prover conforto de curto prazo a profissionais marcadas e marcados pela esterilidade fria e desumana da austera cultura corporativa, os benefícios de longo prazo para a empresa são basicamente os mesmos. Por mais bem-intencionada que seja a pessoa na gerência, as pessoas que são funcionárias são condicionadas por meio da manipulação do termo "família" e da cultura de "amizade" a se sacrificarem ainda mais pelo ganho da empresa, pois os relacionamentos pessoais passam a ser impactados por índices da empresa. A única pequena diferença é que nesse caso há uma jovem mulher defendendo essa infraestrutura consagrada pelo tempo — e chamando você de "família" enquanto faz isso.

Mas o discurso de "ainda não chegamos à perfeição" e as estruturas que preservam o poder por meio de contratações tokenizadas tornam-se uma única força quando se trata de afirmar que isso tudo é progresso. Que mais mulheres defendendo políticas anti-família, anti-licença maternidade, anti-proteção salarial e anti-sindicais é de alguma forma um ato radical, quando na verdade trata-se da mesma velha prática patriarcal, mas agora com legendas no Instagram.

Sempre que conduzo essas entrevistas com pessoas que são proprietárias de empresas ou figuras públicas, tenho a sensação de que ao fim da conversa eu deveria ter a crença de que o feminismo branco está trabalhando muito para desmantelar o feminismo branco. Que ter mais mulheres nessas funções específicas é simplesmente melhor, mesmo que a caixa, a maneira de pensar e a forma de organizar o trabalho e de gerar lucros seja fundamentalmente a mesma.

Mas, se removidas a compreensão feminista branca do que a igualdade de gênero poderia ser e barreiras como a lógica do "ainda não chegamos à perfeição", há tanto que se torna possível. Aí não estaremos viabilizando mais pessoas e questões mais amplas ou repetindo palavras como "inclusão", "diversidade", "representatividade" ou "visibilidade". Estaremos viabilizando um mundo completamente diferente.

Considerando tudo isso, o feminismo branco não é apenas construído sobre uma base de supremacia branca, meritocracia e dinheiro. Ele também é fundamentalmente edificado por uma falta de imaginação.

E você sempre pode ver essa falta de criatividade nos tópicos que elas consideram mais urgentes e nos ícones que exaltam.

À medida que a mídia de mulheres dominante decidiu abordar "questões feministas", o único tópico que vi a indústria abordar, ao mesmo tempo em que eu também o abordava, foi a diferença salarial — uma questão que uma de minhas chefes uma vez classificou como "dever de casa". Na época, a mídia de mulheres tradicional estava apenas começando a incluir essa questão em sua pauta editorial regular. Impulsionadas pelas lentes inalteradas das mulheres no poder corporativo, as mulheres com dinheiro — muito dinheiro — tornaram-se o marcador explícito do feminismo.

Os efeitos posteriores do *Faça acontecer* produziram a necessidade cultural de falar sobre feminismo em todas as diretoras executivas. Como é geralmente o caso no mundo empresarial, geralmente há uma demanda maior do que uma oferta. Considerando que havia apenas um punhado de diretoras executivas disponíveis para angariar cliques, as poucas que podiam ser nomeadas foram embaladas numa roupagem feminista — independentemente de elas terem abraçado o feminismo ou o rejeitado abertamente.

Pouco depois de descontinuar uma política de *home-office* na Yahoo!,[1] a então recém-nomeada diretora executiva Marissa Mayer explicou: "não acho que me consideraria uma feminista. Com certeza acredito na igualdade de direitos. Eu acredito que as mulheres são tão capazes [quanto homens], se não mais [capazes], em muitas dimensões diferentes. Mas acho que não tenho ímpeto militante nem o rancor que às vezes vem com ele".[2]

Essa luta para aplicar uma lente feminista a mulheres diretoras executivas foi estendida para a agora renegada fundadora e diretora executiva da Theranos, Elizabeth Holmes, em 2015, depois que um relatório do *The Wall Street Journal* levantou questões sobre a validade de sua suposta empresa revolucionária de exames de sangue, na qual uma gota de sangue poderia revelar uma série de condições médicas.[3] (Foi relatado mais tarde que a ciência dessa tecnologia nunca foi tão bem finalizada quanto Holmes informou para quem buscava investir e fazer parcerias com sua empresa.) Depois que Elizabeth recebeu muitos elogios da mídia de mulheres — inclusive por parte da plataforma para a qual eu trabalhava — por ser a mais jovem bilionária *self-made* do mundo, jornalistas lamentaram abertamente a redução de um suposto ícone feminista (pois ela fazia muito dinheiro) a uma suposta fraude.

A *Elle.com* publicou um artigo intitulado "Before We Rush to Take Down Theranos' Elizabeth Holmes..." [Antes que nos apressemos para derrubar a dona da Theranos, Elizabeth Holmes] que dizia:

"[...] como uma pessoa ambiciosa, jovem e ávida, me custa muito desistir de Elizabeth Holmes. Eu não tenho ninguém melhor para substituí-la. [...] Até que as proporções se equilibrem, precisamos até mesmo de nossos exemplos problemáticos de sucesso. Acima de tudo, precisamos de mais mulheres nessas indústrias — até mesmo para que a mídia possa comparar pioneiros a alguém que tenha dois cromossomos x. Nem todas as mulheres brilhantes são a 'versão mulher DO Steve Jobs'. (Embora seja verdade que golas rolê pretas ficam bem em mulheres ambiciosas. Nora Ephron bem sabia disso.) Conforme a história segue adiante, parece cada vez menos plausível que a Theranos altere para sempre o curso da medicina ocidental. E tudo bem. Holmes pode estar errada. Podemos fazer com que ela responda por isso. Mas não podemos deixá-la se tornar a prova mais recente de que mulheres não devem se arriscar."[4]

O medo de que a história de Holmes se cristalizasse como uma lição e uma advertência que impedisse mulheres jovens de escolher posições altamente visíveis por medo de que pudessem enfrentar um vexame público e sofrer ofensas misóginas em meio à derrota foi uma preocupação que mais ou menos se esvaiu vários anos depois, quando foi revelada a grande golpista que Holmes supostamente era. Na primavera de 2018, foi relatado que ela havia levantado "mais de 700 milhões de dólares de investimentos por meio de uma elaborada fraude que durou anos"[5] na qual ela "exagerou ou fez declarações falsas sobre a tecnologia, os negócios e o desempenho financeiro de sua empresa".[6]

Mas o tom empático empregado pela *Elle.com* para embalar um amado ícone feminista branco em meio a acusações de uma fraude bioética em massa — que poderia colocar em risco muitas e muitas vidas — demonstrou a atuação do feminismo branco em tempo real. O fato de Holmes ter recebido um bote salva-vidas confortável e apologético da mídia de mulheres (e de toda colunista mulher/feminista que decidiu publicar essa história) durante sua queda ressaltou as vantagens do feminismo branco, mas também revelou quanto do panorama da mídia ancorou sua pauta de gênero nele. O que estava sendo apresentado como "pauta de gênero" era, na verdade, feminismo branco.

Em 2018, depois que os supostos crimes de Holmes foram totalmente denunciados pela Securities and Exchange Commission [Comissão de Valores Mobiliários dos Estados Unidos], o *Washington Post* ainda conseguiu lamentar pelo "unicórnio" caído:

"No entanto, apesar da gravidade das alegações, muitas mulheres, eu inclusa ainda sentimos um arrepio de decepção.
Por quê? Nas palavras de uma amiga: 'estou triste que nossa única Steve Jobs seja uma fraude'. Em outras palavras: lá se vai nosso unicórnio."[7]

A caça à Diretora Executiva Feminista feita pela mídia de mulheres e o *Faça acontecer* colocaram em ação uma fórmula que agora ressoa tão alto no Pinterest e no Instagram que é difícil acreditar que ela nem sempre existiu: a ideia de que construir um negócio sendo mulher é inatamente feminista.

A ascensão de influenciadoras e influenciadores do Instagram, de certa forma, democratizou a fama — agora não mais reservada para artistas tradicionais. Agora, qualquer pessoa que seja empresária, proprietária de pequena empresa ou blogueira de moda pode construir uma rede de seguidoras e seguidores ativa e relevante que pode rivalizar com a de pessoas que sejam atrizes e cantoras, vocações que historicamente vieram com uma rede pulsante de apoiantes para impulsionar sua influência. Esse índice pode ser aplicado e avaliado em muitas profissões, indústrias e celebridades de qualquer tipo, e a necessidade de ter um "rosto" para a marca se estendeu para muito além de produtos literais e tangíveis como sabonete, maquiagem ou ketchup. Agora, as empresas como entidades precisam ter uma narrativa e uma história para as redes sociais, de preferência incorporadas em uma única pessoa ou casal ou família para que possa ressoar.

Mas, se olharmos para trás, o marketing e a publicidade sempre tiveram que construir uma narrativa envolvente para vender produtos — ninguém vai gostar de você se você não tiver essa loção, nenhuma mulher vai te dar a mínima a menos que você compre este carro, você não será uma esposa adequada a menos que use este sabão. Comerciais e anúncios impressos desenvolveram esse conceito por meio de cópias estratégicas, gráficos específicos e campanhas extensas.

Portanto, o Instagram — com seus anúncios de vida em constante atualização — é apenas uma evolução do tipo *Black Mirror* desse mesmo conceito. "Você pode ser legal como eu se tocar para ver as marcas nesta foto", "suas crianças podem ser fofas como os minhas se você considerar comprar esses macacões", "é noite de #date, então óbvio que estou usando este batom da INSIRA MARCA AQUI". Cada foto curada ou patrocinada baseia-se nesta narrativa de marca pessoal — "eu sou uma mãe como você", "eu sou uma #chefona", "eu sou uma menina de boa". Mas, assim como o Photoshop com que todo mundo se preocupava quando eu era adolescente, pouco dessa performatividade é autêntica considerando que esse é um ambiente onde há produtos para vender e personas para construir. As preocupações envolvendo adolescentes e o Photoshop parecem antiquadas em comparação com a questão de adolescentes que consomem um sem fim de anúncios com a *hashtag #nomakeup* [#semmaquiagem] no Instagram pensando que eles são reais.

Essa estratégia se estende ao empreendedorismo que se coloca como feminista porque construir negócios inteligentes também requer uma dessas narrativas. Como o feminismo — ou #feminismo — se tornou aceitável e até mesmo atrativo na cultura pop, tem sido fácil ou "oportuno" se lançar ou lançar sua empresa em uma narrativa pessoal profundamente feminista, imagem por imagem. O feminismo é apenas uma parte da construção de uma marca pessoal padrão.

O #feminismo vive com sucesso no Instagram com mais de nove milhões de posts marcados, uma combinação de memes, citações e arte — uma conversa internacional sobre igualdade de gênero em tempo real estruturada em torno de imagens. Mas, em meio a essa tapeçaria digital de citações de Frida Kahlo,[8] imagens de broches com os dizeres "I Believe Survivors" [Eu acredito em sobreviventes][9] e fotos de banheiros "para todos os gêneros"[10] estão imagens, índices e citações de mulheres no mundo dos negócios. Você vai encontrar uma citação creditada a Melinda Gates: "uma mulher com voz é, por definição, uma mulher forte",[11] uma ilustração do número de mulheres diretoras executivas de empresas da lista *Fortune 500* (são 24),[12] e um citação sem créditos que diz: "seja a mulher que ajeita a coroa de outra mulher sem contar ao mundo que ela estava torta".

Esta fusão visual de ascensão corporativa e direitos das mulheres é um símbolo de como essa conversa se fundiu nacionalmente, onde se vê citações icônicas de Audre Lorde[13] ao lado de imagens de celebridades femininas protestando[14] e anúncios da Celine[15] e tudo é de alguma forma rotulado como #feminismo. O que é ainda mais preocupante é a forma como esses princípios, o etos feminista radical e a ambição capitalista se fundiram visualmente em tons pastel *millennials* para formar seu próprio feminismo branco de quarta onda: citações de Audre Lorde sobrepostas a uma imagem de uma mulher alvo da racialização usando um terno profissional enquanto escala os degraus metafóricos da carreira até o topo,[16] ou uma citação de Lorde usada em uma postagem/anúncio no Instagram sobre lingerie feita à mão.[17]

O que torna essa fusão ainda mais curiosa, além de deveras equívoca, é que Lorde baseou sua carreira e seu legado feminista em críticas ao capitalismo. Em "Uses of the Erotic" [Usos do erótico], reimpresso em *Your Silence Will Not Protect You* [Seu silêncio não vai te proteger], Lorde observa os esquemas nos quais suas citações minuciosamente selecionadas estão agora cimentadas on-line:

> "O principal horror de qualquer sistema que define o que é bom por meio do parâmetro do lucro e não do parâmetro da necessidade humana ou que define a necessidade humana mediante a exclusão dos componentes psíquicos e emocionais dessa necessidade — o principal horror de tal sistema é que ele rouba o valor erótico, o poder erótico, o apelo de vida e a satisfação de nosso trabalho. Tal sistema reduz o trabalho a uma farsa de necessidades, um dever pelo qual ganhamos o pão ou o completo esquecimento para nós mesmas e para as pessoas que amamos. Mas isso é o mesmo que cegar uma pintora e depois dizer-lhe para melhorar seu trabalho e curtir o ato de pintar. Além de quase impossível, é também profundamente cruel."[18]

O espaço entre o feminismo e o empreendedorismo diminuiu mais ainda com a *hashtag #fempreneur* [#mulherempreendedora], um espaço de mais de 700 mil (até então) postagens que apresentam promoção da ambição, estratégias para redes sociais e uma glorificação contínua do "estar ocupada". As imagens recorrentes de mulheres de diferentes raças (mas principalmente brancas) com seus computadores em suas mesas de trabalho, sorrindo com seus cafés bem cafeinados e listas de tarefas eficientes e bonitas passam a mensagem de que a produtividade feminina pura — um índice capitalista — é uma atividade intrinsecamente destruidora do patriarcado.

Feminismo é ser uma mulher com uma trança criativa que faz trabalho administrativo em um escritório. Feminismo é ter um smartphone no qual você verifica muitos e-mails enquanto sorri. E o mais importante, o feminismo é bem-apessoado, bonito e jovem.

Suas antepassadas feministas brancas, as sufragistas norte-americanas, também usaram essa estratégia. Ao simplificar e gerenciar diretamente a aparência da sufragista, elas garantiram ao povo norte-americano que as mulheres que queriam o voto eram "simpáticas, carismáticas, virtuosas e profissionais", de acordo com a autora Margaret Finnegan.[19] Por meio da manipulação ótica, elas criaram um movimento pelos direitos das mulheres de aparência homogênea. E pelo que vi do desenrolar desse padrão, apesar de existir alguma variação na raça — mas pouquíssima variação no tipo de corpo, idade ou expressão de gênero — o que acaba por ser agressivamente uniforme é o etos dessas representações: as feministas estão sempre felizes trabalhando em escritórios.

O controle que algumas sufragistas exerciam no passado existe agora como uma devoção homogeneizada ao trabalho de escritório ou empreendedor, refletindo o que se tornou cada vez mais alinhado à branquitude, à beleza, à juventude e aos corpos magros: a devoção inquestionável à sua empresa, corporação ou chefia. Ou, como colocado de maneira mais alegre, "ambição".

Mas a proliferação em massa da *"hustle porn"** ou *"hustle inspo"*, como às vezes é chamada, que traz imagens constantes de mulheres

---

* *Hustle* é um termo informal que, dentre outras coisas, significa "trabalho duro". *Hustle porn* seria então "pornografia do trabalho duro", mas o *"porn"* do termo não se refere a conteúdos sexualmente explícitos e sim a uma ideia de compartilhamento de imagens chamativas que exaltam ou glamourizam alguma coisa, como no caso de *"food porn"* [pornografia alimentar]. Na ocorrência seguinte, *inspo* é uma abreviação da palavra *inspiration* [inspiração]. (*N. da T.*)

performando feminismo em uma mesa de trabalho, também acaba por efetuar algo muito mais sinistro. É possível observar o quanto o mantra da ambição obcecada tachou as conversas populares sobre os direitos das mulheres como "sem ambição", pessoas que nem mesmo têm uma mesa de trabalho ou um laptop ou uma caixa de entrada de e-mail ou listas de tarefas devem lutar para conseguir representação visual ou cobertura neste panorama estruturado pela "ambição". Na maioria das vezes, são pessoas e grupos que não necessariamente buscam poder; mas sim que querem direitos — acontece que, no feminismo branco, essas duas coisas se tornaram inextricáveis.

É dentro dessa junção que a produtividade das mulheres e o empreendedorismo são enquadrados como a linha de ação que te libertará da opressão de gênero.

Essa abordagem da igualdade de gênero também fez uma nova interpretação da manifestação política.

O Dia Internacional da Mulher, celebrado e fundado por mulheres socialistas nos Estados Unidos e na Rússia logo após a virada do século, foi posteriormente adotado pelas Nações Unidas em 1975 para comemorar os direitos das mulheres e a paz mundial.[20] Mas, graças à distorção feita pelo feminismo branco, tornou-se um dia internacional de promoção de produtos femininos — um dia em que a promoção e venda de itens voltados para mulheres com uma parte das vendas dedicada a causas de gênero é o modelo para comemorar.

A *Vogue* britânica ostenta a "seleção mais empoderada de produtos para comprar agora",[21] enquanto o *Elite Daily* diz: "These International Women's Day Beauty Products Will Let You Shop for Progress" [Esses produtos de beleza do Dia Internacional da Mulher permitem que você compre em nome do progresso].[22]

Esses guias de produtos — padrão na mídia de mulheres — consolidam essa noção de que comprando você pode ser politicamente ativa, especialmente em nome dos direitos das mulheres. Que o dinheiro, o capital e a troca de cédulas são caminhos para uma mudança revolucionária e sociopolítica. E que comprar um batom vermelho "March On" de edição limitada da Elizabeth Arden é um ato político.[23]

Em vez de um veículo de protesto, o feminismo se tornou uma marca.

Atualmente, os empreendimentos comerciais seguem codificados com esse impulso ideológico. Quando a *People* cobriu a campanha #EmpoweredByBusiness [#EmpoderadaPelosNegócios] de Sofia Vergara, foi dito que "a iniciativa lançará luz acerca de como motivar mulheres no mundo dos negócios pode melhorar — e até revolucionar — suas vidas".[24]

"Revolucionar" sua vida por meio dos negócios mais uma vez funde o radicalismo do feminismo com a linguagem corporativa e opressora de mulheres do capitalismo. Se você aplicasse uma estética rosa *millennial* sobre este ditado, poderia até colocá-lo no Pinterest.

O fato de tantos desses *pins* e imagens retratarem uma mulher sozinha em seu computador ou em sua mesa ou em sua empresa também é muito significativo, porque elas estão mais uma vez fazendo referência a um entendimento individualista do feminismo: seu sucesso individual é feminista. Sua capacidade de dirigir esta empresa é feminista. Ou, feito uma marca, se coloca como feminista.

O mito da *"Girl Boss"*

Se os negócios, o trabalho corporativo e o dinheiro fossem os três pilares pelos quais estivéssemos metabolizando o feminismo no âmbito cultural, então as diretoras executivas seriam as contadoras de histórias.

Essa estrutura foi muito eficiente em enquadrar as mulheres nessa posição como feministas, mesmo que elas não usassem a palavra ou não se identificassem diretamente dessa forma, visto que experiências genderizadas ainda assim eram identificadas no discurso dominante. Por meio desses relatos pessoais, essas diretoras executivas estavam demonstrando confrontos diretos com estruturas, instituições e ambientes de trabalho sexistas. Mas a limitação dessas narrativas é que a janela para reconhecer o sexismo parou aí, no nível pessoal, e muitas vezes negligenciava uma análise estrutural mais profunda. Isso porque o feminismo branco é, em última análise, fiel ao poder estabelecido — não está prevista a reavaliação desta estrutura dentro dessa abordagem à igualdade de gênero.

O objetivo final em geral não era uma mudança estrutural, mas soluções personalizadas — soluções personalizadas que você poderia comprar por meio delas e de suas marcas: produtos, serviços ou livros. Similarmente às conferências de empoderamento, a alguns clubes só para mulheres e às marcas de roupas que se colocam como feministas discutidas nos capítulos anteriores, o sexismo tinha que ter soluções individuais que pudessem ser compradas.

A fundadora da marca de roupas íntimas Thinx, Miki Agrawal, disse ao *The Cut* que via as roupas íntimas da Thinx, projetadas especificamente para clientes que menstruam, como parte de um esforço maior para combater o domínio patriarcal:

"Mas Agrawal, como muitas pessoas no mundo da tecnologia e dos negócios, acredita que todo esse horror opressor pode ser corrigido gradualmente — sem sacrificar o lucro. 'Eu não ficaria extremamente animada com um produto que é apenas um produto', explicou ela. 'Preciso sentir que existe uma grande causa'."[25]

A "grande causa" incluiu recorrer a críticas e questões mais amplas de justiça social para dar credibilidade feminista e uma história de produto envolvente às roupas íntimas Thinx:

"Em poucas palavras, a ideia é que a menstruação é uma parte totalmente natural da vida para qualquer pessoa nascida mulher, e sentir-se obrigada a esconder os cheiros, as manchas e as cólicas é tão sintomático do patriarcado quanto a desigualdade salarial e o assédio sexual. E também dá para se divertir com o choque da coisa toda: é o equivalente moderno de queimar sutiãs.

A Thinx está surfando sem culpa nessa maré de feminismo da menstruação com muito sucesso. A empresa envia uma *newsletter* semanal chamada 'This Week in Feminism' [Essa semana no feminismo], com manchetes como 'On Thursdays We Wear Feminism' [Às quartas usamos feminismo] (uma referência a uma frase do filme *Meninas malvadas*), e 'Season's Bleedings' [Os sangramentos da temporada] e 'Fa--la-la-la-la-la-va-gi-na', para os feriados de fim de ano.[26] Entremeados com *hashtags* como *#periodproud* [#orgulhomenstruante], há links para histórias sobre direito ao voto para mulheres na Arábia Saudita, sobre agressão sexual nos Estados Unidos e atualizações sobre a legislação antiaborto, sobre o clube do livro feminista de Emma Watson[27] e sobre o Estado da União. ('Quem mais se lembra do *single* de sucesso de Shania 'Man! I Feel Like A Woman'* (porque estou sendo ignorada de novo)???') Existem versos inspiradores como: 'Quando a vida lhe dá limões, você os espreme nos olhos do patriarcado'."[28]

Alinhar seu produto com a revolução, ou melhor, colocá-lo como parte de uma trama grandiosa para derrubar o patriarcado, é essencial para o feminismo branco, porque o comércio muitas vezes tem que andar de mãos dadas com a paridade de gênero ou com o empoderamento. Isso foi evidenciado por Agrawa, quando disse ao veículo: "só comecei a me identificar como feminista, literalmente, assim que comecei minha empresa",[29] uma janela reveladora sobre a origem de sua política de gênero. Ela começou a se identificar como feminista quando precisava nos vender algo.

O livro *#girlboss* de Sophia Amoruso, então diretora executiva da empresa de roupas Nasty Gal, também foi descrito como uma obra que apresentava estratégias pessoais para lidar com sexismo, mas "destinado àquelas mulheres jovens que podem ser desestimuladas pela imagem corporativa de Sandberg", de acordo com uma resenha crítica do livro

---

* Literalmente: "Cara! Eu me sinto como uma mulher". (*N. da T.*)

feita em 2014 pela *Business Insider*.³⁰ "Ao contrário de Sandberg, Amoruso não tem diplomas de escolas de elite e um currículo que lista a Google e o Facebook. Em vez disso, ela teve que terminar o ensino médio estudando em casa devido ao DDA e à falta de interesse". É por meio desse caminho para o sucesso empresarial menos sancionado pela classe que, supostamente, "Amoruso oferece uma alternativa. Seu feminismo está enraizado na rebeldia do punk rock, mas com toda a seriedade de uma diretora executiva".

Em seu livro, a própria Amoruso mencionou a condescendência classista com que sua ausência de educação superior era frequentemente citada:

> "Não vou mentir — é um insulto ser elogiada por ser uma *mulher sem diploma universitário*. Mas estou ciente de que isso também é uma vantagem: posso comparecer a uma reunião e surpreender as pessoas sendo apenas eu mesma, com a educação que tive nas ruas."³¹

A interpretação de que Amoruso era de alguma forma não "corporativa", embora estivesse dirigindo um negócio de 100 milhões de dólares³² naquele mesmo ano, ressalta quão distorcida era essa representação específica de mulheres e riqueza. Amoruso podia não ter a mesma "imagem corporativa" que Sandberg exalava, mas mesmo assim era uma figura extremamente poderosa, lucrativa e corporativa. A afirmação da mídia, entretanto, foi eficiente em estabelecer um espectro limitado pelo qual avaliar, identificar e examinar o feminismo: a riqueza.

Usar essa lente para localizar ou inaugurar a exploração feminista nos trouxe um roteiro igualmente limitado para compreender e interpretar o feminismo: empreendedorismo, crescimento empresarial e dinheiro. Se a rara lista de mulheres diretoras executivas seria a janela cultural dominante para alcançar a igualdade de gênero, isso serviu para alinhar o feminismo com aquilo que é o objetivo principal de qualquer pessoa nessa posição corporativa: dinheiro.

Foi assim que a mulher descaradamente em busca de lucro passou a ser símbolo do feminismo branco da quarta onda e foi assim que dinheiro na mão de uma pessoa que se identificava como mulher passou a representar uma narrativa inatamente "feminista", independentemente de como esse dinheiro foi obtido, como esse dinheiro foi usado ou o que aquele dinheiro estava sustentando. A construção de riqueza pela simples construção de riqueza foi apresentada como um objetivo feminista branco.

Exportar essa ideia para leitoras, clientes e seguidoras também deu continuidade à ideia de que aconselhamento profissional poderia ser reformulado como algo "feminista" ou algo feminista híbrido. O objetivo era ganhar dinheiro para você e para a empresa para a qual trabalhava ou tinha fundado, entidades que às vezes se fundiam a partir de citações inspiradoras e frases de efeito de mulheres empresárias sobre a construção de suas empresas. Isso também se consolidou com a compreensão ampliada (tanto por parte das leitoras quanto por parte dessas mulheres) de que elas eram marcas ambulantes e falantes. Falar sobre seus empreendimentos comerciais ou sobre você mesma foram colocados mais ou menos como a mesma coisa. Isso é parte de um objetivo maior que o feminismo branco moderno sempre possuiu: fundir identidades políticas e comerciais. Essas mulheres eram a marca e, portanto, a política sempre que davam uma entrevista e sempre que faziam seus perfis.

E a mídia estava muito interessada em fazer a cobertura delas e de qualquer mulher que se parecesse com elas. A cobertura da imprensa global sobre o empreendedorismo das mulheres foi observada pela *Harvard Business Review* em 2013 como tendo aumentado drasticamente em dois anos (entre 2009 e 2011).[33] No ano seguinte, as Nações Unidas reconheceram formalmente o primeiro Dia do Empreendedorismo das Mulheres, "destinado a celebrar mulheres empresárias em todo o mundo e a mobilizar uma rede global de mulheres empresárias, empreendedoras e agentes de mudança que apoiam e empoderam essa comunidade de mulheres empresárias e seus negócios", declarou a *Forbes* em 2014.[34] No primeiro evento inaugural celebrando o Dia do Empreendedorismo das Mulheres na cidade de Nova York, a *Forbes* relatou que o dia "reuniu um grupo de pessoas ativistas, filantropas, líderes corporativas, da sociedade civil e executivas de organizações sem fins lucrativos para apoiar o crescimento de empresas pertencentes a mulheres em todo o mundo".[35] Este agrupamento derrubou ainda mais quaisquer barreiras entre pessoas que fazem ativismo social ou filantropia e pessoas que são executivas corporativas ou proprietárias de empresas — o Dia do Empreendedorismo das Mulheres passou a mensagem de que estes grupos eram a mesma coisa, com objetivos iguais ou coincidentes.

Quando #GIRLBOSS foi publicado em 2014, tornou-se um best-seller do *New York Times* e, mais tarde, uma série da Netflix com o mesmo nome. A revista *New York* descreveu o livro como "uma alternativa *millennial* ao *Faça acontecer*"[36] e Lena Dunham elevou ainda mais a marca, dizendo: "#GIRLBOSS é um movimento".[37]

É importante mencionar, porém, que o "livro sobre negócios", como foi classificado pelo Goodreads,[38] não foi considerado uma crítica estrutural de forma alguma. Mesmo o aconselhamento profissional "acessível", de acordo com o *New York Times*, era por vezes "confuso".[39] O *Guardian* disse: "este best-seller é, ao mesmo tempo, a história de vida de uma empresária de moda e um guia para o empoderamento das mulheres. O problema é que ele é tão raso quanto uma colher de chá".[40] A autora da resenha finalmente descreveu o "conselho sensato" como "parco" ao considerar como uma leitora deveria replicar as estratégias.

Mas esta interpretação de #GIRLBOSS não estava perdida em alguns espaços on-line de mulheres, nos quais o livro foi avaliado por ter outros méritos bem distantes da mudança estrutural. Tori Telfer observou no *Bustle* em 2014:

"Um livro como #girlboss é valioso pois inspira mulheres jovens, principalmente mulheres jovens pouco confiantes ou inseguras a respeito de como agir no ambiente de trabalho. Mas, no fim das contas, é um pouco superficial; é um livro de memórias com alguns conselhos básicos sobre o ambiente de trabalho. E os conselhos — não deixe os homens te atrapalharem, trabalhe duro para conseguir o que você quer — não são realmente o que jovens trabalhadoras precisam ouvir. A geração *millennial* aparentemente já sabe que devemos trabalhar duro e lutar pela igualdade e usar roupas profissionais para uma entrevista e, se não sabemos, aí já é um problema totalmente diferente. O que #girlboss oferece — o que *Faça acontecer* oferece — é suporte psicológico, não respostas. A mudança no ambiente de trabalho, em última análise, só acontece com a mudança no ambiente de trabalho: você precisa ir à entrevista para conseguir o emprego. Você precisa trabalhar para conseguir uma promoção. Se há uma outra maneira de contornar essa escada corporativa, nem Sandberg nem Amoruso estão contando às mulheres qual é."[41]

"Apoio psicológico" comercializado como "um movimento" é fundamental para o feminismo branco, embora, em última análise, as instituições e convenções não sejam desafiadas, mesmo quando é empregado o discurso da mudança radical e os temas são apresentados como contrários ao discurso dominante, como no caso de Amoruso, que expressa "a rebeldia do punk rock".

O que muitas vezes está sendo afirmado nessas janelas para o poder corporativo das mulheres é que essas mulheres são radicais simplesmente por terem o que os homens sempre tiveram ou por agirem como homens corporativos. Como Noreen Malone observou sobre Agrawal, a fundadora da Thinx, no *The Cut*:

"Se Agrawal fosse um homem, o tipo seria imediatamente reconhecível: ela medita com o aplicativo Headspace, faz crossfit, fez uma TEDx, Talks,[42] cita Steve Jobs e Tim Ferriss. Ela se automitifica, é totalmente confiante mesmo em situações em que não tem uma boa razão para ser, e tudo isso lhe serve extremamente bem. Ela é um cara da tecnologia — exceto que ela é uma mulher tentando vender roupas íntimas. Ou, como ela vê, inovando na 'área da menstruação'."[43]

A *The New Yorker* fez uma observação semelhante, mas mais sutil, sobre a então presidente da Theranos, Holmes, em 2014, ao relatar sobre como sua diretoria composta somente por homens (com a exceção dela mesma) encarava a questão de a empresa ser dirigida por uma jovem mulher. Uma citação de Henry Kissinger, ex-secretário de estado e membro da diretoria da Theranos, mostrou o quão raro era para este poderoso grupo de homens — que incluía Bill Frist, um ex-líder da maioria republicana no Senado; Sam Nunn, um ex-senador democrata e presidente do Comitê das Forças Armadas dos Estados Unidos; William J. Perry, o ex-secretário de defesa; e Richard Kovacevich, um ex-diretor executivo e diretor da Wells Fargo — ser confrontado com uma líder mulher e tão jovem:

> "Kissinger, que tem 91 anos, me disse que Holmes 'tem uma espécie de natureza etérea — quer dizer, ela aparenta ter dezenove anos. E você se pergunta: 'como ela vai administrar isso?'. E ela o faz, disse ele, 'através do domínio intelectual; ela conhece o assunto'."[44]

O que o tom implica para o público leitor é que uma mulher de trinta anos que "aparenta ter dezenove", levanta questões fundamentais sobre a capacidade de liderança. Mas a insistência de Kissinger de que Holmes, em última análise, conhece a área dela é apresentada como uma um mérito que ela tem apesar de como se apresenta. Seu "domínio intelectual" é apresentado como antitético à sua "natureza etérea", sugerindo que ela é uma combinação anômala e revolucionária.

Essa lente também foi aplicada a um perfil de 2014 de Holmes na *Fortune*, intitulado "This CEO Is Out for Blood" [Essa diretora executiva está caçando em busca de sangue], agrupando os mesmos elementos descritos por Kissinger, combinando um retrato suave e renascentista de Holmes, iluminando suavemente seu cabelo loiro, pele clara e boca rosada, com a implacabilidade direta da manchete: beleza recatada e ímpeto de diretora executiva. Um professor de engenharia de Stanford que deu aula a Holmes resume os sonhos dela quando adolescente no segundo ano de faculdade como sonhos pulsantes com o desejo de "revolucionar":

> "Ainda assim, ele ficou relutante em vê-la abrir uma empresa antes de terminar o curso. 'Eu disse: por que você quer fazer isso? E ela disse: porque sistemas como este podem revolucionar completamente a prestação de cuidados de saúde eficazes...'."[45].

O gênero ter sido frequentemente identificado como a base fundamental para este radicalismo — ser mulher e ser bastante corporativa — também foi crucial, pois espelhava o foco único do feminismo branco na opressão de gênero sem qualquer contexto de classe, raça, heterossexismo ou outros contextos importantes.

Mas o sucesso no mundo corporativo dos Estados Unidos como a base frágil para o feminismo desmoronaria mais tarde, quando suas práticas, políticas e proteção de sistemas poderosos eventualmente dessem as caras.

Em 2015, depois que o *Inc.com* relatou que 2014 foi "a Banner Year for Nasty Gal's 'Girl Boss'", [um ano excelente para a *'girl boss'* da Nasty Gal],[46] a empresa de Amoruso foi processada por uma ex-funcionária. De acordo com o processo, que foi relatado primeiramente por Anna Merlan na *Jezebel*,[47] a Nasty Gal havia "demitido quatro mulheres grávidas [...] bem como um homem prestes a tirar licença paternidade". O processo estipulava que a Nasty Gal demitia funcionárias grávidas "sistemática e ilegalmente", o que violava a lei estadual da Califórnia.

Merlan informou que o processo foi aberto pela ex-funcionária Aimee Concepcion, considerada uma trabalhadora exemplar, de acordo com análises da empresa. Mas ela alegou que a gravidez mudou sua posição na empresa. Ao notificar a gerência sobre sua gravidez, Concepcion descreveu a reação da gerência como "chocada" e "insatisfeita". E então ela foi informada que a empresa não precisava prover sua licença-maternidade, pois ela estava na empresa há apenas nove meses.

Tanto a California Family Rights Act [Lei dos Direitos da Família da Califórnia] quanto a Family and Medical Leave Act [Lei de Licença Médica e Familiar] fornecem doze semanas de licença sem vencimento apenas se a funcionária estiver na empresa há mais de um ano (e, de acordo com a FMLA, apenas se a empresa tiver cinquenta ou mais pessoas em sua equipe). Mas uma proteção estatal ainda garantiu que os atos pelos quais a Nasty Gal foi acusada eram ilegais. Outra lei, a California's Pregnancy Disability Leave [Licença por Questões Relacionadas à Gravidez da Califórnia], determinou que qualquer empresa que fornece plano de saúde deve também conceder até quatro meses de licença por questões de saúde relacionadas à gravidez, independentemente de há quanto tempo as pessoas gestantes estiverem na empresa.

Concepcion disse em seu processo que a Nasty Gal confirmou que estava contratando alguém para substitui-la na sua função. Mas, em agosto daquele ano, ela foi informada de que estava sendo demitida por motivos orçamentários não relacionados ao seu desempenho. Então, ela alegou, a empresa manteve seu plano de saúde:

"Consta no processo de Concepcion que a empresa tentou forçá-la a assinar um acordo de rescisão renunciando a seu direito de processá-la. No início, ela alega, prometeram que ela continuaria a receber até a data prevista para o parto e que teria cobertura do plano de saúde até dezembro de 2014, depois disseram que tudo isso estava condicionado à assinatura do contrato. Concepcion deu à luz sua filha em novembro, mas diz que a Nasty Gal nunca a registrou para cobertura COBRA, o que significa que ela estava sem plano de saúde."[48]

A rescisão de Concepcion demonstrou o padrão de empresa de tratar mães e pais como alvos de demissão; segundo o processo dela:

"Além dela, Concepcion alega que, em agosto de 2014, durante um dos episódios de demissões, muitas das pessoas demitidas estavam grávidas, em licença maternidade ou prestes a solicitá-la. Uma delas, de acordo com a denúncia, supostamente descobriu que estava sendo demitida com 36 semanas de gravidez, pouco antes de um chá de bebê planejado por colegas de trabalho. Outra pessoa, Anne Coelen, foi demitida devido a uma 'reestruturação' pouco antes de retornar da licença-maternidade. O processo diz que Coelen foi substituída por dois funcionários homens. A ação afirma que Gilberto Murillo, que tinha licença-paternidade programada em outubro para ficar com sua esposa grávida, também foi demitido em agosto. Um mês depois das demissões de agosto, Rosa Lieberberg, então com doze semanas de gravidez, também foi demitida, embora não por causa de uma 'reestruturação' — a denúncia diz que ela foi acusada de fazer parte de 'um clube de meninas malvadas'."[49]

O caso foi para arbitragem e Concepcion negou provimento ao processo em termos confidenciais.[50]

Dois anos depois, a *Racked* relatou que a Thinx, a marca "feminista" de roupas íntimas para menstruação, estava supostamente repleta de gestão abusiva, licença-maternidade abaixo da média e maus-tratos à equipe. Na reportagem da *Vox* de 2017, intitulado "Thinx Promised a Feminist Utopia to Everyone But Its Employees" [A Thinx prometeu uma utopia feminista para todo mundo exceto para sua equipe], Hilary

George-Parkin escreveu que a diretora executiva e fundadora Miki Agrawal "elaborou cuidadosamente sua própria imagem como uma pregadora dos direitos das mulheres e a rainha regente da higiene feminina".[51] No entanto, de acordo com o pessoal da empresa, essa imagem contrastava profundamente com a infraestrutura interna e a cultura da empresa, cujas negociações salariais, rescisões e gestão não refletiram um respeito básico pela equipe. "Feminista" ou não, os relatos são de que a empresa imitou a dinâmica exploradora que tradicionalmente tornou possível o sucesso capitalista explosivo:

"'Sinceramente parecia um ambiente de escola de ensino fundamental: colocavam as pessoas umas contra as outras, nos chamavam de crianças mesquinhas [diziam que éramos] pessoas imaturas e *millennials* que não sabiam de nada — enquanto isso, estamos recebendo pelo menos 30 mil dólares abaixo dos salários padrão do setor", disse uma ex-funcionária da empresa. "Foi realmente como estar em um relacionamento abusivo. E eu não uso essa analogia de forma leviana[...].'

... Embora várias fontes digam que tiveram um corte de salário ou que aceitaram um salário abaixo do piso do mercado porque queriam trabalhar para a empresa, as tentativas de negociar pagamentos mais altos após receberem mais responsabilidades ou uma mudança no cargo foram desprezadas e tratadas como ingratidão ou era dito que os salários não eram negociáveis.

'Sempre que alguém tentava negociar com ela, [Agrawal] mencionava de novo que éramos jovens e dizia tipo: ah, você tem vinte e poucos, não precisa de muito dinheiro', declarou uma pessoa ex-funcionária da empresa.

Ela tratou isso 'como se fosse egoísmo receber um salário que representasse seu valor', disse outra fonte. Embora os aumentos anuais fossem dados com base no desempenho e na receita, o valor em dólares foi considerado não negociável e, diz uma terceira fonte, as únicas pessoas da equipe que a fonte ficou sabendo que argumentaram com sucesso por dinheiro adicional foram dois dos poucos homens brancos que trabalhavam na empresa."[52]

Medidas de corte de custos também colocaram a saúde e o bem-estar da equipe diretamente em conflito com a mensagem "feminista" que ordenava seu ambiente de trabalho:

"Em março de 2016, a equipe convocou uma reunião com Agrawal para antecipar algumas de suas queixas com a empresa, dizem as fontes, uma das quais foi um e-mail abrupto que receberam alertando sobre uma redução nos dias de férias pagas de 21 para 14 por ano, bem como os pacotes de saúde proibitivamente caros que a empresa oferecia (duzentos dólares por mês para a opção mais barata no momento, de acordo com uma fonte).

'Lembro que uma de minhas colegas começou a chorar', disse outra fonte, cuja lembrança da reunião foi confirmada por outroas duas pessoas presentes na ocasião. 'Ela disse tipo: eu amo trabalhar aqui. Amo trabalhar para mulheres. Mas dói saber que estou dedicando minha vida inteira a Thinx basicamente, eu trabalho o tempo todo, mas não consigo nem pagar por meu anticoncepcional. O que significa estar em uma empresa feminista se eu não tenho dinheiro suficiente para me manter segura e protegida?'."[53]

A reportagem da *Vox* notou que pessoas que já haviam sido parte da equipe bem como pessoas que eram da equipe na época rotineiramente se referiam umas às outras como "família", o que pode ser encarado como uma ligação traumática decorrente do confronto com uma diretora executiva "errática" que tentou manter o controle por meio de métodos manipulativos:

"Em pelo menos uma ocasião, disse uma fonte, ela disse à equipe: 'vamos contratar pessoas imigrantes que sejam gratas' para trabalhar na empresa e fez comentários 'desconfortáveis' sobre os corpos de pessoas da equipe."[54]

Esses "comentários" foram posteriormente relatados pela revista *New York* como comentários e toques indesejados por parte de uma mulher muito mais poderosa do que essas pessoas eram:

"[Chelsea] Leibow, que foi demitida em dezembro após meses expressando preocupações sobre o comportamento de Agrawal, tinha começado um ano antes e sido promovida no meio do ano. No início, a cultura da empresa parecia 'aberta e honesta', ela me disse por telefone. Um ou dois meses após sua chegada, no entanto, Agrawal disse que tinha uma 'obsessão' pelos seios de Leibow e 'se servia', como Leibow me disse na semana passada. 'Eu não disse nada a ela na época. Se você já foi tocada sem o seu consentimento, você sabe que é chocante. Havia toda uma atmosfera de: tudo bem, isso não é grande coisa'. (Na linguagem formal da reclamação, foi o 'comportamento geralmente agressivo e retaliatório, a posição de autoridade e o estilo de gestão' de Agrawal que deixaram Leibow intimidada demais para falar.) Leibow disse que a configuração do escritório da Thinx — em um espaço de *co-working* no Centre for Social Innovation — significava que não eram apenas colegas de trabalho dela que podiam ver isso acontecedo, o que aumentava seu constrangimento. E ainda, embora outras pessoas da equipe confirmem que viram sua chefe tocando os seios de uma funcionária, ninguém parou Agrawal ou reclamou com ela a respeito disso. 'Se alguém tivesse ido até ela para reclamar', explicou outra pessoa da equipe, 'ela teria ficado bem chateada, e o trabalho se torna dez vezes mais difícil quando ela fica chateada'."[55]

Leibow explicou que esses toques se consolidaram em um "padrão". Agrawal continuou a fazer comentários sobre seus seios e os seios de outras pessoas em vários trajes, e tocou-a tanto quando elas estavam sozinhas quanto na frente de outras pessoas da empresa. Ao relatar o suposto abuso, ela fez uma distinção importante ao descrever o assédio sexual para a revista:

> "Senti que Miki objetificou meu corpo quando ela declarou que era 'obcecada' com ele e fez comentários muito detalhados sobre meus seios, e isso também parecia uma maneira de Miki afirmar seu domínio sobre as funcionárias, simplesmente fazendo o que ela queria sem pedir e mostrando que ela iria se safar sem consequências."[56]

Essa imposição de poder também se manifestou quando Agrawal trocou de roupas na frente de outras pessoas da equipe, atendeu ligações de negócios no banheiro, fez chamadas de vídeo parcialmente vestida com pessoas da equipe, descrevendo abertamente sua assistente lésbica como "gostosa" e compartilhando detalhes explícitos de sua vida sexual. A identidade da marca colidiu com essas alegações de abuso em momentos em que a posição de sênior de Agrawal ultrapassou os limites pessoais da equipe:

> "Em uma empresa de roupas íntimas composta por mulheres com uma cultura de escritório casual, a nudez talvez não fosse tão chocante quanto poderia ser em outros ambientes de trabalho, mas, de acordo com as funcionárias, estava associada a uma agressividade sexual perturbadora. Em uma reunião em dezembro de 2015, pouco antes das férias, enquanto a equipe comia bolo, Agrawal começou uma discussão sobre poliamor. Ela disse que tinha interesse nisso e estava pensando em tentar. Ela então apontou para funcionárias individualmente e perguntou se elas já haviam experimentado. 'A dinâmica de poder era tal que as pessoas não se sentiam confortáveis em dizer que não queriam ser questionadas a respeito disso', explicou uma pessoa presente."[57]

Agrawal disse à CNBC que as alegações de assédio sexual eram "infundadas" e absolutamente sem mérito.[58] Quando ela deixou o cargo de diretora executiva em 2017, a Thinx disse ao *Business Insider*:

"Miki Agrawal não é mais diretora executiva e estamos trabalhando para implementar nova liderança e políticas para que possamos continuar a crescer e prosperar. Para apoiar esse esforço, contratamos uma empresa de recrutamento de executivas para auxiliar no recrutamento de uma nova pessoa para o cargo de diretora executiva. Também estamos contratando uma pessoa para ser executiva de recursos humanos e, nesse ínterim, contratamos uma profissional de recursos humanos que está trabalhando em nossos escritórios para apoiar nosso progresso.

Em relação às alegações da sra. Leibow, a Thinx não recebeu nenhuma reclamação legal ou cobrança de qualquer agência. Quando as questões foram trazidas à nossa atenção após a saída da Sra. Leibow da Thinx, a empresa solicitou uma investigação que concluiu que as alegações não tinham mérito legal. A empresa não pode comentar mais sobre essas questões jurídicas."[59]

Além de negar as alegações, Agrawal escreveu no *Medium* que ela havia cometido "uma tonelada de erros", mas comparou esses erros não citados com a expansão acentuada de sua empresa. Seu foco no "crescimento" como diretora executiva implicava "decisões difíceis" em outros âmbitos do negócio, ela disse:

"Quando comecei, como qualquer pessoa empreendedora, eu estava lutando pela vida da empresa, o tempo estava contra nós e eu precisava ter certeza de que não fecharíamos nossas portas após um ano, como mais de 60% das empresas fazem. Eu queria ter certeza de que minha equipe receberia contracheques contínuos e que acionistas da empresa vissem o crescimento. Eu estava profundamente focada no crescimento dos lucros e resultados e em nossa missão de quebrar o tabu. E, sob minha liderança, conseguimos. Saímos do vermelho, nunca pulamos nenhuma folha de pagamento e nos tornamos reconhecidas em uma área tabu e muito difícil. A Thinx estava no mapa.

Então, as coisas cresceram — e cresceram rápido. Foi um crescimento exponencial que não imaginava nem nos meus sonhos mais loucos. Como qualquer cofundadora/diretora executiva, tudo que fiz foi o melhor que pude fazer nessas circunstâncias malucas."[60]

A tentativa de Agrawal de remanejar as alegações de assédio sexual e maus-tratos em torno de lucros, crescimento e construção de capital revela como seus objetivos como diretora executiva não necessariamente estavam alinhados com os direitos humanos. A linguagem reveladora do feminismo branco apimenta a postagem, fundindo o empreendedorismo com o feminismo — palavras que você encontraria em memes de negócios no Instagram e no Pinterest como "inovação", "sonhos", *"#startuplife"*, "abençoada", "aprender e crescer" e "movimento". Sua reiterada afirmação de que ela fez a empresa crescer, e que tal objetivo representa o verdadeiro sucesso acima da suposta difamação por parte de sua equipe, mostra onde seu "feminismo" opera: no dinheiro. Em 2016, Agrawal escreveu outro post no *Medium* intitulado "An Open Letter to Respectfully Quit Telling Me How to 'Do Feminism' (and to just support one another, please!)" [Uma carta aberta para que, respeitosamente, parem de me dizer como devo 'praticar o feminismo' (e para que apoiemos umas às outras, por favor!)], essencialmente pedindo que "as mulheres na mídia" parem de questionar seu feminismo. Ela escreveu um ano antes de surgirem as alegações sobre seu ambiente de trabalho:

"Sim, o feminismo é parte integrante da nossa estratégia de marca, mas não, ele não está se dando em uma sala de grupo de foco e não foi decidido por um Conselho. A noção do feminismo como parte da Thinx foi uma percepção orgânica — um encaixe perfeito — porque é o que existimos para fazer. Cada palavra e imagem usadas em nossas comunicações e campanhas são pensadas e criadas por nossa equipe de feministas jovens e duronas (todas com suas próprias interpretações do termo). Integrar o feminismo em nosso marketing não é uma manobra e não é um ato explorador; é uma recuperação de como as marcas tratam e falam com as mulheres, e é uma resistência ideológica contra gerações de condescendência e marketing insultuoso em relação às mulheres."[61]

No entanto, na prática, essa execução do feminismo como uma marca ainda dependia de todos os princípios do trabalho explorador: "salários baixos e benefícios abaixo do padrão"[62] (principalmente para pessoas com útero) e, o mais importante, a imposição de poder para manter essa dinâmica desigual. No mínimo, uma prática de negócios "feminista" parecia se assemelhar apenas a uma prática de negócios como qualquer outra.

A defesa com foco no lucro feita por Agrawal também exibiu quão divergentes costumam ser um ambiente de trabalho decente e uma empresa bem-sucedida e lucrativa, na medida em que ela apresenta que a última tem uma prioridade sobre o primeiro (em vez de um exercício holístico como a missão de sua empresa apresenta essas realidades) — e que o sucesso financeiro de seu império às vezes exigia essa estratégia. Ela também alinha suas práticas de negócios (e "pessoas insatisfeitas") com o panorama mais amplo de seu setor, afirmando assim que esses "vacilos" estão dentro da normalidade:

"É TÃO fácil criticar e reclamar sobre o que as pessoas não entenderam e sobre as coisas que me faltaram e certamente admito de todo o coração que não tenho tudo. Sem dúvida. E sim, você pode fazer uma lista numerada de cada vacilo que eu já cometi (vá em frente), mas estou dizendo que tudo isso é uma oportunidade de aprender e crescer. Além disso, é óbvio que todas as pessoas que fundam empresas terão pessoas insatisfeitas que se sentem frustradas por elas ao longo de suas aventuras no mundo do empreendedorismo. Decisões difíceis têm que ser tomadas, como demitir pessoas e, às vezes, essas pessoas demitidas podem retaliar de maneiras horríveis e eu aprendi que precisamos nos preparar para isso. Todas as minhas amizades que são fundadoras de sucesso compartilharam as mesmas histórias."[63]

Apesar de uma pertença ou autoidentificação feminista, Agrawal encontra semelhanças com suas outras "amizades que são fundadoras de sucesso"; ou seja, outras pessoas capitalistas. Também é significativo que, neste momento de reflexão sobre a linha do tempo de sua empresa, fracassos, sucessos, e "aprendizados que levarei comigo para o resto da minha vida", Agrawal, em última instância e publicamente, alia-se aos negócios e ao empresariado em vez do feminismo. Ela não usa publicamente essa situação como uma oportunidade para talvez questionar novamente sua própria compreensão da desigualdade de gênero.

Após alegações de assédio, abuso, trabalho exploratório e desvalorização de sua equipe, ela fica do lado dos negócios — não do feminismo. E ela defende as estruturas, canais e expectativas de negócios quando confrontada com litígios alegando que ela abusou de mulheres. (A queixa foi retirada depois que o caso foi resolvido fora do tribunal.)[64]

Defender instituições poderosas quando tal poder é contestado por alegações de abuso é a base fundamental do feminismo branco, já que sua lealdade é, em última instância, voltada para lucros, poder e prestígio sobre o abuso. Essa tática foi exibida de forma semelhante em 2017 por Arianna Huffington, membro da diretoria da Uber, após alegações de assédio sexual. Em fevereiro daquele ano, Susan Fowler, uma ex-engenheira da Uber, publicou uma postagem no seu blog (mais tarde expandida em seu livro *Whistleblower*) detalhando a proposta sexual feita pelo seu chefe, relatando o incidente ao RH e essencialmente sendo informada de que seu suposto assediador era importante demais para que a empresa tomasse medidas disciplinares:

"Me disseram que eu tinha que fazer uma escolha: (i) eu poderia encontrar outra equipe e nunca mais ter que interagir com esse homem novamente, ou (ii) eu poderia ficar na equipe, mas eu teria que entender que ele provavelmente me daria uma avaliação de desempenho ruim quando chegasse o momento da revisão, e não havia nada que eles pudessem fazer a respeito. Observei que isso não parecia muito uma escolha e que eu queria ficar na equipe porque tinha uma experiência significativa no projeto que a equipe estava se esforçando para concluir (era o melhor para a empresa me ter naquela equipe), mas eles me disseram a mesma coisa várias vezes. Uma pessoa do RH ainda me disse explicitamente que não seria retaliação se depois eu recebesse uma avaliação negativa porque havia 'uma opção'. Eu tentei avançar na situação, mas não cheguei a lugar nenhum com o RH ou com minha própria cadeia de gerência (que continuou a insistir que haviam dado uma bronca nele [sic] e não queriam arruinar sua carreira por causa de seu 'primeiro delito')."[65]

Depois de trocar de equipe, Fowler começou a compartilhar suas experiências com outras engenheiras. Assim como ela, elas haviam sofrido assédio sexual na empresa, às vezes por parte do mesmo gerente que a assediou, e todas tiveram experiências semelhantes com o departamento de RH. A partir das linhas do tempo delas, Fowler foi capaz de confirmar que esse gerente específico estava assediando outras mulheres antes mesmo de ela entrar para a empresa:

"Ficou óbvio que tanto o RH quanto a gerência mentiram sobre aquele ter sido 'seu primeiro delito' e certamente não seria o último. Em poucos meses, ele foi denunciado mais uma vez por comportamento impróprio, e aquelas que o denunciaram foram informadas de que ainda era seu 'primeiro delito'. A situação foi apresentada nos níveis mais altos possíveis dentro da hierarquia e ainda assim nada foi feito.

Eu e algumas das mulheres que o denunciaram no passado decidimos agendar reuniões com o RH para insistir que algo fosse feito. Em minha reunião, o representante com quem conversei me disse que ele nunca havia sido denunciado antes, ele só havia cometido 'um delito' (em suas conversas comigo), e que nenhuma das outras mulheres com quem eles se encontraram tinha algo ruim a dizer sobre ele, então nenhuma ação adicional poderia ser ou seria tomada. Era uma mentira tão descarada que não havia realmente nada que eu pudesse fazer. Não havia nada que qualquer uma de nós pudesse fazer."[66]

No mês seguinte, Huffington, que estava supervisionando uma investigação sobre a empresa, disse à CNN que havia conversado pessoalmente com centenas de mulheres da Uber e que a chefia do RH — o mesmo RH que estava supostamente apoiando supostos predadores sexuais devido ao seu desempenho — realizou "120 sessões de escuta" com funcionárias.[67] A Uber também contratou Eric Holder, ex-procurador-geral dos Estados Unidos, e Tammy Albarrán, sócios do escritório de advocacia Covington & Burling, para conduzir a investigação. Huffington declarou:

"'Sim, havia algumas maçãs podres, sem dúvida. Mas este não é um problema sistêmico', disse Huffington. 'O importante é que as estruturas que não existiam agora estão sendo colocadas em prática para garantir que as mulheres, as minorias e todos se sintam completamente à vontade na Uber'."

Três meses depois, a NPR relatou que a Uber havia demitido vinte funcionários, alguns dos quais eram executivos seniores, após mais de duzentas denúncias de assédio sexual e má conduta no ambiente de trabalho.[68] A Uber se recusou a comentar sobre as demissões ou divulgar os nomes das pessoas demitidas.[69] Mais tarde naquele mesmo verão, a NPR também relatou os detalhes de um processo coletivo por parte da equipe de engenharia que a Uber acertou fora do tribunal. O acordo de 10 milhões de dólares foi anunciado em março, mesmo mês em que Huffington afirmou que o assédio não era "um problema sistêmico".

Os detalhes relatados do acordo pareciam indicar o contrário, dado o número de querelantes e suas acusações:

> "Cinquenta e seis pessoas devem receber um pagamento médio de quase 34 mil dólares porque entraram com ações específicas de 'incidentes de discriminação, assédio e/ou ambiente de trabalho hostil e relacionaram suas experiências com suas raças, nacionalidades ou gêneros', afirmam os documentos judiciais. [...]
>
> Um grupo maior de 483 pessoas receberá uma média de quase 11 mil dólares por causa de outras reivindicações de discriminação, de acordo com os documentos. O processo original foi movido por duas engenheiras Latinas, Roxana del Toro Lopez e Ana Medina, que afirmam que foram sistematicamente discriminadas por causa de seu gênero e origem étnica.
>
> Os processos judiciais dizem que 487 das pessoas afetadas foram contatadas para participar no caso. Nenhuma se opôs e duas pessoas optaram por não participar."[70]

Para mim, os comentários públicos de Huffington, garantindo às pessoas espectadoras, consumidoras e a clientela em potencial que essas alegações não eram "um problema sistêmico", tentaram neutralizar o que foi alegadamente facilitado, promulgado e perpetuado em várias camadas dentro da empresa. Sua frase sobre "algumas maçãs podres" visa minimizar o escopo, mas também a responsabilização pelo assédio e pela discriminação. É uma frase que simula resolução e controle ao colocar algumas demissões chave como a solução em vez de um novo questionamento acerca da cultura e dos valores empresariais, especificamente tratando-se de um empreendimento lucrativo e bem-sucedido. Esta estratégia reflete uma interpretação errônea mais ampla do abuso sistêmico, porque, muitas vezes, não estamos necessariamente tentando nos livrar de indivíduos e sim abolir lógicas inteiras de pensamento, mentalidades e estruturas. Remover pessoas específicas, mesmo aquelas muito poderosas, pode distorcer essa missão e desviar o escrutínio que deveria ser direcionado a toda a empresa para apenas um indivíduo — alguém que não está mais lá. E assim o empreendimento é recuperado.

Similarmente à Agrawal, Huffington se alinha com a prosperidade, o futuro e a questionada reputação da empresa.

Huffington se identifica como feminista.

Capítulo quinze

O que o reconhecimento de privilégios não consegue suscitar

A LGO ACONTECEU QUANDO o feminismo branco descobriu a palavra "privilégio". Durante um longo momento cultural, a palavra passou a circular nas discussões, fazendo referência a uma visão muito específica dos problemas da sociedade que não leva em conta pessoas com menos recursos, vantagens ou diferenças culturais.

Mas então o curso mudou. O reconhecimento básico dessas dinâmicas de poder social tornou-se o suficiente para, basicamente, se livrar da culpa. Pronunciar essa palavra ou reconhecer as circunstâncias que sua raça, gênero ou classe lhe atribuíram passou a ser considerado o início e o fim da conversa. Declarar-se uma pessoa "privilegiada" funcionava mais como uma medida de transparência do que como um incentivo para se aprofundar no papo. Repetida pela minha gerência enquanto continuávamos a cobrir as mesmas atrizes magras falando sobre os mesmos problemas de gente rica através das mesmas lentes heterossexuais, a expressão "privilégio branco" se tornou quase uma permissão cultural que normalizava a manutenção do foco no mesmo lugar. Usar o termo também se tornou uma forma de desviar do escrutínio das práticas e de neutralizar as críticas. É óbvio que *todas essas mulheres são privilegiadas, mas continuaremos falando sobre elas 365 dias por ano de qualquer maneira! E aqui está uma anedota sobre como mulheres alvo da racialização ganham 73 centavos a cada dólar para proteger este argumento de acusações de racismo*. É assim que se dizer uma pessoa "privilegiada" passou a funcionar como uma isenção de responsabilidade pessoal, em vez de uma ruptura.

É necessário um grande desvio ardiloso para chegar aqui, para distorcer o "privilégio" de modo que ele ainda mantenha e, em última análise, sirva às estruturas de poder que mantêm a branquitude no centro, em vez de desafiá-las. Especialmente porque reconhecer vantagens sistêmicas, acredito eu, é uma forma importante, se não fundamental, de começar a desfazer a opressão social. Para identidades interseccionais, descentrar-se adequadamente é essencial para reconhecer onde se está no espectro de vantagens: mulher cis branca e pobre, mulher trans Negra de classe média, lésbica branca de classe alta. Mas, ao mesmo tempo, também é importante reconhecer lugares onde você não está no centro para começar. Reconhecer que o que você considera comum e garantido seria uma benção para outra pessoa pode ser fundamental para se desenvolver a autoconsciência.

Mas, na prática, o "privilégio" é muitas vezes o beco sem saída do feminismo branco — um caminho para atravessar os movimentos da consciência racial ou *queer* e ainda assim acabar por sair do mesmo jeito que entrou. Anos vendo colegas feministas brancas jogarem esta palavra na mesa como se fosse uma edição de setembro de 1997 e esperando nada mais nada menos que uma parada como reação me lembrou muitas vezes o quão baixo é o padrão de letramento racial em muitos ambientes de trabalho. Seu reconhecimento de que detém poder é tratado como suficiente por si só.

Isso pode ser observado de forma mais consistente na ideia do cálculo pessoal do tempo como um índice feminista.

A "How I Get It Done" [Como eu consigo fazer isso] do *The Cut* da revista *New York*, uma série recorrente que esmiúça a agenda pessoal e profissional de "mulheres bem-sucedidas" trata disso ao mesmo tempo que enquadra a produtividade máxima, um valor capitalista, como o objetivo final. Todos os artigos começam com um resumo bastante condensado do histórico profissional da pessoa, de sua família e seu status de relacionamento antes de terminar uniformemente falando de "como ela consegue fazer tudo" ou "como ela faz isso". A série sempre começa com um detalhamento de sua rotina matinal. Muitos artigos, como este focado na diretora executiva da SoulCycle, Melanie Whelan, delineiam um labirinto complexe que envolve satisfazer as necessidades das crianças e da chefia:

"Sobre sua rotina matinal:
    Eu tenho um filho de nove anos, Lachlan, e uma filha de seis anos, Charlotte. Eu viajo muito e minha jornada de trabalho é bem extensa, então quando não estou viajando e estou em casa, tento levar as crianças para a escola, acho que é muito importante. As crianças são meu despertador — elas acordam às 6h e só vão para a escola às 7h30, então é um momento muito ativo para passar com a família. Meu marido geralmente é o primeiro a sair. Antes de sair com as crianças, passo dez ou quinze minutos no telefone apenas me preparando para o dia. Os números da SoulCycle chegam às 4h da manhã, então eu os averiguo. Levo as crianças para a escola, converso com algumas mães e docentes e vejo o que está acontecendo."[1]

Apesar de qualquer falta de estrutura, ciência ou cálculo que consuma alguma parte dos dias, carreiras ou vidas pessoais delas, o verdadeiro ímpeto da série é transmitir "macetes", dicas de "equilíbrio entre trabalho e vida pessoal" ou várias "rotinas" que possam ser replicadas para maximizar a produtividade, como esta estratégia de Eva Chen, diretora de parcerias de moda no Instagram:

"Sobre seu melhor macete de e-mail:
    Pense nos e-mails que você envia em um determinado dia. Você provavelmente está respondendo aos mesmos dez tópicos. Por exemplo, alguém vai me convidar para um evento e estarei fora da cidade, então

minha resposta é: 'desculpe, não posso ir. Estou fora da cidade'. Em vez de digitar isso, salvei como uma assinatura. Basicamente, tenho dez assinaturas salvas no meu e-mail, como 'desculpe, estou fora da cidade, não posso ir', 'estarei lá', 'copiando a equipe administrativa para marcar uma reunião', etc., faz uma grande diferença."[2]

Essas narrativas de produtividade contornam os princípios feministas ou experiências sexistas muitas vezes sem identificá-los como tais, sutilmente codificando esses relatos como feministas, sem nunca ter realmente que se comprometer com uma ideologia, prática ou crítica. Como esta experiência de Whelan:

"Sobre ser a única mulher em uma sala:
 Desde o momento em que escolhi engenharia como meu curso de graduação até agora, muitas vezes estive em minoria em diversas situações. Então sempre tentei articular bem meu ponto de vista e ter um entendimento apurado acerca das necessidades da empresa, seja um problema definido em uma sala de aula de engenharia ou uma apresentação em uma sala cheia de homens — para ter confiança e convicção baseadas em muito trabalho duro para ter certeza de que sei minhas informações melhor do que ninguém. Estou criando um filho cuja mãe é diretora executiva. Vai ser muito diferente daqui a vinte ou trinta anos."[3]

Neste relato detalhado, Whelan é pintada pelo *The Cut* como alguém que desenvolveu uma maneira pessoal de se mover e sobreviver em meio a uma falha estrutural massiva: a falta de mulheres em suas aulas de engenharia na faculdade e ao longo de sua carreira. O fato de ela ser retratada como dona de uma estratégia individualizada para ter sucesso em meio à falha sistêmica — "confiança", "convicção" e "trabalho duro" — revela como ela acaba por processar a questão de "ser a única mulher na sala" e que tipo de feminismo (branco) está sendo praticado para combater a falha de diversidade citada.

A observação seguinte de Whelan sobre a realidade iminente de seu filho, de ter uma diretora executiva como mãe, tanto presume que o público leitor está equiparando uma diretora executiva a alguma versão de feminismo ou paridade de gênero — mais uma vez fundindo e igualando a presença corporativa de mulheres com o feminismo — como também evidencia outro pilar do feminismo branco contemporâneo: que por Whelan estar ocupando o cargo de diretora executiva, ela já colocou em ação uma mudança progressiva em relação à igualdade de gênero. A declaração simples de que "vai ser muito diferente daqui a vinte ou trinta anos" promove essa interpretação da ação politizada e incentiva uma compreensão altamente individual da revolução. A afirmação de Whelan de que "vai ser muito diferente" emprega a narrativa de que as mudanças feministas já ocorreram ao mesmo tempo em que preserva as estruturas sexistas ao defender estratégias individualizadas em vez de estratégias coletivas para combatê-las.

Este binário de preservação de sistemas/soluções individualizadas frequentemente é empregado quando se trata de aconselhamento profissional sobre gênero. Muitos dos conselhos dados nestes espaços tratam sobre como manter o status quo em um nível estrutural. Como um artigo do *New York Times* de 2018 sobre negociação de salários em que o conselho de especialista é: "não seja tímida, mas use o tom e as palavras certas".[4] Ou quando a diretora executiva Tory Burch, em um ensaio de 2016 no LinkedIn, tratou o sexismo no mundo corporativo como "alguns impedimentos sistemáticos para o sucesso das mulheres", mas, mesmo assim, incentivou a reflexão pessoal: "esteja atenta às suas palavras e ações. Pergunte a si mesma: você realmente precisava mudar essa frase adicionando 'apenas', 'acho que talvez' ou 'mais ou menos'? Por que me senti contra a parede em vez de sentada à mesa na última reunião de negócios? Será que minimizei meu desejo de ascender e ter sucesso?".[5] Da mesma forma, Carol Sankar, autora e fundadora do Confidence Factor for Women in Leadership [Fator da confiança para mulheres na liderança], observou em 2017: "negociar é uma habilidade necessária que eliminará o desnível de gênero".[6] Habilidades individuais são apresentadas como o caminho para a mudança revolucionária.

Essa tensão entre garantir mais direitos e manter os sistemas como são foi detectada em uma pesquisa de notícias da *Refinery29* CBS em 2018. A pesquisa determinou que pouco mais da metade das mulheres *millennials* entrevistadas não se identificavam como feministas.[7] Uma participante, identificada como Leah, de 22 anos, disse ao veículo que sua resposta foi "complicada" porque o aumento do acesso a métodos anticoncepcionais e o direito ao voto foram obviamente vitórias feministas. Mas é a pressão contínua para além dessas vitórias, e "a pressão agressiva pelo aborto", que Leah considera desanimadoras. "Eu quero que sejamos socialmente iguais", disse ela. "Eu sinto que o movimento foi amplamente tomado por ativistas de extrema esquerda..."[8] A noção de que o movimento foi "tomado" por ativistas, em vez de criado por elas, diz muito sobre as histórias infundadas sobre como os direitos de pessoas marginalizadas são garantidos em primeiro lugar: começa com ativistas, um fato que você pode comprovar através das sufragistas que fizeram piquete ante o presidente Woodrow Wilson pelo direito de voto (durante a Primeira Guerra Mundial)[9] e Emma Goldman, uma das ativistas da década de 1910 que foi presa por distribuir informações sobre métodos anticoncepcionais.[10] Os direitos de gênero sempre foram impulsionados por pessoas profundamente radicais que lutavam contra o status quo. Mas o que a amplitude consistente e impressionante do progresso mostra é que o que no passado foi considerado radical sempre tem a capacidade de parecer lugar-comum no presente.

E minimizar o quão crítico o ativismo transgressivo tem sido para garantir os direitos de gênero proporciona a ilusão de que você pode alcançá-los dentro do status quo.

No artigo do *Cosmopolitan.com* de 2018 intitulado "Why You Need a 'Work Wife'" [Por que você precisa de uma 'esposa no trabalho'], a introdução descreve problemas profissionais como se sentir "sobrecarregada" com tarefas e ser repreendida pela chefia por estar atrasada.[11] A solução proposta para esses problemas sistêmicos e bloqueios amplamente documentados à segurança profissional, segurança econômica e avanço na carreira das mulheres é, na verdade, conectar-se com outras mulheres. Mas, na prática feminista branca clássica, até mesmo o estabelecimento de laços com outras mulheres tem que vir com ganho individual — e não soluções políticas juntas. "Oportunidades legais", como o avanço profissional, são aumentadas quando se "encontra uma amiga mais ou menos do mesmo nível que você com quem você teve conversas casuais e agradáveis". O objetivo é "analisar o potencial dela, pedindo pequenos favores que beneficiem a ambas: 'quer fazer um *brainstorm* durante o almoço antes da apresentação de amanhã?'" A estratégia eventual é "tentar pedir um favor maior, como cobrir seu turno (e, dã, ofereça-se para fazer o mesmo por ela). Em seguida, siga estas dicas para nutrir essa dinâmica e se jogue na vida de esposas no trabalho". A leitora é então não apenas encorajada a erodir e avaliar estrategicamente as relações pessoais segundo um valor monetário ou profissional, mas também a eventualmente manipular essa parceria para fazer render o trabalho administrativo mútuo.

É assim que o feminismo branco imita o trabalho explorador do patriarcado tradicional. "A vida de esposas no trabalho" consiste em encontrar sua própria mulher para explorar dentro de uma estrutura administrativa de escritório e incentivá-la a fazer o mesmo com você, em vez de lutar por mais profissionais na equipe para compartilhar a "sobrecarga" de trabalho, reestruturando assim a empresa, ou pela formalização da responsabilidade compartilhada reconhecida nas descrições de cargos e até mesmo aumento de salário ou mudanças cargo. Existe um incentivo para continuar fazendo um trabalho invisível em meio à invisibilidade completa e imitar uma abordagem capitalista para explorar outras mulheres — um recurso historicamente disponível — para aumentar a ascensão individual.

Isso reflete uma tendência cultural mais ampla, na qual a reunião de comunidades de mulheres passou a ter mais a ver com *"networking"* do que com sindicalização, greves, demissões voluntárias ou elaboração de políticas. Apesar do tom de mudança social e do vocabulário de comunidade, as táticas sempre foram planejadas para ganho pessoal. Em 2014, o slogan da conferência Women Rule [Mulheres arrasam] da *Politico* era "Innovating a Movement" [Inovando um movimento]. O The Wing defendeu em 2020 que elas estavam "carregando a tocha" dos movimentos de clubes de mulheres citando Ida B. Wells, uma ativista que fundou seu clube de mulheres Negras para acabar com os linchamentos entre outras injustiças raciais. Mas usar essas histórias e imagens para manter o "empoderamento" individual faz parte de como essa lente opera.

Katherine Goldstein, jornalista, apresentadora do podcast *The Double Shift*, e ex- "superfã" do *Faça acontecer*, explicou em 2018 como essa ideia específica de feminismo lhe forneceu "muitas ilusões prejudiciais" sobre gênero e discriminação.[12] Mas ela conclui sua crítica ao feminismo corporativo afirmando esta verdade importante e divergente: "as mulheres estão percebendo que cuidar umas das outras é ainda mais poderoso do que apenas cuidar de nós mesmas".[13]

Esta compreensão coletiva da opressão — que envolve tanto as experiências decorrentes da opressão quanto as estratégias para combatê-la — é evidenciada no caso de 2018 em que milhares de pessoas na época funcionárias da Google abandonaram seus postos de trabalho após o que consideraram um tratamento indevido por parte da empresa em relação a alegações de má conduta sexual, racismo e discriminação.[14] Ou quando pessoas que trabalhavam no McDonald's coordenaram um abandono em massa dos postos de trabalho em várias cidades para protestar contra o suposto assédio sexual[15] alguns anos depois de uma pesquisa descobrir que 40% das pessoas funcionárias de empresas de fast-food já o haviam enfrentado.[16] Ao considerar esses confrontos importantes com o poder corporativo, Goldstein observa: "agora acredito que a maior mentira do *Faça acontecer* é sua mensagem subjacente de que a maioria das empresas e chefes são basicamente benevolentes, que o trabalho árduo é recompensado, que se as mulheres tirassem a camisa de força da dúvida um mundo meritocrático estaria à nossa espera".[17] Mas o feminismo branco nos diz de forma consistente, de um lugar de privação de direitos, que as empresas são inerentemente boas. Tão boas que é "feminista" se integrar mais ainda a elas. A culpa não é delas quando você não recebe um aumento ou quando esquecem de você na hora que abre uma posição; você deveria ter falado mais, defendido com mais afinco o valor que você agrega.

Mas é essa crença generalizada de que o que é "bom" — seja em relação a políticas, representatividade ou salários — virá de uma empresa poderosa que está equivocada. Veículos e estratégias que mantêm o poder sob controle, como sindicatos, abandonos de postos [*walkouts*], negociações trabalhistas, organizações e propostas de políticas — com apoio interno — têm historicamente mantido as empresas do lado da humanidade. Muitas vezes somos nós, quem está pegando no batente, as pessoas funcionárias que estão sendo convocadas a fazer mais do que é viável, que estão sendo assediadas e informadas de que "é assim mesmo" que engendraremos esse equilíbrio de poder. As proteções de que precisamos não virão deles, dada a natureza desse relacionamento; elas têm que vir e ser afirmadas por nós.

Parte III
Os ventos da mudança

> Em qualquer época, por mais cruel que fosse a opressão exercida por quem estava no poder, sempre houve pessoas que lutavam por um mundo diferente. Eu acredito que essa é a dádiva genial da humanidade, o que nos faz metade divindades: o fato de que alguns seres humanos conseguem vislumbrar um mundo que nunca existiu.
>
> — Anne Braden, autora e ativista antirracista[1]

Capítulo dezesseis

Uma nova era do feminismo

SE PENSARMOS ESSE movimento da maneira projetada pelas sufragistas — um movimento para ter acesso ao que homens cis brancos têm —, o feminismo branco tem caminhado de forma bem-sucedida. Entre 2014 e 2019, as empresas pertencentes a mulheres nos Estados Unidos cresceram 21% em comparação com o crescimento de 8% no número de pessoas empregadas.[1] Uma grande parte desse avanço notável se deve a empresas pertencentes a mulheres alvo da racialização, que representavam 50% de todos os novos negócios pertencentes a mulheres em 2019.[2] Mulheres Negras eram donas da maioria dessas empresas, e cerca de metade dos negócios pertencentes a mulheres não brancas variavam entre salões de beleza, salões de manicure e firmas de consultoria e relações públicas.[3] Atribuo à cultura abrangente e ao etos do *Faça acontecer* a responsabilidade pela construção desse panorama, por ter se baseado nas últimas quatro décadas nas quais mulheres foram maioria entre as pessoas graduadas na universidade[4] e mulheres solteiras foram maioria entre as pessoas que estavam comprando casas pela primeira vez.[5]

Quando voto para a presidência dos Estados Unidos, abro um cartão de crédito em meu próprio nome e garanto meus métodos anticoncepcionais sem precisar da permissão por escrito de meu pai ou marido para buscar educação universitária, estou ativamente habitando o mundo que Alice Paul imaginou.

Mas se quisermos um feminismo mais multiracial e com gêneros múltiplos, onde as necessidades de todas as mulheres sejam atendidas, precisamos reavaliar o que estamos defendendo em primeiro lugar. Precisamos de um conceito novo e corajoso, que priorize e aborde os sistemas que mantêm as pessoas de gêneros mais marginalizados na pobreza, no abuso e encarceramento. Se o poder é a maneira como tradicionalmente entendemos o caminho para a igualdade, precisamos apontar que nossa estrutura atual não facilitará a chegada das pessoas mais privadas de direitos ao poder. Estaremos sempre falando em anomalias: a mãe solteira que conseguiu construir um negócio, a mulher LBT que chegou ao topo desta empresa. Uma trabalhadora doméstica pode nunca ser uma diretora executiva, e isso não deveria prejudicar sua capacidade de viver acima da linha de pobreza.

Precisamos construir uma abordagem mais holística e ambiciosa da desigualdade que não apenas tome uma única questão como o Feminismo definitivo nem peça que nos atenhamos a essa questão única. Nacionalmente, precisamos de um movimento pela igualdade de gênero que tenha várias camadas, que aborde a realidade da vida das pessoas e que não apenas traga visibilidade para pessoas de gêneros marginalizados, mas também garanta alimentos e recursos básicos como água potável e moradia. Depois, proteções trabalhistas, salários decentes e um sistema de justiça reformado. Por fim, uma vez que as necessidades básicas, as proteções trabalhistas e nosso sistema jurídico estejam garantidos, as mulheres e as pessoas não-binárias precisam de oportunidades para crescer por meio da educação e de oportunidades de criar pequenos negócios. O feminismo branco nunca foi esse movimento.

E é quando essas peças fundamentais são fragmentadas, omitidas ou apresentadas em uma ordem alternativa que o progresso para os direitos de gênero é sufocado. Abrir oportunidades educacionais elevadas para pessoas em situação de insegurança alimentar não as ajudará. Abrir indústrias com altos níveis de assédio e agressão sexual para as mulheres não as fará progredir. Mas amiúde penso no feminismo branco como um exercício dessa estratégia.

No grande e brilhante mundo da opressão, o feminismo branco muitas vezes optou por escolher um só sabor de subjugação e exercer todo o entendimento da opressão de gênero a partir dali. O feminismo branco do passado e do presente demonstrou uma dedicação inabalável em focar apenas no sexismo e desviou as tentativas multigeracionais de expandir essa lente. Em 1913, Alice Paul triunfantemente coordenou um desfile com milhares de mulheres para exigir o direito ao voto, mas a sensibilidade e o legado de Elizabeth Cady Stanton garantiram que apenas mulheres brancas ricas colheriam os frutos disso. Em 1920, quando Doris Stevens refletia sobre quando foi detida do lado de fora da Casa Branca por protestar pelo sufrágio, ela disse que "nunca foi o martírio por si só. Foi o uso do martírio para um propósito prático"[6]. Mas esse "propósito prático" seria uma agenda apenas "feminista". Em 1963, foi a afirmação de Betty Friedan de que seu importante livro, *A mística feminina*, destilou a verdade universal de gênero do "problema sem nome". Mas, na aplicação real, sua análise pertinente se aplicava apenas a donas de casa economicamente seguras. O sexismo não é o único árbitro da opressão; mas, quando se analisa o cânone do feminismo branco, é possível pensar que sim.

Essa história muito particular informou muitas das iniciativas mais modernas de mobilização. A parte mais desajeitada desse raciocínio, porém, são as tentativas de aplicar esta estrutura simplista de tratar "somente de sexismo" para mulheres que não são brancas, que não necessariamente se identificam como mulheres, que não são ricas, que não são heterossexuais.

Este é o ponto de virada que enfrentamos agora. E este é o conflito que atualmente se desenrola nos bastidores com a liderança do movimento das mulheres.

Um dia depois de Donald Trump ser eleito presidente, Teresa Shook, advogada aposentada e avó residente no Havaí, criou uma página no

Facebook para um protesto.⁷ Na preparação para a eleição, mulheres e pessoas de outros gêneros marginalizados estavam furiosas depois de passar a maior parte de um ciclo eleitoral imersas na misoginia de Trump durante 24 horas por dia, uma plataforma direta que agora lhe dera a presidência. O candidato republicano Trump fez muitos comentários sexistas e caluniosos sobre sua oponente democrata Hillary Clinton, chamando-a de "uma mulher tão deplorável",⁸ ridicularizando seus "gritos" e creditando seu sucesso ao fato de ela apelar para a "questão da mulher".⁹ Ele tinha um grande histórico de chamar mulheres de "porcas", "desleixadas", "cadelas"¹⁰ e fez brincadeiras sobre "namorar" sua filha Ivanka.¹¹ E, quando questionado sobre este histórico, como fez a apresentadora da Fox, Megyn Kelly, durante um debate presidencial em 2015, Trump disse: "ela estava com sangue nos olhos. Ou sangue saindo de qualquer outra parte dela".¹² Mas, apesar desse precedente, as críticas ao desprezo de Trump pelas mulheres alcançaram um nível muito diferente quando o *Washington Post* publicou algumas imagens do *Access Hollywood* em que ele se gaba de agredir sexualmente mulheres, dizendo: "eu simplesmente começo a beijar elas. É que nem um ímã. Eu só beijo. Eu nem espero. E quando você é uma estrela, elas deixam você fazer isso. Você pode fazer qualquer coisa", inclusive "agarrar elas pela boceta".¹³

A ação estava encaminhada, e mulheres como Shook estavam se coordenando. Na mesma noite em que ela fez sua página no Facebook, do outro lado do país, uma estilista do Brooklyn chamada Bob Bland sugeriu um protesto no Facebook. Bland e Shook acabaram combinando seus eventos, à medida que as confirmações de comparecimento aumentavam aos milhares.¹⁴ Algumas mulheres começaram a se voluntariar como organizadoras, mas havia uma homogeneidade se formando. Bland mais tarde especificou: "a realidade é que as mulheres que inicialmente começaram a se organizar eram quase todas brancas. À medida que o movimento crescia, elas buscaram maneiras de abordar essa questão crucial".¹⁵

Abordar esse assunto significava trazer ativistas de carreira como Tamika D. Mallory, Carmen Perez e Linda Sarsour como copresidentas nacionais, mulheres que, segundo Bland, "não são *tokens*; são líderes dinâmicas e poderosas que vêm organizando mobilizações interseccionais ao longo de suas carreiras".[16] A intenção da Women's March on Washington [Marcha das mulheres em Washington], como foi finalmente nomeada, de acordo com as organizadoras Janaye Ingram, Tabitha St. Bernard-Jacobs, Karen Waltuch e Cassady Fendlay, era incluir pessoas Nativas, mulheres com deficiência, mulheres trans, pessoas Asiáticas e das ilhas do Pacífico e outras comunidades.

A data marcada foi 21 de janeiro de 2017 — um dia após a posse do presidente Trump — para uma marcha expressiva em várias cidades que tratava de múltiplas questões: direitos LGBTQ, igualdade racial, direitos das pessoas com deficiência, direitos humanos, reforma da imigração, direitos das mulheres e proteções ambientais[17] — basicamente, todas as pessoas que seriam ainda mais privadas de direitos por esta presidência. Com marchas irmãs em cinquenta estados, a Women's March se tornaria o maior protesto de um dia na história norte-americana sem prisões em Washington, D.C.[18] Mas, nos bastidores, polêmicas e desorganização estavam quebrando a esperança desse novo movimento.

Desde o início, uma crítica comum à Women's March foi que o movimento estava "sem foco".[19] Em 2017, Sarsour discordou dessa interpretação, dizendo ao *Washington Post* que o objetivo não era que todas as mulheres "se vissem em todas as plataformas".[20] Antes da marcha, as organizadoras lançaram uma plataforma de políticas que detalhava as demandas por uma Emenda de Igualdade de Direitos, liberdade reprodutiva, remuneração igualitária, proteções trabalhistas para pessoas imigrantes e sem documentos, fim da violência policial, saúde abrangente e preços acessíveis para moradia.[21]

Mas acho que a expressão "sem foco" por vezes é um termo reativo a nuances, quando inicialmente não reconhecemos uma questão única e objetiva que as culturas dominantes identifiquem imediatamente como familiar. Porque a Women's March definitivamente não foi assim. As organizadoras e participantes foram capazes de construir uma plataforma multifacetada que atraiu com sucesso pessoas de todo o país de várias religiões, ideologias e vivências — muito além dos objetivos e princípios do feminismo branco. Nenhuma outra "onda" de feminismo — um termo redutor que funde movimentos em uma única ideologia — conseguiu reunir tantas pessoas em nome dos direitos de gênero. Nos anos seguintes, porém, a Women's March ficaria organizacionalmente mais fraca. Em 2018, as copresidentas Mallory, Bland e Perez foram acusados de fazer comentários antissemitas durante as reuniões de planejamento da Women's March.[22] (Bland e Mallory negaram.) Alegações desse tipo vinham crescendo durante a maior parte daquele ano. Em fevereiro, Mallory participou do evento do Nation of Islam Saviours' Day [Dia dos Salvadores da Nação do Islã], em que o ministro Louis Farrakhan fez uma série de comentários antissemitas e anti-LGBTQ. Durante seu discurso, ele mencionou o nome de Mallory, que supostamente também promoveu o evento em seu Instagram.[23] Os apelos aumentaram nas redes sociais (e discretamente em redações, eu me lembro) para que ela renunciasse Farrakhan. Uma semana depois, a Women's March divulgou um comunicado dizendo que as crenças de Farrakhan não se alinhavam com seus próprios princípios e apoiaram Mallory. Um dia depois, Mallory escreveu um artigo detalhando sua conexão com o Saviours' Day, um evento que ela frequentava quando criança e continuaria a frequentar para obter apoio depois que o pai de seu filho foi assassinado em 2001.[24] Ela explicou:

> "Eu participo de reuniões com a polícia e com pessoas da área legislativa — as pessoas para quem muitos dos meus protestos foram dirigidos. Fiz parcerias e sentei com inúmeros grupos, ativistas, pessoas líderes religiosas e instituições nos últimos vinte anos. Eu trabalhei em prisões, bem como com pessoas que eram ou são membros de gangues.
>
> É impossível para mim concordar com todas as afirmações ou compartilhar todos os pontos de vista das muitas pessoas com quem trabalhei ou com quem trabalharei no futuro."[25]

Mallory passou a fazer defesas semelhantes depois de ser entrevistada no *The View* em 2019.[26] Naquela época, Shook, que havia feito a página catalítica no Facebook, pediu às copresidentas Mallory, Perez, Sarsour e Bland que renunciassem por "sua recusa em se separar de grupos que defendem essas crenças racistas e odiosas".[27] Três delas o fizeram, visto que, de acordo com o comunicado à imprensa, seus mandatos haviam expirado: Mallory, Bland e Sarsour. Mais dezessete mulheres se juntaram à diretoria da Women's March[28] e Perez continuou com a organização, escrevendo no *Daily News* que, em última análise, "a organização não agiu rápido o suficiente para enfrentar as críticas de frente, causando mágoa e confusão".[29]

Eu acredito que a carreira de Mallory como ativista exige que ela compartilhe mesas, reuniões e discussões com pessoas que defendem publicamente causas com as quais não concorda ou pelas quais não luta. (Em um nível muito menor, já sentei com marcas e estive em reuniões com pessoas com as quais, embora meu nome estivesse junto ao delas em publicações, temos pouco em comum politicamente ou mesmo ideologicamente.) Mas é imperativo distinguir que o que o ativismo de carreira de Mallory requer — sentar e falar com pessoas que são extremamente homofóbicas, anti-semitas e antiNegro — não é o que pede a marca da Women's March, que é uma frente unificada e visual contra essas crenças.

A marca havia sido efetivamente fraturada.

A unidade sentida por muitas em 2017 ainda não havia se estendido ao ano seguinte. A Women's March LTDA. criou uma organização separada chamada March On com o objetivo de incentivar as mulheres dos estados de maioria republicana a votarem e se organizarem para trazer possibilidades mais progressistas para as eleições.[30] Embora publicamente os dois grupos permanecessem amigáveis e respeitosos em meio aos objetivos diferentes que tinham, comentários contínuos nas redes sociais sugeriam que estavam frustrados e confusos com as diferentes agendas, estratégias e identidade de marca um do outro.[31]

Na Women's March de 2019, os números de participação haviam caído: cem mil participantes compareceram em Washington, D.C. Em 2020, "dezenas de milhares" de manifestantes estavam se reunindo em janeiro, estimadas em mais de 25 mil, já que muitas não se inscreveram formalmente para comparecer.[32]

No entanto, dentro da grande massa de pessoas que queriam mudanças, havia outra motivação que ameaçava a solidariedade: o aumento da ideia de que "protestar é o novo *brunch*".

Antes da primeira Women's March, a proliferação dos chapéus de boceta [*pussy hats*], gorros de malha rosa criados por Jayna Zweiman e Krista Suh, passou a sugerir um público frequentador muito diferente. Ambas as mulheres "conceberam a ideia de criar um mar de chapéus cor-de-rosa nas Women's Marches em todos os lugares, o que seria uma afirmação visual ousada e poderosa de solidariedade", de acordo com o site do Projeto Pussyhat.[33] Nomeados em referência aos comentários de Trump sofre agarrar bocetas, os chapéus também tinham a intenção de servir como um símbolo de "empoderamento" e como um marcador visual para os "direitos das mulheres", mesmo para quem não pudesse comparecer fisicamente à marcha.[34] Mas esse "símbolo global icônico de ativismo político", como descrito por suas criadoras, também acabou por se confundir com um tipo de participação muito específica na Women's March: a participação de marca. Alguém que fez questão de vestir sua camiseta NASTY WOMAN [MULHER DEPLORÁVEL] da Etsy e embalar sua garrafa de água FEMINISTA da Amazon e tirar muitas *selfies* com *hashtags* da moda. Alguém que estava mais preocupada em se posicionar como uma ativista descolada do que necessariamente em defender mulheres sem documentos.

Essa dinâmica seria imortalizada em uma fotografia tirada na passeata retratando a ativista Negra Angela Peoples carregando uma placa de protesto que dizia "não se esqueça: mulheres brancas votaram em Trump". Como se para evidenciar diretamente seu ponto de vista, no fundo havia várias mulheres com passabilidade branca com chapéus de boceta rosa tirando fotos com seus telefones. A alegria capturada delas e a expressão estoica de Angela também destacaram a diferença em suas respectivas experiências ativistas. Em apenas um quadro, as diferentes filiações de feministas brancas e de mulheres alvo da racialização foram capturadas — e a fotografia, tirada por Kevin Banatte,[35] viralizou nas redes sociais e além delas.

É verdade que as redes sociais foram uma força proeminente tanto na construção da marcha quanto na disseminação de sua mensagem. Como um movimento de base, as pessoas compartilhando suas participações, intenções de comparecer e apoio a diferentes plataformas foram a força vital da assembleia. Uma pesquisa com participantes da Women's March de 2017 concluiu que mais da metade das participantes planejava compartilhar suas opiniões nas redes sociais.[36]

Mas, com o advento da marca pessoal, esses limites ficaram confusos. No dia seguinte aos resultados das eleições de 2016, fui ao Instagram — muitas pessoas fizeram o mesmo. Eu tinha ficado acordada a maior parte da noite antes de folhear desesperadamente uma série de artigos para a *MarieClaire.com* que eu havia organizado com base na projeção de vitória de Hillary Clinton. Assim como durante a maior parte da minha carreira, tive uma reação profissional primeiro e uma reação pessoal depois. (A última mensagem que me lembro de enviar naquela noite foi para uma repórter confirmando um prazo.) De manhã, depois de reajustados os textos com base na vitória de Trump, postei uma imagem *vintage* — mas icônica — de Gloria Steinem segurando um cartaz com os dizeres *"We Shall Overcome"* [Vamos superar] na minha conta pessoal e depois fui para o trabalho para ver todas as minhas colegas chorando. Eu não percebi na época, mas minha atração instintiva por imagens *vintage* de protesto logo se refletiria em todos os lugares.

Desde a eleição, houve um aumento visivelmente agressivo nos protestos e nas imagens de protesto — nas redes sociais e na cobertura editorial. Essas imagens refletem uma mudança geral na participação no ativismo: de acordo com uma pesquisa em 2018, uma em cada cinco pessoas norte-americanas participou de um protesto desde 2016 e, desse grupo, quase 20% nunca havia protestado antes.[37] Houve muitos protestos para escolher, de diversas filiações e causas políticas. Os principais em todo o país apenas no primeiro ano do mandato de Trump incluíram:

- A noite de eleição quando a vitória de Trump foi anunciada, 2016
- Women's March, janeiro de 2017
- *Travel ban* [proibição da ida de pessoas de alguns países para os Estados Unidos], janeiro/fevereiro de 2017
- Protesto da Dakota Access Pipeline, fevereiro/março de 2017
- Dia internacional da mulher, março de 2017
- *March for Science* [Marcha pela ciência], abril de 2017
- Parada LGBT *#ResistMarch* [Marcha da resistência], junho de 2017
- Protestos de Philando Castile, junho de 2017
- Protestos das leis de saúde, junho de 2017
- *Unite the Right Rally* [Comício una a direita], agosto de 2017
- DACA [Deferred Action for Childhood Arrivals, política migratória norte-americana acerca de imigrantes que chegaram ao país ainda na infância], setembro de 2017
- *White Lives Matter* [Vidas brancas importam], outubro de 2017
- Protesto trumpista no aniversário da eleição, novembro de 2017

Eu participei de muitos deles, assim como minhas colegas — e muitas de nós postaram imagens documentando esses momentos históricos. Mas havia algo mais, mais egoísta e menos relacionado ao jornalismo, crescendo neste ano.

Na época, esse aumento foi facilmente resumido como "protestar é o novo *brunch*". Esse enquadramento divisor de classes do cenário político parece destacar que, para o pessoal do *brunch*, engajar-se em protestos organizados era a forma como estavam seus fins de semana. Denisha Jones, uma professora assistente de formação de docentes na Universidade Trinity Washington, disse ao *New York Times* em 2017 que ela estava observando isso de forma literal: "eu percebi que está se tornando mais um tipo de evento social. Gente com quem eu normalmente vou para o *brunch* tem ido comigo para os protestos".

Parte dessa narrativa servia tanto para tratar da frequência de protestos organizados pós-Trump, quanto do fato de que muitos deles aconteciam nos fins de semana. Mas o retrato mais amplo na imprensa, de que protestar estava se tornando um "estilo de vida", como relatou o *Times*, teve repercussões infelizes. A prática feminista branca de enquadrar o ativismo no Instagram como *"brunch"* faz um forte contraste com manifestantes do Black Lives Matter [Vidas Negras importam] tomando tiros e pessoas Negras do movimento dos direitos civis perdendo suas vidas na década de 1960. O que fica é que, para o feminismo branco (assim como para as mulheres brancas e com passabilidade branca), protestar é um empreendimento seguro.

Em sua forma menos embelezada, no entanto, o ativismo é um estilo de vida. Quando entrevistei ativistas ao longo da vida ou li seus relatos históricos, ficava com a realidade retumbante de que este tipo de trabalho é uma maneira muito particular de viver e ver. A disposição de desmantelar sistemas, grandes e pequenos, com sua presença, com sua voz, com seu corpo físico, é um modo de vida. Erica Garner liderou marchas duas vezes por semana, às terças e quintas às 18h, depois de assistir a um vídeo viral de seu pai Eric Garner prestes a morrer dizendo aos policiais de Nova York: "não consigo respirar".[38] Dolores Huerta foi presa mais de vinte vezes por fazer protestos sindicais.[39] As estratégias de acampamento das pessoas Nativas dos Estados Unidos guardiãs das águas que permaneceram firmes durante Standing Rock foram um plano de ação de resistência profundamente enraizado que remonta aos tempos pré-colonialistas.[40] No fim das contas, isso realmente se torna a maneira como você vive.

Mas algo muito diferente acontece quando você profere a expressão "estilo de vida" entre pessoas que não têm essa compreensão de justiça social. "Estilo de vida" evoca uma estética — roupas que você veste, produtos que você usa, acessórios que você promove, uma forma de alinhar visualmente sua vida para que você passe uma certa impressão. Às vezes, essa impressão é de riqueza, criatividade ou autoridade. E, no caso do ativismo, infelizmente é uma impressão "descolada".

Para a mídia e os anunciantes, o incentivo geralmente é transformar as impressões em coisas que você possa comprar. Você encarna esse ar "descolado" por ter essa camisa ou por usar o cabelo de tal jeito ou por participar de tal tendência de beleza. Mas as impressões também se traduzem literalmente no cenário da mídia social, onde o envolvimento com as pessoas como marcas ou marcas como pessoas se tornou virtualmente intercambiável. E a expressão "protestar é o novo *brunch*" alude a algo que se desenvolveu de maneira específica no feminismo branco: o ativismo produto.

Facebook, Twitter e Instagram, todos espaços legítimos para organizar e protestar, também permitiram que o comprometimento político e a identidade política se tornassem performativas — com público, seguidoras e seguidores e endossos. Identificar-se e promover-se como ativista é um pilar proeminente do feminismo branco, no sentido de que é possível se apresentar como parte da #resistência sem necessariamente defender uma mudança estrutural. Você se alinha visualmente com o feminismo da mesma forma que faria se comprasse um determinado moletom ou colocasse uma capa com motivos de bruxa no seu iPhone. Fotografias ou tuítes feitos em marchas infelizmente se tornaram outra extensão de uma revolução baseada em anúncios e sancionada por corporações. Com botões de "curtir" e índices quantificáveis, apoiar uma determinada causa ou desviar-se de uma iniciativa *mainstream* traz um imenso ganho individual: uma plataforma que você pode criar e transformar em outra influência cultural. E com a interseção da justiça social e do capitalismo, o feminismo branco está ali para vender de tudo a você, desde espaços de *co-working* a lingerie com imagens ativistas do passado e do presente.

Lucros à parte, as redes sociais não estão exatamente reinventando a roda dessa vez. Ativistas geralmente esperam ganhar seguidoras e seguidores, grupos de pessoas que lhes apoiem para promover mudanças. Mas plataformas como Instagram e Twitter adicionam uma nova dimensão porque essas seguidoras e seguidores são transferíveis e facilmente acessíveis às grandes empresas. Você pode criar uma postagem que apoie o Dia da Igualdade Salarial e depois fazer outra que mostre um moletom "feminista" feito por mulheres que definitivamente não foram bem pagas. As mesmas pessoas que curtiram a primeira postagem provavelmente vão curtir a segunda.

Uma crítica geral e sem rigor desse dilema tende a lamentar as redes sociais como um todo. Como se a capacidade inata de compartilhar uma mensagem ou uma imagem ou uma fotografia com qualquer pessoa no mundo instantaneamente fosse de alguma forma errada ou nefasta. (Eu também acho que esse argumento não está longe das preocupações sobre "todo mundo ter voz agora" — uma preocupação velada sobre descentralização da supremacia branca, da misoginia e do racismo na cultura.)

Mas não acho que difamações generalizadas sobre redes sociais sejam úteis na identificação do que realmente está acontecendo aqui. Esse raciocínio também presta um enorme desserviço à toda a organização e todo o ativismo que encontraram apoio nas redes sociais: *#YesAllWomen* [#SimTodasAsMulheres], *#BlackLivesMatter* [#VidasNegrasImportam], *#SolidarityIsForWhiteWomen* [#ASolidariedadeÉParaAsMulheresBrancas], *#NoDAPL* [#NãoàDAPL] e, é claro, *#MeToo* [#EuTambém], entre muitas outras iniciativas tanto regionais quanto internacionais. Quando cobri esses movimentos e cliquei nesses tuítes e postagens no passado, muitas vezes me senti como se estivesse testemunhando a próxima evolução do que as donas de casa judias alcançaram quando projetaram seus panfletos de boicote à carne em 1902, ou o que as esposas e mães na década de 1940 foram capazes de orquestrar quando usaram os telefones para alcançar mais mulheres. As plataformas e as formas de organizar definitivamente mudam com o tempo, mas as forças motrizes muitas vezes permanecem as mesmas: não vamos aceitar isso. E usar quaisquer que sejam os meios da época para repassar essa mensagem tem a capacidade de ser impactante.

Uma diferença que com certeza existe, porém, entre uma dona de casa judia de 1902 se recusando a comprar carne com as pessoas de seu bairro e um ator fazendo uma postagem no Instagram para a *#WomensMarch* é que aquelas donas de casa judias não estavam tentando colocar a *hashtag* #NÃOÀCARNE em uma posição de relevância cultural. Não havia moeda social envolvida no processo que as fez sair da sinagoga quando os homens lhes disseram que elas eram um constrangimento para a comunidade. Não havia ganho profissional em arrancar a carne das mãos da clientela — mas havia muito a perder. O respeito dos homens do bairro (sempre importante), segurança física, reputação pessoal, a possibilidade de ir para a prisão e o ostracismo. Mas elas foram lá e fizeram do mesmo jeito, porque o custo para suas famílias e suas crianças era simplesmente grande demais para que não o fizessem.

Mas pode haver ganhos individuais com certos tipos de ativismo. A realidade neoliberal em que podemos todas ser classificadas como marcas pessoais — um grande pilar do feminismo branco da quarta onda — significa que esses ganhos pessoais (métricas das redes sociais) podem ser transformados em capital. Posicionar-se como ativista pode muito bem te custar filiações, certas parcerias ou pessoas específicas dispostas a trabalhar com você. Mas os ganhos provaram ser tão valiosos quanto todas essas coisas. Quando Angela Davis organizou grupos de estudo inter-raciais na adolescência para protestar contra a segregação, eles foram destruídos pela polícia. Quando Colin Kaepernick, quarterback da NFL, se ajoelhou durante o hino nacional para protestar contra a violência policial, ele se tornou porta-voz da Nike e ganhou um modelo de tênis com seu nome.[41] Quando Sacheen Littlefeather recusou o Oscar de Marlon Brando em nome dele, para protestar contra a representação da indústria de pessoas Nativas, a academia passou a ter restrições mais rígidas sobre a aceitação de procuração.[42] Mais de quarenta anos depois, quando determinadas pessoas da mesma indústria quiseram combater o assédio e a agressão sexual sistêmicos, a Time's Up foi projetada como uma marca corporativa com direito a diretoria executiva e presidência, como escrevi para a revista *Out* em 2019.[43] Dependendo de sua própria política ou da plataforma que você considerar mais vantajosa, você pode ganhar mais seguidoras e seguidores, receber mais parcerias e atrair mais pessoas para trabalhar com você por meio de algum tipo de postura, não importa o quão pouco informada ou vaga.

Um relatório da Spotted[44] de 2018 que procurou quantificar isso determinou que apoiar a *#MeToo* foi útil para a marca de uma celebridade,[45] o que, citando Harron Walker, a escritora da *Jezebel* que cobriu o estudo na época, "parece meio estranho e não é bem o ponto!".[46]

Janet Comenos, cofundadora e diretora executiva da Spotted, disse ao *Digiday* à respeito dessas descobertas: "estamos vivendo em um mundo cada vez mais movido pelos dados, onde uma única coisa pode destruir sua marca. Da perspectiva do *#MeToo*, acho que há um certo equívoco de que as celebridades envolvidas estavam se colocando em risco por falarem abertamente, mas os dados mostram o oposto. O público consumidor sente que é mais fácil se identificar com elas".[47]

Dada a epidemia violenta de agressão e abuso sexual, há uma imensa mudança cultural quando se pensa no público considerando "agradáveis" as figuras que falam dessas experiências. Esta é uma nova reação em massa, e eu gostaria de pensar que se baseia em um letramento crescente sobre a cultura do estupro, predadores sexuais e as maneiras através das quais temos promovido o abuso sexual na sociedade, enquadrando-o como responsabilidade ou fracasso individuais, em vez de algo pelo qual não responsabilizamos abusadores. A possibilidade de uma pessoa conservar sua confiabilidade e credibilidade depois de falar de abuso é uma grande melhoria em comparação ao panorama anterior, em que se ouvia que você não devia ter vestido aquilo, não devia ter bebido, não devia ter estado lá para início de conversa, não devia ter seguido aquela profissão.

Mas essa credibilidade fica nojenta quando se inclui a palavra "marca" na situação. Se a simpatia pode se tornar lucro, então, de repente, há incentivos diferentes. Empresas e corporações vão querer entrar nesse jogo.

Amelia Hall, diretora associada de estratégia cultural da TBWA Backslash,[48] comentou sobre esse salto, comentando para a *Digiday* sobre os lucros que poderiam ser obtidos com a "ativação da marca *#MeToo*", talvez a frase mais assustadora que eu já ouvi. Ela disse: "à medida que as celebridades conduzem essas conversas e o público consumidor e o mundo reagem, acho que isso pode inspirar as marcas a fazer o mesmo. Pelo fato de não ter ocorrido uma ativação explícita da marca *#MeToo*, acho que vamos ver mudanças".[49]

As coisas já estão mudando. Em um clima em que política pode obter um forte engajamento nas redes sociais, as empresas percebem que precisam descobrir uma estratégia para fazer com que as pessoas comprem enquanto protestam. Mas isso não parece incluir gastar mais em infraestrutura interna ou praticar essas políticas. Tem a ver com criar a mensagem ótica de que as empresas estão alinhadas com essas políticas. E recrutar outras pessoas para ecoar essas mensagens para elas.

Falk Rehkopf, diretor de marketing da Ubermetrics, uma plataforma de dados para relações públicas e profissionais de marketing, escreveu sobre a importância de priorizar o "ativismo de marca" em 2018. Sobre o que está por vir, ele observou:

"Prevemos que o ativismo de marca está se tornando a regra e profissionais de relações públicas e de marketing começarão a trabalhar mais de perto com profissionais que prestam consultoria política para marcas em um futuro próximo. Se sua empresa ainda não está fazendo isso, é fundamental refletir sobre seus valores e identificar as causas que você deseja defender; afinal, esse é o caminho para o coração do público consumidor em 2019 e além."[50]

As maneiras para conseguir isso, segundo ele, incluem "identificar influenciadoras e influenciadores em potencial, inclusive quem trabalha com direção executiva, que ativistas queiram ouvir falar".[51]

Essa corrupção do movimento de base iniciado por Tarana Burke para tratar de abuso sexual vai além das empresas que tentam vender bens físicos. Parece que todo mundo está tentando ganhar dinheiro com esse movimento. A Yahoo! Finance disse em 2018 que "o movimento *#MeToo* é uma maravilha para grandes escritórios de advocacia"[52] que estão descobrindo que "ele é certamente um grande gerador de renda para escritórios de advocacia". No mesmo ano, o *New York Times* tratou de "How the Finance Industry Is Trying to Cash In on #MeToo" [Como a indústria financeira está tentando lucrar com o *#MeToo*], observando:

> "Acusações de assédio sexual derrubaram dezenas de executivos, mas, em um canto tranquilo do mundo financeiro, o movimento *#MeToo* parece uma oportunidade de ouro.
>
> As empresas que oferecem dinheiro às pessoas querelantes antecipando futuros acordos legais estão correndo para capitalizar sobre os processos de assédio sexual."[53]

A própria Burke falou sobre como o *#MeToo* foi amplamente distorcido, dizendo em uma TED Talk de 2018: "de repente, um movimento para visibilizar sobreviventes de violência sexual está sendo considerado uma conspiração vingativa contra homens".[54] Focar no que os supostos predadores estão perdendo em vez de focar no que as vítimas precisam, sempre foi uma estrutura profundamente falha de compreensão ou abordagem do abuso sistêmico. Mas os comentários dela também destacam o que impulsionou o *#MeToo* como resposta ao ciclo de notícias pós-Harvey Weinstein: visibilizar sobreviventes em um sistema que nunca o fez. Burke evoca um legado profundo de ativismo ao descrever a união coletiva como caminho para subverter o poder. O que ela diz poderia muito bem ser aplicado ao movimento pelos direitos de pessoas com deficiência, às feministas industriais que abandonaram seus postos em suas fábricas e a muitas outras iniciativas:

> "'Nós remodelamos esse desequilíbrio [de poder] levantando nossas vozes contra ele em uníssono, criando espaços confrontem o poder com a verdade', disse ela. 'Temos que nos reeducar e reeducar nossas crianças para entender que o poder e o privilégio nem sempre precisam destruir e tomar, eles podem ser usados para servir e construir'."[55]

No contexto do feminismo branco, acho que as palavras de Burke podem ser levadas em um outro sentido. O poder e o privilégio nem sempre precisam ser usados para servir e construir o indivíduo. O desconforto, para grupos mais privilegiados, pode ser um portal para uma maior conscientização. São os momentos em que você recua diante desse desconforto, em que não o analisa, em que não questiona por que você tem uma reação tão visceral às demandas de outras pessoas, que esses preconceitos mantêm seu lugar.

Priorizar e cuidar dessa inquietação era exatamente o que algumas mulheres que iam para a Women's March fariam.

Desafiando o feminismo branco

Doze dias antes da marcha, o *New York Times* relatou que algumas mulheres brancas — evidentemente defensoras de que a marcha deveria ter uma ideologia que tratasse "somente de sexismo" — estavam irritadas com a insistência para que a branquitude fosse abordada na resposta organizada ao recém-eleito presidente Trump. Mas é o padrão da branquitude que com frequência mantém a lente individual do sexismo em seu lugar. Para o feminismo especificamente, isso tem precedentes históricos profundos. "Quando chegamos de fato à questão da representatividade ou à criação de uma lista de demandas ou à mobilização em torno de um conjunto de ideias", explicou Ashley Farmer, historiadora da Universidade de Boston, à NPR em 2017, "a tendência é que as prioridades das mulheres brancas de classe média ou alta sejam colocadas acima do resto".[56] As ativistas começaram a discutir abertamente e a sugerir que a marcha incluísse e esperançosamente centralizasse outras questões além do antissexismo. Algumas feministas brancas, no entanto, interpretaram esse lembrete como se, de alguma forma, não fossem bem-vindas à marcha por serem brancas.[57]

Jennifer Willis, uma ministra de cinquenta anos da Carolina do Sul que planejava levar suas filhas para a marcha, supostamente cancelou sua viagem. Ela havia lido uma postagem no Facebook criticando as aliadas brancas por serem tão individualistas em seu ativismo.[58] Isso foi resposta a uma crítica mais ampla.

De acordo com a narrativa da imprensa dominante sobre a Women's March, a vitória presidencial de Trump "despertou" as mulheres para os males xenofóbicos, racistas e misóginos do país. Para as mulheres que já eram ativistas antes deste ciclo eleitoral, esses grotescos males sociais não eram novidade. Eles já estavam lá antes de Trump assumir o poder e provavelmente perdurariam depois dele. Mas, para as feministas brancas que sentiram uma afronta direta e pessoal nos comentários sobre agarrar bocetas feitos por Trump e que, vamos dizer, não haviam comparecido a nenhuma marcha em resposta ao racismo e ódio a pessoas imigrantes por parte dele, o convite para a ação havia acontecido naquele momento. O tom de grande parte dessa cobertura sugeria que, agora que elas estavam sob ataque, era hora de virar ativista. Para colocar isso em perspectiva, a postagem no Facebook que Willis teria lido dizia: "você não pode simplesmente começar a participar porque agora também está com medo. Eu nasci com medo", aludindo a uma experiência decididamente não branca nos Estados Unidos. Willis disse ao *Times* a respeito de sua decisão de não comparecer: "esta é uma marcha das mulheres. Devemos ser aliadas [para solicitar] salários iguais, casamento, adoção. Por que agora a questão é 'mulheres brancas não entendem mulheres Negras'?"[59]

Willis e várias outras feministas brancas no artigo na verdade estavam respondendo à afirmação de que a Women's March de 2017 não trataria apenas sobre elas. Elas interpretaram isso amplamente a partir das redes sociais. No final de 2016, a ativista ShiShi Rose escreveu um post no Instagram oficial da Women's March aconselhando as aliadas brancas a "ouvir mais e falar menos, passar um tempo observando [...] e desaprender as coisas que vocês aprenderam sobre este país".[60] Várias ativistas, muitas delas mulheres alvo da racialização, que haviam trabalhado pela justiça social em outras ocasiões — se não durante toda a carreira — estavam fazendo o controle de uma tendência que conhecem e encontram com frequência: a supremacia branca. E a longa história do ativismo nos Estados Unidos demonstrou como a branquitude, a juventude, a heterossexualidade, os corpos sem deficiência, magros e cis e a riqueza podem ser priorizados mesmo nos movimentos mais radicais.

Mas essa descentralização da branquitude foi metabolizada pelas feministas brancas simplesmente como *não* venha porque você é branca. Isso fala muito sobre o isolamento e autocentramento que a branquitude — e o feminismo branco — permite(m), que o reconhecimento desta estrutura cultural única possa ser entendido como um des-convite para sequer participar. Mas algumas participantes, ao sentir que não estariam desempenhando o papel central que essa iteração particular do feminismo e da supremacia branca lhes havia garantido, começaram a reconsiderar sua participação.

Em 2 de janeiro, a página da Women's March no Facebook postou a seguinte citação de bell hooks, ressaltando o quão interseccional a marcha pretendia ser: "nós só poderíamos nos tornar irmãs de luta confrontando as maneiras como as mulheres — através do sexo, da classe e da raça — dominaram e exploraram outras mulheres e criaram uma plataforma política que abordasse essas diferenças".[61] O feminismo branco reagiu à altura. No tópico de resposta, uma mulher de Nova Jersey escreveu: "estou começando a não me sentir muito bem-vinda neste lance".[62] Uma mulher chamada Christine enfatizou que ela ainda estaria presente, mas elaborou sobre seu sentimento; ela escreveu: "todas nós temos nossos próprios medos e nossas próprias razões para marchar. Não preciso entender as razões de todas para distinguir o certo do errado e ser gentil com as pessoas".[63]

São momentos como esses, em tempo real, na estratégia, na execução, que o feminismo branco se apoia em sua honrada moeda de troca de sutilezas para manter práticas racistas e heterossexistas. E esse é o legado que elas herdaram diretamente da supremacia branca, sua habilidade e maneira culturalmente sancionada de basicamente dizer que não se importam com mulheres Latinas ou mulheres Negras ou mulheres Asiáticas e ainda conseguir soar amáveis enquanto o fazem. É o equivalente moderno ao "problema do *Negro*" que Anne Braden citou em seu livro de memórias, com o mesmo tom meloso.

O que Christine está dizendo essencialmente é que ela não tem que entender por que mulheres Negras marcham, por que pessoas Latinas marcham, por que pessoas muçulmanas *queer* marcham, por que mulheres cis imigrantes marcham. Ela só tem que ser "gentil" e isso bastará em momentos de solidariedade política. No feminismo branco, a gentileza e a ternura conseguem carregar o mesmo valor cultural que o letramento acerca de preconceito estrutural e discriminação. E é por feministas brancas por vezes serem brancas, ou aspirantes à branquitude, que ganham esse sistema de valores, essa troca limpa. Isso diz muito mais sobre aquilo que elas têm poder de promover do que diz sobre qualquer outro grupo. Não é como se ser gentil tenha ajudado determinadas pessoas Negras a escaparem da violência policial ou a convencerem agentes da ICE a não levarem embora seu marido porque ele não tem documentos. Ser legal funciona para elas, no entanto. É um princípio operacional da feminilidade branca e é a isso que as ativistas brancas antirracistas renunciam quando atravessam o caminho para os "outros Estados Unidos", como Braden disse que a ativista Pat Patterson lhe explicou.[64]

Mas os comentários de Christine fornecem uma janela valiosa, uma espécie de cápsula do tempo, para a preparação que precedeu a Women's

March de 2017. Você pode ver no tópico, bem como na página do Facebook de participantes esperançosas, que muitas delas têm, de alguma forma, o objetivo de inserir a ideia de "legal" em seu ativismo (não no sentido de não violência nem de pacifismo). Essencialmente, elas querem levar seus privilégios de mulheres cis brancas para a Women's March e focar apenas no que as afeta — sexismo — enquanto são "gentis" com as outras mulheres presentes

Estranhamente, essa forma de participar de uma manifestação coletiva tratando da privação de direitos baseada em gênero e ao mesmo tempo permanecer sendo o ponto focal da marcha é o que com frequência o feminismo branco busca fazer. Justiça social para todo mundo e salários iguais, mas também tudo isso só pode ter a ver comigo.

Sinais de que a marcha estava atraindo esse tipo de participação foram relatados à medida que a Women's March se aproximava. No Tennessee, quando uma marcha irmã foi renomeada para refletir melhor uma aliança com a marcha em Washington, "algumas pessoas reclamaram que o evento havia deixado de ser uma marcha para todas as mulheres e passado a ser uma marcha para as mulheres negras", de acordo com o *New York Times*.[65] Como se isso fosse uma coisa ruim. Mas o feminismo branco é muito sensível a momentos e estratégias que não as tratam como a prioridade padrão. Em Louisiana, Candice Huber, uma dona de livraria branca, renunciou ao cargo de coordenadora estadual quando não havia mulheres Negras em posições de liderança.[66] Ela disse ao veículo de mídia: "quando deixei o cargo recebi muitas críticas de mulheres brancas que disseram que estou afastando muitas mulheres brancas". De novo, uma ofensa suprema. E para abafar adequadamente esse desvio da branquitude padrão, elas usaram a palavra que ouvi em ambientes profissionais, em reuniões sobre conteúdo e relatórios, em discussões sobre pacotes editoriais, telefonemas com departamentos de marketing e com amizades minhas em uma tarde ensolarada de domingo na varanda do meu apartamento. Huber disse ao *Times*: "elas disseram: 'por que você vive tentando dividir o movimento?'"

Respostas como essas levaram algumas mulheres alvo da racialização a declararem publicamente que também não compareceriam à Women's March de 2017. Nos meses após a eleição do presidente Trump, ir para D.C. ficar lado a lado com mulheres que nem mesmo entendiam o significado de *#BlackLivesMatter* não era exatamente impactante. Na verdade, parecia mais um momento do Instagram. Tampouco foi inspirador ser reduzida a uma lembrança humana do que era feminismo interseccional nem ter que policiar todas as mulheres de chapéu de boceta que passassem por perto. A escritora e colunista Jamilah Lemieux captou isso muito bem em um artigo de 2017 para o *Colorlines.com*; ela escreveu:

"Estou muito cansada das mulheres Negras e de outros grupos raciais marginalizados sendo rotineiramente encarregadas de consertar a bagunça de gente Branca. Estou cansada de ser a bússola moral dos Estados Unidos. Muitas das mulheres Brancas que participarão da marcha são ativistas comprometidas, com certeza. Mas aquelas mulheres Brancas que acabaram de decidir que se importam com questões sociais? Não estou interessada em compartilhar espaço com elas neste momento da história. [...] Assim, estou me proporcionando a fragilidade emocional geralmente reservada às mulheres brancas e me retirando dessa vez. Não estou dizendo que nunca serei solidária com as mulheres brancas dentro do guarda-chuva do nosso gênero, mas nesse fim de semana não vai rolar [...]."[67]

Lemieux acrescentou que, um dia, ela gostaria de ver "um milhão de mulheres brancas marcharem até o túmulo de Harriet Tubman, Sojourner Truth ou Audre Lorde, ou talvez até o campus da Spelman College para oferecer um pedido formal de desculpas às mulheres Negras".[68] Mas isso exigiria uma certa consciência da branquitude, de como ela funciona, de que ela te protege e de quais seriam as consequências de perturbar esses privilégios. Essa autoconsciência simplesmente não parecia estar presente na Women's March de 2017. Pelo menos não em uma escala suficientemente grande.

Mais uma vez, as redes sociais forneceram uma janela mais íntima para essa dinâmica. Christine, a comentarista que afirmou gentilmente que não precisava entender as razões de todas para comparecer, disse no mesmo comentário que os "esteriótipos" que ela estava encontrando na internet eram "desagradáveis".[69] Mas o "estereótipo" que ela encontrou não tratava sobre, digamos, mulheres Asiáticas subservientes ou mulheres Negras raivosas ou lésbicas sem humor. Era sobre mulheres brancas. Segundo seu relato, ela encontrou um comentário on-line que dizia: "polvilhe um pouco de especiarias nas questões para que as mulheres brancas se interessem".[70]

A "fragilidade emocional" a que Lemieux se referiu está em pleno funcionamento aqui, pois, resumidamente, a crítica trata sobre o autocentramento limitado e muitas vezes comercializado oferecido pelo feminismo branco. Similarmente ao patriarcado, o racismo ou o heterossexismo essa prática é muito maior que qualquer indivíduo. Trata-se de uma ideologia que é aplacada, reinstaurada e preservada por meio da ação sistêmica. O fato de que o reconhecimento dessas dinâmicas autocentradas é frequentemente tratado como um ataque pessoal diz muito sobre a sensibilidade do feminismo branco às mudanças no poder e no foco.

Esta é a matemática por trás de como o sexismo frequentemente permanece como o único foco e como até mesmo o esforço para obter visibilidade — nem mesmo implementar estratégias — é ativamente evitado. Mas colocar mulheres sem documentos, mulheres encarceradas e mulheres Indígenas na frente e no centro é essencial para reordenar nossos recursos e promover sistemas alternativos. O que continua a frustrar os esforços "feministas" para incorporar e abordar a situação de pessoas economicamente inseguras é que nos recusamos até mesmo a vê-las. Temos que começar no reconhecimento da existência porque, para uma grande parte da organização formal feminista, muitas dessas mulheres não existiram.

A Women's March, apesar de sua fragmentação, não agiu da maneira padrão. E espero que, pelos esforços contínuos da marcha, das organizadoras e de suas participantes, isso nunca aconteça.

No cerne do ato de escolher um tipo de opressão como único impulso de mudança está a autoridade. Trata-se de como manter o controle em tempos de turbulência política e de preservar uma certa hierarquia, mesmo quando você está jogando alguns protocolos profundos pela janela. O feminismo branco manteve-se fiel a esta prática, mas também se adaptou a lugares muito mais íntimos do que o cenário nacional. Essa abordagem se mostrou insidiosa para alguns ativismos trabalhistas, principalmente em momentos que mudanças nas políticas são anunciadas como vitórias para "todas as mulheres".

Em 2015, uma mulher chamada Priya se opôs a essa prática enquanto trabalhava no departamento de dados de uma grande empresa. Priya tinha recentemente dado à luz pela primeira vez e, como muitas mulheres nos Estados Unidos, estava tentando descobrir formas viáveis e acessíveis de prover cuidados para suas crianças. Ela descreve a gerência de seu trabalho como "ótima", mas ainda assim parte de um departamento majoritariamente masculino, com pouca compreensão de suas necessidades de escala. "Muitos deles tinham esposas que trabalhavam em casa", explica ela.

A filha de Priya, então com quatro meses de idade, estava em uma creche particular — um arranjo caro que ela conseguiu depois de retornar rapidamente de uma licença-maternidade padrão. Mas, ela logo descobriu, a luta diária para sair do escritório e pegar a filha às 18h, quando a creche fechava, era completamente insustentável. Quando a entrevistei no verão de 2019, ela se lembrou de todos os detalhes com a minúcia incisiva de uma nova mãe lidando com sistemas que não foram construídos com o cuidado em mente. "Eu tinha que sair às 17h todos os dias, e a maioria dos engenheiros homens realmente não entendia isso. Então, eles chegavam na hora que queriam pela manhã. Às vezes lá pelas 10h, 10h30 — não todos, alguns deles. As reuniões podiam começar às 17h, 17h30, 18h. Mas para mães e pais responsáveis por levar e buscar suas crianças na creche, isso era uma questão importante", lembra ela. "A trabalheira consistia em juntar todos os meus equipamentos de extração de leite, juntar todos os equipamentos de trabalho, sair correndo porta afora o mais próximo possível das 17h, na esperança de que os trens não ficassem congestionados e, em seguida, tentar chegar à creche antes das 18h."

Ela considerou outros arranjos, mas todos pareciam recriar o mesmo cenário. Todas as creches próximas à sua casa fechavam às 18h todos os dias, o que não aliviou sua "trabalheira". E transportar uma recém-nascida no transporte público no horário de pico para usufruir das opções de creches mais próximas de seu escritório não era viável. Quando ela consultou seu departamento de RH para confirmar se havia algum subsídio ou desconto para creches, ela descobriu que sua empresa tinha um para uma rede nacional de creches — uma instalação padrão para corporações. Mas, mesmo com o desconto da empresa, o custo do serviço, de má qualidade ainda era exorbitante. "Você não pode simplesmente colocar sua filha em uma creche aleatória", lembra Priya. "Simplesmente não funciona. Você não conhece o corpo docente, o corpo docente não conhece sua filha".

O labirinto que Priya descreve enquanto tenta solucionar individualmente os problemas do cuidado com as crianças é comum, especialmente entre mulheres alvo da racialização. Nacionalmente, eles relatam maior dificuldade em encontrar creches do que as mães brancas.[71] Mulheres Latinas e Nativas têm duas vezes mais probabilidade do que mulhers brancas de não encontrar serviços de cuidados para suas crianças quando precisam. E, como no caso de Priya, o custo e a localização são os dois fatores que com frequência deixam as mulheres que não são brancas sem opções.[72] Famílias Latinas têm mais probabilidade do que as famílias brancas e Negras de viver em "desertos de creches" — lugares onde não há creches nem outros serviços do tipo disponíveis. De acordo com o U.S. Department of Health and Human Services [Departamento de Saúde e Serviços Humanos dos Estados Unidos], serviços acessíveis de cuidados com as crianças são aqueles que não excedem 7% da renda familiar.[73] Em 2018, nenhum estado tinha creches para crianças ou crianças pequenas cujo custo se encaixasse na definição federal de "acessíveis".[74] Inclusive, em doze estados, os custos de serviços de cuidado para apenas uma criança ultrapassavam a renda mediana em 20%.[75] Como a maioria das falhas estruturais, essa realidade tem sido ainda mais devastadora para pessoas alvo da racialização.[76] Para a típica família Negra norte-americana, os custos de serviços de cuidado para duas crianças consomem 42% de sua renda mediana. Isso é seis vezes o que o governo federal considerou acessível.

Os ritmos desse dilema dos serviços de cuidados com as crianças são sempre os mesmos em um nível pessoal e estatístico: um cronograma elaborado de dinheiro e acessibilidade, um exercício diário calculista em que você está competindo contra todo um sistema que não foi feito para você, sua criança, sua família. Todo dia que você sai às 17h59, que as portas do trem não fecham na sua cara, que a rodovia não está engarrafada ou que você pode escapar de uma reunião mais cedo, é uma vitória insignificante. E que talvez você não consiga repetir no dia seguinte. E muitos dessas pessoas não conseguem. Entre salários mais baixos, jornadas de trabalho irregulares e desafios no cuidado com as crianças, muitas mulheres não podem trabalhar fora de casa, seja em tempo integral ou parcial.[77]

Nas circunstâncias de Priya, ela refletiu sobre a própria infância e o que estava disponível para sua mãe e seu pai. Ela começou a considerar estruturas alternativas.

"Na verdade, fui para uma pré-escola cooperativa em Michigan nos anos 1980, então sabia como isso funcionava", diz ela. "Eu sabia que isso significava mãe e pais fazendo turnos para complementar o trabalho das professoras e professores, para manter os custos baixos para todo mundo, e também para ter a presença das mães e dos pais na sala. Então, eu me beneficiei de uma pré-escola cooperativa enquanto crescia. Isso também manteve minha mãe e meu pai, que eram funcionários públicos, um pouco mais envolvidos com a nossa educação primária." Priya acrescenta que sua mãe e seu pai, imigrantes que chegaram aos Estados Unidos com quatro crianças estavam em uma "situação financeira diferente" da situação de sua família nuclear com uma criança só. E, no entanto, uma creche cooperativa foi extremamente útil.

O departamento de RH de sua empresa a indicou um grupo interno de mulheres que muitas vezes promovia mudanças nas políticas da empresa, especialmente em relação a questões de gênero. Priya me contou que foi até o grupo interno de mulheres para ter uma ideia de sua política em torno das creches cooperativas. "A impressão imediata foi que esta era uma ideia revolucionária muito boa, e elas se interessaram bastante nisso."

Então Priya e outra futura mãe elaboraram uma proposta para criar uma cooperativa de creches para toda a empresa. "Era um sistema com níveis. Não seria um subsídio generalizado. Seria baseado na renda. Porque eu sabia que estava ganhando mais do que algumas mulheres de lá, e sabia que estava ganhando um pouco menos do que outras mulheres de lá", explica ela. Priya diz que seu plano também propunha menos gastos da própria empresa, uma vez que o subsídio refletiria o que cada mulher ganhava individualmente. Essa iniciativa garantiria que todas as mães e pais, independentemente de seus níveis de renda na empresa, pudessem pagar por cuidados de qualidade para suas crianças.

Priya e sua corredatora consultaram o RH, bem como outras mulheres seniores da empresa para fortalecer a proposta o máximo possível. Finalmente, a última parada foi obter o endosso oficial do grupo de mulheres antes de prosseguir formalmente com uma discussão de políticas com a empresa. Separadamente dos esforços de Priya, o grupo de mulheres defendia uma política de licença maternidade remunerada estendida (na época, não havia licença parental totalmente remunerada na empresa, como Priya tinha acabado de vivenciar). O grupo de mulheres resolveu incluir os subsídios proporcionais a renda de Priya no pacote da licença parental remunerada estendida.

Ao mesmo tempo, Priya começou a entender mais sobre as circunstâncias pessoais das mulheres do grupo. Quase todas eram brancas e muitas eram bastante seniores na empresa, ganhando salários elevados. Muitos delas tinham babás particulares para cuidar de suas crianças. O cuidado com as crianças não era um problema para elas, como mulheres com altos salários — e, em última análise, não era um problema para o grupo de mulheres.

"Descobrimos que elas decidiram no último segundo cortar toda a nossa seção sobre subsídios para creches porque não se adequava ao objetivo delas", lembra Priya. A extensão da licença maternidade paga foi aprovada com sucesso, no entanto — "houve muitos elogios, cumprimentos e felicitações a respeito da licença maternidade paga, o que foi muito legal". Mas foi aqui que Priya descobriu que os objetivos do grupo de mulheres eram totalmente diferentes do que ela estava tentando conseguir em primeiro lugar. "Foi um pacote que foi projetado, acredito eu, para mulheres que poderiam deixar o escritório confortavelmente por quatro a seis meses. E quando voltassem da licença maternidade, a maioria delas tinha babás de qualquer maneira. Então a meta de curto prazo foi atendida: elas foram pagas para manter as mulheres remuneradas por meio da licença maternidade, e isso é bom, isso é ótimo. Mas isso também meio que cortou a necessidade de longo prazo da maioria das mães e pais que trabalham, e ok, mas, se vou ficar no escritório, como vou pagar uma creche de qualidade, para não ter que ficar correndo para lá e para cá?".

Esta vitória, embora uma vitória a ser comemorada, deu ao grupo de mulheres um tom "paternalista" quando se tratava de outras propostas, diz Priya. Havia constantemente "a impressão de que elas sabiam mais quais eram as necessidades das mulheres em geral, mas eram as necessidades delas. Elas diziam: 'se conseguirmos fazer isso, será uma vitória para todas as mulheres daqui'. Era quase como se esse grupo de mulheres pudesse decidir o que era melhor para o conjunto mais amplo de mulheres. Elas realmente não escutavam as experiências de pessoas de fora daquele grupo específico de mulheres".

Em meio a essas críticas, Priya faz uma elucidação importante: "acho que a licença maternidade paga é uma vitória, mas foi priorizada com base nas prioridades dessas mulheres, não necessariamente nas prioridades do grupo de mães e pais de maneira mais ampla". O que isso significa, em última análise, de uma perspectiva de cima para baixo, é que o sexismo e a discriminação são avaliados e mobilizados contra o que é sentido por este grupo de mulheres economicamente confortáveis, predominantemente brancas. E o que Priya, suas apoiadoras e apoiadores e sua corredatora observaram acontecer foi como suas propostas ponderadas — e necessidades urgentes — foram descartadas rapidamente pelo único órgão com consciência de gênero dentro da empresa.

"Não estou chateada por não termos recebido um subsídio para creche", acrescenta Priya, que passou uma quantidade considerável de tempo fora do escritório processando dados e números ao mesmo tempo em que cuidava de uma recém-nascida. "Estou chateada por nunca termos participado desse diálogo, para começo de conversa, mesmo quando supostamente éramos parte do grupo". Desde então, ela foi para uma empresa diferente, mas aquela experiência permaneceu com ela, especialmente porque ela considera exercer influência sobre políticas trabalhistas com outras mulheres. "Agora estou muito relutante em me juntar a qualquer grupo de mulheres que não seja liderado por mulheres alvo da racialização. Porque, de acordo com a minha experiência, [aquele] tipo de feminismo dominante realmente não funciona nem eleva todas as mulheres. E não posso perder meu tempo desse jeito de novo."

Capítulo dezessete

O primeiro pilar da mudança: pare de reconhecer seus privilégios; em vez disso, lute por visibilidade

PRIORIZAR A VISIBILIDADE não pode consistir em fazer uma contratação atípica em meio a uma paisagem majoritariamente branca, heterossexual, classe média e cis. Fazer duas ou três também não serve, na verdade.

Isso é pertinente quando se considera mulheres alvo da racialização nos ambientes de trabalho. Em primeiro lugar, é importante observar que as mulheres alvo da racialização nos Estados Unidos sempre estiveram "se impondo" — trabalhando duro fora de casa, muitas vezes como a provedora primária da casa, enquanto também criam suas crianças e cuidam do trabalho doméstico. (Um artigo sobre a participação feminina no trabalho no *Journal of Economic History* determinou que, em 1880, mulheres Negras não apenas trabalhavam mais fora de casa do que as brancas, mas também permaneciam no mercado de trabalho por mais tempo após o casamento.)[1] Mas essa implacável ética de trabalho não nos levou à igualdade no trabalho. Longe disso.

Uma pesquisa de 2006 com cinco grandes empresas nos Estados Unidos descobriu que mulheres alvo da racialização têm mais chances de sofrer assédio no trabalho do que todos os outros grupos marginalizados.[2] Mais de uma década depois, os mesmos dados são relatados em vários setores: mulheres alvo da racialização, mulheres *queer* e mulheres com deficiência têm experiências significativamente piores no trabalho do que mulheres em geral, de acordo com um estudo conjunto de 2019 feito pela McKinsey e pelo LeanIn.org.[3] Elas recebem menos apoio de suas gerências, têm menos probabilidade de promoção, e são menos propensas a receberem orientação ou a participarem de situações sociais fora do trabalho.[4] Quando se trata de mulheres Negras, por exemplo, há vários estudos que concluem que suas declarações e observações no trabalho são lembradas com menos precisão do que as de colegas brancas e brancos ou homens.[5] E quando cometem erros no trabalho (ou "falhas organizacionais"), são avaliadas de forma mais negativa do que líderes brancas ou brancos.[6] Essencialmente, mulheres alvo da racialização passam praticamente despercebidas no mundo profissional — até que façam algo errado.

Outro olhar com mais nuance sobre este cenário investigou mais intimamente a dinâmica do ambiente de trabalho que prejudica trabalhadoras e trabalhadores não brancos. Em um relatório a respeito de como essas mulheres e homens alvo da racialização transitam em espaços que muitas vezes resultam em promoções e maior reconhecimento, como *happy hours*, a *Harvard Business Review* determinou que o grupo de participantes hesitava em se abrir pessoalmente para as pessoas com quem trabalhavam, ou seja, as pessoas brancas com quem trabalhavam.[7] Escuto um eco suave daquele artigo da *Cosmopolitan* sobre "esposas do trabalho" neste relato feito por uma pessoa Negra em um cargo executivo indicando como as informações pessoais e a dinâmica geralmente funcionam: "não sinto confiança para compartilhar informações que depois podem ser usadas contra mim".[8] As pesquisadoras também identificaram que "quando a conversa se transforma em fofocas sobre o ambiente de trabalho, funcionárias e funcionários que são parte de minorias sociais declaram que podem se conter porque não têm os relacionamentos de confiança necessários para participar de trocas que envolvam maledicências discretas ou críticas à chefia".[9]

Essa desconfiança também é sentida em momentos mais tradicionais de formação de laços no trabalho: laços que têm a ver com cultura, com séries de TV, filmes, música, interesses compartilhados ou presumivelmente compartilhados. Mas algumas mulheres alvo da racialização não acham que essas conversas as aproximam de colegas de trabalho. Na verdade, geram ainda mais afastamento. Uma mulher Negra disse às pesquisadoras: "como faço para entrar na conversa quando muitas vezes não tenho ideia do que estão falando? Eu não assisto as mesmas séries ou os esportes que essas pessoas estão discutindo".[10]

Eu entendo o que ela quer dizer. Eu costumava trabalhar para uma empresa feminista branca onde toda a equipe era obcecada pela série *Gilmore Girls* e muitas vezes entrava em longos debates sobre "com quem Rory [a protagonista] deveria ter ficado no final". A série havia acabado cerca de dez anos antes, mas o investimento emocional e a atenção aos detalhes da série eram muito altos e a série com certeza tinha sido formativa para todas elas. Mas eu não cresci adorando, muito menos assistindo, a história de uma personagem branca (tudo bem, a atriz principal, Alexis Bledel, é Latina, mas sua personagem com certeza não é) com uma mãe branca e avós brancos em uma cidade aparentemente toda branca da Nova Inglaterra. Portanto, esses momentos intensos de formação espontâneas de laços no ambiente eram completamente inacessíveis para mim sempre acabavam por me deixar de fora do coração pulsante da marca, independentemente do que os índices do meu desempenho demonstravam.

A verdadeira semelhança entre eu não ser capaz de citar alguns diálogos de *Gilmore Girls* e a executiva Negra dizendo que não conhece as séries que seu grupo de colegas assistem é que os interesses das pessoas que são nossas colegas de trabalho são valorizados como padrão, priorizados, apoiados pela supremacia branca. Eu poderia muito bem ter começado a falar sobre *The Watermelon Woman* [A mulher melancia] na frente daquele grupo (um filme que eu quase sei de cor), mas não tem o mesmo peso quando a dinâmica é invertida. E em algum nível, tanto eu quanto a executiva Negra sabemos disso.

Portanto, mulheres alvo da racialização passam despercebidas no ambiente de trabalho. E, não por coincidência, uma premissa fundamental do feminismo branco é que o trabalho invisível feito por mulheres, mesmo mulheres que são suas colegas, amigas ou semelhantes, é essencial para que você alcance autonomia financeira e reconhecimento profissional.

Utilizar o trabalho feminino dessa forma não é apenas condizente com o patriarcado e o capitalismo, mas também com o neoliberalismo, no qual a importância de otimizar a si mesma e os recursos pessoais encobre a responsabilidade estrutural. Marçal observa:

> "Não existe proletariado na história neoliberal. Existem apenas pessoas que investem em seu capital humano. Profissionais do empreendedorismo cujas próprias vidas são seus projetos de negócios que têm responsabilidade total e exclusiva por seus resultados. [...] O neoliberalismo resolve conflitos entre o trabalho e o capital simplesmente transformando uma pessoa em capital — e a vida dela em uma série de investimentos que ela faz em seu valor de mercado. [...] É um ponto de vista que nos transforma em iguais."[11]

É assim que os direitos trabalhistas são destruídos. Sem "proletariado" não há necessidade de direitos trabalhistas ou proteções trabalhistas ou outros regulamentos rigorosos e, portanto, nenhum reconhecimento desse trabalho. Se todas as pessoas, mulheres e pessoas de outros gêneros marginalizados inclusas, são agentes individualizadas ou "empreendedoras" de seus próprios futuros econômicos, então não há obstruções estruturais — apenas estratégias e avanços individuais para o sucesso solitário ou para fracassos pessoais.

Isso geralmente assume um nível ainda mais elevado em perfis de celebridades famosas. É neles que esta narrativa de uma ascensão individualizada dentro de um contexto ou cenário feminista são frequentemente popularizadas e onde questões de justiça social, tendências ativistas e ideologias políticas são colocadas como radicalismos individuais muito específicos em vez de como parte de movimentos maiores. De forma significativa, o envolvimento com a política de gênero ou com ativismo é centrado em resoluções individuais, mas não em mudanças estruturais.

Esta compreensão limitada de justiça social, mais uma vez, sem crítica estrutural, também pode ser vista na prática de apontar celebridades específicas como "feministas" — algo que muitos veículos de mídia convencionais estavam a postos para fazer quando o "feminismo" virou moda.

Em um artigo de 2017 no *Refinery29.com* chamado "Allison Williams Is The Feminist We Need" [Allison Williams é a feminista que precisamos], publicado em sincronia com o Dia Internacional da Mulher, perguntam à atriz: "que outros passos você está dando para se sentir empoderada e fazer a diferença?".[12] Williams diz à repórter que ela defende que devemos prestar atenção ao obter informações "de fontes diferentes" e também incentiva o público leitor a "melhorar nossa educação cívica".[13] Mas, a partir dali, ela trata sobre se envolver com um ativismo que faz sentido para ela pessoalmente, trazendo uma compreensão e uma avaliação muito individualizadas de justiça social:

> "É nisso que estou focando — o trabalho de ativismo que vem do coração, as causas que fazem sentido para mim, as histórias que tocam meu coração ou que parecem injustas ou não condizentes com os Estados Unidos de alguma forma. É para esse lugar que o trabalho deve ser direcionado. Esse é o tempero mágico que cria a mudança."[14]

O "tempero mágico" de Williams vem do envolvimento com questões que a "tocam" pessoalmente, revelando um limite muito estreito para a mudança estrutural, considerando principalmente que Williams se identifica no mesmo artigo como "desproporcionalmente sortuda" no contexto do ativismo em que ela participa:

"Dizer que houve algum momento em minha vida em que me senti em desvantagem seria muito sem noção e pouco consciente de minha parte. Eu sou tão sortuda. Houve casos em que acho que fui tratada de maneira diferente por ser mulher? Sim — principalmente pela mídia. Mas essa palavra — desfavorecida — não é uma palavra que eu possa, em sã consciência, aplicar a mim mesma. Tive sorte e privilégio desproporcionais, e pretendo passar o resto da minha vida utilizando esse crédito, devolvendo e pagando adiantado."[15]

Williams é retratada pela *Refinery29* como uma pessoa tanto ciente da plataforma "privilegiada" que tem quanto uma pessoa que continua a defender "causas que fazem sentido para mim", revelando o impasse da lógica feminista branca. O veículo condensou as responsabilidades de justiça social e feminismo em uma única atriz, identificando-a literalmente como "a feminista que precisamos", apesar de ela compartilhar na entrevista que o escopo das questões que ela aborda é limitado e falha em explicar a que "nós" ela está se referindo para início de conversa. Em termos gerais, o "nós" feminista branco é disco arranhado. É o lugar a partir do qual elas tentam ampliar suas experiências de maneira tonal e verbal mas acabam por sinalizar, na verdade, o quanto essas experiências são estreitas. Como em 2013, quando a autora e cientista política Anne-Marie Slaughter disse em uma TED Talk: "mas sessenta anos depois da publicação de *A mística feminina*, muitas mulheres na verdade têm mais opções do que os homens. Podemos decidir ser provedoras, cuidadoras ou qualquer combinação das duas coisas".[16] Ou quando a atriz, diretora e autora Lena Dunham escreveu na *Vogue* em 2017: "quase 40 anos depois, nos pegamos fazendo perguntas semelhantes sobre nossos direitos que nunca pensamos que teríamos de revisitar".[17] (Dunham colocando que essas "questões sobre nossos direitos" já haviam sido resolvidas ecoa o comentário feito por Whelan ao *The Cut* sobre seu filho ter uma diretora executiva como mãe e que "vai ser muito diferente". Esse tom traz a afirmação de que um feminismo coletivo já aconteceu, que uma revolução de gênero já empatou o placar.)

Ambas as afirmações tratam de vivências profundamente brancas e de classe média alta — em que você pode transitar facilmente por uma infinidade de escolhas, em que você está imbuída de direitos que nunca pensou que poderiam ser tirados de você.

Mas, em 2013, o ano em que Slaughter fez esses comentários, dados nacionais revelaram que 17,7 milhões de mulheres viviam na pobreza.[18] E um ano antes de o artigo de Dunham aparecer na *Vogue*, o Instituto Guttmacher determinou que quatro décadas da Hyde Amendment [Emenda Hyde]* fizeram com que uma em cada quatro mulheres inseridas no programa Medicaid não pudessem exercer seu direito constitucionalmente protegido ao aborto devido aos custos.[19] Mas são declarações como dessas mulheres que perpetuam uma fantasia feminista branca de mudanças radicais, direitos e vitórias no campo do gênero, às vezes a ponto de reescrever a história e ignorar realidades presentes.

Essa mesma dinâmica faz com que o artigo com Williams quase que se contradiga. Vemos a atriz resistindo a uma compreensão individualizada do feminismo ao mesmo tempo que a abraça em alguns momentos.

Esta narrativa é empregada de forma semelhante em um perfil de 2019 do *Bustle.com* intitulado "Rachel Brosnahan Is Standing on the Shoulders Of Giants" [Rachel Brosnahan está sobre ombros de gigantes], sinalizando as muitas mulheres, tanto na vida pessoal dela quanto em sua indústria, que tornaram possível seu sucesso comercial e profissional.[20] No entanto, ao tratar do ativismo de Brosnahan, o *Bustle.com* amarra sua política a uma narrativa de autoempoderamento:

---

* Emenda norte-americana que limitava o uso de recursos federais para o custeio de abortos em diversos casos. (*N. da T.*)

"A outra parte é muito maior que ela — são as conversas que as pessoas em todo o país estão tendo 'sobre as maneiras como criamos os rapazes *versus* as maneiras como criamos as moças', diz ela, para se defenderem. Uma defensora aberta de causas como a Time's Up e ativismo social e político (ver: seu discurso de Emmy sobre as mulheres usando suas vozes para votar),[21] Brosnahan quer que as meninas de hoje se sintam tão empoderadas quanto ela se sentia na idade delas."[22]

A referência às diferenças em como as crianças dentro do binário de gênero são criadas alude, por um momento, a mudanças culturais e sistêmicas mais amplas, para além do âmbito pessoal, assim como seu incentivo ao voto também o faz. Mas a reportagem retorna essa narrativa de ativismo para si, coroando ambas as declarações com a ideia de "defenderem a si mesmas" e "se sintam tão empoderadas quanto ela se sentia na idade delas". "Sortuda", um termo referenciado no artigo de *Refinery29* sobre Williams, é mais uma vez usado para neutralizar quaisquer privilégios de raça, classe ou de heteronormatividade dos quais Brosnahan se beneficiou:

"A atriz me disse que sua versão adolescente foi sortuda o suficiente para não se sentir aprisionada pelas pressões e demandas da sociedade em relação a seu gênero. Ironicamente, isso acontecia porque ela se cercava de homens, seu pai, seu irmão e os caras do time de luta profissional de sua escola. 'Eu sinto que, por causa das muitas influências masculinas em minha vida, eu não tive algumas dessas coisas que mantêm mulheres jovens ocupando menos espaço e as faz se sentir pouco confortáveis em *ocupar* espaço', diz Brosnahan."[23]

O fato de Brosnahan ser retratada como imune ao sexismo por conta de suas "influências masculinas" perpetua a ideia de que a misoginia estrutural pode ser evitada por meio de iniciativas e cálculos personalizados, mas também através da "sorte". Mas não há questionamento sobre o seria "sorte". Classe, raça, cisgeneridade e heteronormatividade não são analisadas e são efetivamente deixadas de fora dessa representação de ativismo e feminismo.

Há uma razão para que palavras como "sortuda" ou "sorte" sejam os termos que se tornaram recorrentes no linguajar feminista branco. Há algo muito específico que essas palavras fazem quando se trata de enquadrar as mesmas pessoas ricas e bonitas de modo convencional para as quais sempre demos destaque. De acordo com um estudo citado no livro de Rachel Sherman, Uneasy Street: The Anxieties of Affluence [Rua inquieta: as ansiedades da riqueza]: "o uso de 'sorte' como uma explicação para o sucesso é significativo porque sinaliza um reconhecimento da distribuição desigual de oportunidades ao mesmo tempo que faz vista grossa para explicações mais estruturais para a má distribuição".[24, 25]

Essa falta crítica de contexto em torno da identidade, efetivamente atenuada pela ideia da "sorte", revela um feminismo muito específico disponível para tipos muito específicos de mulheres — aquelas que, aparentemente, a "sorte" encontra: brancas, ricas, sem deficiência, cisgênero, heterossexual e com uma feminilidade convencional que é culturalmente afirmada. Elas se voltaram para dentro para descobrir que o feminismo ou ativismo delas destaca a ausência de barreiras estruturais que elas encontram, mas também como essas mesmas barreiras baseadas na identidade as servem.

Quando se trata da narrativa da minha própria vida, tornei-me mais sensível a colegas, familiares e amizades usando esta terminologia para descrever a mim e minhas circunstâncias: tive a "sorte" de trabalhar na mídia numa posição sênior. Tive a "sorte" de ir para a faculdade. Tive a "sorte" de encontrar vários empregos para me sustentar. Assim com o que foi apontado na pesquisa, entendo o que estão apontando em mim. Mas eu fiz um esforço para reformular essas declarações para que elas representem com mais precisão como eu existo neste sistema.

Não tenho "sorte" de ter ocupado cargos importantes, tenho a pele clara. Sou cisgênero. Sou convencionalmente feminina de uma forma que é constantemente afirmada culturalmente. Sou e sempre fui magra e sem deficiências. Não tenho "sorte" de ter ido para a faculdade. Eu sou de um lar de classe média. Fui criada por pessoas que falavam comigo sobre livros — que nós tínhamos em casa, para começo de conversa — e que tinham tempo e recursos para conversar comigo sobre eles. Quando você observa e lista todos esses fatores, você não está olhando para uma sorte aleatória. O que você está vendo é a matemática do privilégio e como essas vantagens distintas têm destinos específicos nos Estados Unidos.

Isso não significa que eu não "trabalhei duro" — esse espaço estranho que, constato com frequência, pessoas privilegiadas acham que o privilégio elimina. Mas significa que tive a oportunidade de trabalhar duro para início de conversa. De entrar naquela sala. De ter a confiança por parte chefia e de outras pessoas guardiãs institucionais de que eu poderia realizar as tarefas e alcançar os objetivos muito bem. E muitas pessoas que têm uma forte ética de trabalho e ponderações brilhantes a respeito de cultura, política e políticas não têm essas oportunidades porque não se parecem comigo ou falam como eu.

Eu tirei muito mais proveito dos reconhecimentos públicos de privilégio quando eles foram seguidos por críticas e investigações a respeito dessas barreiras. Quando o reconhecimento teve como consequência a implementação de mudanças estruturais. *Eu sou branco e acho terrível que todas as outras pessoas nesta mesa também sejam; como podemos acessar mais redes de mulheres alvo da racialização? Eu sou heterossexual e acho que isso é um problema em termos de liderança, visto que estamos decidindo pautas para a vida de muitas mulheres; alguém conhece alguma mulher* queer *letrada que poderia assumir este projeto por uma remuneração adicional?*

Quando você abre uma declaração falando sobre ser uma pessoa branca, cis e cidadã, esse deveria se apenas o começo do que você tem a dizer — não o fim.

Capítulo dezoito

O segundo pilar da mudança: combatendo os sistemas que limitam pessoas de gêneros marginalizados

Depois de aumentar a visibilidade, a próxima ação necessária para muitas mulheres é a capacidade básica de alimentar e nutrir seus corpos. A fome é vivenciada de forma desproporcional pelas mulheres: uma em cada nove norte-americanas vivia em uma família com insegurança alimentar em 2018[1] e famílias compostas por uma mulher solteira com ou sem crianças eram "significativamente" mais propensas a ter insegurança alimentar.[2] (Em contraste, famílias chefiadas por homens solteiros têm menos probabilidade de sofrer de insegurança alimentar.)

Essa realidade é o resultado de um ataque multifacetado às mulheres: violência doméstica, discriminação de gênero, falta de licença remunerada e desigualdade salarial, entre outras coisas.[3] Ainda assim, essa vasta intersecção manifestada literalmente como fome não é popularmente apresentada como uma "questão das mulheres". Ficar com fome por causa da misoginia racista estrutural e sistêmica não é citado no feminismo branco como um fator de risco proeminente. Mas a pobreza perdura como um dos sintomas mais antigos do patriarcado.

Nos primeiros dias da pandemia da Covid-19 nos Estados Unidos, ficou evidente muito rápido para quem muitas de nossas proteções não foram feitas: pessoas pobres. Os apelos para aumentar a frequência da lavagem das mãos não significam nada se sua casa nem mesmo tiver água potável ou limpa. O incentivo social de influenciadoras e influenciadores para que as pessoas fiquem em casa parte do pressuposto que você tem uma casa e que é seguro estar nela.

Quando as ordens para se abrigar em casa começaram a se espalhar pelo país e as empresas fecharam, os apelos para que norte-americanas ficassem em casa foram devidamente explicados como uma "quarentena para quem trabalha em escritório" por Howard Barbanel, proprietário de uma vinícola em Miami. Ele disse a repórteres: "a trabalhadora e o trabalhador médio estão ensacando e entregando mercadorias, dirigindo caminhões, trabalhando para o governo local".[4] As taxas de infecção e fatalidade do logo confirmaram isso a partir da raça: na cidade de Nova York, as mortes de pessoas Negras e Latinas causadas pelo vírus foram o dobro das mortes de pessoas brancas.[5] Em Chicago, onde pessoas Negras representam apenas um terço da população, elas representaram 72% das fatalidades relacionadas ao vírus.[6]

No âmbito nacional, no entanto, os dados estavam indicando a inevitável divisão por gênero. Quando o Department of Homeland Security [Departamento de Segurança Interna] identificou quais pessoas eram trabalhadoras essenciais para a manutenção da vida diária, a maioria dos cargos era ocupada por mulheres.[7] E quando se considerava gênero e raça, as mulheres que não eram brancas tinham maior probabilidade de realizar trabalhos essenciais do que qualquer outra pessoa.

Na época, Andrew Cuomo, governador da cidade de Nova York, disse que números como esses enfatizavam duas realidades persistentes: as pessoas mais pobres sofrem com mais frequência de doenças crônicas, o que torna a infecção do vírus letal, e uma quantidade maior de pessoas alvo da racialização "francamente não tem escolha a não ser ir lá todos os dias e dirigir os ônibus, dirigir os trens, comparecer ao trabalho e acabar se sujeitando, neste caso, ao vírus".[8]

Mas por que mais pessoas pobres têm problemas crônicos de saúde? Porque elas têm acesso limitado a cuidados de saúde preventivos,[9] como exames, medicamentos e testes. Essas pessoas frequentemente não têm plano de saúde e adiam os cuidados porque não podem pagar, o que significa que o que poderia ter sido tratado precocemente — e muitas vezes é, para pessoas de renda mais alta — já se transformou em uma condição plenamente desenvolvida no momento em que chegam a um pronto-socorro, presumindo que essas pessoas sejam atendidas e não morram antes de receber cuidados.[10]

A falta de licença remunerada rapidamente faz uma ponte para a segunda observação de Cuomo, de que essas são famílias estão vivendo com apenas o suficiente para sobreviver — seus empregos não são protegidos porque essas pessoas são consideradas facilmente substituíveis e intercambiáveis. E, ao contrário das profissões de classe média em que trabalhadoras e trabalhadores podem atuar de casa, essas circunstâncias não mudam em uma pandemia.

Nossas políticas, falta de infraestrutura social e distribuição de riqueza já estavam reduzindo a expectativa de vida nessas comunidades mesmo antes da Covid-19. O vírus apenas acelerou o cronograma de como fazemos uso dos corpos de pessoas pobres para fazer nosso trabalho mais importante e, em seguida, os descartamos.

Empresas proeminentes nos Estados Unidos evidenciaram isso rapidamente durante a pandemia. A Amazon priorizou os lucros e os colocou acima dos direitos das trabalhadoras e trabalhadores de forma aberta quando, apesar das amplas medidas de distanciamento social, a corporação anunciou a contratação de mais cem mil pessoas para dar conta do aumento da demanda de pedidos.[11] Conforme essas pessoas adoeceram nos pavilhões, elas tiveram que defender máscaras, o direito a faltar por motivo de doença e estabilidade no emprego. Mas, mesmo depois de funcionárias e funcionários abandonarem seus postos para protestar contra medidas inseguras, o tempo de folga "ilimitado" não remunerado e as duas semanas de licença por doença remunerada para pessoas com teste positivo para Covid-19 proporcionados pela Amazon não eram realmente preventivos. (A Amazon se recusou a comentar sobre os abandonos de postos em abril de 2020 e a CNBC observou que "no passado, a empresa minimizou os abandonos de postos, dizendo que apenas uma pequena porcentagem das trabalhadoras e trabalhadores nas instalações da empresa participou dos protestos e não houve interrupção das operações".)[12] Se o tempo de folga ilimitado é não remunerado, você volta ao trabalho quando fica sem dinheiro, obviamente, e a testagem de coronavírus era evasiva e inacessível para muitas pessoas.[13] (Em julho de 2020, a Amazon fez uma postagem detalhando esforços para proteger tanto as pessoas funcionárias quanto a clientela da Covid-19, o que incluía a distribuição de equipamentos de proteção individual para funcionárias e funcionários, 150 atualizações de processos que incluíam limpeza e distanciamento social e investimento de 4 bilhões de dólares em "iniciativas relacionadas a Covid", entre outras medidas.)[14]

O Trader Joe's teve um ponto de contenda semelhante com trabalhadoras e trabalhadores que, antes da pandemia, estavam se coordenando para se sindicalizar. A rede teria enviado memorandos às gerências das lojas encorajando-as que dissuadissem as pessoas funcionárias de se sindicalizarem, especificamente durante as reuniões de equipe. Uma pessoa porta-voz do Trader's Joe disse ao *New York Times* que a empresa tem "o direito de expressar nossa opinião à equipe sobre os prós e os contras de uma possível sindicalização".[15] À medida que o vírus aumentava, a rede de mercados passou a oferecer bônus para as pessoas que trabalhavam durante a pandemia e foi inconsistente nas medidas de segurança; alguns estabelecimentos alegadamente proibiram máscaras e luvas, posto que assustavam a clientela.[16] (Em abril de 2020, a empresa disse que forneceria máscaras dentro das lojas.) A Whole Foods (que é propriedade da Amazon) não provou ser melhor quando manteve estabelecimentos abertos após trabalhadoras e trabalhadores terem tido resultado positivo nos testes do coronavírus com "limpeza profunda e higienização extras" e implementação de licença remunerada de duas semanas que não resolveram propriamente as disparidades econômicas e a devastação causadas pela doença. "A maioria das pessoas que trabalham na Whole Foods vive com o dinheiro contado, de salário em salário", disse uma mãe à KQED a respeito de seu filho, que estava trabalhando em meio à pandemia.[17] "Se essas pessoas ficarem doentes, duas semanas de pagamento não vão ser suficiente para cobrir o prejuízo. Muitas delas ficariam à beira da falência e coisa pior".

Um porta-voz da Whole Foods disse à KQED que a empresa estava seguindo as orientações dos Centros de Controle e Prevenção de Doenças e das autoridades locais de saúde e segurança alimentar. Disseram ao veículo que começaram a pagar dois dólares a mais por hora, introduziram uma política de assiduidade relaxada para as pessoas funcionárias e aumentaram as práticas de higienização. Mas o Whole Worker, um "grupo de defesa" que estava ajudando trabalhadoras e trabalhadores da Whole Foods a se sindicalizarem, não acreditava que esses esforços fossem suficientes para proteger as pessoas funcionárias. O Whole Worker defendeu uma *"sickout"** nacional em março para exigir salários em dobro (basicamente, adicional de insalubridade) durante a crise, fechamento imediato de qualquer loja em que alguém da equipe teve resultado positivo no teste e licença remunerada para trabalhadoras e trabalhadores que estivessem fazendo quarentena.[18]

A hierarquia que vejo de forma consistente aqui é a de que o dinheiro está acima da vida humana, assim como Rose Schneiderman explicou publicamente cem anos antes, depois que ela perdeu pessoas amigas no incêndio da Triangle Shirtwaist. E, como o trabalho doméstico não gera lucros, a maioria das instituições e empresas priorizou os lucros em vez das necessidades de cuidados com as crianças.

---

* Forma de protesto em que trabalhadoras e trabalhadores de uma empresa declaram que estão doentes e que não irão comparecer ao trabalho. (*N. da T.*)

Para as famílias de classe média e alta, todo o sistema de trabalho rapidamente se desintegrou quando outras pessoas não podiam mais ir até suas casas e elas não podiam mais sair. As mulheres que trabalhavam fora de casa se sentiam "como se eu tivesse cinco empregos", como Sarah Joyce Willey, mãe de duas crianças, disse ao *New York Times*.[19] Com as crianças fazendo a transição para o aprendizado remoto, tarefas profissionais à espreita, casas que estavam sendo habitadas 24 horas por dia e sete dias por semana e alimentos que precisavam ser preparados para alimentar todo mundo o tempo todo, ficou evidente que ainda era "mulheres" o rótulo do pote dos economistas ao qual tínhamos atribuído trabalho e alimentação infinitos — e sem qualquer apoio governamental.

Na primavera de 2020, enquanto mães do setor administrativo faziam barricadas em banheiros improvisados e atendiam ligações de negócios em seus carros, você ouvia até mulheres com cônjuges e economicamente seguras se perguntando silenciosamente onde estava o feminismo branco.

"O que prometi às minhas filhas não é algo que eu possa cumprir e isso é uma coisa dolorosa de se pensar", disse Saba Lurie, uma mãe com um trabalho particular de psicoterapia, a repórteres.[20] "A maneira como nós mulheres conseguimos dar uma de MacGyver nas nossas carreiras está sob ataque de uma pandemia global", disse Candace Valenzuela, candidata democrata do Texas ao Congresso, ao *Times* a respeito de todas as estratégias improvisadas que tornaram possível o avanço profissional de algumas mulheres.[21] Isso acontece porque o feminismo branco não foi feito para esta vida real com desafios reais e barreiras muito reais para a estabilidade econômica; o feminismo branco é uma fantasia pretensiosa.

Não é de se surpreender que, mesmo nos primeiros dias da pandemia, mulheres relataram em uma pesquisa nacional da Fundação Kaiser Family que estavam mais preocupadas com os efeitos da crise do que os homens.[22] Mesmo que os homens estivessem sofrendo mais fatalidades da Covid-19 e tivessem maior projeção de riscos,[23] mulheres relataram preocupações que envolviam a possibilidade de o vírus infectar alguém de sua família, poupanças sendo afetadas, perda de renda, impossibilidade de pagar o tratamento ou teste e o risco em que estavam se colocando por não poderem faltar ao trabalho.[24]

O que todos esses dados preliminares ressaltaram foi uma realidade antiga, pré-pandêmica, na qual as mulheres estão mais preocupadas com sua segurança econômica do que os homens. E a possibilidade de pessoas adoecerem, precisarem de cuidados, não poderem trabalhar fora de casa ou irem trabalhar enquanto estão doentes é um cenário que as mulheres norte-americanas consideram constantemente, desde muito antes da Covid-19 afundar a economia: uma em cada quatro mulheres que trabalham fora de casa voltam ao trabalho duas semanas após o parto,[25] mulheres têm mais probabilidade de viver na pobreza do que homens[26] e mulheres têm menos possibilidade de economizar para a aposentadoria ou para emergências.[27]

Mas, diferentemente de um ciclo padrão de notícias, no qual o culpado poderia ser uma indústria que prejudica sistematicamente as mulheres, ou um líder poderoso que se recusa a contratá-las, ou um predador influente que as coloca em perigo, a pandemia do coronavírus demonstrou que todos esses sistemas de má qualidade eram os culpados: acesso a saúde, falta de moradia acessível, falta de serviços de cuidados com as crianças e creches, falta de licença remunerada, condições das prisões e proteções para trabalhadoras e trabalhadores essenciais. Não havia nenhum campo isolado que tornasse a crise da saúde insustentável e, na pior das hipóteses, fatal. Eram as elaboradas vias para a vida básica que havíamos construído, votado, aprovado culturalmente e pelas quais tínhamos feito lobby. E sempre foram elas.

A matriz de políticas que mantém pessoas de gêneros marginalizados, pessoas alvo da racialização e pessoas pobres em condições não seguras por pouco dinheiro, sem segurança no emprego ou acesso a saúde, é muito mais extensa do que apenas um chefe que delicadamente diz que prefere não contratar uma mãe solo. Mas resumir nossos vilões unicamente a um Harvey Weinstein ou mesmo à indústria de tecnologia resulta em mais uma falha.

Resulta na criação falsa da heroína única.

Será que as "mulheres boas" não podem simplesmente assumir o poder?

Na primeira temporada da série de TV *The L Word: Generation Q*, desenvolve-se um arco narrativo em que uma das personagens principais, Bette Porter, uma lésbica Negra, questiona sua campanha política. Enquanto dois membros de sua equipe política avaliam o escândalo que pode comprometer sua campanha, um deles proclama: "eu sou um homem trans e ver alguém como Bette Porter tornar-se prefeita significa que pessoas como eu podem ter uma vida melhor. Digo, ela deveria abrir o caminho para que alguém como eu possa estar no comando um dia".[28]

Quando o feminismo se tornou um tópico aceitável nas conversas culturais *mainstream*, surgiram muitos mitos. Em conjunto com a ideia bidimensional de que ganhar uma tonelada de dinheiro e tornar-se uma capitalista implacável e egoísta era um ato feminista patenteado, veio outra distorção: uma pessoa vai mudar tudo. Um mito proeminente e satisfatório do feminismo branco é que colocar uma única mulher, mulher alvo da racialização, pessoa *queer*, pessoa transgênero em uma posição sênior específica irá, sem dúvida, transformar toda uma organização, instituição, corporação ou franquia.

Dá para observar muito isso em empresas que são tradicionalmente cis, masculinas e brancas, como mostra o artigo de 2019 da *Time* sobre a nova diretora executiva da USA Gymnastics [Federação de Ginástica dos Estados Unidos] intitulado "Can Anyone Save the Scandal-Plagued USA Gymnastics? Li Li Leung Is Determined to Try" [Pode alguém salvar a USA Gymnastics de todos os seus escândalos? Li Li Leung está determinada a tentar][29] ou o enquadramento de um artigo de 2019 do

New York Times intitulado "Can 'Captain Marvel' Fix Marvel's Woman Problem?" [Pode a "Capitã Marvel" consertar o problema da Marvel com mulheres?][30] com uma grande foto da atriz Brie Larson como a super-heroína Capitã Marvel. Enquanto o artigo detalha várias iniciativas dentro da Marvel Comics para fazer com que as personagens femininas sejam mais proeminentes e menos objetificadas sexualmente, o enquadramento do artigo sugere que um único filme e personagem — a interpretada por Larson — vai reformar pouco menos de um século de misoginia.

De modo semelhante às abordagens mais capitalistas do "feminismo" que colocam FEMINIST AF [FEMINISTA PRA CARALHO] em chaveiros, este posicionamento da Marvel dá uma sensação boa. Parece viável. Parece proativo. E satisfaz algo profundamente persistente relacionado à vida sob sistemas que parecem perpetuamente opressivos e poderosos. O roteiro que envolve uma única pessoa chegando e derrubando as teias de aranha do sexismo com um emoji de braço flexionado apazigua essa profunda necessidade de mudança. Mas essas narrativas também prestam um grande desserviço ao se apoderar do escopo do sexismo e a forma como imaginamos soluções, sinalizando para nós que uma pessoa sozinha pode resolvê-lo.

São muitas as dinâmicas agindo aqui. O clima atual da mídia, tanto na mídia de mulheres quanto fora dela, apoia isso, muitas vezes atribuindo crédito e destaque à primeira mulher alvo da racialização ou *queer* contratada para cumprir um determinado papel de liderança, seja na política ou em empresas. Além das interpretações da mídia, às vezes esse enquadramento vem da própria empresa, como quando a Recording Academy anunciou orgulhosamente a nova presidenta e diretora executiva Deborah Dugan em 2019 como a primeira mulher a ocupar o cargo.[31] Ou quando a Deloitte, uma firma de auditoria e consultoria proeminente, declarou sua primeira diretora executiva mulher em 2015, Cathy Engelbert.[32] Mas essa estratégia costuma ser um desvio para evitar a mudança estrutural real, fazendo um jogo que tem mais a ver com ótica — especialmente na era do Instagram. Essa ideia de que a mudança será incorporada em apenas uma mulher também serve para proteger a estrutura como ela é.

Eu me deparei com essa estratégia em um nível individual tanto ao escrever quanto ao editar histórias sobre racismo ou sexismo na cultura. A resposta, como de costume, sempre é: *mas tem uma mulher alvo da racialização na direção de nosso departamento de relações públicas. Mas tem uma mulher alvo de racialização em nossa diretoria. Mas tem uma mulher alvo de racialização supervisionando este produto.* E é aí que dá para observar que o entendimento dessas forças sociais é apenas superficial — ou que apenas mudanças externas são aprovadas. Eles acham que ter contratado uma mulher para ocupar um cargo ou assumir um projeto significa que estão imunes a essas críticas. O que muitas vezes os ouço dizer é: *mas fizemos o que deveríamos fazer! Já riscamos isso da nossa lista!* Mas é nessas situações que é muito mais importante identificar a ideologia do que as contratações atípicas. De que importa se tem uma mulher alvo da racialização dirigindo esta empresa se ela está defendendo uma ideologia feminista branca? O fato de ela ser uma diretora executiva não vai mudar o fato de que seu modelo de negócios depende dos salários extremamente baixos de *freelancers*. Mas a narrativa feminista branca é que vai mudar sim.

Ter mulheres e pessoas não-binárias ocupando esses empregos é essencial. Entrar nessas funções, nesses espaços, nessas indústrias, nessas reuniões VIP, onde as principais dinâmicas de nossos recursos estão sendo discutidas e conversas culturais estão acontecendo, é um objetivo digno. Mas, como digo às pessoas jovens que oriento, você precisa aceitar esses cargos sempre com o entendimento crítico de que está trabalhando em uma estrutura racista. Garantir o emprego são será A Mudança, por mais que tenha demorado para chegar lá — isso é apenas o que as pessoas que te contrataram pensam. Elas pensam que apenas por ter você lá, por te aceitarem e te estenderem cargos, elas já terminaram o trabalho. O que elas geralmente não sabem é que estão apenas começando.

Se você realmente quer fazer mudanças impactantes para pessoas como você ou para pessoas explicitamente diferentes de você, é melhor que você se oriente contra os sistemas do que contra pessoas de maneira individual. Pense em políticas, não em gerências. Pense em reunir e estabelecer um grupo com colegas de trabalho, em vez de enfrentar a liderança de forma solitária. Pense em precedentes que você pode estabelecer formalmente para as pessoas que vierem depois de você e que eram praticamente impensáveis para as pessoas que vieram antes de você.

Como alguém que desejava e alcançou alguns cargos sêniores na mídia, já lidei com isso muitas vezes. Eu sabia que queria ser poderosa o suficiente para determinar as pautas que considerava importantes e para abordar os mitos que tantas vezes dominam a vida das mulheres. Mas, uma vez que tive acesso ao poder, não estava disposta a explorar outras pessoas para mantê-lo, mesmo quando era direta ou indiretamente pressionada a fazer isso. Porque essa é a forma como as coisas sempre foram feitas, porque é parte do "protocolo", porque é para isso que essa equipe ou essa pessoa da equipe existe, porque é assim que nos tratavam quando éramos juniores ou *freelancers* ou trabalhávamos meio período.

Usei a influência que tinha para mudar as expectativas das equipes que gerenciei e o conteúdo que criamos, fossem aumentos para algumas pessoas, mudanças de cargo para outras, licença parental mais longa para novas mães e pais ou a dar destaque aos pontos fortes por vezes invisíveis de alguém da equipe. Além de diversificar equipes, às vezes eu até fazia pressão para que houvesse um novo questionamento a respeito de quais eram os índices de sucesso, permitindo assim que mais pessoas fossem reconhecidas pela estrutura de meritocracia do mundo corporativo norte-americano.

Você evita se tornar a próxima geração do feminismo branco quando incorpora os pontos de vista que essa ideologia não considera. Assuma todos os cargos profissionais de poder e influência com a consciência do que você pode fazer pelas outras pessoas, principalmente para pessoas que você nunca conhecerá. Uma desvantagem significativa dos cargos de alto escalão em instituições e empresas é que muitas vezes te levam cada vez mais longe das pessoas em começo de carreira, que muitas vezes são as que mais precisam e as que mais são negligenciadas. Que políticas você pode mudar agora para beneficiar pessoas que originalmente não foram consideradas? Mães e pais? Pessoas trans? Mulheres com mais de 50 anos? Que recursos não foram fornecidos para alguns departamentos ou equipes porque a liderança deles é "não tradicional"? Como você pode ajustar os índices de desempenho para que as pessoas que são ignoradas pela empresa possam ser vistas e recompensadas? O que você pode omitir das descrições e qualificações de cargos para permitir a entrada de outras pessoas? Remover a educação universitária como requisito? Remover o número arbitrário de anos de experiência solicitado?

Em um de meus cargos sênior na mídia, fui apresentada a um jovem assistente no meu primeiro dia. Eu nunca tinha tido um assistente antes e, a partir desse cargo, estava embarcando no gerenciamento de uma enorme equipe digital. Mesmo eu sendo nova ali, pude ver que minha assistente estava sendo desperdiçada com a forma como a cultura de trabalho era definida: ela deveria administrar minhas despesas empresariais, minha agenda e atravessar as montanhas infinitas de papelada para as quais meu cargo era considerado "sênior demais" para que eu lidasse diretamente. Quando falei com ela, ela expressou o desejo de eventualmente ter uma função como a minha — gerenciar sites editoriais e trabalhar mais em estratégia on-line. Ela demonstrou bons instintos para o serviço e, quanto mais trabalhávamos juntas, mais eu podia ver que ela tinha observações afiadas sobre o que dava certo na internet e o que não dava. Em sua função muito limitada, ela era um recurso desperdiçado, tanto para a empresa quanto para mim. Eu fui criada na internet. Mas, por ser dez anos mais jovem do que eu, ela *literalmente* foi criada na internet e tinha uma compreensão muito intuitiva da plataforma que gerenciávamos, bem como das plataformas de redes sociais.

Quando avaliei este novo trabalho com os recursos muito específicos que me foram atribuídos e a equipe que herdei, percebi que não precisava de uma assistente no sentido tradicional. Eu precisava de alguém para me ajudar a dirigir aquele monstrão on-line.

Comecei a mandar cópias dos e-mails de alto nível para ela e a encorajá-la a participar das conversas em que estávamos finalizando certas estratégias. Foi quando nos deparamos com um obstáculo juntas. A plataforma tinha uma política de cultura empresarial segundo a qual assistentes não eram permitidas em certas reuniões de alto nível. (Embora apresentado como uma questão de confidencialidade, achei este raciocínio bizarro. Se não confiamos nela, então por que ela tem um cartão de crédito da empresa em meu nome? Ela estava envolvida por todo tipo de informação "sensível" só de alguns e-mails que eu encaminhava para ela. Para mim, no fim das contas, essa parecia mais uma forma de manter uma hierarquia muito específica do que proteger as informações.)

Então, comecei a criar estratégias para contornar essa hierarquia arbitrária. Combinei com uma pessoa que era minha colega para que minha assistente fosse promovida para um cargo diferente no qual eu ainda a gerenciaria, mas no qual ela teria responsabilidades mais formais relacionadas ao site. Conseguimos fazer isso porque eu ainda era nova o suficiente para pressionar por recursos ou mudanças sem precedentes e obtê-los como uma que tinha acabado de chegar. (Depois que isso passa, acho que chefias e equipes de gestão são menos propensos a buscar novas ideias para reestruturação.) Também sou muito persuasiva quando se trata de defender as carreiras de pessoas jovens.

Com a palavra "assistente" formalmente retirada de seu título, a levei direto para as cobiçadas reuniões sênior comigo. Às vezes, dependendo das demandas de minha agenda, pedia que ela comparecesse em meu lugar.

Passei duas mensagens muito fortes com esta manobra: 1.) esta jovem tem que estar nessas importantes discussões logísticas, e 2.) ela é alguém em quem se deve prestar atenção ao se pensar no futuro desta marca.

Eu também usei com sucesso o poder proporcional à minha função (lembre-se que eu precisava obter aprovação mais sênior para isso) para lutar pelos direitos de alguém que foi negligenciada pela estrutura de poder da empresa por ser jovem e mulher.

É para isso que o poder deve ser usado: para abrir caminhos, recursos e oportunidades para outras pessoas e para encorajar as mudanças que elas trazem, e não para exigir que elas façam coro ao status quo. Não pedir a mulheres jovens que me tragam cappuccinos e saladas enquanto eu tuíto sobre "feminismo".

Em ambientes administrativos, há muita autoridade oculta nas palavras "sujeito à aprovação da gerência". Esses são lugares onde não existem políticas formais em vigor, mas onde as coisas são avaliadas de acordo com o que a gerência considera apropriado para o desempenho. Em lugares onde não consegui fazer uma mudança formal nas políticas, muitas vezes usei essas cinco palavras para normalizar e compensar pelas questões que considerava que deveriam ser implementadas como políticas. Pelas pessoas que gerenciei e pelos cenários que eram minhas responsabilidades, elas seriam.

O que isso geralmente significava na prática é que conseguia amortecer os sistemas que executam condições de trabalho sexistas ou classistas. Se alguém de minha equipe tivesse tido um bebê recentemente, então é claro que essa pessoa podia trabalhar gradativa e remotamente de casa antes de voltar para o escritório — as pessoas precisam de um tempo, muito mais do que aquelas insignificantes doze semanas, para se recuperar de um parto e organizar suas opções serviços de cuidados para as crianças. E nossa empresa e o governo não vão intervir por essa pessoa, então eu vou. O mesmo acontece se alguém tem crianças mais velhas e precisa sair mais cedo para buscá-las na escola ou fazer o trabalho essencial de alimentá-las, dar-lhes banho e fazer o dever de casa com elas. Ou para cuidar de suas mães e pais idosos ou de familiares que sejam pessoas com deficiência. Dá para logar mais cedo? Podemos montar uma programação híbrida onde essas pessoas compensem as horas em um fim de semana ou uma pauta especial ou com outras tarefas?

Eu ajudei pessoas com ansiedade debilitante a desenvolver horários de trabalho alternativos; eu dei tarefas diferentes para pessoas que lutam contra a depressão; eu defendi que pessoas que lidaram com perdas, luto e traumas tivessem folga prolongada, além da política padrão da empresa.

Nos lugares em que o capacitismo e o racismo moldaram os princípios fundamentais do comércio e da produtividade, são as pessoas poderosas que têm a responsabilidade de inovar. É aí que temos que comparecer e controlar essas forças com nossa capacidade de compreender a aptidão das pessoas de nossa equipe, para além das fórmulas rígidas que a misoginia padronizou.

Se você está em uma posição de poder e não está fazendo isso, então o que você está fazendo?

A natureza performativa de uma "contratação de diversidade", como são frequentemente descritas pelas pessoas que as escolhem, muitas vezes abafa a realidade multifacetada do poder. Por mais poderosos que esses cargos sejam, por vezes — primeira diretora executiva mulher, primeira editora-chefe Negra, primeira pessoa Nativa a ocupar uma cadeira no senado, primeira pessoa trans a ser docente titular na universidade —, a influência que exercerão será, no entanto, proporcional ao cargo. Essas pessoas existirão em um sistema que já é composto de constelações de poder: colegas, membros do conselho, constituintes, equipes e outras funções. O que não quer dizer que elas não implementarão mudanças: políticas, contratações, orçamentos, sistemas e abordagens diferentes. A pessoa pode se desviar do grupo tradicional, mas, no fim das contas, terá de enfrentá-lo, dependendo de qual seja sua ideologia. Como aprendemos com os criadores do desastroso Grammy Awards.

Quando a Recording Academy nomeou Deborah Dugan como diretora executiva e presidenta em 2019, foi uma nomeação histórica. Ela foi a primeira presidente mulher desde que a academia foi formalizada em 1957.[33] A contratação de Dugan também ocorreu após a academia ter sido submetida a um maior escrutínio por não ter inclusão e diversidade de gênero (um estudo de 2018 confirmou que, dentre as seiscentas canções da lista Hot 100 da *Billboard* ao longo de cinco anos, apenas 12% eram de compositoras mulheres; os produtores homens superavam as produtoras mulheres na proporção de 49 para um; e 96% das canções pop que podiam incluir dezenas de pessoas como produtoras não tinham sequer uma mulher creditada).[34] A organização da academia respondeu com uma declaração dizendo que a diretoria "leva a paridade e a inclusão de gênero muito a sério" e que estavam designando uma força-tarefa interna "para revisar todos os aspectos do que fazemos para garantir que nosso compromisso com a diversidade seja refletido".[35]

Pouco depois de sua contratação ser anunciada, Dugan foi questionada pela *Variety* a respeito de o quanto a Recording Academy planejava abordar os preconceitos raciais e de gênero na indústria musical. "Essa é uma das perguntas que estou mais animada para responder neste trabalho", disse ela.[36]

No ano seguinte, descobrimos a resposta: a academia colocou Dugan em licença administrativa.

Dugan alegou que ela foi colocada em licença por "má conduta" três semanas depois de enviar um e-mail para o RH detalhando alegações de irregularidades de votação dentro do processo de nomeação da academia, conflitos de interesse, *self-dealing*, má gestão financeira e assédio sexual. Essencialmente e, sem dúvidas, o que ela foi contratada para fazer. A academia respondeu dizendo à CNN que Dugan criou um "ambiente de trabalho 'tóxico e intolerável' e que praticou 'conduta abusiva e intimidadora'".[37] Dugan mais tarde entrou com um processo na Equal Employment Opportunity Commission [Comissão de Igualdade de Oportunidades de Emprego] (EEOC), afirmando que ela foi demitida injustamente após levantar questões sobre práticas de voto e assédio sexual, como medida de retaliação. A defesa de Dugan disse que a academia ofereceu "milhões de dólares para deixar tudo para lá e sair da Academia", mas, quando ela se recusou a aceitar essa oferta, dentro de uma hora ela foi colocada em licença.[38] O processo continua em andamento e Dugan foi formalmente demitida.

Mais tarde, ela disse em um comunicado: "fui recrutada e contratada pela Recording Academy para fazer uma mudança positiva; infelizmente, não fui capaz de fazer isso como diretora executiva. Portanto, em vez de tentar reformar a instituição corrupta por dentro, vou continuar trabalhando para responsabilizar aqueles que continuam a praticar o *self-dealing*, contaminar o processo de votação do Grammy e discriminar mulheres e pessoas alvo da racialização".[39]

E esse é frequentemente o contexto que não é levado em consideração em anúncios nebulosos que associam o progresso com uma única pessoa: um contexto que efetivamente minimiza o quão complexas, abrangentes e consolidadas essas mentalidades são na infraestrutura de empresas ou instituições. Não se trata apenas de "reformular a marca" ou de se livrar de algumas pessoas específicas que odeiam mulheres ou não contratam pessoas cujos currículos não têm uma determinada aparência. Trata-se de desafiar ideologias e as maneiras de ver as pessoas. E, para tanto, será necessário muito mais do que uma pessoa — uma nova presidenta, diretora executiva ou atriz — para resolver o sexismo de uma entidade específica. Como costuma acontecer na história da justiça social, serão necessárias muitas de nós, seja dentro dessas indústrias ou fora delas, para que possamos nos recusar a compactuar com o status quo.

O brilhante e revolucionário modelo da "Primeira Mulher a Dirigir Essa Empresa" costuma servir como uma distração para os movimentos de justiça social — uma maneira fácil e estritamente visual de negar as críticas ao racismo ou ao sexismo sistêmicos e ao mesmo tempo se posicionar como progressista sem comprometer os negócios de costume. Vimos isso em grande escala um ano após o *#MeToo*.

Após denúncias de má conduta sexual e assédio contra pouco mais de duzentos homens proeminentes em todos os setores, cerca de metade deles foram prontamente substituídos por mulheres.[40] Essas candidatas tiveram que preencher vários cargos — e rápido: um terço foi para a área das notícias, um quarto para o governo e um quinto para o setor de entretenimento e para as artes.

Uma dessas contratações, Tanzina Vega, que substituiu o apresentador John Hockenberry no *The Takeaway* da WNYC e que me entrevistou ao vivo, comentou para o *New York Times* que muitas mulheres já estavam prontas para esses papéis importantes há algum tempo, independentemente das circunstâncias que as conduziram a esse reconhecimento profissional. "Muitas de nós que assumiram esses empregos fomos promovidas porque éramos muito boas nesses empregos", disse a locutora de rádio em 2018. "Temos as habilidades necessárias, temos experiência, temos ética de trabalho e temos inteligência para fazer isso, e é hora de fazermos esse trabalho".[41]

Ainda assim, isso não quer dizer que essas empresas e instituições vejam essas contratações altamente competentes e experientes dessa forma. O fato de que muitas indústrias estavam em turbulência e que houve essa contratação em massa de mulheres nos disse muito sobre as conversas que aconteciam a portas fechadas entre as diretorias e a liderança sênior, principalmente porque havia investigações ativas em andamento sobre o sexismo sistêmico.

Mas a tendência a recorrer a mulheres e pessoas alvo da racialização em tempos de crise é anterior à grande revolta que foi o *#MeToo*. Uma pesquisa da Utah State University determinarou em 2013 que as empresas da lista *Fortune 500* têm muito mais probabilidade de colocar mulheres e minorias — descritas como "direções executivas não tradicionais" — em posições de liderança em tempos de crise.[42] Essas descobertas, com origem em quinze anos de dados,[43] foram efetivamente divididas em duas afirmações: 1. diretores executivos que são homens brancos cis vêem essas empresas instáveis como muito arriscadas e passam a oportunidade, e 2. mulheres e minorias veem esta empresa em risco como sua única chance de ocupar uma posição de liderança e assumir o cargo porque elas estão intuindo corretamente que uma oferta como essa provavelmente não chegará a elas novamente. As candidatas mulheres ao cargo também são vistas como "possuidoras da natureza otimista e calorosa necessária para motivar funcionárias e funcionários e levantar uma empresa de alto risco", de acordo com o relatório do *The Guardian* sobre o estudo.[44] A pesquisa observou, no entanto, que o que geralmente acontece é que a "direção executiva não tradicional" tem um mandato mais curto do que seria concedido a um diretor executivo homem e branco para transformar uma empresa, uma cultura e lucros que estão rapidamente ficando no vermelho. Quando ela não consegue fazer isso, por causa desses índices condenatórios, ela é demitida e uma "direção executiva tradicional" é trazida. A pesquisa chama isso de "efeito do salvador". "Ela é substituída por um homem, a marca de um retorno ao status quo", explica à *Vox*.[45] A incapacidade da candidata original de ascender além do "fracasso" previsto para aquele papel influente é conhecida como *"glass cliff"* [penhasco de vidro].

Carol Bartz, ex-diretora executiva do Yahoo! e da Autodesk, disse no podcast *Freakonomics* em 2018 que essas contratações atípicas não sinalizam mudanças ideológicas ou reconhecimento das capacidades das mulheres em geral.[46] "Escute só, é totalmente verdade que as mulheres têm melhores chances de conseguir uma posição de diretoria ou um cargo sênior se houver problemas".[47] Ela incentiva que as mulheres assumam esses papéis de qualquer forma, mas elucida o que realmente vai acontecer quando ela o faz. "Não é que de repente as diretorias acordem e digam: 'ah, tinha que ter uma mulher aqui'. Às vezes eles fazem isso porque é mais fácil se esconder atrás de um 'bem, é óbvio. Óbvio que deu errado, porque era mulher. O que estávamos pensando?'".[48]

Bartz saberia. Ela foi demitida depois de dois anos e meio quando o Yahoo! falhou em crescer.[49] Ela foi substituída por Scott Thompson, um cara branco.[50] Ele saiu cinco meses depois, depois de ter supostamente falsificado seu currículo para o trabalho. Thompson, assim como seu advogado, se recusaram a falar com o *New York Times* depois que isso foi divulgado.[51]

O feminismo branco prospera e cresce com o estilo laudatório de muitos desses anúncios tratando das relações públicas de instituições racistas ou sexistas sem que elas precisem de fato mudar muito. E pior ainda, esse enquadramento provê crédito a essas instituições por algo que elas ainda nem fizeram.

Essa ideologia muitas vezes tira proveito de tal narrativa, cooptando uma linguagem radical para contar suas próprias histórias de sucesso, assim como fazem as instituições para as quais trabalham. O feminismo branco geralmente concorda com essa execução falsa da destruição do patriarcado porque essa prática tem um entendimento muito singular e individualizado que é o poder. Os valores e a compreensão do que é a paridade de gênero são conciliados. Tudo isso é também descaradamente individualista.

A ideia de que uma mudança radical virá de mulher em mulher, uma de cada vez, por meio de escritório grande, por meio de um papel de liderança, por meio de uma mulher de batom e saltos altíssimos, é também onde o feminismo branco se sobrepõe à supremacia branca. Essa abordagem faz parecer interessante — e até celebra — a ideia de depositar todas as suas energias e esperanças de justiça social em uma jovem diretora executiva que não faz pressão para conseguir benefícios de saúde decentes. Faz com que seja suficiente que essa mulher atue apenas com seu próprio desempenho no trabalho e seus índices de produto e explore o trabalho mal pago e sobrecarregado de todas as outras pessoas na empresa para chegar lá. Faz com que seja legal que ela dependa de um fluxo constante de babás imigrantes para que ela possa fazer esse trabalho.

Porque a mudança virá de mulher em mulher, uma de cada vez. Apoiamos o feminismo ao apoiar ela individualmente

Tudo isso sanciona e protege essa fábrica feminista branca autocentrada ao garantir que essas diretoras executivas, editoras e empreendedoras estão incorporando a revolução ao permanecerem autocentradas. Seu escopo pode ser limitado a elas mesmas. Ele também imita a abordagem em camadas em que mulheres brancas e aspirantes a brancas vêm primeiro, enquanto as mulheres alvo da racialização, mulheres pobres e mulheres imigrantes podem vir depois. A General Motors, que contratou Mary Barra como sua primeira diretora executiva mulher,[52] a primeira mulher a dirigir uma grande montadora nos Estados Unidos, proclama ousadamente que mulheres representam 45% de sua diretoria em seu "Relatório de Diversidade e Inclusão".[53] Mas, em 2019, várias pessoas Negras que eram funcionárias da GM entraram com um processo contra a empresa, alegando que, quando colegas começaram a pendurar forcas nos banheiros e que quando elas encontraram a expressão "apenas para brancos" rabiscada nas paredes, foram instruídas a lidar com o assédio racial sozinhas.[54] (A GM disse à CNN que fecharam a fábrica naquele dia e realizaram uma reunião obrigatória. Em um comunicado, declararam: "tratamos qualquer incidente denunciado com sensibilidade e urgência, e temos o compromisso de prover um ambiente que seja seguro, aberto e inclusivo. A General Motors está levando este assunto a sério e abordando-o através do processo judicial apropriado.)[55] E não é como se a ex-diretora executiva da Pepsi, Indra Nooyi, a "mulher mais relevante a liderar uma empresa da *Fortune 500*"[56] tenha isentado a empresa de banalizar o Black Lives Matter em seu anúncio mal concebido com Kendall Jenner.[57] (Em 2017, a empresa tuitou um pedido público de desculpas com um gráfico que dizia: "A Pepsi estava tentando projetar uma mensagem global de unidade, paz e compreensão. Obviamente, erramos o alvo, e pedimos desculpas".)[58] É uma "economia do gotejamento" para o feminismo, em que pessoas ricas serem ricas é de alguma forma bom para a economia como um todo. Mas feministas brancas existindo como feministas brancas não é impactante para os direitos coletivos de gênero, mesmo que seja para os negócios.

A abordagem que entende que a-mudança-chegará-uma-mulher-de-cada-vez nos torna complacentes. E nos incentiva a nos conformarmos com a branquitude. E nos encoraja, francamente, a nos acomodarmos.

Vejo algum desvio nesse panorama nos momentos em que as camadas de poder institucionalizado são reveladas. Quando figuras públicas, que muitas vezes são moldadas para representar essas organizações, saem dessa função e as criticam também.

Depois que o ex-médico da seleção de ginástica dos Estados Unidos, Larry Nassar, foi acusado de estuprar e abusar sexualmente de centenas de atletas menores de idade, foi exatamente isso o que aconteceu. Em 2019, quando a USA Gymnastics anunciou a nova diretora executiva e presidenta Li Li Leung, a cinco vezes medalhista olímpica Simone Biles não respondeu apenas com um comunicado à imprensa sobre a organização que contratou sua primeira diretora executiva mulher e Asiática. Quando Leung lançou um pedido formal de desculpas às muitas pessoas atletas que sofreram abusos, Biles exigiu mais. Como sobrevivente do abuso de Nassar e uma atleta olímpica dedicada que tem sido o rosto das Olimpíadas dos Estados Unidos há algum tempo, ela disse ao programa *Today*: "acho que sempre dá pra falar, mas você tem chegar lá e provar também. [...] Talvez fosse melhor se você apenas provasse para todo mundo em vez de falar, porque falar é fácil".[59]

A exigência por mais do que comunicados à imprensa aumenta a conscientização e a educação envolvidas nesse diálogo, bem como o foco em medidas preventivas. É uma atitude que estabelece que um pedido público de desculpas que todas as pessoas possam ler, retuitar e "curtir" não é suficiente. Este pedido de desculpas, depois de mais de trezentas vítimas terem denunciado e se manifestado, não isenta a organização da responsabilidade por ter permitido que acontecesse abuso em uma escala tão absurda.[60]

Esta resposta se estende a um comentário que Biles fez anteriormente durante um treinamento em Kansas City naquele mesmo ano.[61] Ela derrubou o muro ao expor a infraestrutura de sua função e revelar como ela precisa agir após o julgamento e condenação de Nassar. "É difícil vir até aqui em nome de uma organização e vê-la falhando conosco tantas vezes", disse ela. O que há de mais poderoso nessa frase é que ela está ativamente responsabilizando a USA Gymnastics por ter falhado, enquanto também reconhece o quanto é difícil representá-los. Essas são duas realidades concomitantes e, de muitas formas, interdependentes.

Biles ressaltou ainda o quão complexo é seu relacionamento com a empresa que a emprega, ao explicar como ela funciona dentro da organização — e como a exploração cresceu à medida que abusavam de sua confiança. "Fizemos tudo que eles nos pediram, mesmo quando não queríamos fazer. E eles não fizeram nem a merda do trabalho deles. Vocês tinham uma obrigação. Vocês tinham literalmente uma obrigação e não conseguiram nos proteger".[62]

Nessas duas declarações, Biles se recusa a apagar as falhas da organização usando seu rosto. Ela se recusa a reformular visualmente a marca da instituição. E ela também recusa a suposição de que a mudança será incorporada a partir dessa nova diretora executiva.

Ela está fazendo pressão por algo muito maior. Ela está indicando uma urgência para a mudança que excede em muito a capacidade de até mesmo uma pessoa muito poderosa. Ela está declarando que precisamos de um movimento que mobilize e priorize todas e todos nós.

A atriz pornográfica e escritora Stoya fez uma afirmação semelhante em uma entrevista para a *Jezebel* em 2018, quando disse à repórter Tracy Clark-Flory: "estou *tão* cansada de ser questionada sobre o feminismo na pornografia!".[63] Ela faz alusão aos vários sistemas e "problemas estruturais" que determinam a vida de uma mulher e a capacidade de construir uma vida, o que inclui a indústria pornográfica. A questão de ser feminista na pornografia, seja lá o que isso signifique para uma variedade de interpretações, é complicada pelo que impulsiona, sustenta e gera qualquer indústria: o dinheiro. As mulheres que precisam dele e as outras pessoas tentando consegui-lo, com corpos, desejo, desempenho, consentimento, condições de trabalho e a capacidade de voltar a trabalhar, conectando essas duas constantes. Segundo essa perspectiva, ser uma feminista na pornografia, de maneira individual, é uma questão discutível. Porque, em última análise, são as estruturas que ditam a vida, a saúde e a estabilidade econômica das mulheres.

"Sempre tentei evidenciar abertamente que meu trabalho não é feminista", disse Stoya. "A única coisa que pode ser remotamente considerada feminista é, tipo, uma mulher ir trabalhar, receber um salário decente e ter uma vida sob o capitalismo. Mas qualquer coisa diferente disso é um pouco de exagero e também um desserviço para profissionais da pornografia que de fato são feministas. No meu trabalho, com certeza há muito foco sobre o estado do trabalho sexual e sua história, e há um direcionamento para a conexão humana e um retrato preciso da sexualidade humana, mas isso não é feminista".[64]

Porém, é possível diferenciar os esforços feministas, "feministas" e feministas™ nesse espaço quando se considera que o ativismo geralmente compromete os negócios ao afirmar o valor da vida — e não necessariamente tenta se encaixar neles.

Para esse fim, muitas vezes são as iniciativas que são "ruins" para os negócios convencionais que têm a capacidade de ajudar pessoas: uma redução nos lucros para financiar salários mais altos que reflitam o custo de vida e as férias remuneradas. Acomodações para pessoas com deficiência que não acompanhem os índices de produtividade padrão. Em suma, nessa perspectiva, as corporações ganhariam menos dinheiro. E não ocupariam o primeiro lugar na lista da *Fortune 500* por seis anos consecutivos[65] para, então, discriminar trabalhadoras grávidas,[66] como o Walmart supostamente fez. (Depois de chegar a um acordo de 14 milhões de dólares com quatro mil mulheres, uma pessoa porta-voz do Walmart negou qualquer irregularidade ao *Washington Post* e disse: "o Walmart tem uma política forte contra a discriminação em vigor há muitos anos e continuamos a ser um ótimo lugar para as mulheres trabalharem e avançarem".)[67]

Mas se empresas e indivíduos realmente quisessem melhorar a vida das mulheres, seria possível ver isso de uma maneira diferente: eles promoveriam e incentivariam as mudanças estruturais e as entidades que mantêm o poder sob controle.

Se as empresas em prol de pessoas de gêneros marginalizados quisessem empoderar as mulheres, elas incentivariam um sindicato que proteja as trabalhadoras que fazem dessa empresa uma realidade, em vez de meramente fazer um tuíte no Dia da Igualdade Salarial. Elas encorajariam as trabalhadoras a abordar a gerência por meio de negociações coletivas e a colaborar em condições que fossem aceitáveis, viáveis e sustentáveis. Em vez disso, Amanda Hess relata à *New York Times Magazine* que vinte e seis ex-funcionárias e atuais funcionárias da The Wing viram suas condições de trabalho serem fragmentadas em nome do "feminismo": atrasos nos salários, racismo e pressão para não para ficarem caladas a respeito de suas críticas à marca.[68] (A porta-voz do The Wing disse à revista que elas "mantiveram as práticas de trabalho" e que "como em qualquer ambiente de trabalho, as funcionárias recebem *feedback* sobre de quais maneiras podem melhorar".)[69] Em vez disso, estou aconselhando pessoas da equipe em início de carreira a respeito de como negociar aumentos que elas estavam com medo de pedir, apesar do longo discurso interno sobre celebrar mulheres profissionais.

Quando se averigua a trajetória de muitos veículos de mídia, no entanto, a linha do tempo que é possível observar não é nada surpreendente. Plataformas que antes eram consideradas desconhecidas, interessantes e até mesmo ligeiramente transgressivas acabaram sendo cooptadas e transformadas em uma versão tediosa do que um dia já foram em um esforço para ganhar dinheiro: veja, por exemplo, as revistas, a mídia digital, a televisão, o rádio, o telefone e, é claro, as redes sociais.

O que é revelador, porém, a respeito de muito do ativismo que abordou a desigualdade social é que este gravitava em torno do que ninguém queria dizer abertamente — e quando o fez, grandes esforços e força física foram convocadas para suprimi-lo. É por isso que quando Littlefeather saiu do palco do Oscar, o ator John Wayne teve que ser contido por seis seguranças.[70] Ele queria calá-la. Em última análise, é por isso que chamaram a polícia para os grupos de estudo de Davis. Não queriam que jovens chamassem a atenção para o quão estúpida é a segregação. E é isso que precisa ser preservado.

Para nós, agora, conforme fazer uso das redes sociais pós-corporativas para ativar em vez de para construir uma marca, o incentivo é se opor à visão e à ideia de índices desejáveis propostas pelas empresas. A questão então se torna: qual seria a mensagem ou voz que você poderia usar e que pode não receber muitas curtidas no Instagram? O que excede o uso atualmente aceito do Twitter? Se a recompensa cultural agora vai para as pessoas que são mais "curtidas", o que ninguém quer ouvir ou com o que ninguém quer se envolver?

Afora o racismo e a gordofobia descaradados, que observação você poderia compartilhar digitalmente agora resultaria em sua demissão? Que todas as mulheres em posições liderança são mulheres sem filhas ou filhos? Que nenhuma mulher ficou na empresa por muito tempo depois de ter uma filha ou filho? Que todas as mulheres promovidas aparentemente são brancas?

O que você poderia compartilhar que te afastaria de sua comunidade mais próxima? Que seu bairro só tem escolas *charter*? Que a associação de pais e mestres parece mais interessada em manter os recursos para crianças brancas dentro e manter as crianças de raças marginalizadas de fora?

É daí que o ativismo on-line pode partir. Das coisas que trazem problemas quando ditas ou visibilizadas.

Capítulo dezenove

O terceiro pilar da mudança: responsabilizar as mulheres por abuso

EM 2018, FUI convidada a falar em um painel sobre jornalismo e gênero em uma universidade voltado para estudantes de jornalismo.[1] O ponto crucial da conversa se concentrou em como denunciar efetivamente o tipo de abuso que estava vindo à tona com o *#MeToo*. Uma outra jornalista do painel havia acabado de correportar uma ampla investigação de assédio sexual. Você conhece o roteiro tão bem quanto eu: homem mau, empresa cúmplice, muitas vítimas, um segredo aberto e um monte de poder e dinheiro.

Enquanto falávamos sobre nossas experiências na redação, sobre o processo de lidar com fontes, sobre conversar com vítimas de agressão sexual ou assédio, a jornalista mencionada enfatizou a importância dos registros: suas fontes haviam protocolado denúncias no RH, suas fontes haviam contratado advogadas e advogados e produzido extensas papeladas a respeito do que sofreram. Ela enfatizou essas questões como se essas fossem as barreiras para em relação a agressão sexual. Como se suas fontes precisassem de materiais desse tipo para validar suas denúncias

O que é profundamente preocupante a respeito de apresentar isso a uma sala cheia de jornalistas verdes é que este padrão aplica uma barreira classista significativa para denúncias de agressão. Porque, para produzir essa papelada, você precisa de dinheiro. Para começar, você precisa trabalhar em uma empresa ou estabelecimento que tenha um departamento de RH. Você precisa ter fundos para procurar uma advogada ou advogado e mantê-los. Este não é um cenário viável para a maioria das pessoas na maioria dos ambientes de trabalho com a maioria salários. As Latinas estão excessivamente representadas em empregos de baixa remuneração, "tipicamente" ganhando no máximo cerca de 24 mil dólares por ano.[2] Quase metade das profissões em que mais comumente estão empregadas as mulheres Nativas — garçonetes, cozinheiras, faxineiras, profissionais de serviços de cuidados com crianças — pagam menos de dez dólares por hora.[3] E as pessoas norte-americanas micronésias, bengalis e hmong têm taxas de pobreza 50% mais altas do que a média nacional.[4] E, no entanto, essa trajetória cara para tentar acessar a justiça está sendo sustentada como o padrão.

As mulheres precisam ser vistas neste sistema de justiça. Mas nós não as vemos; vemos, reconhecemos e respondemos ao dinheiro. Assim como as sufragistas e as feministas brancas contemporâneas têm defendido.

Existem custos financeiros ainda maiores a serem considerados. Em 2016, entrevistei a advogada de Gretchen Carlson depois que a jornalista e comentarista de notícias entrou com acusações de assédio sexual contra Roger Ailes, diretor executivo e presidente da Fox News.[5] A advogada de Carlson, Nancy Erika Smith, me explicou quantas empresas de RH não consideram o que seria melhor para as pessoas funcionárias quando as denúncias são trazidas a elas. Ela recomendou ir primeiro a uma advogada ou advogado, antes de procurar o RH para determinar se o abuso é passível de ação — outra barreira selada com dinheiro. Ela também me disse algo que lembro sempre que escuto pessoas que não acreditam no *#MeToo* falarem da importância de levar essas alegações aos ambíguos "tribunais".

"Quando uma mulher vítima de assédio sexual vem até mim, uma das primeiras coisas que digo é que muitas vezes minhas clientes perdem seus empregos. Mesmo se ganharmos, mesmo se conseguirmos um acordo", disse Smith.[6]

Mas que tipo de vítima pode buscar as vias legais para lidar com abuso se isso for lhe custar seu emprego?

E um emprego financeiramente seguro. Também conhecido como a fusão do feminismo branco com o *#MeToo*.

O dinheiro sempre foi subjacente ao abuso, impulsionando predadores em um mar de segredos abertos e até mesmo denúncias públicas.

Três anos antes que o movimento *#MeToo* da ativista Tarana Burke fosse despertado, Dylan Farrow escreveu uma carta aberta no *New York Times*.[7] No artigo de opinião de 2014, ela escreveu uma análise poderosa da economia que continuou a permitir o abuso. Estruturado em torno das alegações de que seu pai, o escritor e diretor Woody Allen, a havia agredido sexualmente quando ela era criança, ela escreveu que a indicação dele ao Oscar em 2014 e sua longuíssima história de aprovação cultural era "uma prova viva de como nossa sociedade falha com sobreviventes de estupro e abuso sexual".[8] (Allen negou essas alegações de forma consistente).

"E se tivesse sido sua filha, Cate Blanchett? Louis CK? Alec Baldwin? E se tivesse sido você, Emma Stone? Ou você, Scarlett Johansson? Você me conheceu quando eu era uma menininha, Diane Keaton. Você se esqueceu de mim?"[9]

Em um questionamento cultural sobre o que permite que o abuso sistêmico prospere, a auditoria de Farrow tentou elevar as discussões nacionais sobre o abuso indo além da questão do predador sexual. Ela invocou uma compreensão mais holística do abuso e do poder, ao nos pedir que considerássemos as camadas de apoio, credibilidade e estrelato que infundiam anualmente a carreira de Allen. Essa expansão crucial e habilmente executada do foco colocou o escrutínio e a responsabilidade nas economias que sustentaram os supostos predadores sexuais. O fato de que sua lista de celebridades mulheres incluiu um espectro de idades e variedades de carreira, das namoradinhas do país às mulheres sedutoras e às reverenciadas no Oscar, passou uma forte mensagem de quão abrangente era esta economia. Juntamente com as carreiras de longevas dessas atrizes, a resistência da influência de Allen foi sustentada.

Três anos depois, alguns dos relatos mais fortes de *#MeToo* seriam as investigações que empregaram táticas semelhantes: revelando as camadas e camadas de assistentes, colegas, gerentes, parcerias de negócios, departamentos de RH, membros das diretorias e pessoas com cargos executivos que ajudaram a manter uma cultura de trabalho onde esse tipo de predação sexual foi permitido. E demonstraram que esses padrões eram e são consistentes em todos os setores, instituições privadas e federais, de pequenas empresas a empresas em expansão. O trabalho coletivo desses indivíduos para manter esse ecossistema de abuso, em que todo mundo sabia sobre aquele gerente que era esquisito ou sobre aquele colega de trabalho que havia agredido sexualmente vários colegas, era quase sempre alimentado por ameaças individualizadas: você vai perder seu emprego se falar, você vai perder atribuições, você vai perder credibilidade; no fim das contas, você vai perder. A ameaça é sempre pessoal.

Essa tática foi extremamente bem-sucedida ao se ater ao individual para evitar um entendimento ou reconhecimento coletivo do abuso, jogando especificamente com ganhos e perdas individuais. Era eficaz em manter o coletivo dissolvido, ao colocar as perdas e ganhos como realidades extremamente pessoais. O efeito era poderoso: proteção individual e negação coletiva.

Houve diversos esforços incríveis para superar essa tática. Quando penso sobre o que tornou a estrutura original dos grupos de conscientização no feminismo de segunda onda tão dominante, entendo que foi a compreensão coletiva de experiências profundamente pessoais. Portanto, ao compartilhar o que hipoteticamente aconteceu comigo quando eu era uma menina de sete anos e, em seguida, ouvir sobre o que aconteceu com você quando tinha dez anos, podemos ver paralelos em nossas experiências, mas também para além de nossas experiências. Podemos ver os sistemas que permitiram que essas coisas acontecessem conosco e as consequências que elas acarretaram.

O *#MeToo* parecia ecoar essa mesma conexão — só que estava acontecendo em tempo real. A sala de estar metafórica em que estávamos todas sentadas era no *New York Times*, no Twitter e no Instagram e nas mensagens de texto em grupos nos quais todas, de trabalhadoras rurais a atrizes, compartilhavam o que havia acontecido com elas.

E, dessa vez, os sistemas em questão eram culturas e climas empresariais específicos; a saber, aquelas culturalmente reverenciados e de sucesso. Embora fosse fácil reduzir alguns desses ambientes a conceitos com os quais estávamos familiarizadas, como "clubes do Bolinha" e "casas de fraternidade", alguns outros ambientes abusivos não podiam ser encaixados perfeitamente nesses termos.

Neste clima pós-*Faça acontecer*, os espaços liderados ou dominados por mulheres foram posicionados como pioneiros, com visão de futuro e abertamente "feministas". Lembro-me que depois da primeira leva de denúncias do *#MeToo* detalhado o abuso cometido por homens poderosos e importantes, notei algumas reações de pessoas no Twitter expressando gratidão por trabalharem em ambientes exclusivamente femininos — como se o gênero, de alguma forma, controlasse todas as dinâmicas abusivas. Descobrimos que não.

O *#MeToo* revelaria até que ponto ícones que se identificavam como feministas perpetuavam os sistemas abusivos dentro dos quais operavam. Desde 2017, várias mulheres brancas proeminentes foram acusadas de facilitar o abuso a partir de suas posições de poder.

Foi relatado que a primeira mulher democrata indicada à presidência, Hillary Clinton, "protegeu um conselheiro de alto escalão acusado de assédio em 2008".[10] Em uma dinâmica típica já bem conhecida, uma jovem na campanha relatou repetidos assédios sexuais por parte de um associado mais sênior, um conselheiro de Clinton. Em resposta, a jovem teria sido transferida para um emprego diferente e o acusado foi suspenso do pagamento por várias semanas e recebeu uma ordem para ir a um aconselhamento. Em uma história que conhecemos muito bem, a carreira da jovem foi alterada pelo abuso que foi alegadamente infligido a ela. Comparativamente, o acusado pôde se manter no trabalho. Muitas pessoas do conselho disseram a Clinton para demitir esse conselheiro, mas ela se recusou a fazê-lo. (Uma pessoa porta-voz de Clinton disse ao *New York Times* em um comunicado: "para garantir um ambiente de trabalho seguro, a campanha tinha um processo destinando a lidar com reclamações de má conduta ou assédio sexual. Quando surgiram questões, elas foram avaliadas de acordo com essas políticas e as medidas cabíveis foram tomadas. Essa queixa não foi exceção.)[11] Para uma política que se alinha como feminista, essa fidelidade para manter a influência e a estrutura como já estabelecidas pareceu mais forte do que as necessidades de uma jovem depois de ser assediada.

Histórias semelhantes surgiram. Em 2017, o *New York Times* relatou que a presidenta e executiva-chefe da New York Public Radio [Rádio Pública de Nova York], Laura Walker, supostamente "priorizou o crescimento em detrimento da cultura da estação", que fervilhava com abuso e assédio sexual.[12] Uma investigação formal "absolveu" Walker de qualquer responsabilidade direta,[13] mas a equipe declarou ao *Times* que a sede implacável de sucesso fez com que "a administração desenvolvesse um ponto cego em relação a gênero, raça, poder e ao pessoal. As práticas de recursos humanos da estação não acompanharam seu crescimento, disse a equipe".[14] (Isso lembra Miki Agrawal da Thinx, que respondeu a alegações de abuso com a afirmação de que seu negócio era bem-sucedido.) As pessoas funcionárias foram supostamente menosprezadas, intimidadas e abusadas em nome de índices de desempenho e, em 2018, a empresa tinha muito a mostrar a respeito disso:

> "Sob sua liderança [a de Walker e a de seu vice e diretor de conteúdo, Dean Cappello], a estação cresceu em alcance e financiamento. Em

1995, pouco antes de os dois começarem, a WNYC, com suas estações AM e FM municipais, tinha uma audiência semanal de 1 milhão e um orçamento de 8 milhões de dólares, com 11,8 milhões de dólares em arrecadação de fundos anual. Atualmente, a New York Public Radio, uma organização sem fins lucrativos independente que é dona da WNYC, da WQXR e de outras entidades, possui uma audiência mensal de 26 milhões, incluindo streaming e downloads, e um orçamento de 100 milhões de dólares, com 52 milhões em arrecadação de fundos anual."[15]

Em 2017, Walker deu uma entrevista no *The Brian Lehrer Show* da WNYC, onde ela admitiu saber de algumas denúncias, mas não todas.[16] Cappello disse ao *New York Times* em um comunicado "conforme me puxam em mais direções diferentes, tenho mais reuniões em para ir, muitas vezes com café envolvido". E: "A qualidade dessa organização foi feita à mão por muito tempo; é óbvio que isso não é mais o que somos hoje em dia e a mudança é necessária. E bem-vinda".[17]

É possível ver e comprovar de maneira contínua, do *#MeToo* até o regime escravista formalizado nos Estados Unidos, que o abuso é lucrativo. E se você compreende o sucesso apenas por meio do dinheiro, como o capitalismo costuma fazer, deixa-se de considerar os processos, protocolos e estilos de gerenciamento que te levaram até lá. Eu vejo isso como algo que anda de mãos dadas com uma narrativa mais ampla. Quando entrevistei pessoas que eram proprietárias de empresas ou fiz qualquer reportagem sobre alguma indústria, o dinheiro foi o índice citado como caminho para compreendê-los e compreender seus enpreendimentos. O dinheiro então se torna marcador de engenhosidade, sinônimo de genialidade, a forma mais rápida de comunicar que essas pessoas possuem soluções. Mas não é isso tudo — é apenas isso, dinheiro. E nada confirma isso mais do que ver o número de empresas de sucesso que supostamente têm culturas de trabalho abusivas. Embora o dinheiro tenha sido apontado como a marca da relevância, da competitividade, da posse de algo inovador dessas pessoas, a lista de suas vítimas confirma que não há realmente nada de inovador nelas. Confiaram nas táticas antigas dos senhores escravistas, dos patriarcas e dos exploradores. Reproduziram um padrão de violação como caminho para o lucro.

Walker parecia aludir a uma crítica semelhante. Dois anos antes de deixar o cargo,[18] ela disse em um comunicado:

> "Como líder mulher de uma organização de mídia pública, eu sei o que está em jogo. Precisamos examinar nossa estrutura organizacional e nossa cultura de maneira profunda, para garantir que viveremos de acordo com os valores de respeito, equidade e inclusão que defendemos em nosso trabalho todos os dias."[19]

O *#MeToo* derrubou a suposição de que o abuso sexual de alguma forma não estava presente em uma esfera profissional liderada por mulheres, mas revelou muito mais sobre o "feminismo" dessas figuras feministas. O que alinha Hillary Clinton a atrizes como Cate Blanchett, Scarlett Johansson (que foi palestrante na Women's March de 2017 em Washington, D.C., e falou apaixonadamente sobre como obteve anticoncepcionais na *Planned Parenthood* quando adolescente)[20] e Kate Winslet, que assinaram contrato para fazer vários filmes de Woody Allen, é a dedicação ao capital acima de tudo. Eu interpreto a participação delas, como feministas, na defesa de sistemas predatórios como um ato que revela, mais uma vez, que o feminismo branco é muito individual em sua prática. Trata-se de progredir na estrutura de poder vigente, independentemente do dano que isso cause a outras pessoas. Contanto que elas sejam ricas e estejam vencendo, é "feminismo".

Mas o que é ainda mais revelador a respeito dessa ideologia é que as evasões são, todavia, sempre construídas como defesas desse poder, dessas instituições ou sistemas — nunca como questionamentos.

Em 2014, depois que Farrow publicou seu artigo no *New York Times*, Blanchett foi questionada sobre as alegações enquanto estava a caminho de uma festa em Santa Bárbara, Califórnia, após o lançamento do filme *Blue Jasmine*. Ela disse: "com certeza tem sido uma situação longa e dolorosa para a família e espero que possam encontrar alento e paz".[21] Quatro anos depois, depois do *#MeToo* e depois que diversas atrizes e atores expressaram arrependimento por trabalhar com Allen, Christiane Amanpour da CNN fez a pergunta que colocou o feminismo branco de um lado e o apoio às sobreviventes de abuso sexual do outro. Ela perguntou para Blanchett: "como você concilia ser defensora do *#MeToo* e do Time's Up com ter ficado em silêncio e trabalhado com Woody Allen?".[22]

Blanchett debateu essa interpretação de sua carreira, declarando primeiro: "eu não acho de forma nenhuma que fiquei em silêncio". Ela explicou:

> "Na época em que trabalhei com Woody Allen, eu não sabia nada sobre as alegações, e isso saiu na época em que o filme foi lançado. Na época, eu disse que era uma situação muito dolorosa e complicada para a família, que esperava que pudessem conseguir resolver. E se essas alegações precisam ser reaveriguadas, tendo em mente que, pelo que sei, já passaram pelo tribunal, então tenho bastante fé no sistema judiciário e no estabelecimento de precedentes legais. Se o caso precisar ser reaberto, eu apoio essa decisão com todo o coração. Porque uma coisa que eu acho sobre... as redes sociais, é que elas são fantásticas para aumentar a conscientização sobre as questões, mas não são nem juízas nem júri."[23]

Há muitos sinais reveladores do feminismo branco aqui; roteiros que mulheres brancas seguiram para proteger a si mesmas e aos valores que muitas vezes representam e protegem. Blanchett está performando a feminilidade branca aqui, exatamente como sempre aconteceu na história. Em primeiro lugar, ela foge de praticamente qualquer responsabilidade. O feminismo branco é bom nesse jogo, em mudar narrativas e esquivar-

-se da responsabilidade de justificar filiações que possam compromoter a identidade de marca ou o posicionamento feminista.

Em seguida, ela se lança em uma defesa das instituições, mantendo muitas das convenções proprietárias que as sufragistas praticaram na primeira onda. Assim como elas, ela está expressando respeitabilidade e decoro e se referindo às estruturas que os possibilitam. Sua defesa do "sistema judiciário" direciona seu respeito e seu feminismo de volta para as instituições que falharam diversas vezescom sobreviventes de abuso sexual. O grande fluxo do #MeToo foi uma resposta a esses mesmos sistemas que não abordavam o suficiente a extensão do abuso e da agressão sexual que as pessoas estavam sofrendo. E, ainda assim, Blanchett usa o mesmo sistema para medir e marcar seu apoio.

Isso é indicativo de uma divisão mais ampla. Sempre que escuto uma mulher branca que se identifica como feminista jurar lealdade ao "sistema de justiça" ou "aos tribunais", sei imediatamente que nossas políticas de gênero diferem de maneira fundamental. Essa é uma forma de legislar, de ver, de avaliar o crime que construiu a seguinte realidade nos Estados Unidos: os assassinatos de pessoas brancas têm maior probabilidade de solução do que os de pessoas Negras;[24] em algumas cidades em que mulheres Negras constituem menos de 10% da população, elas representam quase metade das mulheres que são detidas, de acordo com dados de 2015;[25] dentro do trabalho sexual, a taxa de prisão é quase cinco vezes maior para pessoas Negras do que para pessoas brancas;[26] na muito debatida política de parar e revistar [*stop-and-frisk*] na cidade de Nova York, apenas 10% das revistas foram feitas em pessoas brancas — embora constituam 45% da população. Mais de 80% das revistas são feitas em pessoas Negras e Latinas, e 80% são concluídas sem que haja prisão ou intimação.[27] A única maneira de você ter "bastante fé" neste sistema judiciário e ser feminista é se você for uma feminista branca.

Também dá para pensar por outro lado. Quando se trata de tomar essas decisões e compor os júris que determirnam esses destinos, o racismo institucionalizado tem critérios muito bem resolvidos acerca de quem pode sentar lá. Estudos regionais consistentes determinaram que pessoas Negras que são juradas são "excluídas" do processo de seleção de maneira muito mais frequente do que pessoas brancas. Um estudo de casos criminais de 1983 e 1993 na Filadélfia determinou que a promotoria removeu 52% de pessoas Negras que eram juradas em potencial, mas apenas 23% das pessoas que não eram Negras.[28] Esses números também foram consistentes em outras regiões: entre 1990 e 2010, a promotoria estadual da Carolina do Norte removeu cerca de 53% das pessoas Negras elegíveis para júris em casos criminais capitais e cerca de 26% das que não eram Negras (primariamente pessoas brancas, mas também Nativas, Latinas, Asiáticas, das ilhas do Pacífico e multiraciais).[29] Ao longo de um período similar de tempo, um condado na Louisiana conseguiu rejeitar 55% das pessoas Negras mas apenas 16% das pessoas brancas que eram juradas em potencial.[30]

Existem outros condados e carreiras individuais promotoras e promotores que retratam esse mesmo padrão. E esta fórmula, esta proteção do poder judicial e de quem o detém, segue uma linha que vai de 2019 até o júri todo branco que se sentiu empoderado o suficiente para deixar os homens brancos que lincharam Emmett Till seguirem em liberdade. Este é um espaço onde o número de parceiros que uma mulher teve em sua vida, o estado de sua virgindade, os detalhes de seu vestido, seu nível de embriaguez e a própria natureza de seu comportamento "paquerador", como interpretado por outras pessoas, funcionaram como argumento jurídico perfeitamente válidos.

Portanto, esse comprometimento com os tribunais que supostamente desmascararão os abusadores imita o impasse da lógica feminista branca que tantas vezes surge em seus argumentos políticos. Ele não vai a lugar nenhum nem rompe os pilares proeminentes da opressão. Quando muito, direciona recursos, representação e ideologias políticas para preservá-los.

Mas o uso que Blanchett faz das instituições para contornar uma questão sobre práticas e política tem a ver com um padrão mais amplo no feminismo branco: usar a ideia da normalidade para fugir de uma pergunta sobre práticas e política.

Isso costuma ser evidente em marcas ou franquias que se utilizaram de narrativas de empoderamento de mulheres com histórias de origem política. Em 2019, a *Vox* publicou um artigo explicativo sobre o "polêmico negócio do The Wing", o clube social e espaço *co-working* que havia recebido críticas por representar o feminismo corporativo. Embora a presença da marca no Instagram e nas redes sociais em geral tenha se apoiado fortemente em um arquivo feminista de protestos, ativistas, Dia Internacional da Mulher, Dia da Igualdade Salarial, Paradas LGBT e outras vitórias políticas, as cofundadoras Audrey Gelman e Lauren Kassan elucidaram que não viam sua empresa como "feminista". (No ano anterior, a congressista Alexandria Ocasio-Cortez descreveu o The Wing como uma "empresa feminista" no Twitter ao responder a notícias de que a empresa estenderia os benefícios de tempo integral para funcionárias de meio período.)[31] A reportagem da *Vox* detalha que: "as políticas da empresa são feministas, disse Gelman à *Vox*. Mas, ela acrescenta: 'somos a resposta para todas as facetas e dilemas históricos do feminismo? Não, e nunca dissemos que somos'".[32]

Questão contornada com sucesso.

Capítulo vinte

Nosso futuro coletivo está na maneira como vemos umas às outras

UMA VEZ QUE mulheres são vistas, obtêm recursos básicos e salários decentes pelos seus trabalhos e são reconhecidas como pessoas no sistema de justiça criminal, elas precisam de meios para crescer — elas precisam de acesso à educação e oportunidades de negócios.

As empresas podem recorrer a mulheres e pessoas alvo da racialização para cargos de liderança em tempos de crise corporativa, mas, em uma crise nacional, não pensamos nelas.

No final de março de 2020, Violet Moya, uma trabalhadora de meio período da Sephora em Houston, Texas, escreveu um artigo de opinião detalhando como, quando estourou a pandemia do coronavírus, ela foi abruptamente demitida da empresa.[1] Depois de dois anos tentando trabalhar mais e mais pela Sephora, uma marca da qual gostava, aumentando suas horas, colocando as necessidades da empresa acima de sua vida pessoal e estando presente e disposta a fazer qualquer coisa de que sua gerência precisasse, ela foi demitida com 278 dólares de rescisão. E esse valor não foi estendido para cobrir suas contas ou compensar pelos salários perdidos; ela escreveu que "parecia que o dinheiro foi oferecido para comprar nosso silêncio. Se eu assinasse [o acordo de rescisão], não poderia dizer nada sobre como a Sephora me tratou e tratou outras pessoas que trabalhavam lá meio período, e eu não gostei disso. Então, eu não assinei".[2] Isso não quer dizer que ela não precisava do dinheiro. Ela conseguiu obter benefícios do SNAP e, como muitas pessoas norte-americanas, telefonou para o escritório de desemprego todos os dias, começando as 7h e continuando o dia todo, na esperança de que alguém atendesse um telefone: "parece um trabalho para o qual não estão me pagando". Mas no Texas, as empresas podem facilitar as reivindicações de desemprego para as pessoas que demitem, uma iniciativa que Moya diz que a Sephora não aproveitou. A Sephora se recusou a comentar para este livro.

Mas nada na maneira como a empresa a desvalorizou profundamente, como Latina, como trabalhadora de meio período, antes da pandemia, indica que o fariam. "Nunca questionei de fato as coisas que pareciam injustas no meu trabalho. Achava que se eu trabalhasse muito e fosse flexível, poderia conseguir um emprego em tempo integral e um salário melhor. Agora percebo que estava apenas indo na onda corporativa".[3]

Ela defende uma economia diferente, uma que ela ainda está por ver porque "eu sei que as coisas não podem voltar a ser como eram". Mas, até agora, as iniciativas de auxílio do governo estão no caminho certo para nos levar de volta até lá.

Quando o Senado aprovou o histórico projeto de lei de auxílio para a Covid-19 de 2 trilhões de dólares[4] conhecido como CARES Act, o líder da maioria no Senado, Mitch McConnell, especificou: "este nem mesmo é um pacote de incentibo. É uma ajuda emergencial. Ajuda emergencial. É só isso".[5] No entanto, em meio a toda a ajuda emergencial que abrangeu corporações, educação, contribuintes individuais, pequenas empresas e muito mais, não houve investimentos especificamente para mulheres.

O Paycheck Protection Program [Programa de Proteção ao Contracheque], que forneceu 349 bilhões de dólares para manter pequenas empresas funcionando, ficou sem verba em menos de duas semanas,[6] sem nada reservado para empresas administradas por mulheres, exceto a garantia de que o programa "considerará as inscrições" de empresas administradas por mulheres e minorias.[7] Ainda assim, quando falamos de pequenas empresas, estamos indiretamente falando de mulheres: 99,9% das empresas pertencentes a mulheres têm menos de quinhentas pessoas na equipe e empregavam 9,4 milhões de pessoas a partir de 2016.[8] Sua folha de pagamento anual coletiva chega a 318 bilhões de dólares, sem nem mesmo levar em consideração aluguel, suprimentos e contratos externos.[9]

Escolas, bancos de alimentos e cupons de alimentos receberam financiamento adicional. Mas, mesmo quando o seguro-desemprego foi expandido, não havia especificações para mulheres que teriam que abandonar seus empregos fora de casa para cuidar de famílias infectadas ou crianças que agora estavam efetivamente estudando em casa.[10] Graças ao CARES Act, produtos menstruais agora podem ser reembolsados nas contas de gastos flexíveis com saúde.[11] É isso. Um segundo projeto de lei de auxílio do coronavírus antes da CARES expandiu o financiamento para o programa de nutrição[12] para mulheres, bebês e crianças [Women, Infants and Children] (WIC).[13]

Mas nada para vítimas de violência doméstica, pessoas em situação de rua ou presas de qualquer outra forma com seus abusadores, questões que as Nações Unidas estimularam os governos a considerarem em seus *lockdowns* para barrar a Covid-19.[14] Nada para mulheres sem documentos.[15] Nada para mulheres encarceradas, que já estavam "clinicamente comprometidas" antes da pandemia, com pouco acesso a cuidados de saúde.[16] Como Andrea Circle Bear, a primeira prisioneira federal a morrer de coronavírus.[17] E ela estava grávida.

A mãe de trinta anos, que foi presa por um delito não violento relacionado a drogas, deu à luz enquanto usava respirador logo após iniciar sua sentença. Uma condição preexistente a deixou vulnerável a Covid-19 e ela morreu algumas semanas após o nascimento do bebê. Mas iniciativas federais para proteger Bear e mulheres como ela não eram uma prioridade. Holly Harris, presidente e diretora executiva da Justice Action Network, disse ao *Washington Post* que promotoras e promotores, juízas e juízes, xerifes e outros estavam trabalhando em um nível de base para reduzir o encarceramento onde o distanciamento social é considerado impossível.[18] Mas muitos desses esforços visavam compensar as ações mais amplas que não estavam sendo tomadas: "o Congresso falhou na fase três do pacote [de auxílio do coronavírus] e não fez o suficiente para resolver esta crise crescente em nossas prisões que vai se espalhar por todo o nosso país... e agora é a hora de agir em nível federal".[19]

No momento em que este livro foi escrito, isso ainda não havia acontecido. E não está bem claro para mim se as mulheres representantes no Congresso e na Câmara, que ascenderam a essas funções em uma jangada de feminismo branco, construirão uma realidade saudável e estável para mulheres como Andrea Circle Bear ou Violet Moya. Quando questionada sobre o alcance das leis de auxílio por Jake Tapper da CNN, a presidente do Congresso, Nancy Pelosi, disse "apenas se acalme" antes de nos garantir que o auxílio viria na próxima lei.[20]

A quarta lei do auxílio do coronavírus de 484 bilhões de dólares para pequenas empresas, hospitais e aumento na testagem foi rejeitado apenas por uma democrata, a congressista Alexandria Ocasio-Cortez, por ser insuficiente.[21] Após a votação, ela disse à imprensa: "não posso voltar às minhas comunidades e dizer-lhes que esperem apenas pela quarta CARES porque agora já aprovamos três, quatro atos legislativos relacionados ao coronavírus. E toda vez é no próximo, no próximo, no próximo, e minhas e meus constituintes estão morrendo".[22] Ela reafirmou sua oposição no plenário da Câmara, acrescentando: "as únicas pessoas cuja situação é urgente para eles são pessoas como Ruth's Chris Steak House e Shake Shack. Essas são as pessoas que estão recebendo auxílio dessa lei. Vocês não estão tentando aprovar essa lei para as mamães e papais. [...] É injusto. Se a situação de vocês fosse urgente, vocês legislariam como se o aluguel fosse vencer em 1º de maio e certificariam-se de incluir aluguel e isenção de hipoteca para nossas e nossos constituintes".[23]

A congressista Pramila Jayapal também expressou que esta lei não foi de grande ajuda para muitas pessoas, que foi só uma versão melhor de uma coisa ruim. "Pegamos um pacote republicano ruim e insuficiente que foi proposto e aprimorarmos ele, então é bom", ela explicou.[24] Mas essas iniciativas não abordariam o número de vidas norte-americanas perdidas que rapidamente ultrapassou os da Guerra do Vietnã.

Sabe o que soa como uma versão melhor de uma coisa ruim? Feminismo branco.

Nos Estados Unidos, "revolução" costuma ser uma narrativa aplicada a coisas que se pode comprar. Avanços na tecnologia, roupas íntimas que nos fazem sentir de uma certa maneira, produtos de menstruação, maquiagem que é feita com ingredientes específicos, programas de televisão que mostram uma determinada perspectiva, automação que muda o trabalho físico ou a forma como aprendemos, remédios e terapias que só certas pessoas conseguem comprar, os livros que você segura com suas mãos. Nossa capacidade de inovar nesses espaços, de pensar diferente e construir essas visões, é monumental e extraordinária.

Mas esses produtos não irão suplantar a necessidade de mudanças nas políticas; eles inevitavelmente apresentarão novos caminhos que precisarão ser regulamentados por mudanças nas políticas. Caso contrário, esses produtos, através de nossas próprias mãos e mentes, simplesmente refletem a supremacia que já existe. É aí que o clube é privatizado. Que o círculo vira um círculo de elite. Que o que antes era um problema, agora é uma conferência patrocinada pela qual você paga várias centenas de dólares.

Também precisamos perceber que alguns desses produtos são projetados para criar mais distância entre nós, para engendrar e abrandar uma hierarquia na maneira como nós, pessoas, vemos umas às outras, seja um mestrado de uma instituição importante ou um produto tecnológico específico, ou um *serum* facial. Eles têm a capacidade de perpetuar uma mitologia a respeito de como você se relaciona com outras pessoas. Mas, uma vez que os produtos são apenas produtos — decorativos, úteis, meios para um fim — eles perdem o poder de nos colonizar.

O mesmo pode ser dito das muitas empresas, organizações, universidades e órgãos públicos que confiam em nós para manter sua relevância, seu brilho e sua valiosa reputação. Sem nós votando, patrocinando, comprando, trabalhando e sustentando sua força vital, elas deixam de existir. E mesmo à medida que esses corpos crescem e se tornam mais extensos, essa é uma verdade que persiste. Realmente não importa quão grande seja uma empresa, um estúdio ou um órgão público; se um dia as pessoas funcionárias saírem para protestar contra uma equipe de liderança toda branca, o negócio vai parar.

O motivo pelo qual isso não acontece com tanta frequência quanto poderia tem tudo a ver com como essas instituições lidam com nossa vulnerabilidade — a maneira como elas estrategicamente tentam nos manter distantes umas das outras com ameaças, elogios pessoais e histórias sobre por que estamos lá para início de conversa: nós somos especiais, não somos como aquelas outras pessoas com quem nos parecemos, nós trabalhamos tanto, eles odiariam nos ver perder uma oportunidade na x, nós deveríamos estar nesse insira-nome-aqui de elite.

Essa compreensão individualista dessas dinâmicas é replicada até nas narrativas que visam desmantelá-las. Quando falo publicamente sobre opressão de gênero ou racismo ou heterossexismo ou xenofobia ou agressão sexual, sempre recebo perguntas de mulheres bem-intencionadas sobre o que elas podem fazer. Elas querem saber como podem combater pessoalmente essas forças em suas organizações sem fins lucrativos, seus negócios, suas salas de aula e suas casas.

Mas há muito pouco que você, pessoa que está segurando este livro ou se aproximando de mim depois de uma palestra, pode fazer. A revolução não será você sozinha, apesar do que o feminismo branco te disse. Existem apenas os movimentos de resistência que você construirá com outras pessoas. Com as mulheres com quem você trabalha, as pessoas em de seu bairro e as comunidades que você constrói digital e nacionalmente.

É cristalino na história o que questiona o poder e redefine os cenários para que reflitam mais nossas necessidades em contraponto ao que é mais conveniente e lucrativo. É quando considero essa trajetória que percebo que nossos maiores desafios não aqueles que travamos com o com poder; mas o que temos umas com as outras.

Vejo isso quando penso nas mulheres com quem trabalhei ou que entrevistei que interpretam o aumento do letramento racial, *queer* e de classe como uma arma contra elas. Uma mulher branca com quem trabalhei uma vez me disse em um evento de trabalho que uma foto dela vestindo um quimono poderia arruinar sua carreira — uma linha que pode ser traçada até os homens interpretando *#MeToo* como um ataque ao seu sucesso. A ameaça é compreendida como seus negócios sendo comprometidos, suas carreiras sendo manchadas, seus lucros sendo atingidos. Essa também é uma avaliação individual de como esses sistemas devem operar e de como, mesmo em estratégias feministas, você ainda espera que essas narrativas sirvam a você antes de qualquer coisa.

Paralelamente, acho que outra realidade para a qual devemos nos preparar é a de que a revolução de gênero não é lucrativa. Em última análise, o feminismo não fará com que toda mulher seja rica e vá para Vassar e administre uma empresa ao mesmo tempo em que tem 2,5 crianças com a pessoa com quem é casada. O feminismo, para muitas pessoas, tomará a forma de políticas, como a primeira Domestic Workers Bill of Rights [Declaração de Direitos das Trabalhadoras Domésticos] federal.[25] Se aprovada, a declaração de direitos garantirá faltas remuneradas em caso de doença, acesso a saúde e poupança para aposentadoria para as trabalhadoras que se reportam a residências ou empresas em funções como babás, faxineiras e cuidadoras de idosos e pessoas com deficiência. A legislação propõe intervalos, protocolos de agendamento, subsídios para programas de treinamento e uma nova força-tarefa para garantir que esses direitos e vias de denúncia de assédio e agressão sexual sejam protegidos.[26] É a primeira iniciativa federal que visa fornecer proteções trabalhistas como essas para todo o setor de cuidados — uma iniciativa que tem escapado às pessoas que se organizam por direitos trabalhistas desde o *New Deal*.

Será de fato radical e revolucionário quando finalmente consolidarmos nos Estados Unidos o direito à licença familiar remunerada, quando reconhecermos culturalmente que cuidar de outras pessoas, em todas as suas facetas, dimensões e combinações, é trabalho. Ou quando legislarmos uma reforma da justiça criminal que efetivamente enfrente "o problema da namorada", uma expressão que demonstra o motivo pelo qual um número desproporcional de mulheres e meninas são encarceradas a cada ano — execução de crimes sob ordem, pressão e, às vezes, abuso por parte de um parceiro. Ou quando, após décadas de projetos de lei fracassados na Câmara e no Senado para aprovar a proteção à pessoas funcionárias LGBTQ,[27] a Suprema Corte decidiu em 2020 que pessoas *queer* e trans podem manter a estabilidade no emprego,[28] com sorte diminuindo a violenta crise de fome *queer* nos Estados Unidos, na qual mais de uma em cada quatro pessoas *queer* não podiam comprar comida.[29] Ou quando nossas narrativas sobre ser um país de "valores familiares" se refletirem em iniciativas abrangentes de controle de armas, para combater as estatísticas de um milhão de mulheres que foram baleadas ou alvejadas por parceiros íntimos e 4,5 milhões de mulheres que foram ameaçadas com uma arma.[30]

Capítulo vinte e um
O que podemos mudar agora

PARA ATENDER ÀS necessidades do público, em vez de se reportar à elite, é necessário participar ativamente e compreender a esfera pública, desmantelar a noção, embora sutil, de que os recursos públicos são de alguma forma sujos, ruins ou que não são bons de alguma forma. Para nos conectarmos e manter esses laços fortes precisamos manter o respeito e o financiamento e a frequência de comparecimento aos espaços e comodidades que são públicos. Bibliotecas, parques, clínicas, transporte público, educação estadual e comunitária — coisas pelas quais você não precisa pagar muito dinheiro ou passar um cartão chique para acessar ou usar, que foram projetadas com todo mundo em mente. Abraçar e valorizar esses lugares e serviços pelos quais pagamos com nossos impostos nos mantém de braços dados. Isso nos mantém próximas e próximos então, quando algum político como Todd Akin fizer declarações irreverentes e misóginas como: "se for um estupro legítimo, o corpo da mulher tem maneiras de fazer tudo parar de funcionar",[1] nós nos juntaremos em uma resposta multiracial, multiclasse e multigênero.

Por agora ainda não nos preparamos o suficiente para decretar movimentos identitários em uma escala grande o bastante para derrubar o poder. Uma pesquisa de 2013 descobriu que três quartos das pessoas brancas norte-americanas disseram que seus grupos sociais eram compostos inteiramente de outras pessoas brancas.[2] Na verdade, uma das coisas que tanto democratas quanto republicanos registrados têm em comum é que partilham uma grande probabilidade de ter grupos de amizades só com pessoas brancas.[3] Começamos e damos continuidade a essas divisões ainda bem jovens. Mais da metade das crianças norte-americanas foi para escolas públicas racial ou economicamente segregadas em 2016,[4] mas a maioria das pessoas Negras norte-americanas (sete em cada dez) são muito mais favoráveis às salas de aula integradas, enquanto pessoas brancas norte-americanas são consideravelmente menos entusiasmadas com essa ideia. Tanto é que mesmo em bairros que não são racialmente diversos (90% das pessoas residentes são de uma mesma raça), pessoas brancas dizem que suas comunidades são tão diversas quanto elas gostariam que fossem.[5]

Nosso país, nossas respectivas áreas, nossa cultura tem sido muito eficaz em nos afastar umas das outras, mesmo que certos direitos tenham sido conquistados. Essas estratégias de privatizar incessantemente, de se agarrar a como as coisas sempre foram, de fechar comunidades, devem ser interpretadas como busca de poder; esforços retaliatórios para manter a superioridade porque ela está sendo comprometida.

O caminho para sair desse isolamento é aproveitar as oportunidades para aprender mais umas sobre as outras, em vez de continuar as tradições oratórias sobre por que algumas pessoas são melhores, têm mais, são agredidas ou "conseguiram chegar lá". Desfazer esse tipo de imaginário de aspiração e calúnia acerca de como os recursos, as oportunidades, a segurança e a saúde foram construídos é essencial para desenvolver a proximidade umas com as outras em tempos de crise. Isso também pode acontecer em contextos mais privados, em espaços apenas para pessoas marginalizadas que não tiveram meios de se encontrar por causa das mesmas estruturas que as separam.

Óbvio, nem todo mundo vai querer fazer isso ou fechar esses abismos muito profundos. Mas ouvir atentamente as pessoas que tentaram muitas vezes mostra qual o caminho a seguir.

No outono de 2015, a atriz Viola Davis aceitou uma vitória histórica como a primeira atriz Negra a ganhar um Emmy de Melhor Atriz

Principal em Série Dramática. Quando ela aceitou o prêmio por sua atuação em *How to Get Away with Murder* [Como defender um assassino], a primeira coisa que disse foi:

> "Em minha mente, vejo uma fronteira. E além dessa fronteira, vejo campos verdes e lindas flores e belas mulheres brancas com os braços estendidos para mim sobre essa fronteira, mas eu não consigo chegar lá de jeito nenhum. Não consigo atravessar essa fronteira."[6]

Ela atribuiu a citação a Harriet Tubman, acrescentando ainda em suas próprias palavras que as atrizes Negras não podem alcançar esse tipo de reconhecimento na indústria sem não tiverem papéis para início de conversa — uma eloquente acusação das práticas de contratação de sua área.

Muito além das críticas acertadas à desigualdade estrutural, o eco de Davis da citação de Tubman permaneceu comigo. Não apenas por ela ter usado uma oportunidade pública para reconhecer diferenças fundamentais entre mulheres brancas e Negras, mas por sugerir que existe um lugar onde estamos tentando chegar juntas. Que mulheres brancas e pessoas de outros gêneros privados de direitos estão se esforçando para chegarem umas às outras. E, no entanto, esse lugar comum continua a fugir de nós — apesar das "belas mulheres brancas com os braços estendidos" e da promessa dos "campos verdes e lindas flores".

É uma imagem assombrosa, especialmente porque eu sempre interpretei a descrição de Tubman das mulheres brancas como um aceno para ela — dizendo que elas abriram espaço para ela, que a querem com elas. Eu também senti isso. Que as mulheres brancas ou aspirantes a brancas com quem trabalhei, com quem participei de painéis, que entrevistei ou que me entrevistaram querem que eu me junte a elas. Querem que eu sinta como se meu lugar fosse ao lado delas.

Mas tem sido significativo para mim que a descrição de Tubman dessa dinâmica comece e termine com a "fronteira". Eu conheço essa fronteira tão bem, essa parada fundamental na conversa ou no espaço onde você fica quieta ou eu fico quieta e então não nos vemos mais. Vemos apenas que somos diferentes. Essa é a fronteira. Que experimentamos o gênero de maneiras quase opostas, e muitas vezes procuramos invalidar as experiências umas das outras afirmando as nossas.

Passei grande parte da minha vida profissional tentando chegar ao outro lado dessa linha — muitas vezes tentando codificar e recodificar essas realidades de um jeito ao qual mulheres brancas heterossexuais reagissem. Tentei chegar lá com dados, chavões, tendências e notícias políticas que aludiam a cenários muito mais amplos de opressão. Tentei chegar lá com perfis de mulheres que admiro ou que se desviam do sistema de valores ao qual todas devemos supostamente aderir. Tentei chegar lá com coberturas específicas sobre certas celebridades, entrevistando autoras, reformulando pontos de vista através de pontos de vista que elas reconheceriam.

Mas sinto uma certa compreensão íntima pela descrição de Tubman de, no fim das contas, não chegar lá. Há um eco para sua decepção de "não conseguir chegar lá de jeito nenhum" que eu conheço à minha maneira, em meu próprio século, de meu próprio ponto de vista — quando feministas brancas negam que esta história é válida, recusam que tenham perpetuado esses padrões dessa maneira específica, se opõem a exemplos, explicações ou mesmo perguntas.

Muitas vezes levei essa decepção para dentro, examinando uma linguagem alternativa que eu poderia ter usado ou abordagens diferentes que poderia ter adotado. Eu analiso as reações feministas brancas e considero se elas teriam respondido de uma maneira mais amena se eu tivesse começado com esta anedota, essa história, esse dado. Eu reconsiderei tom, expressões faciais, linguagem corporal. Eu equilibrei o peso exato de uma frase para que a acusação se suavizasse nas vogais em vez de endurecer. Mas a divisão ideológica ainda é algo que, com frequência, não consigo ultrapassar.

E em algum lugar ao longo da minha carreira especificamente, eu reli as imagens de Tubman e decifrei que na verdade não devo ultrapassar.

A razão pela qual não consigo ultrapassar a fronteira é que ela não é para mim; é para você. Você precisa vir até mim.

Onde o feminismo branco começa é precisamente onde o feminismo branco terminará: com as pessoas que o defendem. É por suas mãos que essa ideologia irá perdurar, evoluindo com outra onda de feminismo e direitos de gênero, ou morrendo entre outras práticas. As feministas brancas é que decidirão por quanto tempo continuaremos jogando com esses roteiros históricos e quando pararemos de contar o mito de que estamos todos alinhadas da mesma forma sob o mesmo poder.

Não vamos esperar por elas. Muitas de nós construímos há muito tempo nossos próprios feminismos, nossos próprios movimentos, nossas próprias estratégias para destruir o que nos subjuga, e continuaremos esses legados com ou sem seus esforços.

Mas, para elas, eu digo que temos campos verdes, lindas flores e que estamos de braços abertos.

Agradecimentos

Eu queria publicar um livro desde que era muito pequena, e muitas, muitas pessoas de todos os âmbitos da minha vida garantiram que um dia eu o faria. O apoio constante e ardente de tantas pessoas ao meu sonho de infância foi tão recompensador quanto publicar o *Feminismo branco* em si.

Sou profundamente grata à minha agente literária, Carrie Howland, que me conhece há dez anos e que sempre priorizou a longevidade, integridade e direção de minha carreira acima de todas as outras oportunidades, por mais atraentes que sejam. Ela sempre viu meu potencial como escritora, muito antes de eu estar no topo de qualquer cabeçalho de publicação. Sou infinitamente grata à minha editora, Michelle Herrera Mulligan, que demonstrou uma dedicação hercúlea a esta tese, o desenvolvimento desta narrativa e o apoio inabalável à urgência do *Feminismo branco* no mundo. Algumas pessoas editoras são ótimas, mas nenhuma delas é Michelle. Sou profundamente grata a Melanie Iglesias Pérez, que trabalhou incansavelmente nos bastidores para garantir tantas logísticas essenciais para este livro — o fato de você estar lendo isso é resultado direto do trabalho dela. Meus agradecimentos a toda a equipe da Atria por facilitar este trabalho ao longo do que poderia ter sido uma linha de produção muito complicada, mas não foi: minha gratidão a Sonja Singleton por tornar a produção tão perfeita e organizada do lado de cá, e por responder ao minha miríade de perguntas sobre o guia de estilo; minha admiração e elogios a Min Choi por projetar uma capa perfeita e instantaneamente icônica que foi exatamente o que eu sempre sonhei, e a A. Kathryn Barrett por um belo design interior que eu orgulhosamente exibirei nos próximos anos. Sou muito grata a Shida Carr por seu conselho de publicidade sincero, Milena Brown por seu apoio dedicado em marketing e Carolyn Levin por sua revisão jurídica completa. Também quero agradecer a minha professora de inglês do nono ano, Susan Spica, por cultivar meu amor pela leitura e pela escrita fora dos parâmetros do LAUSD.

Muitas pessoas ajudaram a fazer a *Feminismo branco* decolar muito antes de ela embarcar em sua trajetória editorial. Sou extremamente grata ao Shorenstein Center da Harvard Kennedy School por seu apoio e reconhecimento a este trabalho, especificamente Nicco Mele, Setti Warren, Liz Schwartz, Heidi Legg, Susan Ocitti Mahoney e Kelsi Power-Spirlet. Sou muito grata à minha assistente de pesquisa Priyanka Kaura por pular neste projeto comigo com tanto interesse palpável e meus maiores agradecimentos à minha sempre diligente e fiel verificadora de fatos, Laura Bullard, bem como ao apoio contínuo de sua esposa, Kayla. Minha gratidão também a Kerri Kolen, que me ajudou tremendamente com a elaboração da proposta para o *Feminismo branco*.

Agradeço imensamente a Barbara Smith por sua orientação, incentivo a este trabalho, sugestões de que eu averiguasse a história das mulheres brancas antirracistas e pelo importante legado que ela criou com a Kitchen Table: Woman of Color Press, sem a qual, eu duvido que um livro como este de uma editora como a Simon & Schuster seria possível. Agradeço muito a Kirsten Saxton, minha orientadora da Mills College, que conheci quando tinha dezoito anos e que continuou a procurar saber de mim muito depois de minha formatura. Ela foi uma das primeiras pessoas na minha vida a me ensinar a analisar formalmente o gênero, uma lente que levei comigo e nutri ativamente em todas as funções profissionais que desempenhei desde então. Por isso, sou muito grata à minha *alma mater*, Mills College, por me ensinar a pensar criticamente através de muitas dimensões e por ser exatamente o tipo de ambiente de aprendizagem de que eu precisava, acadêmica e sócio-politicamente, durante um período tão crítico e um momento formativo em minha vida.

Obrigada às historiadoras e historiadores, pensadoras e pensadores, ativistas, escritoras e escritores cujos estudos e trabalhos amarram este livro. Obrigada por anotarem o que aconteceu e por confirmar, com seus relatos do passado e do presente, o que sempre suspeitei ser verdade. Agradeço também às muitas pessoas jovens que participaram de minhas palestras e levantaram a mão para me perguntar diretamente sobre o *Feminismo branco*. Continuem perguntando. Foram suas perguntas que me levaram a ver a necessidade de escrever este livro e muitas vezes pensei em vocês e em suas necessidades enquanto o escrevia.

Agradeço também a Kimia Sharifi por sua orientação, apoio e conselho, especialmente quando os caminhos da minha vida não estavam tão bons.

Muito antes de minha carreira, eu tinha muitas pessoas em minha vida que, quando eu disse que queria ser uma autora publicada, acreditaram em mim e trataram essa ambição como um fato iminente. Não sou ninguém nesta vida sem o amor das minhas amizades mais próximas: Jeremy Allen, Ayana Bartholomew, Kelli Bartlett, Clay Chiles, Ian James Daniel, Lily Ann Page, Camille Perri, Stacey Persoff, Sarah Powers e Kelly Stewart. Obrigada por confiarem que isso aconteceria.

Da mesma forma, minha família sempre refletiu para mim que esse era o meu destino. Obrigado ao meu pai, John, que sempre apoiou minhas aventuras de escrita de todas as maneiras possíveis que um pai poderia apoiar, e me transmitiu desde o início que valia a pena correr atrás delas. Houve um tempo em que você foi meu primeiro leitor de tudo e seu incentivo inicial à minha identidade como escritora provou ser fundamental para minha confiança para ser uma. Sou muito grata à família da minha esposa, Rolfe, Bonnie, Lynn e Rick, por seu incentivo à minha carreira, bem como a Inga, Mark, Rowan e Elliott. Obrigada aos meus fenomenais avós falecidos, Jack e Kathleen, que teriam sentido tanto orgulho de ver este livro e que sempre expressaram seu profundo orgulho em me terem como neta. Obrigada à minha falecida vovó Naomi que, embora eu não tenha passado muito tempo físico com ela neste planeta, várias décadas depois eu sei que, sem dúvida, me amava muito.

Por último, eu sou inebriada pela minha esposa, Astrid, que continua a me desafiar intelectualmente e me considera capaz de fazer qualquer coisa. Obrigada por sua insistência para que eu escrevesse *Feminismo branco* e por assumir tanto trabalho em nossas vidas para que eu realmente pudesse escrevê-lo.

Eu te amo, Astrid.

Notas

Introdução da edição brasileira

1. A renda média de mulheres negras é 42% menor do que o de mulheres brancas: Pesquisa Estatísticas de Gênero - Indicadores sociais das mulheres no Brasil do IBGE. <https://www.ibge.gov.br/estatisticas/multidominio/genero/20163-estatisticas-de-genero-indicadores-sociais-das-mulheres-no-brasil.html?edicao=30167&t=o-que-e>.
2. Pretas e pardas foram 75% das assassinadas no primeiro semestre de 2020, Levantamento do Monitor da Violência do G1. <https://g1.globo.com/monitor-da-violencia/noticia/2020/09/16/mulheres-negras-sao-as-principais-vitimas-de-homicidios-ja-as-brancas-compoem-quase-metade-dos-casos-de-lesao-corporal-e-estupro.ghtml>.
3. A expectativa de vida média de uma pessoa cisgênero é de 76 anos, enquanto a de uma pessoa trans é de 35. Dossiê "Assassinatos e violência contra travestis e transexuais brasileiras em 2020". <https://antrabrasil.files.wordpress.com/2021/01/dossie-trans-2021-29jan2021.pdf>.
4. Entre os 19 milhões de pessoas enfrentando a fome durante a pandemia de Covid-19, considerando o perfil da pessoa referência da família, a Insegurança Alimentar Grave, que configura fome, foi seis vezes maior quando esta pessoa estava desempregada, e quatro vezes maior entre aquelas com trabalho informal, situações que acometem em maioria mulheres, jovens e negros. "Inquérito Nacional sobre Insegurança Alimentar no Contexto da Pandemia da Covid-19 no Brasil". <http://olheparaafome.com.br/VIGISAN_Inseguranca_alimentar.pdf>.

Introdução

1. Janet Mock, "Nicki Minaj Is Here to Slay", *Marie Claire*, 11 out. 2016. <https://www.marieclaire.com/celebrity/a23019/nicki-minaj-november-2016-cover/>.
2. Katie Robertson e Ben Smith, "Hearst Employees Say Magazine Boss Led Toxic Culture", *New York Times*, 23 jul. 2020. <https://www.nytimes.com/2020/07/22/business/media/hearst-harassment-troy-young.html>.
3. Calin Van Paris, "This Manicurist Is Doing the Most Mesmerizing Nail Art in Self-Quarantine", *Vogue*, 26 mar. 2020. <https://www.vogue.com/article/mei-kawajiri-nail-art-mesmerizing-quarantine-manicures>.
4. Kristen Radtke, "Why We Turn to Gardening in Times of Crisis", *Vogue*, 26 mar. 2020. <https://www.vogue.com/article/why-we-turn-to-gardening-in-times-ofcrisis>.

5. Andrea Bartz, "Uncomfortable Truth: Women Are Allowed to Be Mean Bosses, Too", *Marie Claire*, 24 mar. 2020. <https://www.marieclaire.com/career-advice/a31899385/female-ceo-male-ceo-comparison/>.
6. "Feminism, New World Encyclopedia", 5 abr. 2017. <https://www.newworldencyclopedia.org/entry/feminism>.
7. S. K. Grogan, "Charles Fourier and the Nature of Women", in French Socialism and Sexual Difference: Women and the New Society, 1803-44 (Londres: Palgrave Macmillan, 1992), 20-41.
8. NCC Staff, "On This Day, the Seneca Falls Convention Begins", *Constitution Daily* (blog), National Constitution Center, 19 jul. 2019. <https://constitutioncenter.org/blog/on-this-day-the-seneca-falls-convention-begins>.
9. Carmin Chappell, "'There's Not Just One Women's Lane': A Record Number of Female Candidates Running for President", *CNBC*, 12 fev. 2019. <https://www.cnbc.com/2019/02/12/record-number-of-women-running-for-president-in-2020.html>.
10. Jessica Bennett, "'I Feel Like I Have Five Jobs': Moms Navigate the Pandemic", *New York Times*, 20 mar. 2020. <https://www.nytimes.com/2020/03/20/parenting/childcare-coronavirus-moms.html>.
11. Drew Desilver, "A Record Number of Women Will Be Serving in the New Congress", *Pew Research Center*, 18 dez. 2018. <https://www.pewresearch.org/fact-tank/2018/12/18/record-number-women-in-congress/>.
12. Caroline Kitchener, "Why 2024 Is the Year We'll Elect a Woman President", *The Lily*, 6 mar. 2020. <https://www.thelily.com/why-2024-is-the-year-well-elect-a-woman-president/>.
13. Eileen Patten, "Racial, Gender Wage Gaps Persist in U.S. Despite Some Progress", *Pew Research Center*, 1 jul. 2016. <https://www.pewresearch.org/fact-tank/2016/07/01/racial-gender-wage-gaps-persist-in-u-s-despite-some-progress/>.
14. Ibid.
15. Camilo Maldonado, "Price of College Increasing Almost 8 Times Faster than Wages", *Forbes*, 24 jul. 2018. <https://www.forbes.com/sites/camilomaldonado/2018/07/24/price-of-college-increasing-almost-8-times-faster-than-wages/#2bdd5ba266c1>.
16. "Incarcerated Women and Girls", *Sentencing Project*, 6 jun. 2019. <https://www.sentencingproject.org/publications/incarcerated-women-and-girls/>.
17. Lauren E. Glaze e Laura M. Maruschak, "Parents in Prison and Their Minor Children, US Department of Justice", Office of Justice Programs, 30 mar. 2010. <https://www.bjs.gov/content/pub/pdf/pptmc.pdf>.
18. "Despite Significant Gains, Women of Color Have Lower Rates of Health Insurance than White", National Partnership for Women & Families, abr. 2019. <https://www.nationalpartnership.org/our-work/resources/health-care/women-of-color-have-lower-rates-of-health-insurance-than-white-women.pdf>.
19. Harmeet Kaur, "The Coronavirus Pandemic Has Been Catastrophic for House Cleaners and Nannies", *CNN*, 3 abr. 2020. <https://www.cnn.com/2020/04/03/us/social-distancing-pandemic-domestic-workers-trnd/index.html>.
20. Marisa Peñaloza, "Some Undocumented Domestic Workers Slip through Holes in Coronavirus Safety Net", *NPR*, 3 abr. 2020. <https://www.npr.org/sections/coronavirus-live-updates/2020/04/03/826280607/some-undocumented-domestic-workers-slip-through-holes-in-coronavirus-safety-net>.

Parte 1: A história do feminismo branco

1. Sara Ahmed, *Living a Feminist Life* (Durham, NC: Duke University Press, 2017), 177.

Capítulo um: A construção de uma "feminista"

1. Ramin Setoodeh, "Taylor Swift Dishes on Her New Album Red, Dating, Heartbreak, and Grey's Anatomy", *Daily Beast*, 14 jul. 2017. <https://www.thedailybeast.com/taylor-swift-dishes-on-her-new-album-red-dating-heartbreak-and-greys--anatomy>.
2. Mish Way, "Katy Perry, Billboard's Woman of the Year, Wants You to Know She's Not a Feminist, and Why That Matters", *Vice*, 5 dez. 2012. < https://www.vice.com/en_us/article/rj58d6/katy-perry-billboards-woman-of-the-year -wants-you-to-know-shes--not-a-feminist-and-why-that-matters>.
3. Belinda Luscombe, "Kelly Clarkson: 'Not a Feminist'", *Time*, 30 out. 2013. < https://entertainment.time.com/2013/10/30/kelly-clarkson-not-a-feminist/>.
4. Daily Mail Reporter, "Revealed: Marissa Mayer Imposed Yahoo! Work-from-Home Ban after Spying on Employee Log-ins,", *Daily Mail*, 4 mar. 2013. <https://www.dailymail.co.uk/news/article-2287148/I-wouldnt-consider-feminist-says-Marissa-Mayer-revealed--imposed-Yahoo-work-home-ban-spying-employee-log-ins.html>.
5. Sharday Mosurinjohn, "Maxim's 'Cure a Feminist' Spreads the Sexism Even Farther than It Dared to Hope", *Bitch Media*, 26 mar. 2012. <https://www.bitch media.org/post/maxims-cure-a-feminist-sexism-magazine-feminism-sexuality>.
6. Chelsea Rudman, "'Feminazi': The History of Limbaugh's Trademark Slur against Women", *Media Matters*, 12 mar. 2012. <https://www.mediamatters.org /rush-limbaugh/feminazi-history-limbaughs-trademark-slur-against-women>.
7. Jessica Bennett, "How to Reclaim the F-Word? Just Call Beyoncé", *Time*, 26 ago. 2014. <https://time.com/3181644/beyonce-reclaim-feminism-pop-star/>.
8. Ibid.
9. Amanda Duberman, "Beyoncé's Feminist VMAS Performance Got People Talking about Gender Equality", *HuffPost*, 25 ago. 2014. Disponível em: <https://www.huffingtonpost.ca/entry/beyonce-feminist-vmas_n_5708475>.
10. Rebecca Carol, Kristina Myers e dr. Janet Lindman, "Who Was Alice Paul", Alice Paul Institute, 2015. <https://www.alicepaul.org/who-was-alice-paul/>.
11. Editoras e editores do *History.com*, "Quakers", *History.com*, 6 set. 2019 <https://www.history.com/topics/immigration/history-of-quakerism#section_2>.
12. Carol, Myers e Lindman, "Who Was Alice Paul".
13. Ibid.
14. Ibid.
15. Ibid.
16. "Burlington County Trust Company in Moorestown, New Jersey (NJ)", *Bankencyclopedia.com*. <http://www.bankencyclopedia.com/Burlington-County -Trust-Company-12477--Moorestown-New-Jersey.html>.
17. Editoras e editores da Encyclopaedia Britannica, "National American Woman Suffrage Association", *Britannica.com*. <https://www.britannica.com/topic/National-American -Woman-Suffrage-Association>.

18. Ibid.
19. Carol, Myers e Lindman, "Who Was Alice Paul".
20. Ibid.
21. "Alice Paul", *Americans Who Tell the Truth*. <https://www.americanswhotellthe truth.org/portraits/alice-paul>.
22. "Alice Paul Describes Force Feeding", Library of Congress. <https://www.loc.gov/resource/rbcmil.scrp6014301/>.
23. "Alice Paul Talks", Library of Congress. <https://www.loc.gov/resource/rbcmil.scrp6014202/>.
24. "Miss Paul Tells of Tube-Feeding in an English Prison", Alice Paul Institute. <https://www.alicepaul.org/wp-content/uploads/2019/09/14_Forced_Feeding_Newspaper_Clips.pdf>.
25. Carol, Myers e Lindman, "Who Was Alice Paul".
26. Ibid.
27. Emily Silva, "Unit 2 Source Detective Story," *Ram Pages*, 4 nov. 2014. <https://rampages.us/silvaea/unit-2-source-detective-story/>.

Capítulo dois: Quem pode ser feminista?

1. Dayna Evans, "Do Women Still Need a Space of Their Own?", *Cut*, out. 2016. <https://www.thecut.com/2016/10/the-wing-womens-only-social-club-c-v-r.html>.
2. "A New Era Is Coming Soon", *The Wing*. <https://www.the-wing.com>.
3. Margaret Finnegan, Selling Suffrage: Consumer Culture & Votes for Women (Nova York: Columbia University Press, 1999), p. 87.
4. Jennifer Abel, "Mary Pickford: 5 Fast Facts You Need to Know", *Heavy*, 8 abr. 2017. <https://heavy.com/news/2017/04/mary-pickford-google-doodle-americas-sweetheart--girl-with-the-curls/>.
5. "Mary Pickford as a Symbol of the 'New Woman'", Universidade de Redlands, 6 jul. 2017. <https://www.redlands.edu/news-events-social/news/news-landing-page/2017-news/july-2017/mary-pickford-as-symbol-of-the-new-woman/>.
6. Editoras e editores do *History.com*, "United Artists Created," "This Day in History", *History.com*, 3 fev. 2020. <https://www.history.com/this-day-in-history/united-artists-created>.
7. "Ethel Barrymore", *Turner Classic Movies*. <http://www.tcm.com/tcmdb/person/10733%7C49240/Ethel-Barrymore/>.
8. Ian Sansom, "Great Dynasties of the World: The Barrymores," *Guardian*, 1 out. 2010. <https://www.theguardian.com/lifeandstyle/2010/oct/02/drew-barrymore-hollywood--drugs-alcohol>.
9. Ibid.
10. S. E. Wilmer, *Theatre, Society and the Nation: Staging American Identities* (Cambridge, UK: Cambridge University Press, 2008), p. 155.
11. Finnegan, Selling Suffrage.
12. Ibid., 100.
13. Finnegan, Selling Suffrage.
14. Ibid., 69.
15. Ibid.

16. Claire Heuchan, "The Internet's Shameful Lesbophobia Problem", *AfterEllen*, 26 jun. 2019. <https://www.afterellen.com/general-news/553883-the-internets-shameful-lesbophobia-problem>.
17. Miranda Yardley, "'Girl' Dick, the Cotton Ceiling and the Cultural War on Lesbians, Girls and Women", *AfterEllen*, 5 dez. 2018. <https://www.afterellen.com/general-news/567823-girl-dick-the-cotton-ceiling-and-the-cultural-war-on-lesbians-girls-and-women>.
18. Dawn Ennis, "Michfest Womyn and Trans Women Ask 'Why?'" *Advocate*, 23 abr. 2015. <https://www.advocate.com/arts-entertainment/music/2015/04/23/michfest-womyn-and-trans-women-ask-why>.
19. Lisa Vogel, declaração, Women's Liberation Radio News, Facebook, 12 ago. 2019. <https://www.facebook.com/WLRNews4Women/posts/a-statement-from-lisa-vogel-founder-of-the-michigan-womyns-music-festival-that-w/2337303376508363/>.
20. Katherine M. Marino, *Feminism for the Americas: The Making of an International Human Rights Movement* (Chapel Hill: University of North Carolina Press, 2019), 41.
21. Ibid., 40.
22. Ibid., 67.
23. Ibid., 83.
24. Ibid.
25. Ibid., 109.
26. Ibid., 83.
27. K. Lynn Stoner, *From the House to the Streets: The Cuban Woman's Movement for Legal Reform*, 1898-1940 (Durham, NC: Duke University Press, 1991), 119.
28. Marino, Feminism for the Americas, 85.
29. Ibid.
30. Ibid., 91.
31. Ibid.
32. Ibid.
33. Ibid., 112.
34. Ibid., 113.
35. Ibid., 85.
36. Ibid., 79.
37. Ibid.
38. Ibid., 78.
39. Sara Ahmed, *Living a Feminist Life* (Durham, NC: Duke University Press, 2017), 102.
40. Ibid., 105.

Capítulo três: Separadas, mas desiguais: como o "feminismo" se tornou oficialmente branco

1. "Marching for the Vote: Remembering the Woman Suffrage Parade of 1913", American Women: Topical Essays, Library of Congress. <https://guides.loc.gov/american-women-essays/marching-for-the-vote>.
2. "1913 Woman Suffrage Procession", National Park Service, 1 set. 2020. <https://www.nps.gov/articles/woman-suffrage-procession1913.htm>.

3. Michelle Bernard, "Despite the Tremendous Risk, African American Women Marched for Suffrage, Too", *She the People* (blog), *Washington Post*, 3 mar. 2013. <https:/ www.washingtonpost.com/blogs/she-the-people/wp/2013/03/03/despite-the-tremendous--risk-african-american-women-marched-for-suffrage-too/>.
4. "Icon: Inez Milholland (Boissevain) (1886-1916)", Women of Protest: Photographs from the Records of the National Woman's Party, Library of Congress. <https://www.loc.gov/collections/women-of-protest/articles-and-essays/selected-leaders-of-the-national--womans-party/icon/>.
5. Bernard, "Despite the Tremendous Risk".
6. Ama Ansah, "Votes for Women Means Votes for Black Women", National Women's History Museum, 16 ago. 2018. <https://www.womenshistory.org/articles/votes-women--means-votes-black-women>.
7. Ibid.
8. Ibid.
9. Ibid.
10. Ibid.
11. Ibid.
12. Ibid.
13. Susan B. Anthony e Ida Husted Harper, *The History of Woman Suffrage, vol. IV* (Indianapolis: Hollenbeck Press, 1902), 216.
14. Debra Michals, PhD, "Mary Church Terrell", National Women's History Museum, 2017. <https://www.womenshistory.org/education-resources/biographies/mary-church-terrell>.
15. Bernard, "Despite the Tremendous Risk".
16. Ansah, "Votes for Women Means Votes for Black Women".
17. "Ida B. Wells in Suffrage March in 1913 Washington, DC", *Newspapers.com*. <https://www.newspapers.com/clip/20886298/ida-b-wells-in-suffrage-march-in-1913/>.
18. "Marching for the Vote", Library of Congress.
19. Ansah, "Votes for Women Means Votes for Black Women".
20. Editoras e editores da *Encyclopaedia Britannica*, "The Crisis", *Britannica.com*, 18 ago. 2020. <https://www.britannica.com/topic/The-Crisis-American-magazine>.
21. "1913 Woman Suffrage Procession", National Park Service.
22. Ibid.
23. Ansah, "Votes for Women Means Votes for Black Women".
24. Ibid.
25. Ibid.
26. Jen Rice, "How Texas Prevented Black Women from Voting Decades After the 19th Amendment", *Houston Public Media*, 28 jun. 2019. <https://www.houstonpublicmedia.org/articles/news/in-depth/2019/06/28/338050/100-years-ago-with-womens-suf-frage-black-women-in-texas-didnt-get-the-right-to-vote/>.
27. Annelise Orleck, *Common Sense and a Little Fire: Women and Working-Class Politics in the United States, 1900-1965* (Chapel Hill: University of North Carolina Press, 1995), 112.
28. Ibid.
29. Ibid.
30. Ibid.
31. Daniel Geary, "The Moynihan Report: An Annotated Edition", *Atlantic*, 14 set. 2015. <https://www.theatlantic.com/politics/archive/2015/09/the-moynihan-report-an--annotated-edition/404632/>.

32. Benita Roth, *Separate Roads to Feminism: Black, Chicana, and White Feminist Movements in America's Second Wave* (Cambridge, UK: Cambridge University Press), 85.
33. "Highlights", National Organization for Women. <https://now.org/about/history/highlights/>.
34. Ibid.
35. Ibid.
36. Ibid.
37. Brian Balogh, *Integrating the Sixties: The Origins, Structures, and Legitimacy of Public Policy in a Turbulent Decade* (University Park, PA: Pennsylvania State University Press, 1996), 151.
38. Ibid.
39. Ibid.
40. Ibid., 155.
41. Ibid., 152.
42. Ibid.
43. Ibid., 155.
44. Ibid., 154.
45. "Highlights", National Organization for Women.
46. "Ending Violence against Native Women", Indian Law Resource Center. <https://indianlaw.org/issue/ending-violence-against-native-women>.
47. André B. Rosay, PhD, "Violence against American Indian and Alaska Native Women and Men", National Institute of Justice Research Report, US Department of Justice, mai. 2016. <https://www.ncjrs.gov/pdffiles1/nij/249736.pdf>.
48. Lyndsey Gilpin, "Native American Women Still Have the Highest Rates of Rape and Assault", *High Country News*, 7 jun. 2016. <https://www.hcn.org/articles/tribal-affairs-why-native-american-women-still-have-the-highest-rates-of-rape-and-assault>.
49. "VAWA 2013's Special Domestic Violence Criminal Jurisdiction Five-Year Report", National Indigenous Women's Resource Center, 20 mar. 2018. <http://www.niwrc.org/resources/vawa-2013%E2%80%99s-special-domestic-violence-criminal-jurisdiction-five-year-report>.
50. Rebecca Nagle, "What the Violence Against Women Act Could Do in Indian Country and One Major Flaw", *High Country News*, 11 dez. 2018, <https://www.hcn.org/articles/tribal-affairs-what-the-violence-against-womenact-could-do-in-indian-country-and-one-major-flaw>.
51. "VAWA 2013's Special Domestic Violence Criminal Jurisdiction Five-Year Report."
52. Glenna Stumblingbear-Riddle, PhD, "Standing with Our Sisters: MMIWG2S", American Psychological Association, nov. 2018. <https://www.apa.org/pi/oema/resources/communique/2018/11/standing-sisters>.
53. Carey Dunne, "'No More Stolen Sisters': 12,000-Mile Ride to Highlight Missing Indigenous Women", *Guardian*, 7 jun. 2019. <https://www.theguardian.com/us-news/2019/jun/07/indigenous-women-missing-murdered-activists-ride-north-america>.
54. Annita Lucchesi, PhD-c, and Abigail Echo-Hawk, MA, Missing and Murdered Indigenous Women & Girls, Urban Indian Health Institute, 2018. <http://www.uihi.org/wp-content/uploads/2018/11/Missing-and-Murdered-Indigenous-Women-and-Girls-Report.pdf?tp=1>.
55. Annita Lucchesi, "About", *AnnitaLucchesi.com*, 2020. <https://www.annitalucchesi.com/about-1>.
56. Lucchesi e Echo-Hawk, "Missing and Murdered Indigenous Women & Girls".

57. Dunne, "'No More Stolen Sisters'".
58. Danyelle Khmara, "Arizona Joins the Ranks Looking to End Violence against Indigenous Women", *Arizona Daily Star*, 26 mai. 2019. <https://tucson.com/news/local/arizona-joins-the-ranks-looking-to-end-violence-against-indigenous/article_9437fc65-70c7-5ad7-a85c-12585899b534.html>.
59. "Reclaiming Power and Place, vol. 1a", National Inquiry into Missing and Murdered Indigenous Women and Girls, 2019. <https://www.mmiwg-ffada.ca/wp-content/uploads/2019/06/Final_Report_Vol_1a.pdf>.
60. Ibid.
61. Margaret Moss, "Missing and Murdered Indigenous Women and Girls: An Epidemic on Both Sides of the Medicine Line", *Intercontinental Cry*, 6 jun. 2019. <https://intercontinentalcry.org/missing-and-murdered-indigenous-women-and-girls-an-epidemic-on-both-sides-of-the-medicine-line/>.
62. Jen Deerinwater, "Testimonials", *JenDeerinwater.com*. <https://web.archive.org/web/20200615171744/http://www.jendeerinwater.com/>.
63. Kiki Intarasuwan, "Blake Lively Slammed on Social Media after Claiming Cherokee Ancestry in L'Oréal Ad", NBC *San Diego*, 13 jan. 2017. <https://www.nbcsandiego.com/news/national-international/blake-lively-gets-slammed-on-twitter-after-claiming-cherokee-ancestry-in-loreal-ad/2061610/>.
64. Joshua Jamerson, "Elizabeth Warren Apologizes for DNA Test, Identifying as Native American", *Wall Street Journal*, 19 ago. 2019. <https://www.wsj.com/articles/elizabeth-warren-again-apologizes-after-release-of-native-american-ancestry-link-11566241904>.
65. Jen Deerinwater, "How White Feminists Fail as Native Allies in the Trump Era", *Establishment*, 23 mai. 2017. <https://theestablishment.co/how-white-feminists-fail-as-native-allies-in-the-trump-era-d353d87b8059/index.html>.
66. Ibid.
67. Jen Deerinwater, "America's Conversation on Sexual Assault Is a Failure if It Ignores Native Women", *Medium*, 31 out. 2016. <https://medium.com/the-establishment/americas-conversation-on-sexual-assault-is-a-failure-if-it-ignores-native-women-b0c0cbec699e>.
68. Sam Levin, "At Standing Rock, Women Lead Fight in Face of Mace, Arrests and Strip Searches", *Guardian*, 4 nov. 2016. <https://www.theguardian.com/us-news/2016/nov/04/dakota-access-pipeline-protest-standing-rock-women-police-abuse>.
69. Carmen Rios, "If We Divide, We Don't Conquer: 3 Reasons Why Feminists Need to Talk About Race", *Everyday Feminism*, 1 fev. 2015. <https://everydayfeminism.com/2015/02/feminists-talk-about-race/>.
70. Dolores DeGiacomo, "Divide and Conquer: Feminist Style and Why Patricia Arquette Is Right", Ellevate. <https://www.ellevatenetwork.com/articles/6043-divide-and-conquer-feminist-style-and-why-patricia-arquette-is-right>.
71. Lisa Hix, "Women Who Conquered the Comics World", *Collectors Weekly*, 15 set. 2014. <https://www.collectorsweekly.com/articles/women-who-conquered-the-comics-world/>.
72. Jenny Kutner, "The Woman Who Conquered Porn: How Jacky S. James Became the Most Important Name in the Business", *Salon*, 5 jan. 2015. <https://www.salon.com/2015/01/05/

the_woman_who_conquered_porn_how_jacky_st_james_became_the_most_important_name_in_the_business/>.
73. Alice Vincent, "How Feminism Conquered Pop Culture", *Telegraph*, 30 dez. 2014. <https://www.telegraph.co.uk/culture/culturenews/11310119/feminism-pop-culture-2014.html>.
74. Aja Romano, "How Female Characters Existing and Doing Stuff Became a Modern Feminist Statement", *Vox*, 13 fev. 2017. <https://www.vox.com/culture/2017/2/13/14549738/strong-female-characters-feminist-icons>.
75. "The Suffrage Movement", *Britannica.com*. <https://www.britannica.com/topic/feminism/The-suffrage-movement>.

Capítulo quatro: Pensando como um coletivo

1. "The Suffrage Movement", *Britannica.com*. <https://www.britannica.com/topic/feminism/The-suffrage-movement>.
2. Lib Tietjen, "Keeping Kosher in 17th Century New York City", Lower East Side Tenement Museum. <https://www.tenement.org/blog/meet-assar-levy-new-yorks-first-kosher-butcher/>.
3. Marjorie Ingall, "Lessons from the Kosher Meat Boycott", *Tablet*, 6 mai. 2019. <https://www.tabletmag.com/sections/community/articles/lessons-from-the-kosher-meat-boycott>.
4. Ibid.
5. Ibid.
6. Ibid.
7. Damon Mitchell, "These 1930s Housewives Were the Godmothers of Radical Consumer Activism", *Narratively*, 26 set. 2018. <https://narratively.com/these-1930s-housewives-were-the-godmothers-of-radical-consumer-activism/>.
8. Ibid.
9. Ian Webster, "$65,000 in 1935 Is Worth $1,233,187.59 Today", *In2013Dollars.com*. <http://www.in2013dollars.com/us/inflation/1935?amount=65000>.
10. Mitchell, "These 1930s Housewives".
11. Ibid.
12. Orleck, *Common Sense and a Little Fire*, 268.
13. Ibid.
14. Ibid., 269.
15. United Press, "Housewives Boycott Meat", *New York Times*, 25 mai. 1951. <https://timesmachine.nytimes.com/timesmachine/1951/05/25/84846217.html>.
16. Orleck, *Common Sense and a Little Fire*, 269.
17. United Press, "Housewives Boycott Meat".
18. Bill Ganzel, "Food Price Hikes", Living History Farm, 2009. <https://livinghistoryfarm.org/farminginthe70s/money_03.html>.
19. Paul L. Montgomery, "Consumers Hold Rallies at Shops on Eve of Boycott", *New York Times*, 1 abr. 1973. <https://www.nytimes.com/1973/04/01/archives/front-page-1-no-title-consumers-rally-at-shops-on-eve-of-meat.html>.
20. Debra Michals, PhD, ed., "Dolores Huerta", National Women's History Museum, 2015. <https://www.womenshistory.org/education-resources/biographies/dolores-huerta>.

21. Manisha Aggarwal-Schifellite, "How 'Citizen Housewives' Made Food Cheaper and Safer", *Atlantic*, 5 nov. 2017. <https://www.theatlantic.com/business/archive/2017/11/citizen-housewives-consumer-twarog/544772/>.
22. Catherine Fosl, "'There Was No Middle Ground': Anne Braden and the Southern Social Justice Movement", NWSA *Journal* 11, n°3 (Outono de 1999): 24-48. <https://www.jstor.org/stable/4316680?seq=1#page_scan_tab_contents>.
23. "Anne Braden", Americans Who Tell the Truth. <https://www.americanswhotellthetruth.org/portraits/anne-braden>.
24. Ibid.
25. Ibid.
26. "Juliette Hampton Morgan: A White Woman Who Understood". *Teaching Tolerance*. <https://www.tolerance.org/classroom-resources/tolerance-lessons/juliette-hampton-morgan-a-white-woman-who-understood>.
27. Melissa Brown, "Montgomery Librarian Juliette Morgan Remembered for Civil Rights Stand," *Montgomery Advertiser*, 21 fev. 2018. <https://www.montgomeryadvertiser.com/story/news/2018/02/21/montgomery-librarian-juliette-morgan-remembered-civil-rights-stand/355705002/>.
28. "Juliette Hampton Morgan: A White Woman Who Understood".
29. Ibid.
30. Brown, "Montgomery Librarian Juliette Morgan".
31. Allida M. Black, "Smith, Lillian (1897-1966)", *Encyclopedia.com*, 24 out. 2020. <https://www.encyclopedia.com/women/encyclopedias-almanacs-transcripts-and-maps/smith-lillian-1897-1966>.
32. Ellen J. Goldner e Safiya Henderson-Holmes, *Racing & (E)Racing Language: Living with the Color of Our Words* (Syracuse, NY: Syracuse University Press, 2001), 100.
33. McKay Jenkins, *The South in Black and White: Race, Sex, and Literature in the 1940s* (Chapel Hill: University of North Carolina Press, 2005), 122.
34. Eileen Boris, "'Arm and Arm': Racialized Bodies and Colored Lines", *Journal of American Studies* 35, n° 1 (abril de 2001): 1-20. <https://www.jstor.org/stable/27556906?seq=1#page_scan_tab_contents>.
35. Elizabeth Gillespie McRae, *Mothers of Massive Resistance: White Women and the Politics of White Supremacy* (New York: Oxford University Press, 2018).
36. Mab Segrest, *Memoirs of a Race Traitor* (New York: New Press, 2019), 7.
37. Mary Lou Breslin, "Celebrating Kitty Cone: 1944-2015", Disability Rights Education & Defense Fund, 2015. <https://dredf.org/2015/03/25/celebrating-kitty-cone-1944-2015/>.
38. Andrew Grim, "Sitting-In for Disability Rights: The Section 504 Protests of the 1970s", O Say Can You See? (blog), National Museum of American History, 8 jul. 2015. <https://americanhistory.si.edu/blog/sitting-disability-rights-section-504-protests-1970s>.
39. Ibid.
40. "Rehabilitation Act", US Department of Justice, Civil Rights Division, Disability Rights Section, fevereiro de 2020. <https://www.ada.gov/cguide.htm#anchor65610>.
41. Kitty Cone, "Short History of the 504 Sit In", Disability Rights Education & Defense Fund. <https://dredf.org/504-sit-in-20th-anniversary/short-history-of-the-504-sit-in/>.
42. Ibid.
43. Ibid.
44. Britta Shoot, "The 1977 Disability Rights Protest That Broke Records and Changed Laws", *Atlas Obscura*, 9 nov. 2017. <https://www.atlasobscura.com/articles/504-sit-in-san-francisco-1977-disability-rights-advocacy>.

45. Arielle Milkman, "The Radical Origins of Free Breakfast for Children", *Eater*, 16 fev. 2016. <https://www.eater.com/2016/2/16/11002842/free-breakfast-schools-black-panthers>.
46. Grim, "Sitting-In for Disability Rights".
47. Cone, "Short History of the 504 Sit In".
48. Ibid.

Capítulo cinco: As leis de trabalho visam ajudar todos os gêneros

1. Orleck, *Common Sense and a Little Fire*, 166.
2. George Rede, "Oregon's Domestic Workers Gain Labor Protections as Gov. Kate Brown Signs New Law", *Oregonian*, 9 jan. 2019. <https://www.oregonlive.com/business/2015/06/oregons_domestic_workers_gain.html>.
3. "More About the Bill", Connecticut, National Domestic Workers Alliance. <https://www.domesticworkers.org/bill-of-rights/connecticut%E2%80%8B>.
4. "Why the Domestic Workers' Bill of Rights Is Good For…" Massachusetts, National Domestic Workers Alliance. <https://www.domesticworkers.org/bill-of-rights/massachusetts>.
5. "Why the Domestic Workers' Bill of Rights Is Good For…" Illinois, National Domestic Workers Alliance. <https://www.domesticworkers.org/bill-of-rights/illinois>.

Capítulo seis: A emergência do eu

1. Liesl Schillinger, "A Woman's Fantasy in Modern Reality", *New York Times*, 18 dez. 2013. <https://www.nytimes.com/2013/12/19/fashion/Fear-of-Flying-Erica-Jong.html>.
2. "The Second Wave of Feminism", *Britannica.com*. <https://www.britannica.com/topic/feminism/The-second-wave-of-feminism>.
3. Joan Didion, "The Women's Movement," *New York Times*, 30 jul. 1972. <https://timesmachine.nytimes.com/timesmachine/1972/07/30/81928871.pdf?pdf_redirect=true&ip=0>.
4. "About Ms." *Ms*. <https://msmagazine.com/about/>.
5. Editoras e editores da Encyclopaedia Britannica, "Ms". <https://www.britannica.com/topic/Ms>.
6. Barbaralee D. Diamonstein, "'We Have Had Abortions", *Ms*., primavera de 1972. <http://images.nymag.com/images/2/promotional/11/11/week1/mrs-abortionsb.pdf>.
7. Abigail Pogrebin, "How Do You Spell Ms.?" *Cut*, 25 mar. 2019. <https://www.thecut.com/2019/03/gloria-steinem-ms-magazine-history.html>.
8. Diamonstein, "We Have Had Abortions".
9. Paul Alexander, "The Feminine Force", *Boston Globe*, 9 fev. 2013. <https://www.bostonglobe.com/opinion/2013/02/09/years-after-her-death-sylvia-plath-feminine-force-lives/laRVqkRs2etZkp5sJB0ZwI/story.html>.
10. "The Dream of a Common Language: Poems 1974-1977 (Paperback)", Waterstones. <https://www.waterstones.com/book/the-dream-of-a-common-language/adrienne-rich/9780393346008/>.
11. "A Burst of Light by Audre Lorde," *Act Build Change*. <https://actbuildchange.com/books/a-burst-of-light/>.

12. Anne Janette Johnson, "Lorde, Audre 1934-1992", *Encyclopedia.com*, 18 out. 2020. <https://www.encyclopedia.com/people/history/historians-miscellaneous-biographies/audre-lorde>.
13. "A Burst of Light by Audre Lorde."
14. Emily Harnett, "Doris Lessing's 'The Fifth Child' and the Spectre of the Ambivalent Mother", *New Yorker*, 11 mai. 2019. <https://www.newyorker.com/books/second-read/doris-lessings-the-fifth-child-and-the-spectre-of-the-ambivalent-mother>.
15. Lara Feigel, "The Parent Trap: Can You Be a Good Writer and a Good Parent?", *Guardian*, 24 fev. 2018. <https://www.theguardian.com/books/2018/feb/24/writers-parenting-doris-lessing-lara-feigel>.
16. "Edna St. Vincent Millay", Poetry Foundation. <https://www.poetryfoundation.org/poets/edna-st-vincent-millay>.
17. Hugh Ryan, "How Dressing in Drag Was Labeled a Crime in the 20th Century", *History.com*, 28 jun. 2019. <https://www.history.com/news/stonewall-riots-lgbtq-drag-three-article-rule>.
18. Marsha Dubrow, "National Portrait Gallery Looks at Marlene Dietrich, Icon of Androgynous Glamour", *DCist*, 16 jun. 2017. <https://dcist.com/story/17/06/16/marlene-dietrich/>.
19. Kristen Page-Kirby, "5 photos that prove Marlene Dietrich never gave into the haters", *Washington Post*, 15 jun. 2017. <https://www.washingtonpost.com/express/wp/2017/06/15/5-photos-that-prove-marlene-dietrich-never-gave-into-the-haters/>.
20. Bridey Heing, "Marlene Dietrich: The Femme Fatale Who Fought Social and Sexual Oppression", *CNN*, 19 jun. 2017. <https://www.cnn.com/style/article/marlene-dietrich-dressed-for-the-image/index.html>.
21. Ibid.
22. Dubrow, "National Portrait Gallery Looks at Marlene Dietrich".

Capítulo sete: O rebuliço perene do trabalho doméstico

1. Katrine Marçal, *Who Cooked Adam Smith's Dinner?: A Story of Women and Economics* (New York: Pegasus Books, 2016), 125.
2. Casey Hayden e Mary King, "Sex and Caste: A Kind of Memo", History Is a Weapon, publicado originalmente em 1965. <https://www.historyisaweapon.com/defcon1/sexcaste.html>.
3. Ibid.
4. Roth, *Separate Roads to Feminism*, 91.
5. Ibid., 92.
6. Jacqueline Howard, "US Fertility Rate Is Below Level Needed to Replace Population, Study Says", *CNN*, 10 jan. 2019. <https://www.cnn.com/2019/01/10/health/us-fertility-rate-replacement-cdc-study/index.html>.
7. Marçal, *Who Cooked Adam Smith's Dinner?*, 166, 167.
8. Há informações de que mães estiveram entre as primeiras pessoas a ingressar nas redes sociais e eram extremamente engajadas em 2011 porque estavam tentando construir uma comunidade: Maeve Duggan, Amanda Lenhart, Cliff Lampe, and Nicole B. Ellison, "Parents and Social Media", *Pew Research Center*, 16 jul. 2015. <https://www.pewinternet.org/2015/07/16/parents-and-social-media/>.

9. Jessica Bennett, "I Am (an Older) Woman. Hear Me Roar", *New York Times*, 8 jan. 2019. <https://www.nytimes.com/2019/01/08/style/women-age-glenn-close.html>.
10. Rosemarie Tong and Howard Lintz, "A Feminist Analysis of the Abuse and Neglect of Elderly Women", in Wanda Teays, ed., *Analyzing Violence Against Women* (Cham, Switzerland: Springer, 2019), 167-76.
11. Feministas na verdade não fizeram isso: Karen Heller, "The Bra-Burning Feminist Trope Started at Miss America. Except, That's Not What Really Happened". *Washington Post*, 7 set. 2018. <https://www.washingtonpost.com/news/retropolis/wp/2018/09/07/the-bra-burning-feminist-trope-started-at-miss-america-except-thats-not-what-really--happened/>.
12. Marçal, *Who Cooked Adam Smith's Dinner?*, vi.
13. Angela Davis, *Mulheres, raça e classe*. Tradução de Heci Regina Candiani. (São Paulo: Boitempo, 2016), 103.
14. Linda Burnham e Nik Theodore, *Home Economics: The Invisible and Unregulated World of Domestic Work* (New York: National Domestic Workers Alliance, 2012).
15. Ai-jen Poo, "The Invisible World of Nannies, Housekeepers and Caregivers", *Time*, 27 nov. 2012. <https://ideas.time.com/2012/11/27/why-domestic-workers-need-a-bill--of-rights/>.
16. Lillian Agbeyegbe, Sara Crowe, Brittany Anthony, Elizabeth Gerrior e Catherine Chen, "Human Trafficking at Home: Labor Trafficking of Domestic Workers" (Nova York: Polaris e National Domestic Workers Alliance). <https://www.domesticworkers.org/sites/default/files/Human_Trafficking_at_Home_Labor_Trafficking_of_Domestic_Workers.pdf>.
17. Ibid.
18. Orleck, *Common Sense and a Little Fire*, 165.
19. Ibid., 166
20. Ibid. Infelizmente, essas agências foram descontinuadas quando o governo estadunidense redirecionou seus recursos no início da Segunda Guerra Mundial.

Capítulo oito: Se impor vs. Se apoiar

1. Orleck, *Common Sense and a Little Fire*, 88.
2. Editoras e editores da Encyclopaedia Britannica, "Harriot Eaton Stanton Blatch", *Britannica.com*. <https://www.britannica.com/biography/Harriot-Eaton-Stanton-Blatch>.
3. Sue Davis, *The Political Thought of Elizabeth Cady Stanton: Women's Rights and the American Political Traditions* (Nova York: New York University Press, 2010), 210-11.
4. Editoras e editores, "Harriot Eaton Stanton Blatch".
5. Orleck, *Common Sense and a Little Fire*, 158.
6. Ibid., 159.
7. Ibid., 165.
8. Ibid.
9. Roth, *Separate Roads to Feminism*, 187.
10. Marçal, *Who Cooked Adam Smith's Dinner?*, 61.
11. Sheryl Sandberg. *Faça acontecer: mulheres, trabalho e a capacidade de liderar*. Tradução de Denise Bottmann. (São Paulo: Companhia das Letras, 2013).

12. Gary Gutting e Nancy Fraser, "A Feminism Where 'Lean In' Means Leaning on Others", *New York Times*, 15 out. 2015. <https://opinionator.blogs.nytimes.com/2015/10/15/a-feminism-where-leaning-in-means-leaning-on-others/>.
13. Susan Wojcicki, no Twitter, 27 jan. 2016. <https://twitter.com/SusanWojcicki/status/692482490867539970>.
14. Alice Truong, "When Google Increased Paid Maternity Leave, the Rate at Which New Mothers Quit Dropped 50%", *Quartz.com*, 28 jan. 2016. <https://qz.com/604723/when-google-increased-paid-maternity-leave-the-rate-at-which-new-mothers-quit-dropped-50/>.
15. Sasha Bronner, "Chrissy Teigen Doesn't Care About Her Nip Slip: 'A Nipple Is a Nipple Is a Nipple'", *HuffPost*, 11 out. 2014. <https://www.huffpost.com/entry/chrissy-teigen-nip-slip_n_5968400>.
16. Julie Sprankles, "Feminists Unite in 2013: 20 Most Inspiring Quotes", *She Knows*, 18 dez. 2013. <https://www.sheknows.com/entertainment/articles/1026129/feminists-unite-in-2013-20-most-inspiring-quotes/>.
17. Jason Sheeler, "Kerry Washington: The Gladiator", *Glamour*, 30 out. 2013. <https://www.glamour.com/story/kerry-washington>.

Capítulo nove: Como o heterossexismo manteve as mulheres em seus lugares

1. Cherrie Moraga e Gloria Anzaldua, *This Bridge Called My Back: Writings by Radical Women of Color* (Nova York: Kitchen Table/Women of Color Press, 1983), 132.
2. Ibid.
3. Ibid., 130.
4. Ibid., 125.
5. Carla Trujillo, *Chicana Lesbians: The Girls Our Mothers Warned Us About* (Berkeley, CA: Third Woman Press, 1994).
6. Cristina Herrera, "'The Girls Our Mothers Warned Us About': Rejection, Redemption, and the Lesbian Daughter in Carla Trujillo's What Night Brings", *Women's Studies* 39, nº 1 (2009): 18-36.
7. Yvette Saavedra, "Chicana Schism: The Relationship between Chicana Feminist and Chicana Feminist Lesbians", apresentado na Conferência Anual da National Association for Chicana and Chicano Studies [Associação Nacional dos Estudos Chicana e Chicanos], 1 abr. 2001. <https://scholarworks.sjsu.edu/cgi/viewcontent.cgi?referer=https://www.google.com/&httpsredir=1&article=1033&context=naccs>.
8. Amy Erdman Farrell, *Fat Shame: Stigma and the Fat Body in American Culture* (Nova York: New York University Press, 2011), 152.
9. Marilyn Wann, "Big Deal: You Can Be Fat and Fit", *CNN*, 3 jan. 2013. <https://www.cnn.com/2013/01/03/opinion/wann-fat-and-fit-study/index.html>.
10. Ibid.
11. Farrell, *Fat Shame*, 154.
12. "Don't Buy the Lie!" FAT!SO?. <http://www.fatso.com/dont-buy-the-lie.html>.
13. Farrell, *Fat Shame*, 64.
14. Jesse Hamlin, "The Scene: A Burlesque Show That Fills the Stage/It's Not Over until the Fat Lady Strips", *San Francisco Chronicle*, 13 jun. 2002. <https://www.sfgate.com/default/article/THE-SCENE-A-burlesque-show-that-fills-the-stage-2828935.php>.

15. Ibid.
16. Farrell, *Fat Shame*, 155.

Capítulo dez: O futuro não é feminino; é gênero-fluido

1. Alessandra Malito, "Women Are About to Control a Massive Amount of Wealth but Can't Find Anyone to Manage It", *MarketWatch*, 15 mai. 2017. <https://www.marketwatch.com/story/women-are-about-to-control-a-massive-amount-of-wealth-but-cant-find-anyone-to-manage-it-2017-05-12>.
2. Katie Mettler, "Hillary Clinton Just Said It, but 'The Future Is Female' Began as a 1970s Lesbian Separatist Slogan", *Washington Post*, 8 fev. 2017. <https://www.washingtonpost.com/news/morning-mix/wp/2017/02/08/hillary-clinton-just-said-it-but-the-future-is-female-began-as-a-1970s-lesbian-separatist-slogan/?utm_term=.58cfccffffbe>.
3. "The Future Is Female: Search Term", *Google Trends*. <https://trends.google.com/trends/explore?date=all&geo=US&q=The%20future%20is%20female>.
4. Marisa Meltzer, "A Feminist T-Shirt Resurfaces from the '70s", *New York Times*, 18 nov. 2015. <https://www.nytimes.com/2015/11/19/fashion/a-feminist-t-shirt-resurfaces-from-the-70s.html>.
5. Ibid.
6. Ibid.
7. Ibid.
8. Nora Whelan, "Feminist T-Shirts That Are Just Slightly Off", *Racked*, 29 set. 2017. <https://www.racked.com/2017/9/29/16363226/future-is-female-t-shirts-knockoff>.
9. Jeffrey Hayzlett, "Why the (Entrepreneurial) Future Is Female", *Entrepreneur*, 15 dez. 2017. <https://www.entrepreneur.com/article/306131>.
10. Emma Thomasson, "Puma Sees 'Female Future' Helped by Rihanna Designs", *Reuters*, 18 fev. 2016. <https://www.reuters.com/article/us-puma-results-idUSKCN0VR0XO>.
11. Emily K. Graham, "The Future Is Female" (FleishmanHillard e Money 20/20, 2019). <https://fleishmanhillard.com/wp-content/uploads/meta/resource-file/2019/the-future-is-female-a-report-with-money-20-20-usa-1549463067.pdf>.
12. Kevin Sessums, "Meet Our 2017 Fresh Faces", *Marie Claire*, 10 abr. 2017. <https://www.marieclaire.com/celebrity/a26335/fresh-faces-2017/>.
13. Janell Hobson, *Are All the Women Still White?: Rethinking Race, Expanding Feminisms* (New York: State University of New York Press, 2017), p. 97.
14. Matthew A. Postal, *Gay Activists Alliance Firehouse* (New York: Landmarks Preservation Commission, 18 jun. 2019).
15. Hobson, *Are All the Women Still White?*, 97.
16. Ibid., 96.
17. Ibid.
18. Ibid., 94.
19. Ibid., 95.
20. Ibid., 96.
21. Martin B. Duberman, *Stonewall: The Definitive Story of the LGBTQ Rights Uprising That Changed America* (Nova York: Penguin, 1993), 236.
22. Eric Marcus, *Making Gay History: The Half-Century Fight for Lesbian and Gay Equal Rights* (Nova York: HarperCollins, 2002), 156.

23. "Get in Touch", *Faces of Freedom*. <https://www.facesoffreedom.org/calliope--wong/#contact>.
24. Natalie DiBlasio, "Smith College Rejects Transgender Applicant", USA *Today*, 22 mar. 2013. <https://www.usatoday.com/story/news/nation/2013/03/22/smith-college--transgender-rejected/2009047/>.
25. Ibid.
26. Susan Donaldson James, "All-Female Smith College Returns Transgender Woman's Admissions Application", ABC *News*, 25 mar. 2013. <https://abcnews.go.com/Health/female--smith-college-returns-transgender-womans-admissions-application/story?id=18805681>.
27. DiBlasio, "Smith College Rejects Transgender Applicant".
28. "15th Annual Dorothy Awards: Honorees", New Haven Pride Center. <https://web.archive.org/web/20190227212729/> e <http://www.dorothyawards.com/speaker-lineup/rising-star-calliope-wong/>.
29. "Adopt a Trans Women Inclusive Admissions Policy!" petição, *Change.org*. <https://www.change.org/p/smith-college-board-of-trustees-adopt-a-trans-women-inclusive--admissions-policy>.
30. Corpo editorial, "Transgender Students at Women's Colleges", *New York Times*, 5 mai. 2015. <https://www.nytimes.com/2015/05/05/opinion/transgender-students-at-womens--colleges.html>.
31. Ari Nussbaum, "Mills Reacts to Transgender Admissions Policy", *Campanil*, 5 set. 2014. <http://www.thecampanil.com/mills-reacts-to-transgender-admissions-policy/>.
32. Ibid.

PARTE II: Feminismo branco™: Quando o movimento se tornou corporativo

1. Finnegan, *Selling Suffrage*, 174.

Capítulo onze: Quando o feminismo branco virou "marca"

1. Allison Corneau, "Jessica Alba: Why I Love Being a Female CEO, Running My Own Business", *Us Weekly*, 17 nov. <2014, https://www.usmagazine.com/celebrity-news/news/jessica-alba-why-i-love-being-a-female-ceo-20141711/>.
2. Sarah LeTrent, "GoldieBlox Rages against the Princess Machine", CNN, 21 nov. 2013. <https://www.cnn.com/2013/11/20/living/goldieblox-ad-toys-girls>.
3. Adi Robertson, "How Feminism and Commercialism Combined to Make 'Camp Gyno' a Viral Hit", *Verge*, 2 ago. 2013. <https://www.theverge.com/2013/8/2/4583008/feminism--commercialism-combine-to-make-camp-gyno-a-viral-hit>.
4. Hermione Hoby, "Taylor Swift: 'Sexy? Not on My Radar'", *Guardian*, 23 ago. 2014. <https://www.theguardian.com/music/2014/aug/23/taylor-swift-shake-it-off>.
5. Jessica Valenti, "Taylor Swift in the Blank Space Video Is the Woman We've Been Waiting For", *Guardian*, 11 nov. 2014. <https://www.theguardian.com/commentisfree/2014/nov/11/taylor-swift-blank-space-video-woman-boy-crazy?CMP=share_btn_tw>.
6. Megan Reynolds, "What Will We Wear for the Resistance?" *Jezebel*, 26 dez. 2017. <https://themuse.jezebel.com/what-will-we-wear-for-the-resistance-1821233416>.

7. Tracy Clark-Flory, "#Feminism Is Now a Ball Pit of Boobs, I Guess", *Jezebel*, 6 ago. 2018, <https://jezebel.com/feminism-is-now-a-ball-pit-of-boobs-i-guess-1828061640>.
8. Sarah Sophie Flicker, "A Women's March Organizer on the Feminist Power of Red Lipstick", *Glamour*, 31 mai. 2018. <https://www.glamour.com/story/red-lipstick--feminism>.
9. Megan Reynolds, "Refinery29's Money Diaries Aren't the 'Revolution' They Promise", *Jezebel*, 19 jul. 2018. <https://jezebel.com/refinery29s-money-diaries-arent-the--revolution-they-pro-1827697912>.
10. Ashley Lee, "Inside Cosmopolitan's Weekend Conference, NBC Comedy: 'It's a Great Time to Be a Young Woman'", *Hollywood Reporter*, 5 nov. 2014. <https://www.hollywoodreporter.com/news/cosmopolitan-fun-fearless-life-conference-746583>.
11. "This Is the Most Amazing Two-Day Event You Will Ever Go to in Your Life", *Cosmopolitan*, 26 out. 2014. <https://www.cosmopolitan.com/career/news/a31906/fun--fearless-life-event/>.
12. "Racial Wealth Divide Snapshot: Women and the Racial Wealth Divide", *Prosperity Now*, 29 mar. 2018. <https://prosperitynow.org/blog/racial-wealth-divide-snapshot-women--and-racial-wealth-divide>.
13. Ibid.
14. Catherine Rottenberg, *The Rise of Neoliberal Feminism* (Nova York: Oxford University Press, 2018), 149.
15. Christine Haughney e Leslie Kaufman, "The Rise of Conferences on Women's Empowerment", *New York Times*, 6 out. 2014. <https://www.nytimes.com/2014/10/06/business/media/womens-conferences-become-a-growing-media-marketing-tool.html>.
16. Finnegan, Selling Suffrage, 143.
17. "A New Era Is Coming Soon", The Wing.
18. Molly Bennet, "Inside the Gig Economy's New Wave of Women's Clubs", *Village Voice*, 6 jun. 2017. <https://www.villagevoice.com/2017/06/06/inside-the-gig-economys-new--wave-of-womens-clubs/>.
19. Noël Duan, "Women-Only Clubs Are Spreading as a Grassroots Movement", *Quartz.com*, 19 nov. 2017. <https://qz.com/quartzy/1130921/the-magic-of-women-only-clubs--is-spreading-as-a-grassroots-movement/>.
20. Erica Pearson, "The Rise of Women-Only Coworking Spaces", *Week*, 23 abr. 2018. <https://theweek.com/articles/759527/rise-womenonly-coworking-spaces>.
21. Michael Chandler, "Female-Focused Co-Working Spaces Offer Career and Child--Care Help Still Lacking in Many Traditional Workplaces," *Washington Post*, 21 fev. 2018. <https://beta.washingtonpost.com/local/social-issues/new-co-working--spaces-offer-women-the-kind-of-career-and-child-care-help-still-lacking-in-many--traditional-workplaces/2018/02/20/34639a86-1282-11e8-9065-e55346f6de81_story.html?outputType=amp>.
22. "Feminist Embroidered Espadrilles Smoking Slippers", *Bergdorf Goodman*. <https://www.bergdorfgoodman.com/p/soludos-feminist-embroidered-espadrilles-smoking--slippers-prod144470014?ecid=BGCS__GooglePLA&utm_source=google_shopping&adpos=1o3&scid=scplpsku114250071&sc_intid=sku114250071&gclid=Cj0KCQjwt_nmBRD0ARIsAJYs6o35EAk2w8A5Zb-xYHWft6xOY121AZ_04tiHtxrWVQI0rmX6t1ZD0RIaAiFmEALw_wcB&gclsrc=aw.ds.>.
23. Megan Angelo, "The Lady Boss: Mindy Kaling", *Glamour*, 5 nov. 2014. <https://www.glamour.com/story/mindy-kaling>.

24. Lauren Brown, "9 Celebrities You Didn't Know Have Side Hustles", *Glamour*, 8 ago. 2016. <https://www.glamour.com/story/9-celebrities-you-didnt-know-have-side-hustles>.
25. Justine Carreon, "10 Wardrobe Staples That Will Make You Look and Feel Like a Boss", *Elle*, 3 jan. 2018. <https://www.elle.com/fashion/g8134/work-clothes-for-women/>.
26. Lauren Adhav e Alexis Bennett, "24 Best Candle Brands That Are Worth Setting Your Money on Fire", *Cosmopolitan*, 14 jul. 2020, <https://www.cosmopolitan.com/lifestyle/g27912682/best-candle-brands/>.
27. Lauren Alexis Fisher, "Boss Lady: 15 Chic Desktop Accessories", *Harper's Bazaar*, 15 jan. 2016. <https://www.harpersbazaar.com/culture/interiors-entertaining/advice/g4085/chic-desktop-accessories/>.
28. Victoria Ontman, "Got a Skype Interview? 8 Video-Friendly Looks Guaranteed to Seal the Deal", *Vogue*, 24 mai. 2016. <https://www.vogue.com/article/skype-video-job-interview-business-meeting-what-to-wear>.
29. Dani Blum, "Here's How to Stop Procrastinating, Because You Know You Do It All the Damn Time", *Cosmopolitan*, 7 mar. 2019. <https://www.cosmopolitan.com/career/a26678553/how-to-stop-procrastinating/>.
30. Kim Quindlen, "The 5 Best Cell Phone Stands Because Not Every Day Has to Be Arm Day", *Bustle*, 20 abr. 2018. <https://www.bustle.com/p/the-5-best-cell-phone-stands-8843834>.
31. Joan C. Williams e Rachel W. Dempsey, "The Rise of Executive Feminism", *Harvard Business Review*, 28 mar. 2013. <https://hbr.org/2013/03/the-rise-of-executive-feminism>.
32. Kelly Anne Bonner, "5 Email Hacks That Will Boost Your Productivity in a Big Way", *Refinery29*, 27 fev. 2017. <https://www.refinery29.com/en-us/best-google-chrome-extensions>.
33. Jennifer Breheny Wallace, "Struggling with Your To-Do List? Try These Tricks to Be More Productive", *Glamour*, 11 jul. 2016. <https://www.glamour.com/story/struggling-with-your-to-do-list-try-these-tricks-to-be-more-productive>.
34. Emily Mason, "8 Productivity Apps to Help You Get Your Life Together", *Marie Claire*, 11 dez. 2018. <https://www.marieclaire.com/home/g25360091/best-productivity-apps/>.
35. Marlen Komar, "How to Become the Most Productive Person You Know", *Bustle*, 13 abr. 2016. <https://www.bustle.com/articles/154425-11-tips-to-become-the-most-productive-person-you-know>.
36. Sheryl Sandberg, "Why You Should Embrace Your Power", *Cosmopolitan*, 15 out. 2014. <https://www.cosmopolitan.com/career/a32066/embrace-your-power-sheryl-sandberg/>.
37. Sandberg, *Lean In*, 48.
38. Ibid., 47.
39. Ibid., 95.
40. Ibid., 102.
41. Ibid., 9.
42. Michelle Goldberg, "The Absurd Backlash against Sheryl Sandberg's 'Lean In'", *Daily Beast*, 11 jul. 2017. <https://www.thedailybeast.com/the-absurd-backlash-against-sheryl-sandbergs-lean-in>
43. Marcus Noland, Tyler Moran, and Barbara Kotschwar, "Is Gender Diversity Profitable? Evidence from a Global Survey", Working Paper Series, Peterson Institute for International Economics, fev. 2016. <https://www.piie.com/publications/wp/wp16-3.pdf>.

44. Ibid.
45. Vivian Hunt, Dennis Layton e Sara Prince, "Why Diversity Matters", McKinsey & Company, 1 jan. 2015. <https://www.mckinsey.com/business-functions/organization/our-insights/why-diversity-matters>.
46. Ibid.
47. Valentina Zarya, "New Proof That More Female Bosses Equals Higher Profits", *Fortune*, 8 fev. 2016. <https://fortune.com/2016/02/08/women-leadership-profits/#:~:text=Another%20popular%20piece%20of%20research,53%25%20higher%20return%20on%20equity>.
48. Lily Herman, "The Cold, Hard Proof That More Women Means Better Business", *TheMuse.com*. <https://www.themuse.com/advice/the-cold-hard-proof-that-more-women-means-better-business>.

Capítulo doze: O problema do capitalismo

1. Keeanga-Yamahtta Taylor, *How We Get Free: Black Feminism and the Combahee River Collective* (Chicago: Haymarket Books, 2017), 6, 7.
2. Davis, *Mulheres, raça e classe*, 25.
3. Ibid., 25-26.
4. Ibid.
5. Ibid., 75.
6. Ibid., 76.
7. ILGWU Local 155 Records, 5780/129, "Kheel Center for Labor-Management Documentation and Archives", Biblioteca da Universidade Cornell, Ithaca, Nova York. <https://rmc.library.cornell.edu/EAD/htmldocs/KCL05780-129.html>.
8. Orleck, *Common Sense and a Little Fire*, 88.
9. Ibid.
10. "Rose Schneiderman's April 2, 1911, Speech", *Jewish Women's Archive*. <https://jwa.org/media/excerpt-from-rose-schneidermans-april-2-1911-speech>.
11. Kaila Hale-Stern, "Listen to 'Bread and Roses,' the Song That Defined the Women's Labor Movement", *TheMarySue.com*, 8 mar. 2017. <https://www.themarysue.com/bread-and-roses-the-womens-labor-movement/>.
12. Orleck, *Common Sense and a Little Fire*, 92.
13. Ibid., 94-95.
14. Ellen Willis, "Economic Reality and the Limits of Feminism", *Ms.*, jun. 1973.
15. Ibid.
16. Ibid.
17. Alice Walker, "In Search of Our Mothers' Gardens: The Creativity of Black Women in the South", mai. 1974.
18. Akasha (Gloria T.) Hull, Patricia Bell-Scott e Barbara Smith, eds., *All the Women Are White, All the Blacks Are Men, but Some of Us Are Brave: Black Women's Studies*, 2ª ed. (Nova York: Feminist Press, 2015).
19. bell hooks, "Dig Deep: Beyond Lean In", *Feminist Wire*, 28 out. 2013. <https://thefeministwire.com/2013/10/17973/>.
20. Ibid.

Capítulo treze: Dinheiro mulçumano e pobreza sapatão

1. Lauren Strapagiel, "Attention, Advertisers: Lesbians Buy Stuff, Too," *BuzzFeed*, 2 set. 2020. <https://www.buzzfeed.com/laurenstrapagiel/shut-up-and-take-my-gay-money>.
2. Center for American Progress and Movement Advancement Project, Paying an Unfair Price: The Financial Penalty for LGBT Women in America (Center for American Progress and Movement Advancement Project, mar. 2015).
3. Ibid.
4. Yu Zhang, "LGBT -Owned Business: Stats and Facts", Donald W. Reynolds National Center for Business Journalism, 6 mar. 2017. <https://business journalism.org/2017/03/lgbt-owned-business-stats-and-facts/>.
5. "Get Certified as an LGBT Business Enterprise Today!" National LGBT Chamber of Commerce. <https://www.nglcc.org/get-certified>.
6. Zhang, "LGBT-Owned Business".
7. Rae Binstock, "Why Lesbian Spaces Will Always Be in Danger of Closing, and Why Some Will Always Survive", *Slate*, 20 dez. 2016. <https://slate.com/human-interest/2016/12/why-do-lesbian-spaces-have-such-a-hard-time-staying-in-business.html>.
8. Emrah Kovacoglu, "False Rumor: We Are Not Shutting Down!" *AfterEllen*, 21 set. 2016. <https://www.afterellen.com/general-news/514543-false-rumor-not-shutting>.
9. "Herstory of the Dyke March", NYC *Dyke March*. <https://www.nycdykemarch.com/herstory>.
10. Robyn Day, "Dyke March", *Chicago Reader*, 3 jul. 2019. <https://www.chicagoreader.com/chicago/dyke-march/Content?oid=71411535>.
11. Hilary Weaver, "At the N.Y.C. Dyke March, Where There's Way More to Pride Than the Parade", *Vanity Fair*, 25 jun. 2018. <https://www.vanityfair.com/style/2018/06/nyc--dyke-march-pride>.
12. Rashmee Kumar, "Marketing the Muslim Woman: Hijabs and Modest Fashion Are the New Corporate Trend in the Trump Era", *Intercept*, 29 dez. 2018. <https://theintercept.com/2018/12/29/muslim-women-hijab-fashion-capitalism/>.
13. Ibid.
14. "How Americans Feel About Religious Groups", *Pew Research Center*, 16 jul. 2014. <https://www.pewforum.org/2014/07/16/how-americans-feel-about-religious-groups/>.
15. Katayoun Kishi, "Assaults against Muslims in U.S. Surpass 2001 Level", *Pew Research Center*, 15 nov. 2017. <https://www.pewresearch.org/fact-tank/2017/11/15/assaults--against-muslims-in-u-s-surpass-2001-level/>.
16. Kelly Weill, "More Than 500 Attacks on Muslims in America This Year", *Daily Beast*, 21 mai. 2019. <https://www.thedailybeast.com/more-than-500-attacks-on-muslims--in-america-this-year>.
17. Shelina Janmohamed, "Wake Up to the Power of Female Muslim Consumers", *Campaign*, 9 mai. 2016. <https://www.campaignlive.com/article/wake-power-female-muslim--consumers/1393573>.
18. "Demographic Portrait of Muslim Americans", *Pew Research Center*, 26 jul. 2017. <https://www.pewforum.org/2017/07/26/demographic-portrait-of-muslim-americans/>.
19. "How Americans Feel About Religious Groups".
20. Nesrine Malik, "Thanks, L'Oréal, but I'm Growing Weary of This Hijab Fetish", *Guardian*, 25 jan. 2018. <https://www.theguardian.com/commentisfree/2018/jan/25/oreal-hijab-fetish-amena-khan-muslim-women>.

21. "Demographic Portrait of Muslim Americans".
22. "Similar Shares of U.S. Muslim Women Say They Always Wear Hijab in Public, Never Wear Hijab-06-08", *Pew Research Center*, 24 jul. 2017, <https://www.pewforum.org/2017/07/26/religious-beliefs-and-practices/pf_2017-06-26_muslimamericans-06-08/>.
23. Malik, "Thanks, L'Oréal, but I'm Growing Weary of This Hijab Fetish".
24. Kumar, "Marketing the Muslim Woman".
25. "Gender Based Violence in the GAP Garment Supply Chain", Global Labor Justice. <https://globallaborjustice.org/gap-report/>.
26. "Gender Based Violence in the H&M Garment Supply Chain", Global Labor Justice. <https://www.globallaborjustice.org/handm-report/>.
27. Gethin Chamberlain, "India's Clothing Workers: 'They Slap Us and Call Us Dogs and Donkeys'", *Observer*, 24 nov. 2012. <https://www.theguardian.com/world/2012/nov/25/india-clothing-workers-slave-wages>.
28. Hoda Katebi, "If You Use Our Faces Maybe Stop Killing Our People?" *Hoda Katebi. com*, 5 mar. 2017. <https://hodakatebi.com/politics/if-you-use-our-faces-maybe-stop--killing-our-people/>.
29. Hoda Katebi, "About", *HodaKatebi.com*. <https://hodakatebi.com/about/>.
30. <https://web.archive.org/web/20200628032852/> e <http://www.joojooazad.com/p/boycott-list.html>.

Capítulo catorze: Performando feminismo na mesa de trabalho

1. Jenna Goudreau, "Back to the Stone Age? New Yahoo CEO Marissa Mayer Bans Working from Home", *Forbes*, 25 fev. 2013. <https://www.forbes.com/sites/jennagoudreau/2013/02/25/back-to-the-stone-age-new-yahoo-ceo-marissa-mayer-bans-working--from-home/#2f44523a1667>.
2. Matt Phillips, "Marissa Mayer: 'I Don't Think That I Would Consider Myself a Feminist'", *Quartz.com*, 27 fev. 2013. <https://qz.com/57626/marissa-mayer-i-dont-think--that-i-would-consider-myself-a-feminist/>.
3. John Carreyrou, "Hot Startup Theranos Has Struggled with Its Blood-Test Technology", *Wall Street Journal*, 16 out. 2015. <https://www.wsj.com/articles/theranos-has-struggled--with-blood-tests-1444881901>.
4. Mattie Kahn, "Before We Rush to Take Down Theranos' Elizabeth Holmes...", *Elle*, 20 out. 2015. <https://www.elle.com/culture/tech/news/a31268/elizabeth-holmes--theranos-scandal-besides-the-point/>.
5. Pete Schroeder, "Theranos and Its Founder Settle U.S. Fraud Charges: SEC", *Reuters*, 14 mar. 2018. <https://www.reuters.com/article/us-theranos-sec/theranos-and-its--founder-settle-u-s-fraud-charges-sec-idUSKCN1GQ2HC>.
6. James Doubek, "SEC Charges Theranos Founder Elizabeth Holmes with 'Elaborate, Years-Long Fraud'", *NPR*, 15 mar. 2018. <https://www.npr.org/sections/thetwo-way/2018/03/15/593809254/sec-charges-theranos-founder-elizabeth-holmes--with-elaborate-years-long-fraud>.
7. Christine Emba, "The Women Failed by Theranos's CEO", *Washington Post*, 15 mar. 2018. <https://www.washingtonpost.com/blogs/post-partisan/wp/2018/03/15/the-women--failed-by-theranos-ceo/>.

8. 50edai, postagem do Instagram, 30 out. 2018. >https://www.instagram.com/p/BpkIZ5wAkAH/?tagged=feminism>.
9. radbeautifulthings, postagem do Instagram, 30 out. 2018. <https://www.instagram.com/p/BpkHsjTFKHC/?tagged=feminism>.
10. Postagem do Instagram, 30 jun. 2020. <https://www.instagram.com/p/BpkLUSxH6QA/?tagged=feminism>.
11. ciaragigleux, postagem do Instagram, 30 out. 2018. <https://www.instagram.com/p/BpjL2Q-lcCP/?tagged=feminism>.
12. femmecabal, postagem do Instagram, 30 out. 2018. <https://www.instagram.com/p/BpkNC5QlvCZ/?tagged=feminism>.
13. martifeola postagem do Instagram, 30 jun. 2020. <https://www.instagram.com/p/BpkSzGNnAAj/?tagged=feminism>.
14. killjoyfeministpvssyriot, postagem do Instagram, 30 out. 2018. <https://www.instagram.com/p/BpkKu0klMZT/?tagged=feminism>.
15. dsm_studio, postagem do Instagram, 30 out. 2018. <https://www.instagram.com/p/BpkHMS2D0Ho/?tagged=feminism>.
16. 14wordsforlove, postagem do Instagram, 25 out. 2018. <https://www.instagram.com/p/BpX3LXHBCdx/?tagged=feminism>.
17. siobhanaleabarrett, postagem do Instagram, 23 out. 2018. <https://www.instagram.com/p/BpSw1dogGnO/?taken-by=siobhanaleabarrett>.
18. Susan Bordo, M. Christina Alcalde e Ellen Rosenman, *Provocations: A Transnational Reader in the History of Feminist Thought* (Oakland: University of California Press, 2015), 256.
19. Finnegan, *Selling Suffrage*, 109.
20. Cintia Frencia e Daniel Gaido, "The Socialist Origins of International Women's Day", *Jacobin*, 8 mar. 2017. <https://www.jacobinmag.com/2017/03/international-womens-day-clara-zetkin-working-class-socialist>.
21. Susan Devaney, "These Products Are Supporting International Women's Day in the Best Way", *Vogue*, 7 mar. 2020. <https://www.vogue.co.uk/gallery/international-womens-day-2018-products>.
22. Ariana Marsh, "These International Women's Day Beauty Products Will Let You Shop for Progress", *Elite Daily*, 6 mar. 2018. <https://www.elitedaily.com/p/these-international-womens-day-beauty-products-will-let-you-shop-for-progress-8415946>.
23. Marci Robin, "Reese Witherspoon and Elizabeth Arden Launched a Lipstick to Support Worldwide Gender Equality", *Allure*, 17 mar. 2019. <https://www.allure.com/story/elizabeth-arden-reese-witherspoon-march-on-pink-punch-lipstick-un-women>.
24. Thatiana Diaz, "Sofia Vergara Launches 'Empowered by Business' Campaign on International Women's Day", *People*, 8 mar. 2018. <https://people.com/chica/sofia-vergara-launches-empowered-by-business-campaign/>.
25. Noreen Malone, "Panty Raid", *Cut*, 2016. <https://www.thecut.com/2016/01/thinx-miki-agrawal-c-v-r.html>.
26. Thinx, página de blog, <http://www.shethinx.com/blogs/periodical>.
27. "Our Shared Shelf", *GoodReads*. <https://www.goodreads.com/group/show/179584-our-shared-shelf>.
28. Malone, "Panty Raid".
29. Ibid.

30. Richard Feloni, "How Nasty Gal's Sophia Amoruso Is Making Feminism Cool Again", *Business Insider*, 4 jun. 2014. <http://static2.businessinsider.com/nasty-gal-ceo-sophia--amorusos-feminism-2014-6>.
31. Sophia Amoruso, *#Girlboss* (Londres: Portfolio, 2014), 15.
32. Evie Nagy, "The Secrets of a Nasty Gal", *Fast Company*, 25 mar. 2014. <https://www.fastcompany.com/3027023/the-secrets-of-a-nasty-gal>.
33. Jackie VanderBrug, "The Global Rise of Female Entrepreneurs", Harvard Business Review, 4 set. 2013. <https://hbr.org/2013/09/global-rise-of-female-entrepreneurs>.
34. Kerrie MacPherson, "On Women's Entrepreneurship Day - It's Time to Fund to Scale", *Forbes*, 19 nov. 2014. <https://web.archive.org/web/20141122094012/https://www.forbes.com/sites/ey/2014/11/19/on-womens-entrepreneurship-day-its-time--to-fund-to-scale/>.
35. Tom Watson, "Women Entrepreneurs Get Their 'Day' - Encouraging a Gender Lens on Shopping and Business", *Forbes*, 26 nov. 2014. <https://www.forbes.com/sites/tom-watson/2014/11/26/women-entrepreneurs-get-their-day-encouraging-a-gender-lens--on-shopping-and-business/#1adc523a1627>.
36. *New York Magazine*, no Twitter, 6 mai. 2014. <https://twitter.com/nymag/status/463667106320748544>.
37. "#Girlboss Kindle edition", *Amazon.com*. <https://www.amazon.com/dp/B00K2G5ORQ/ref=dp-kindle-redirect?_encoding=UTF8&btkr=1>.
38. "Best Business Books", GoodReads Choice Awards 2014, *GoodReads*. <https://www.goodreads.com/choiceawards/best-business-books-2014>.
39. Erin Gloria Ryan, "Women at Work", *New York Times*, 16 mai. 2014. <https://www.nytimes.com/2014/05/18/books/review/sophia-amorusos-girlboss-and-more.html>.
40. Helen Lewis, "#girlboss by Sophia Amoruso-Review", *Guardian*, 4 jun. 2014. <https://www.theguardian.com/books/2014/jun/04/girlboss-sophia-amoruso-review>.
41. Tori Telfer, "Books Alone Won't Fix Women's Workplace Problems", *Bustle*, 30 mai. 2014. <https://www.bustle.com/articles/26142-girlboss-vs-lean-in-it-doesnt-matter--books-wont-solve-women-in-workplace-woes>.
42. Miki Agrawal, "Confessions of an Underwear Activist", *YouTube*, 3 jan. 2014. <https://www.youtube.com/watch?v=h9RgUD14SPQ>.
43. Malone, "Panty Raid".
44. Ken Auletta, "Blood, Simpler," *New Yorker*, 8 dez. 2014. <https://www.newyorker.com/magazine/2014/12/15/blood-simpler>.
45. Roger Parloff, "This ceo Is Out for Blood", *Fortune*, 12 jun. 2014. <http://fortune.com/2014/06/12/theranos-blood-holmes/>.
46. Jill Krasny, "It's Been a Banner Year for Nasty Gal's 'Girl Boss'", *Inc.*, 20 nov. 2014. <https://www.inc.com/jill-krasny/why-2014-was-breakout-year-for-nasty-gal.html>.
47. Anna Merlan, "Lawsuit: Nasty Gal's #girlboss Fired Employees for Getting Pregnant", *Jezebel*, 9 jun. 2015. <https://jezebel.com/lawsuit-nastygals-girlboss-fired-all-her--pregnant-emp-1710042755>.
48. Ibid.
49. Ibid.
50. "Nasty Gal: A History of Legal Battles", *Fashion Law*, 3 fev. 2017. <https://www.thefashionlaw.com/nasty-gal-a-history-of-legal-battles/>.

51. Hillary George-Parkin, "Thinx Promised a Feminist Utopia to Everyone but Its Employees", *Vox*, 14 mar. 2017. <https://www.vox.com/2017/3/14/14911228/thinx-miki-agrawal-health-care-branding>.
52. Ibid.
53. Ibid.
54. Ibid.
55. Noreen Malone, "Sexual-Harassment Claims against a 'She-E.O.'", *Cut*, 20 mar. 2017. <https://www.thecut.com/2017/03/thinx-employee-accuses-miki-agrawal-of-sexual-harassment.html>.
56. Ibid.
57. Ibid.
58. Kathryn Dill, "The 5 Most Shocking Allegations Brought against Former THINX CEO Miki Agrawal", CNBC, 21 mar. 2017. <https://www.cnbc.com/2017/03/21/5-most-shocking-allegations-brought-against-thinx-ex-ceo-miki-agrawal.html>.
59. Madeline Stone, "A Former Investment Banker Turned 'She-E-O' Launched a 'Period Underwear' Startup - Now the Company Is Embroiled in an Alleged Sexual Harassment Disaster", *Business Insider*, 21 mar. 2017. <https://www.businessinsider.com/thinx-founder-miki-agrawal-sexual-harassment-claims-2017-3>.
60. Miki Agrawal, "My Thinx Ride", *Medium*, 17 mar. 2017. <https://medium.com/@mikiagrawal/my-thinx-ride-141a738993ee>.
61. Miki Agrawal, "An Open Letter to Respectfully Quit Telling Me How to 'Do Feminism' (and to Just Support One Another, Please!)", *Medium*, 5 fev. 2016. <https://medium.com/@mikiagrawal/an-open-letter-to-respectfully-quit-telling-me-how-to-do-feminism-and-to-just-support-one-b8c138f32546>.
62. Malone, "Sexual-Harassment Claims against a 'She-E.O'".
63. A última linha foi removida da postagem original: Agrawal, "My Thinx Ride". <https://web.archive.org/web/20181001200757/> e <https://medium.com/@mikiagrawal/my-thinx-ride-141a738993ee>.
64. Doree Lewak, "Ex-Thinx CEO Ousted for Alleged Sexual Harassment Laughs Off Scandal", *New York Post*, 26 jan. 2019. <https://nypost.com/2019/01/26/ex-thinx-ceo-ousted-for-alleged-sexual-harassment-laughs-off-scandal/>.
65. Susan Fowler, "Reflecting on One Very, Very Strange Year at Uber", postagem de blog, *SusanJFowler.com*, 19 fev. 2017. <https://www.susanjfowler.com/blog/2017/2/19/reflecting-on-one-very-strange-year-at-uber>.
66. Ibid.
67. Sara Ashley O'Brien, "Ariana Huffington: Sexual Harassment Isn't a 'Systematic Problem' at Uber", CNN *Business*, 23 mar. 2017. <https://money.cnn.com/2017/03/20/technology/arianna-huffington-uber-quest-means-business/>.
68. Yuki Noguchi, "Uber Fires 20 Employees after Sexual Harassment Claim Investigation", NPR, 6 jun. 2017. <https://www.npr.org/sections/thetwo-way/2017/06/06/531806891/uber-fires-20-employees-after-sexual-harassment-claim-investigation>.
69. Greg Bensinger e Joann S. Lublin, "Uber Fires More Than 20 People in Harassment Investigation", *Wall Street Journal*, 6 jun. 2017. <https://www.wsj.com/articles/uber-fires-more-than-20-workers-in-harassment-investigation-1496774806>.
70. Merrit Kennedy, "Details of Uber Harassment Settlement Released", NPR, 22 ago. 2018. <https://www.npr.org/2018/08/22/640900988/dozens-sued-uber-for-harassment-heres-what-they-re-set-to-receive>.

Capítulo quinze: O que o reconhecimento de privilégios não consegue suscitar

1. Kaitlin Menza, "How I Get It Done: SoulCycle CEO Melanie Whelan", *Cut*, 25 fev. 2019. <https://www.thecut.com/2019/02/how-i-get-it-done-soulcycle-ceo-melanie-whelan.html>.
2. Indya Brown, "How I Get It Done: Eva Chen", *Cut*, 5 dez. 2018. <https://www.thecut.com/2018/12/how-i-get-it-done-instagrams-eva-chen.html>.
3. Menza, "How I Get It Done: SoulCycle CEO Melanie Whelan".
4. A. C. Shilton, "How to Be an Ace Salary Negotiator (Even if You Hate Conflict)", *New York Times*, 10 ago. 2018. <https://www.nytimes.com/2018/08/10/smarter-living/how-to-negotiate-salary.html>.
5. Tory Burch, "Don't Wait for Doors to Open", LinkedIn, 21 abr. 2016. <https://www.linkedin.com/pulse/dont-wait-doors-open-tory-burch>.
6. Carol Sankar, "Why Don't More Women Negotiate?" *Forbes*, 13 jul. 2017. <https://www.forbes.com/sites/forbescoachescouncil/2017/07/13/why-dont-more-women-negotiate/#70aed188e769>.
7. Ashley Alese Edwards, "About Half of Millennial Women Don't Identify as Feminists. Here's Why." *Refinery29*, August 14, 2018. <https://www.refinery29.com/en-us/midterm-election-women-dont-identify-as-feminists>.
8. Ibid.
9. Editorial do *History.com*, "President Woodrow Wilson Picketed by Women Suffragists", This Day in History, *History.com*, 26 ago. 2020. <https://www.history.com/this-day-in-history/president-woodrow-wilson-picketed-by-women-suffragists>.
10. "Birth Control Pioneer", Emma Goldman, Biblioteca de Berkeley, Universidade da California. <https://www.lib.berkeley.edu/goldman/MeetEmmaGoldman/birthcontrolpioneer.html#:~:text=Goldman%20Counsels%20Birth%20Control%20Advocate,in%20her%20magazine%20Woman%20Rebel.&text=Upon%20her%20return%2C%20Goldman%20learned,of%20securing%20a%20lighter%20sentence>.
11. Allie Jones, "Why You Need a 'Work Wife'", *Cosmopolitan*, 19 set. 2018. <https://www.cosmopolitan.com/career/a23286350/why-you-need-a-work-wife/>.
12. Katherine Goldstein, "I Was a Sheryl Sandberg Superfan. Then Her 'Lean In' Advice Failed Me", *Vox*, 6 dez. 2018. <https://www.vox.com/first-person/2018/12/6/18128838/michelle-obama-lean-in-sheryl-sandberg>.
13. Ibid.
14. Jillian D'Onfro e Michelle Castillo, "Google Employees Around the World Are Walking Out Today to Protest the Company's Handling of Sexual Misconduct", CNBC, 1 nov. 2018. <https://www.cnbc.com/2018/11/01/google-employees-walk-out-in-protest-of-sexual-misconduct-handling.html>.
15. Dominic Rushe, "McDonald's Workers Walk Out in 10 US Cities Over 'Sexual Harassment Epidemic'", *Guardian*, 18 set. 2018. <https://www.theguardian.com/business/2018/sep/18/mcdonalds-walkout-workers-protest-sexual-harassment-epidemic>.
16. Hamza Shaban, "McDonald's Employees Say 'Time's Up' in New Round of Sexual Harassment Complaints", *Washington Post*, 21 mai. 2019. <https://www.washingtonpost.com/business/2019/05/21/mcdonalds-employees-say-times-up-new-round-sexual-harassment-complaints/>.
17. Goldstein, "I Was a Sheryl Sandberg Superfan".

PARTE III: Os ventos da mudança

1. Elizabeth Martinez, Matt Meyer e Mandy Carter, *We Have Not Been Moved: Resisting Racism and Militarism in 21ʰ Century America* (Oakland, CA: PM Press, 2012), 101.

Capítulo dezesseis: Uma nova era do feminismo

1. The 2019 State of Women-Owned Businesses Report (American Express, 2019). <https://about.americanexpress.com/files/doc_library/file/2019-state-of-women-owned-businesses-report.pdf>.
2. Ibid.
3. Ibid.
4. Dani Matias, "New Report Says Women Will Soon Be Majority of College-Educated U.S. Workers", *NPR*, 20 jun. 2019. <https://www.npr.org/2019/06/20/734408574/new-report-says-college-educated-women-will-soon-make-up-majority-of-u-s-labor-f>.
5. Laura Haverty, "All the Single Ladies... Are Becoming Homeowners", *NBC News*, 14 nov. 2018. <https://www.nbcnews.com/know-your-value/feature/all-single-ladies-are-becoming-homeowners-ncna935351>.
6. Terence McArdle, "'Night of Terror': The Suffragists Who Were Beaten and Tortured for Seeking the Vote", *Washington Post*, 10 nov. 2017. <https://www.washingtonpost.com/news/retropolis/wp/2017/11/10/night-of-terror-the-suffragists-who-were-beaten-and-tortured-for-seeking-the-vote/>.
7. Jia Tolentino, "The Somehow Controversial Women's March on Washington", *New Yorker*, 18 jan. 2017. <https://www.newyorker.com/culture/jia-tolentino/the-somehow-controversial-womens-march-on-washington>.
8. Daniella Diaz, "Trump Calls Clinton 'a Nasty Woman'", *CNN*, 20 out. 2016. <https://www.cnn.com/2016/10/19/politics/donald-trump-hillary-clinton-nasty-woman/index.html>.
9. Amy Chozick e Ashley Parker, "Donald Trump's Gender-Based Attacks on Hillary Clinton Have Calculated Risk", *New York Times*, 28 abr. 2016. <https://www.nytimes.com/2016/04/29/us/politics/hillary-clinton-donald-trump-women.html>.
10. Robert Farley, "Fact Check: Trump's Comments on Women", *USA Today*, 12 ago. 2015. <https://www.usatoday.com/story/news/politics/elections/2015/08/12/fact-check-trump-comments-women-megyn-kelly/31525419/>.
11. Adam Withnall, "Donald Trump's Unsettling Record of Comments About His Daughter Ivanka", *Independent*, 10 out. 2016. <https://www.independent.co.uk/news/world/americas/us-elections/donald-trump-ivanka-trump-creepiest-most-unsettling-comments-a-roundup-a7353876.html>.
12. "Trump: Megyn Kelly Has 'Blood Coming Out of Her Wherever'", *Daily Beast*, 7 ago. 2015. <https://www.thedailybeast.com/cheats/2015/08/07/trump-megyn-kelly-has-blood-coming-out-of-somewhere-else>.
13. "Transcript: Donald Trump's Taped Comments About Women", *New York Times*, 8 out. 2016. <https://www.nytimes.com/2016/10/08/us/donald-trump-tape-transcript.html>.
14. Tolentino, "The Somehow Controversial Women's March on Washington".
15. "Women's March on Washington", postagens do evento, Facebook. <https://www.facebook.com/events/2169332969958991/permalink/2178409449051343/>.
16. Ibid.

17. Editorial do *History.com*, "Women's March", This Day in History, *History.com*, 5 jan. 2018. <https://www.history.com/this-day-in-history/womens-march>.
18. Ibid.
19. Perry Stein, "Is There a Place at the Women's March for Women Who Are Politically Opposed to Abortion?", *Washington Post*, 18 jan. 2017. <https://www.washingtonpost.com/local/social-issues/is-there-a-place-for-anti-abortion-women-at-the-womens-march-on-washington/2017/01/17/2e6a2da8-dcbd-11e6-acdf-14da832ae861_story.html>.
20. Ibid.
21. Women's March on Washington, "Guiding Vision and Definition of Principles". <https://static1.squarespace.com/static/584086c7be6594762f5ec56e/t/58796773414fb52b57e20794/1484351351914/WMW+Guiding+Vision+%26+Definition+of+Principles.pdf>.
22. Leah McSweeney e Jacob Siegel, "Is the Women's March Melting Down?", *Tablet*, 10 dez. 2018. <https://www.tabletmag.com/jewish-news-and-politics/276694/is-the-womens-march-melting-down#amendments>.
23. Josefin Dolsten, "A Timeline of the Women's March Anti-Semitism Controversies", *Jewish Telegraphic Agency*, 17 jan. 2019. <https://www.jta.org/2019/01/17/united-states/a-timeline-of-the-womens-march-anti-semitism-controversies>.
24. Tamika Mallory, "[EXCLUSIVE] Tamika Mallory Speaks: 'Wherever My People Are Is Where I Must Be,'" *NewsOne*, 7 mar. 2018. <https://newsone.com/3779389/tamika-mallory-saviours-day/>.
25. Ibid.
26. Gabe Friedman, "Tamika Mallory Fails to Condemn Farrakhan's Anti-Semitism in Testy Exchange with Meghan McCain on 'The View'", *Jewish Telegraphic Agency*, 14 jun. 2019. <https://www.jta.org/quick-reads/tamika-mallory-fails-to-condemn-farrakhans-anti-semitism-in-testy-exchange-with-meghan-mccain-on-the-view>.
27. Teresa Shook, atualização de status, Facebook, 19 nov. 2018. https://www.facebook.com/TeresaShookOfficial/posts/2368957223146495.
28. "Women's March Announces Appointment of 17 Prominent, Diverse Movement Leaders to National Board", comunicado à imprensa, Women's March, 16 set. 2019. <https://womensmarch.com/press-releases/2019/9/16/womens-march-announces-appointment-of-17-prominent-diverse-movement-leaders-to-national-board>.
29. Carmen Perez, "Where We Went Wrong: A Leader of the Women's March Looks Back, and Forward", *New York Daily News*, 17 jan. 2019. <https://www.nydailynews.com/opinion/ny-oped-where-we-went-wrong-20190117-story.html>.
30. Farah Stockman, "One Year After Women's March, More Activism but Less Unity", *New York Times*, 15 jan. 2018. <https://www.nytimes.com/2018/01/15/us/womens-march-anniversary.html>.
31. Ibid.
32. Michael Wines, "Issues Abound at 4th Women's March, 'But It All Ties into Trump'", *New York Times*, 18 jan. 2020. <https://www.nytimes.com/2020/01/18/us/womens-march.html>.
33. "Our Story", *Pussyhat Project*, <https://www.pussyhatproject.com/our-story>.
34. Ibid.
35. Angela Peoples, "Don't Just Thank Black Women. Follow Us.", *New York Times*, 16 dez. 2017. <https://www.nytimes.com/2017/12/16/opinion/sunday/black-women-leadership.html>.

36. Erin Pinkus e Mark Blumenthal, "SurveyMonkey Poll Profiles Women's March Participants", *SurveyMonkey*. <https://www.surveymonkey.com/curiosity/surveymonkey-poll-profiles-womens-march-participants/>.
37. Emily Stewart, "Poll: More Americans Are Hitting the Streets to Protest in the Era of Trump", *Vox*, 7 abr. 2018. <https://www.vox.com/policy-and-politics/2018/4/7/17209710/trump-protest-poll>.
38. Davina Sutton, "Erica Garner Will Not Stop Marching", *NBC News*, 30 mar. 2015. <https://www.nbcnews.com/news/nbcblk/erica-garner-will-not-stop-marching-n327941>.
39. Joshua Yeager e James Ward, "89-Year-Old Civil Rights Leader Dolores Huerta Arrested at California Labor Protest", *USA Today*, 20 ago. 2019. <https://www.usatoday.com/story/news/nation/2019/08/20/dolores-huerta-civil-rights-leader-arrested-fresno-labor-protest/2068197001/>.
40. Leah Donnella, "The Standing Rock Resistance Is Unprecedented (It's Also Centuries Old", *NPR*, 22 nov. 2016. <https://www.npr.org/sections/codeswitch/2016/11/22/502068751/the-standing-rock-resistance-is-unprecedented-it-s-also-centuries-old>.
41. "Air Force 1: Colin Kaepernick", Nike. <https://www.nike.com/launch/t/air-force-1-colin-kaepernick>.
42. "Littlefeather Recounts Price of Native Activism", *CBC*, 6 ago. 2010. <https://www.cbc.ca/news/entertainment/littlefeather-recounts-price-of-native-activism-1.948486>.
43. Koa Beck, "Jill Soloway, Tarana Burke Weigh In on the New Time's Up CEO", *Out*, 17 jan. 2019. <https://www.out.com/news-opinion/2019/1/17/jill-soloway-tarana-burke-weigh-new-times-ceo>.
44. Uma empresa de pesquisas que analisa dados de celebridades.
45. Kerry Flynn, "Survey Shows Celebrities Sharing #MeToo Stories See Boost in Marketing Credibility", *Digiday*, 17 jul. 2018. <https://digiday.com/marketing/survey-shows-celebrities-sharing-metoo-stories-see-boost-marketing-credibility/>.
46. Harron Walker, "Who Cares if Speaking Out on #MeToo Helps a Celebrity's Brand?", *Jezebel*, 17 jul. 2018. <https://jezebel.com/who-cares-if-speaking-out-on-metoo-helps-a-celebritys-1827662405#!>.
47. Flynn, "Survey Shows Celebrities Sharing #MeToo Stories."
48. Um estúdio de dados, conteúdos e estratégias.
49. Flynn, "Survey Shows Celebrities Sharing #MeToo Stories".
50. Falk Rehkopf, "Why Brand Activism Wins over Brand Neutrality", *Ubermetrics*, 13 nov. 2018. <https://www.ubermetrics-technologies.com/why-brand-activism-wins-over-brand-neutrality/>.
51. Ibid.
52. Erin Fuchs, "The #MeToo Movement Is a Boon for Big Law Firms", *Yahoo! Finance*, 1 ago. 2018. <https://finance.yahoo.com/news/metoo-movement-benefitting-big-law-firms-143619605.html>.
53. Matthew Goldstein e Jessica Silver-Greenberg, "How the Finance Industry Is Trying to Cash In on #MeToo", *New York Times*, 28 jan. 2018. <https://www.nytimes.com/2018/01/28/business/metoo-finance-lawsuits-harassment.html>.
54. Doug Criss, "The Media's Version of #MeToo Is Unrecognizable to the Movement's Founder, Tarana Burke", *CNN*, 30 nov. 2018. <https://www.cnn.com/2018/11/30/us/tarana-burke-ted-talk-trnd/index.html>.

55. Ibid.
56. Karen Grigsby Bates, "Race and Feminism: Women's March Recalls the Touchy History," *NPR*, 21 jan. 2017. <https://www.npr.org/sections /codeswitch/20.17/01/21/510859909/race-and-feminism-womens-march-recalls-the-touchy-history>.
57. Farah Stockman, "Women's March on Washington Opens Contentious Dialogues About Race", *New York Times*, 9 jan. 2017. <https://www.nytimes .com/2017/01/09/us/womens--march-on-washington-opens-contentious -dialogues-about-race.html>.
58. Ibid.
59. Ibid.
60. womensmarch, postagem no Instagram, 28 dez. 2016. <https://www.instagram.com/p/BOkvckuDi1j/?utm_source=ig_embed>.
61. Women's March, atualização de status, Facebook, 2 jan. 2017. <https://www.facebook.com/womensmarchonwash/posts/we-could-only-become-sisters-in-struggle -by--confronting-the-ways-women-through-s/1392539077426034/>.
62. Ibid.; Stockman, "Women's March on Washington Opens Contentious Dialogues".
63. Women's March, atualização de status.
64. Catherine Fosl, *Subversive Southerner: Anne Braden and the Struggle for Racial Justice in the Cold War South* (Lexington: University Press of Kentucky, 2006), 125.
65. Stockman, "Women's March on Washington Opens Contentious Dialogues".
66. Ibid.
67. Jamilah Lemieux, "Why I'm Skipping the Women's March on Washington [OpEd]", *Color Lines*, 17 jan. 2017. <https://www.colorlines.com/articles/why-im-skipping-womens--march-washington-op-ed>.
68. Ibid.
69. Women's March, atualização de status.
70. Ibid.
71. Leila Schochet, "The Child Care Crisis Is Keeping Women Out of the Workforce", *Center for American Progress*, 28 mar. 2019. <https://www.americanprogress .org/issues/early-childhood/reports/2019/03/28/467488/child-care-crisis -keeping-women--workforce/>.
72. Ibid.
73. Simon Workman and Steven Jessen-Howard, "Understanding the True Cost of Child Care for Infants and Toddlers", *Center for American Progress*, 15 nov. 2018. <https://www.americanprogress.org/issues/early-childhood/reports /2018/11/15/460970/understanding-true-cost-child-care-infants-toddlers/>.
74. Ibid.
75. Ibid.
76. Schochet, "The Child Care Crisis".
77. Ibid.

Capítulo dezessete: O primeiro pilar da mudança: pare de reconhecer seus privilégios; em vez disso, lute por visibilidade

1. Claudia Goldin, "Female Labor Force Participation: The Origin of Black and White Differences, 1870 and 1880", *Journal of Economic History* 37, n° 1 (1977): 87-108.

2. Jennifer L. Berdahl e Celia Moore, "Workplace Harassment: Double Jeopardy for Minority Women", *Journal of Applied Psychology* 91, n° 2 (2006): 426-36.
3. Rachel Thomas et al., *Women in the Workplace* (McKinsey & Company, 2019).
4. Ibid.
5. Zuhairah Washington e Laura Morgan Roberts, "Women of Color Get Less Support at Work. Here's How Managers Can Change That", *Harvard Business Review*, 4 mar. 2019. <https://hbr.org/2019/03/women-of-color-get-less-support-at-work-heres-how-managers-can-change-that>.
6. Ashleigh Shelby Rosette e Robert W. Livingston, "Failure Is Not a Option for Black Women: Effects of Organizational Performance on Leaders with Single versus Dual-Subordinate Identities", *Journal of Experimental Social Psychology* 48, n° 5 (setembro de 2012): 1162-67.
7. Katherine W. Phillips, Tracy L. Dumas e Nancy P. Rothbard, "Diversity and Authenticity", *Harvard Business Review*, mar.-abr. de 2018. <https://hbr.org/2018/03/diversity-and-authenticity>.
8. Ibid.
9. Ibid.
10. Ibid.
11. Marçal, *Who Cooked Adam Smith's Dinner?*, 146.
12. Alison Ives, "Allison Williams Is the Feminist We Need", *Refinery29*, 10 mar. 2017. <https://www.refinery29.com/en-us/allison-williams-keds-feminism-equality-meaning>.
13. Ibid.
14. Ibid.
15. Ibid.
16. Thu-Huong Ha, "How Can We All 'Have It All'? Anne-Marie Slaughter at TEDGlobal 2013", *TEDBlog*, 11 jun. 2013. <https://blog.ted.com/how-can-we-all-have-it-all-anne-marie-slaughter-at-tedglobal-2013/>.
17. Lena Dunham, "Lena Dunham on Why Red Lipstick Is Feminism's New Calling Card", *Vogue*, 1 jun. 2017. <https://www.vogue.com/article/lena-dunham-essay-the-revolution-will-wear-red-lipstick-feminism-womens-movement>.
18. Joan Entmacher, Katherine Gallagher Robbins, Julie Vogtman e Lauren Frohlich, "Insecure & Unequal: Poverty and Income among Women and Families 2000-2012" (National Women's Law Center, 2013).
19. Heather D. Boonstra, "Abortion in the Lives of Women Struggling Financially: Why Insurance Coverage Matters", *Guttmacher Institute*, 14 jul. 2016. <https://www.guttmacher.org/gpr/2016/07/abortion-lives-women-struggling-financially-why-insurance-coverage-matters>.
20. Rachel Simon, "Rachel Brosnahan Is Standing on the Shoulders of Giants", *Bustle*, 3 jan. 2019. <https://www.bustle.com/p/rachel-brosnahan-is-standing-on-the-shoulders-of-giants-13169941>.
21. Leigh Weingus, "Rachel Brosnahan Urges Women to Use Their Voice and Vote in Emmy Acceptance Speech", *NBC News*, 18 set. 2018. <https://www.nbcnews.com/know-your-value/feature/rachel-brosnahan-urges-women-use-their-voice-vote-emmy-acceptance-ncna910721>.
22. Simon, "Rachel Brosnahan Is Standing on the Shoulders".
23. Ibid.

24. Rachel Sherman, *Uneasy Street: The Anxieties of Affluence* (Princeton, NJ: Princeton University Press, 2017), 65.
25. Sally Power, Annabelle Allouch, Phillip Brown e Gerbrand Tholen, "Giving Something Back? Sentiments of Privilege and Social Responsibility among Elite Graduates from Berlin and France", *International Sociology* 31, n° 3 (2016): 305-23.

Capítulo dezoito: O segundo pilar da mudança: combatendo os sistemas que limitam pessoas de gêneros marginalizados

1. "What Is Food Insecurity?", *Feeding America*. <https://hungerandhealth.feeding america.org/understand-food-insecurity/>.
2. Alisha Coleman-Jensen, Matthew P. Rabbitt, Christian A. Gregory e Anita Singh, "Household Food Security in the United States in 2018" (Washington, DC: US Department of Agriculture Economic Research Service, setembro de 2019).
3. "The Links between Hunger and the Gender Gap", *Move for Hunger*, 1 ago. 2018. <https://moveforhunger.org/the-links-between-hunger-and-the-gender-gap>.
4. Noam Scheiber, Nelson D. Schwartz e Tiffany Hsu, "'White-Collar Quarantine' Over Virus Spotlights Class Divide", *New York Times*, 27 mar. 2020. <https://www.nytimes.com/2020/03/27/business/economy/coronavirus -inequality.html>.
5. Jeffery C. Mays r Andy Newman, "Virus Is Twice as Deadly for Black and Latino People Than Whites in N.Y.C.", *New York Times*, 8 abr. 2020. <https:// www.nytimes.com/2020/04/08/nyregion/coronavirus-race-deaths.html>.
6. John Eligon, Audra D. S. Burch, Dionne Searcey e Richard A. Oppel Jr., "Black Americans Face Alarming Rates of Coronavirus Infection in Some States", *New York Times*, 7 abr. 2020. <https://www.nytimes.com/2020/04/07/us /coronavirus-race.html>.
7. Campbell Robertson e Robert Gebeloff, "How Millions of Women Became the Most Essential Workers in America", *New York Times*, 18 abr. 2020. <https:// www.nytimes.com/2020/04/18/us/coronavirus-women-essential-workers.html>.
8. Mays and Newman, "Virus Is Twice as Deadly for Black and Latino People".
9. Peter J. Cunningham, "Why Even Healthy Low-Income People Have Greater Health Risks Than Higher-Income People", To the Point, *Commonwealth Fund*, 27 set. 2018, <https://www.commonwealthfund.org/blog/2018/healthy -low-income-people-greater-health-risks>.
10. Michael Sainato, "The Americans Dying Because They Can't Afford Medical Care", *Guardian*, 7 jan. 2020. <https://www.theguardian.com/us-news/2020 /jan/07/americans-healthcare-medical-costs>.
11. Isobel Asher Hamilton, "'I Don't Want to Be There, but I Need the Income': Worried Amazon Workers Say the Company's Sick-Leave Policy Is Failing to Protect Them", *Business Insider*, 10 abr. 2020. <https://www.businessinsider.com /amazon-workers-coronavirus-policies-inadequate-2020-4>.
12. Annie Palmer, "Amazon Warehouse Workers Plan Nationwide Protest This Week to Demand Coronavirus Protections", *CNBC*, 20 abr. 2020. <https://www.cnbc .com/2020/04/20/amazon-warehouse-workers-plan-national-coronavirus -protest.html>.

13. Maegan Vazquez e Betsy Klein, "Trump Says More Than 2 Million Coronavirus Tests Have Been Done in the US, and Claims Mass Testing Not Needed", *CNN*, 9 abr. 2020. <https://www.cnn.com/2020/04/09/politics/trump-coronavirus-tests/index.html>.
14. Day One Staff, "Amazon's Covid-19 Blog: Updates on How We're Responding to the Crisis", Day One (blog), 22 set. 2020. <https://blog.aboutamazon.com/company-news/amazons-actions-to-help-employees-communities-and-customers-affected-by--covid-19>.
15. David Yaffe-Bellany, "Labor Fight Collides with the Pandemic at Trader Joe's", *New York Times*, 2 abr. 2020. <https://www.nytimes.com/2020/04/02/business/trader-joes--unionization-coronavirus.html>.
16. Ibid.
17. Audrey Garces, "Another Whole Foods Employee in SF Tests Positive for Coronavirus", KQED, 9 abr. 2020. <https://www.kqed.org/news/11811589/another-whole-foods--employee-in-sf-tests-positive-for-coronavirus>.
18. Ibid.
19. Bennett, "'I Feel Like I Have Five Jobs'".
20. Jennifer Medina e Lisa Lerer, "When Mom's Zoom Meeting Is the One That Has to Wait", *New York Times*, 22 abr. 2020. <https://www.nytimes.com/2020/04/22/us/politics/women-coronavirus-2020.html>.
21. Ibid.
22. Brittni Frederiksen, Ivette Gomez, Alina Salganicoff e Usha Ranji, "Coronavirus: A Look at Gender Differences in Awareness and Actions", *Kaiser Family Foundation*, 20 mar. 2020. <https://www.kff.org/womens-health-policy/issue-brief/coronavirus-a-look-at--gender-differences-in-awareness-and-actions/>.
23. Sharon Begley, "Who Is Getting Sick, and How Sick? A Breakdown of Coronavirus Risk by Demographic Factors", Stat, 3 mar. 2020. <https://www.statnews.com/2020/03/03/who-is-getting-sick-and-how-sick-a-breakdown-of-coronavirus-risk-by-demographic--factors/>.
24. Frederiksen, Gomez, Salganicoff e Ranji, "Coronavirus: A Look at Gender Differences in Awareness and Actions".
25. Miranda Bryant, "'I Was Risking My Life': Why One in Four US Women Return to Work Two Weeks after Childbirth", *Guardian*, 27 jan. 2020. <https://www.theguardian.com/us-news/2020/jan/27/maternity-paid-leave-women-work-childbirth-us>.
26. Samuel Stebbins e Thomas C. Frohlich, "The Poverty Rates for Every Group in the US: From Age and Sex to Citizenship Status", *USA Today*, 28 fev. 2020. <https://www.usatoday.com/story/money/2019/11/06/united-states-poverty-rate-for-every-group/40546247/>.
27. Richard Eisenberg, "Women and Retirement: Saving Less, Worrying More", *Forbes*, 14 dez. 2016. <https://www.forbes.com/sites/nextavenue/2016/12/14/women-and--retirement-saving-less-worrying-more/#6aabc815601d>.
28. *The L Word: Generation Q*, temporada 1, episódio 6.
29. Alice Park, "Can Anyone Save the Scandal-Plagued USA Gymnastics? Li Li Leung Is Determined to Try", *Time*, 17 jun. 2019. <https://time.com/5606251/li-li-leung-usa--gymnastics-interview/>.
30. Dave Itzkoff, "Can 'Captain Marvel' Fix Marvel's Woman Problem?", *New York Times*, 28 fev. 2019. <https://www.nytimes.com/2019/02/28/movies/captain-marvel.html>.

31. Ben Sisario, "Grammy Awards Name First Female President", *New York Times*, 8 mai. 2019. <https://www.nytimes.com/2019/05/08/business/media/grammy-awards-deborah-dugan.html>.
32. Deloitte, "Deloitte LLP Elects First Female CEO of a Major U.S. Professional Services Firm, Cathy Engelbert; Mike Fucci Elected Chairman of the Board", *PR Newswire*, 9 fev. 2015. <https://www.prnewswire.com/news-releases/deloitte-llp-elects-first-female-ceo-of-a-major-us-professional-services-firm-cathy-engelbert-mike-fucci-elected-chairman-of-the-board-300032635.html>.
33. Althea Legaspi, "Grammys Name Deborah Dugan New Recording Academy President and CEO", *Rolling Stone*, 8 mai. 2019. <https://www.rollingstone.com/music/music-news/grammys-deborah-dugan-new-recording-academy-president-ceo-833238/>.
34. Jon Blistein, "New Study: Music Industry's Greatest Gender Disparity Is Behind the Scenes", *Rolling Stone*, 25 jan. 2018. <https://www.rollingstone.com/music/music-news/new-study-music-industrys-greatest-gender-disparity-is-behind-the-scenes-203036/>.
35. Kory Grow, "Recording Academy Counters Recent Study Showing Gender Disparity at Grammys", *Rolling Stone*, 16 fev. 2018. <https://www.rollingstone.com/music/music-news/recording-academy-counters-recent-study-showing-gender-disparity-at-grammys-205590/>.
36. Jem Aswad, "Incoming Grammy Chief Promises to 'Bring New Perspective' to Embattled Organization", *Variety*, 8 mai. 2019. <https://variety.com/2019/music/news/incoming-grammy-recording-academy-chief-deborah-dugan-new-perspective-1203209423/>.
37. Lisa Respers France, "Recording Academy Fires Deborah Dugan", *CNN*, 2 mar. 2020. <https://www.cnn.com/2020/03/02/entertainment/deborah-dugan-recording-academy-fired/index.html>.
38. Lisa Respers France and Megan Thomas, "Former Grammys Head Deborah Dugan Sues Recording Academy, Alleges Sexual Harassment", *CNN*, 22 jan. 2020. <https://www.cnn.com/2020/01/22/entertainment/deborah-dugan-grammys-lawsuit-trnd/index.html>.
39. France, "Recording Academy Fires Deborah Dugan".
40. Audrey Carlsen, Maya Salam, Claire Cain Miller, Denise Lu, Ash Ngu, Jugal K. Patel e Zach Wichter, "#MeToo Brought Down 201 Powerful Men. Nearly Half of Their Replacements Are Women", *New York Times*, 29 dez. 2018. <https://www.nytimes.com/interactive/2018/10/23/us/metoo-replacements.html>.
41. Ibid.
42. D. G. McCullough, "Women CEOs: Why Companies in Crisis Hire Minorities— and Then Fire Them", *Guardian*, 8 ago. 2014. <https://www.theguardian.com/sustainable-business/2014/aug/05/fortune-500-companies-crisis-woman-ceo-yahoo-xerox-jc-penny-economy>.
43. Emily Stewart, "Why Struggling Companies Promote Women: The Glass Cliff, Explained", *Vox*, 31 out. 2018. <https://www.vox.com/2018/10/31/17960156/what-is-the-glass-cliff-women-ceos>.
44. McCullough, "Women CEOs"; Alison Cook and Christy Glass, "Above the Glass Ceiling: When Are Women and Racial/Ethnic Minorities Promoted to CEO?", *Strategic Management Journal* 35, n. 7 (julho de 2014): 1080-89.
45. Stewart, "Why Struggling Companies Promote Women".
46. Stephen J. Dubner, "Extra: Carol Bartz Full Interview (Ep. 327)", Freakonomics (podcast), 25 mar. 2018. <https://freakonomics.com/podcast/carol-bartz/>.

47. Ibid.
48. Ibid.
49. Robert Hof, "Yahoo Fires CEO Carol Bartz - Here's Why", *Forbes*, 6 set. 2011. <https://www.forbes.com/sites/roberthof/2011/09/06/report-yahoo-cans-ceo-carol-bartz-heres--what-went-wrong/#549aa3f12e07>.
50. James B. Stewart, "In the Undoing of a CEO, a Puzzle", *New York Times*, 18 mai. 2012. <https://www.nytimes.com/2012/05/19/business/the-undoing-of-scott-thompson-at--yahoo-common-sense.html>.
51. Ibid.
52. Michael A. Fletcher, "GM Names Mary Barra as Car Industry's First Woman CEO", *Washington Post*, 10 dez. 2013. <https://www.washingtonpost.com/business/economy/gm--names-mary-barra-as-car-industrys-first-woman-ceo/2013/12/10/7d7827e8-61b8-11e3--8beb-3f9a9942850f_story.html>.
53. General Motors Diversity & Inclusion Report (General Motors, 2018).
54. Mallory Simon e Sara Sidner, "Inside the GM Plant Where Nooses and 'Whites-Only' Signs Hung", *CNN*, 17 jan. 2019. <https://www.cnn.com/2019/01/16/us/gm-toledo--racism-lawsuit/index.html>.
55. Ibid.
56. Chris Isidore, "PepsiCo CEO Indra Nooyi Is Stepping Down", *CNN*, 6 ago. 2018. <https://money.cnn.com/2018/08/06/news/companies/indra-nooyi-pepsico/index.html>.
57. Alexander Smith, "Pepsi Pulls Controversial Kendall Jenner Ad after Outcry", *NBC News*, 5 abr. 2017. <https://www.nbcnews.com/news/nbcblk/pepsi-ad-kendall-jenner-echoes--black-lives-matter-sparks-anger-n742811>.
58. Pepsi, no Twitter, 5 abr. 2017. <https://twitter.com/pepsi/status/849711408770158594>.
59. Scott Stump, "Simone Biles Reacts to Report Saying USA Gymnastics Never Asked Her about Nassar Abuse", *Today*, 22 nov. 2019. <https://www.today.com/news/simone-biles--says-pain-real-after-report-about-nassar-abuse-t168094>.
60. Juliet Macur, "Top U.S.O.C. Officials Failed to Act on Nassar Allegations, Report Says", *New York Times*, 10 dez. 2018. <https://www.nytimes.com/2018/12/10/sports/usoc-investigation-report.html?module=inline>.
61. Liz Clarke, "Simone Biles Blasts USA Gymnastics: 'You Had One Job… and You Couldn't Protect Us'", *Washington Post*, 7 ago. 2019. <https://www.washingtonpost.com/sports/olympics/simone-biles-lashes-out-at-usa-gymnastics-in-tearful-statement/2019/08/07/20037d80-b93a-11e9-b3b4-2bb69e8c4e39_story.html>.
62. Ibid.
63. Tracy Clark-Flory, "Stoya Is 'Over' Talking about Feminist Porn", *Jezebel*, 18 jun. 2018. <https://jezebel.com/stoya-is-over-talking-about-feminist-porn1826771529>.
64. Ibid.
65. Zameena Mejia, "Meet the Family Whose Business Has Been the No. 1 Fortune 500 Company for 6 Straight Years", *CNBC*, 23 mai. 2018. <https://www.cnbc.com/2018/05/23/walmart-is-the-no-1-fortune-500-company-for-the-6th-straight-year.html>.
66. Eric Bachman, "Key Takeaways from the Proposed $14 Million Walmart Pregnancy Discrimination Settlement", *Forbes*, 28 out. 2019. <https://www.forbes.com/sites/ericbachman/2019/10/28/key-takeaways-from-the-proposed-14m-walmart-pregnancy--discrimination-settlement/>.

67. Samantha Schmidt, "Judge Approves $14 Million Settlement in Walmart Pregnancy Discrimination Case", *Washington Post*, 29 abr. 2020. <https://www.washingtonpost.com/dc-md-va/2020/04/29/walmart-pregnant-workers-discrimination-settlement/>.
68. Amanda Hess, "The Wing Is a Women's Utopia. Unless You Work There", *New York Times*, 17 mar. 2020. <https://www.nytimes.com/2020/03/17/magazine /the-wing.html>.
69. Ibid.
70. William J. Mann, "How Marlon Brando Made Hollywood Face Its Racism - at the Oscars", *Daily Beast*, 18 dez. 2019. <https://www.thedailybeast.com /how-marlon-brando--made-hollywood-face-its-racism-at-the-oscars>.

Capítulo dezenove : O terceiro pilar da mudança: responsabilizar as mulheres por abuso

1. "Covering Sexual Misconduct in the #MeToo Era: Are You Ready?", Craig Newmark Graduate School of Journalism, Universidade da Cidade de Nova York, <https://www.journalism.cuny.edu/events/covering-sexual-misconduct-metoo-era-ready/>.
2. Meika Berland e Morgan Harwood, *Workplace Justice: Equal Pay for Latinas* (Washington, DC: National Women's Law Center, out. de 2018). <https://nwlc.org/wp-content/uploads/2017/10/Equal-Pay-for-Latina-Women-2018 -English.pdf>.
3. Jasmine Tucker, *Equal Pay for Native Women* (Washington, DC: National Women's Law Center, set. de 2019). <https://nwlc.org/wp-content/uploads /2018/11/Native-Women--Equal-Pay-2019.pdf>.
4. Senador Martin Heinrich, *The Economic State of Asian Americans and Pacific Islanders in the United States* (Washington, DC: Joint Economic Committee Democrats, 2017). <https://www.jec.senate.gov/public/_cache/files/29646f09-bf04-4f11 -a12f-544b27a3a85f/aapi--fact-sheet-final.pdf>.
5. Koa Beck, "Gretchen Carlson's Lawyer Opens Up about Her Case, Sexual Harassment at Fox News, and Taking On the Most Powerful Man in Media", *Marie Claire*, 8 jul. 2016. <https://www.marieclaire.com/career-advice/a21467/gretchen -carlson-sexual--harassment-lawyer/>.
6. Ibid.
7. Dylan Farrow, "An Open Letter from Dylan Farrow", *New York Times*, 1 fev. 2014. <https://kristof.blogs.nytimes.com/2014/02/01/an-open-letter-from -dylan-farrow/>.
8. Ibid.
9. Ibid.
10. Maggie Haberman e Amy Chozick, "Hillary Clinton Chose to Shield a Top Adviser Accused of Harassment in 2008", *New York Times*, 26 jan. 2018. <https://www.nytimes.com/2018/01/26/us/politics/hillary-clinton-chose-to-shield-a -top-adviser-accused--of-harassment-in-2008.html>.
11. Ibid.
12. David W. Chen, "WNYC Chief Pushed Growth at the Cost of Station's Culture", *New York Times*, 22 dez. 2017. <https://www.nytimes.com/2017/12/22 /nyregion/wnyc-chief--laura-walker-firing-hosts-misconduct.html>.

13. David W. Chen, "Embattled Head of New York Public Radio to Step Down", *New York Times*, 19 dez. 2018. <https://www.nytimes.com/2018/12/19 /nyregion/wnyc-laura--walker-resignation.html>.
14. Chen, "WNYC Chief Pushed Growth".
15. Ibid.
16. "CEO Laura Walker Responds to Allegations against John Hockenberry", Brian Lehrer Show, WNYC, 5 dez. 2017. <https://www.wnyc.org/story/laura -walker-responds/>.
17. Chen, "WNYC Chief Pushed Growth".
18. Chen, "Embattled Head of New York Public Radio".
19. Chen, "WNYC Chief Pushed Growth".
20. Nick Romano, "Scarlett Johansson Advocates for Planned Parenthood in Passionate Women's March Speech", *Entertainment Weekly*, 23 jan. 2017. <https:// ew.com/news/2017/01/21/womens-march-scarlett-johansson-speech/>.
21. Gregg Kilday, "Cate Blanchett on Woody Allen Molestation Charge: 'I Hope They Find Some Resolution and Peace,'" *Hollywood Reporter*, 2 fev. 2014. <https://www.hollywoodreporter.com/news/cate-blanchett-woody-allen -molestation-676383>.
22. Joanna Robinson, "Cate Blanchett: Social Media Is 'Not the Judge and Jury' of Woody Allen", *Vanity Fair*, 22 mar. 2018. <https://www.vanityfair.com/hollywood/2018/03/cate-blanchett-woody-allen-dylan-farrow-allegations>.
23. Ibid.
24. Wesley Lowery, Kimbriell Kelly, Ted Mellnik, and Steven Rich, "Where Killings Go Unsolved", *Washington Post*, 6 jun. 2018. <https://www.washingtonpost .com/graphics/2018/investigations/where-murders-go-unsolved/?utm_term= .81f22367a77f>.
25. Michael Males, *San Francisco's Disproportionate Arrest of African American Women Persists* (São Francisco: Center on Juvenile and Criminal Justice, 2015).
26. Megan T. Stevenson and Sandra G. Mayson, "The Scale of Misdemeanor Justice", *Boston University Law Review* 98, n. 731 (2018): 731-77.
27. "Annual Stop-and-Frisk Numbers", NYCLU, 2019. https://www.nyclu.org/en /stop-and--frisk-data.
28. "Race and the Death Penalty", ACLU, 2020. <https://www.aclu.org/other/race -and--death-penalty>.
29. Barbara O'Brien e Catherine M. Grosso, "Report on Jury Selection Study", Faculty Publications, Michigan State University College of Law, 15 dez. 2011. <https://digitalcommons.law.msu.edu/cgi/viewcontent.cgi?article=1330& context=facpubs>.
30. Gilad Edelman, "Why Is It So Easy for Prosecutors to Strike Black Jurors?", *New Yorker*, 5 jun. 2015. <https://www.newyorker.com/news/news-desk/why-is-it -so-easy-for--prosecutors-to-strike-black-jurors>.
31. Alexandria Ocasio-Cortez, no Twitter, 14 ago. 2018. <https://twitter.com/aoc /status/1029380694160470017?lang=en>.
32. Anna North e Chavie Lieber, "The Big, Controversial Business of The Wing, Explained", *Vox*, 7 fev. 2019. <https://www.vox.com/2019/2/7/18207116 /the-wing-soho-dc--coworking-feminism-gelman>.

Capítulo vinte: Nosso futuro coletivo está na maneira como vemos umas às outras

1. Violet Moya, "Sephora Never Valued Workers Like Me", *New York Times*, 18 abr. 2020. <https://www.nytimes.com/2020/04/18/opinion/sephora-layoffs-coronavirus.html?referringSource=articleShare>.
2. Ibid.
3. Ibid.
4. Manu Raju, Clare Foran, Ted Barrett e Kristin Wilson, "Senate Approves Historic $2 Trillion Stimulus Deal amid Growing Coronavirus Fears", *CNN*, 26 mar. 2020. <https://www.cnn.com/2020/03/25/politics/stimulus-senate-action-coronavirus/index.html>.
5. Kelsey Snell, "What's Inside the Senate's $2 Trillion Coronavirus Aid Package", *NPR*, 26 mar. 2020. <https://www.npr.org/2020/03/26/821457551/whats-inside-the-senate-s-2--trillion-coronavirus-aid-package>.
6. Danielle Kurtzleben, "Small Business Emergency Relief Program Hits $349 Billion Cap in Less Than 2 Weeks", *NPR*, 16 abr. 2020. <https://www.npr.org/sections/coronavirus-live-updates/2020/04/16/835958069/small-business-emergency-relief-program--hits-349-billion-cap-in-less-than-2-week>.
7. "Paycheck Protection Program", US Small Business Administration. <https://www.sba.gov/funding-programs/loans/coronavirus-relief-options/paycheck-protection--program>.
8. Nora Esposito, *Small Business Facts: Spotlight on Women-Owned Employer Businesses* (Washington, DC: US Small Business Administration, Office of Advocacy, março de 2019).
9. Ibid.
10. "What the New Coronavirus Relief Bill Means for You", *NBC New York*, 19 mar. 2020. <https://www.nbcnewyork.com/news/local/what-the-new-coronavirus-relief-bill--means-for-you/2334013/>.
11. Tara Siegel Bernard e Ron Lieber, "F.A.Q. on Stimulus Checks, Unemployment and the Coronavirus Plan", *New York Times*, 15 set. 2020. <https://www.nytimes.com/article/coronavirus-stimulus-package-questions-answers.html>.
12. "What the New Coronavirus Relief Bill Means for You".
13. Adrianne M. Haney, "VERIFY: Are People Who Use the WIC Program Limited in What They Buy?", *11 Alive*, 18 mar. 2020. <https://www.11alive.com/article/news/health/coronavirus/verify-are-people-who-use-wic-program-limited-in-what-they-buy/85--e62c62f5-f3b2-433f-b04d-b6ec4175f566>.
14. Scott Neuman, "Global Lockdowns Resulting in 'Horrifying Surge' in Domestic Violence, U.N. Warns", *NPR*, 6 abr. 2020, <https://www.npr.org/sections/coronavirus--live-updates/2020/04/06/827908402/global-lockdowns-resulting-in-horrifying-surge--in-domestic-violence-u-n-warns>.
15. Lilly Fowler, "Undocumented Workers Fend for Themselves with Little Covid-19 Help", *Crosscut*, 14 abr. 2020. <https://crosscut.com/2020/04/undocumented-workers--fend-themselves-little-covid-19-help>.
16. Tonya Pendleton, "Incarcerated Black Women Face Numerous Issues in Covid-19 Pandemic", *Grio*, 24 abr. 2020. <https://thegrio.com/2020/04/24/incarcerated-black--women-covid-19-pandemic/>.

17. Nicholas Bogel-Burroughs e Vanessa Swales, "Prisoner with Coronavirus Dies after Giving Birth while on Ventilator", *New York Times*, 29 abr. 2020. <https://www.nytimes.com/2020/04/29/us/coronavirus-inmate-death-andrea-circle-bear.html>.
18. Jonathan Capehart, "Trump and Governors Can Slow the Spread of Covid-19 in Prisons and Jails", *Washington Post*, 1 abr. 2020. <https://www.washingtonpost.com/opinions/2020/04/01/trump-governors-can-slow-spread-covid-19-prisons-jails/>.
19. Ibid.
20. Jon Queally, "'Just Calm Down,' Says Pelosi, When Asked if She Made Tactical Error in Covid-19 Relief Fight with McConnell", *Common Dreams*, 26 abr. 2020. <https://www.commondreams.org/news/2020/04/26/just-calm-down-says-pelosi-when-asked-if-she-made-tactical-error-covid-19-relief#>.
21. Mike Lillis e Juliegrace Brufke, "House Passes $484B Coronavirus Relief Package", *Hill*, 23 abr. 2020. <https://thehill.com/homenews/house/494401-house-passes-484b-coronavirus-relief-package>.
22. Andrea Germanos, "AOC Takes Brave, Lonely Stand against 'Unconscionable' Covid-19 Relief Package That Doesn't Sufficiently Help Those Hurt the Most", *Common Dreams*, 24 abr. 2020. <https://www.commondreams.org/news/2020/04/24/aoc-takes-brave-lonely-stand-against-unconscionable-covid-19-relief-package-doesnt>.
23. Chantal Da Silva, "Alexandria Ocasio-Cortez Explains Why She Voted against Coronavirus Relief Package", *Newsweek*, 24 abr. 2020. <https://www.newsweek.com/alexandria-ocasio-cortez-explains-why-she-voted-against-coronavirus-relief-package-1499998>.
24. Ibid.
25. "Harris, Jayapal Announce Domestic Workers Bill of Rights", comunicado de imprensa, escritório da senadora Kamala D. Harris, 15 jul. 2019. <https://www.harris.senate.gov/news/press-releases/harris-jayapal-announce-domestic-workers-bill-of-rights#targetText=The%20Domestic%20Workers%20Bill%20of%20Rights%20Act%20is%20the%20first,held%20problems%20within%20this%20sector>.
26. Kamala Harris, Pramila Jayapal e Ai-jen Poo, "Change Begins at Home - and on the Floor of Congress", CNN, 29 nov. 2018. <https://edition.cnn.com/2018/11/29/opinions/domestic-workers-bill-of-rights-harris-poo-jayapal/index.html>.
27. Jerome Hunt, "A History of the Employment Non-Discrimination Act", Center for American Progress, 19 jul. 2011. <https://www.americanprogress.org/issues/lgbtq-rights/news/2011/07/19/10006/a-history-of-the-employment-non-discrimination-act/>.
28. Nina Totenberg, "Supreme Court Delivers Major Victory to LGBTQ Employees", *NPR*, 15 jun. 2020. <https://www.npr.org/2020/06/15/863498848/supreme-court-delivers-major-victory-to-lgbtq-employees>.
29. "Section 1557: Amicus Brief", Williams Institute, Escola de Direito da UCLA, set. 2020. <https://williamsinstitute.law.ucla.edu/press/press-releases/study-finds-lgbt-adults-experience-food-insecurity-and-snap-participation-at-higher-levels-than-non-lgbt-adults/>.
30. "Guns and Violence against Women", *Everytown Research & Policy*, 17 out. 2019. <https://everytownresearch.org/reports/guns-intimate-partner-violence/>.

Capítulo vinte e um: O que podemos mudar agora

1. Matt Williams, "'Legitimate Rape' Rarely Leads to Pregnancy, Claims US Senate Candidate", *Guardian*, 19 ago. 2012. <https://www.theguardian.com /world/2012/aug/19/republican-todd-akin-rape-pregnancy>.
2. Daniel Cox, Juhem Navarro-Rivera e Robert P. Jones, PhD, "Race, Religion, and Political Affiliation of Americans' Core Social Networks", Public Religion Research Institute, 3 ago. 2016. <https://www.prri.org/research/poll-race -religion-politics-americans--social-networks/>.
3. Ibid.
4. Sarah Mervosh, "How Much Wealthier Are White School Districts Than Nonwhite Ones? $23 Billion, Report Says", *New York Times*, 27 fev. 2019. <https://www.nytimes.com/2019/02/27/education/school-districts-funding-white-minorities.html>.
5. Juliana Menasce Horowitz, "Americans See Advantages and Challenges in Country's Growing Racial and Ethnic Diversity", Pew Research Center, 8 mai. 2019. <https://www.pewsocialtrends.org/2019/05/08/americans-see-advantages -and-challenges-in--countrys-growing-racial-and-ethnic-diversity/>.
6. Spencer Kornhaber, "The Emmys Speech of the Night", *Atlantic*, 20 set. 2015. <https://www.theatlantic.com/notes/2015/09/harriet-tubman-at-the-emmys-viola-davis-first--black-woman/406360/>.

Este livro foi impresso pela Lis gráfica,
em 2021, para a HarperCollins Brasil.
O papel do miolo é pólen soft 80g/m^2,
e o da capa é cartão 250g/m^2.